历史新阅读丛书

宋朝果然很有料

第十卷

张晓珉◎著

中国工人出版社

序 言

上一卷，我们以陆游的诗词为结局。

这一卷，我们以陆游的诗词为开始。

古人学问无遗力，少壮工夫老始成。
纸上得来终觉浅，绝知此事要躬行。

——陆游《冬夜读书示子聿》

这首诗，是陆游送给最小的孩子的礼物。

如今，很多书籍说陆游只有两个孩子（如《老学庵笔记》），但其实，陆游一共有七个子嗣。

《陆游年谱》记载，这七个孩子分别是：长子陆子虡、次子陆子龙、三子陆子修、四子陆子坦、五子陆子约、六子陆子布、七子陆子聿。

这个老七陆子聿，就是本诗的主人公，也叫陆子遹。山阴（今浙江绍兴）人，生于南宋淳熙五年（1178 年）。

人多偏爱幼子，陆游也不例外。对于这个最小的孩子，陆游宠爱有加。然而，陆游并没有溺爱这个孩子，对他的学习没有丝毫的怠慢。

陆游曾在一个寒冬的夜晚教他读书认字，让他明白世间的道理，为此陆游还赋诗一首（就是上文的《冬夜读书示子聿》），将自己一生的经验告诉了他。

陆游示道——从古至今，有成就的人都是拼尽全力的人。我们要趁着年轻玩命读书，这样老了才能有所成就。即便是读书万卷，但要想真正了解事情的真相，则要靠亲身实践。毕竟，我们要做到知行合一。

陆游的这番话，是对人生、对自己、对社会的一种感悟。他把这种感悟传给了子嗣。

陆游人如其诗，一生赤胆忠心、坦荡无私。可是，陆游却没有想到、后人也很少知道——陆游花费心血教育的陆子遹，最后却辜负了父亲的厚望，变成了一个残忍、刻薄、虚伪、奸诈的小人。

陆子遹继承了父亲的衣钵，参政当官。跟自己的父亲一样，陆子遹的仕途也非常不顺。年近四十，还只是一个七品的溧阳县县令，也没有任何晋级的希望。

对于这种结果，陆子遹准备另辟蹊径，寻找其他晋级“道路”。

有人告诉他，宰相史弥远想在溧阳县买一些地，作为养老之用。陆子遹若能办成这件事情，那飞黄腾达必指日可待。

得此消息后，陆子遹大喜过望。他立刻来到宰相府，请求拜谒史弥远。

然而，史弥远根本不想见他，毕竟自己是当朝宰相，对方只不过是一个七品芝麻官，见他太掉价！然而，毕竟此人是前朝名臣陆游的子嗣，基本的礼数史弥远还是得有。

史弥远把他请到了大堂，听听他要干什么。

陆子遹非常高兴地告诉史大人，自己愿意拜对方的码头，并用溧阳县的土地作为见面礼。史大人不是想买地吗？他可以办理此事。

然而，不管陆子遹如何表忠心，如何想替史大人办事（买地），史弥远都不为所动。史弥远什么也没说，只是微微一笑，就端茶送客把陆子遹打发走了。

陆子遹很是郁闷，甚至百思不得其解。陆子遹刚出府门，史弥远的管家却把他叫住了。

原来，史弥远深谙官场之道，对于这种“可以做但不能说”之事，他得找人代劳。

管家对陆子遹开门见山道：“老爷确实想在溧阳县买六千亩土地，作为养老之用。但老爷害怕这么大规模地购买土地，会留下一个‘欺压百姓、强买土地’的话柄，所以一直没敢购买……后面的事情，你懂了吧？”

“史大人这么说，下官就明白了。”

得知史弥远确有购置土地的需求后，陆子遹大喜过望，他立刻赶回溧阳县，去替史弥远购买土地。

但是，这件事情对于陆子遹而言，真不是一般难办。

咱们都知道，自古以来，好地段的土地都奇贵无比，一般的官员根本买不起。陆子遹的父亲陆游，也算是国家高级干部了，结果，他也只能在杭州城内租房子住，因为根本买不起杭州的土地。

虽然溧阳县是一个小县，但是距离杭州不过三百来里，土地价格贵得要命。就是让陆子遹倾家荡产，他也拿不出这笔巨款。

然而，虽然无钱购地，但是陆子遹深知国家相关的法律条例，他知道里面有一条漏洞，可以让他免费得到土地。

这个漏洞就是——国家有明文规定，在非常时期，国家有权利用低廉的价格征调土地。民众则必须百分之百执行，不卖不行！

虽然国家有明文规定，但是有一个前提，即必须在“非常时期”。很显然，当时天下太平，没有战乱和灾祸，并不是“非常时期”，因此陆子遹无权使用这个条款，强行购买土地。然而，为了自己的荣华富贵，陆子遹被权和利蒙蔽了双眼，他毅然决然地下令轰走住户、强买土地。

陆子遹召集官吏，告诉他们：“如今朝廷有令，要征用溧阳县六千亩土地，你们立刻去办。当然，国家体恤百姓疾苦，愿意以每亩五百文的价格作为补偿。希望各级官员积极落实，务必在规定的时间完成工作。”

此令一出，为了自己的乌纱帽，官吏哪敢怠慢？当然，这种情况下去收购土地，过程肯定会艰苦，老百姓也绝不会坐以待毙。

毕竟，区区五百文的补偿款，这不就是抢劫吗？对于这个价格，百姓们强烈抵制，誓死不从。

看见“刁民”如此不合作，陆子遹怒了。

对于那些誓死不从者，陆子遹下令把他们抓入大牢，日夜折磨，还游街示众，逼迫他们从命。

在陆子遹的暴虐下，百姓实在受不了了，只能同意。然而，对于“刁民”，陆子遹一分钱也不给，以示惩戒（连五百文都省了）。

持兵追捕，焚其室庐，众遂群起抵拒……悉填囹圄，灌以尿粪，逼写献契，而一金不酬。

——俞文豹《吹剑四录》

强买强卖，屈打成招，游街示众，灌人屎尿……若陆游在天有灵，看见此等子嗣，不知会做何感想！

以现在的眼光看这个事情，陆子遹与一个强盗无别。即便放在宋朝，他的所作所为也是法所不容。

见陆子遹如此办事，老百姓怒了，大家组成了上访团，进京去告御状。然而，负责办案的官员一看，这事情与当朝宰相史弥远有关，于是也不敢管。这些状纸最终石沉大海。

后来，即使惊动了皇帝，但在史弥远的淫威下，官员也不敢吱声，任由陆子遹继续胡作非为。正直的官员有心无力，只能写几首嘲讽诗，痛骂陆子遹。

寄语金渊陆大夫，归田相府意何如？
加兵杀戮非仁者，纵火焚烧岂义夫。
万口衔冤皆怨汝，千金酬价信欺予。
放翁自有闲田地，何不归家理故书？

在这首诗的作者眼中，陆子遹为讨好宰相低价买地，是为谄媚；出动兵马对付手无寸铁的老百姓，是为不仁；放火烧毁百姓的房屋，是为不义。像这种罪大恶极的人，是没有资格当官的。陆子遹最应该干的事情，就是回老家，跟他的父亲一样，做一个整理书本的“放翁”。他不应该留在官场丢父亲的脸！

若“放翁”地下有知，见此诗，不知会做何感想……

后来，圆满完成任务、收购了足够的土地后，陆子遹得到了史弥远的青睐，从此平步青云了。

在史弥远的提拔下，陆子遹官运亨通，一路飙升，成为吏部侍郎，变成了国家重臣。

官升级了，陆子遹也有钱了，开始腐败奢靡了。

当时，上等的家具频繁地往陆府搬。各种绫罗绸缎、华丽的衣物，也穿在了陆家人的身上。平时用的东西，自不必说。至于那些什么“砚匣、火炉、酒具”等物，皆精美华贵，而且，竟然“大小各两副”！

陆子遹颇有一种现在暴发户的行径——老子有钱了，要买两个手机！左手一个，右手一个，一个专门上网发微信，一个专门接打电话。

对于这种人，真是无话可说。

而且，因为父亲的关系（一代贤臣），在史官的帮助下，陆子遹竟然成功漂白了！

如今，《溧阳县志》对于陆子遹是这样评价的：“任溧阳县令时，勤政为民，兴利除弊，治绩卓著。”

看来，历史又跟我们开了一个大玩笑，它只记录了那些“需要记录”的事情。

当然，通过陆子遹的故事，我们也能知道一件事情——当时的大宋官场，堪称黑暗腐败。官员若不选择旁门左道，根本没有晋级的希望。

这个结果全拜那个权臣所赐。

此人就是南宋王朝的“四大奸臣”之一——史弥远。

那么，在史弥远的“魔爪”下，南宋王朝又将经历哪些事情呢？除了秦桧、韩侂胄、史弥远外，南宋王朝的第四个奸臣又是谁呢？在这个奸臣的佐政下，南宋王朝又将何去何从呢？这个一度强大的王朝，又是如何迎来最终之日的呢？

一切答案，尽在此书中。

目录

第七章 蒙古崛起 / 83

第八章 金国的行动，南宋的对策 / 96

第九章 岁币战争 / 110

第一章 南宋第三权奸的那些事

身份之谜

了解南宋历史的人都知道，一部南宋历史，不仅是一部帝王史，也是一部权臣专权史。

因为，南宋一共出现了四位权臣，他们长时间地把持南宋朝政，祸国殃民。

这四位权臣的名字以及专权时间如下：秦桧，专权 16 年；韩侂胄，专权 14 年；史弥远，专权 27 年；贾似道，专权 22 年。这四位权臣承上启下，一共影响了南宋长达 79 年之久。

整整 79 年！这是什么概念？要知道，自 1127 年“靖康之耻”开始，到 1279 年崖山一跳为止，南宋一共才 152 年的历史。而这四大奸臣专权的时间，竟然占了南宋王朝一半的历史。

当然，如果不把南宋建国的 15 年（靖康二年，即 1127 年，以赵构登基称帝为“创业开始”，一直到绍兴十二年，即 1142 年，以岳飞惨死算“建国完成”）和南宋王朝最后的 5 年算进去（南宋朝廷投降后，不甘亡国的大臣拥立了三个皇帝，继续抗争了 5 年。当然，实事求是地说，这 5 年已经不算南宋了），南宋王朝的统治也不过 130 多年。再减去权臣治政的历史，南宋皇帝统治的时间，也就不过 50 多年。

换句话说，南宋王朝九个皇帝，在没有权臣治政下的时间，也就仅仅 50 多年！

这种情形下，南宋政权竟然没有亡国，还能统治这么长的时间，真是何其幸运！

如今，史学家对于“四大权臣”的研究不一，其中对于秦桧的研究最多，也最全。对于另外两个权臣韩侂胄、贾似道，也有很多研究著作和资料。可是，对于史弥远的研究，就可谓寥若晨星了。

其实，作为“四大权臣”之一，史弥远拥有足够的资历和能力，可以与另三个权臣平起平坐。

现在，就开始讲述这位少年成名，中年独揽大权，晚年不可一世，唯我独尊，还擅自另立皇帝的权臣的一生。

对比父亲史浩，史弥远的成长环境要好得多！毕竟，他出生时，史家已经不是一个弱小的家族了，在祖先的努力下，史家一族繁荣昌盛，是这个帝国的名门望族之一。

隆兴二年（1164 年），史弥远呱呱坠地。虽然其出生时，没有留下什么惊天地、泣鬼神的神奇传说，但他却留下了两个谜。

第一个谜，他到底是谁的儿子。

原来，根据时间推断，史弥远出生时，其父史浩已经年近六十了。

这个年龄不由让人产生了怀疑。这个儿子，到底是不是史浩亲生的。

第二个谜，他的母亲是谁。

根据《萧山史氏宗谱》记载，史弥远出生时，史府还降生了一个男婴，叫作史弥坚，是史弥远同父异母的弟弟，由不同的小妾所生。

本来，对于这个结论，史学家一直没有异议。然而，根据《鲒埼亭集外编》记载，史弥远和史弥坚则是一对双胞胎，他们是同父同母的兄弟。

一边记载是同父异母的兄弟，一边记载是同父同母的双胞胎；史家这种矛盾的记录，到底说明了什么？再加上史浩老年得子的事实，史家这样的记录，又想说明什么，或者是想掩盖什么呢……

好吧，由于史料匮乏，真相到底如何，已经不得而知了。我们唯一知道的是，在史浩众多的儿子中，史弥远是他最骄傲的一个；在史家众多的后代子嗣中，史弥远也是最出色的一个。

史弥远的成就，有二。

第一，这个人精通官场之道。

《延祐四明志》记载："一日，携客游湖寺，二子从。忠定阴戒从者进食。逾晡时，弥远独凝坐，绝怒色，忠定始肯之。"

独凝坐，绝怒色……忍得住诱惑，懂得控制自己的情绪……真是无师自通。这个史弥远，天生就是一个做官的料。

要知道，官场之道，就是要喜怒不形于色，任何场合都要庄重严肃、不苟言笑，令人捉摸不定。如此，下属才会敬畏他，听从指令。虽然这种做法，有点儿不近人情，但这就是宋朝的官场之道，也是封建时代的官场之道。

第二，这个人非常有才华，是一个"学霸"。

淳熙十四年（1187 年），年仅 23 岁的史弥远参加了科举考试，结果一战成名，直接通过了殿试，被授予了进士头衔。

父亲，直到 40 岁才金榜题名；儿子，年仅 23 岁就高中进士。

天才，这个孩子，真是一块天生读书的料。

史弥远之所以高中进士，与他的父亲有很大的关系。因为他的父亲史浩，就是他的老师。

史浩自从第一次下岗后（"隆庆北伐"那次），就一直远离官场、远离朝廷。虽然之后史浩曾重新出山，但也仅仅持续了 5 年而已（这么短的时间，也没忘坑陆游一把）。他生命的最后 30 余年基本都在明州老家度过。

很明显，史弥远主要的老师，就是自己赋闲在家、学识渊博的父亲。而父亲史浩，也对这个儿子倾囊相授，把他培养成了一个合格的人才。

当然，这样的案例还有很多，比如前朝的苏轼家庭，还有未来的曾国藩家庭。要知道，曾国藩的启蒙老师，也是他的父亲。

书归正传，淳熙十四年（1187 年），史弥远轻轻松松地通过了科举考试，入朝为官，并凭借当官的天赋技能，史弥远在宦海自由遨游。

步入宦海

史弥远进入官场后，他的最初战绩并不理想，甚至有点惨不忍睹。

当时，史弥远获得的第一份官职是大理司直（正八品），随后被任命为太社令（正九品），后改任太常寺主簿（从八品）。

后来，又先后被朝廷任命为诸王宫大小学教授（正八品）、宗正丞（从七品）、起居郎（从六品）、资善堂直讲（从七品）、枢密院编修官（正八品）、实录院同修撰（正六品）、秘书少监（从五品）等官职。至开禧二年（1206 年），史弥远奋斗了将近 20 年，也没有得到一个显赫的官职，仍是一个五六品的小官。

之所以这样，原因有二。

第一，史弥远入朝时，虽然年轻有为，但他的父亲史浩多年远离朝廷，且垂暮老矣，这导致史浩在朝中没有多少影响力，自然无法帮助儿子。

第二，根据时间推断，史弥远步入官场时，正值朝廷“新老交替”之际。当时，宋孝宗禅位给宋光宗，去当太上皇了。而根据“一朝天子一朝臣”的法则，宋光宗登基后，自然要重用自己人。

就这样，史弥远的官场之路布满荆棘，但他仍充满希望。他相信凭借自己的才华和本领，能够得到自己想要的一切。

这确实是事实。

重新审视一下史弥远的官职就会发现，虽然这些官职品级小，但却是太子的老师、皇帝的秘书等官职，很容易让他接近帝国的心脏，得到皇帝的青睐。这不，没过多久，史弥远就得到了皇帝的青睐了。

开禧二年（1206 年），宋宁宗大笔一挥，命史弥远代理刑部侍郎，当了一个实习干部。没过多久，宋宁宗又让他转正，封其为礼部侍郎（正三品），让其步入帝国的核心。

步入了朝廷的核心后，史弥远准备再上一层楼。然而，史弥远却无法再走了。因为，当时有一只巨大的拦路虎阻碍了他。

这只拦路虎，就是当时说一不二的韩侂胄。

简单说，作为太子的死党，史弥远不是韩侂胄的人，所以韩侂胄不可能对其委以重任。不仅如此，为了削弱太子的力量，韩侂胄甚至想弄死史弥远，把他轰出朝廷。只不过，虽然太子跟韩侂胄不和，但是矛盾还没有激发，大家还相安无事，所以韩侂胄就暂放了史弥远一马。

当时，为了那最高的权力，史弥远一直盯着韩侂胄，准备找一个机会取而代之。结果，没过多久，这个机会说来就来了。

这就是轰轰烈烈的“开禧北伐”。

前面讲过，因为“开禧北伐”的失败，韩侂胄成了众矢之的，再加上金国的压力（没有他的脑袋，不和谈），他虽然没有树倒猢狲散，但势力也大不如前了。

在这种情况下，史弥远抓住机会，联合太子赵曮以及跟韩侂胄有仇的杨皇后，一起发动了政变，把韩侂胄杀死了。

开禧三年（1207 年），在玉津园内，把韩侂胄打得下体爆裂后，史弥远接替了韩侂胄的位置。

韩侂胄惨死后，仅仅过了一个月，史弥远就被皇帝任命为同知枢密院事（正二品）兼太子宾客（从三品）。嘉定元年（1208 年），更是任命为知枢密院事（从一品）兼参知政事（正二品）。他军政一手抓，成了名副其实的宰相，这个帝国的掌门人之一。

至此，史弥远终于成为帝国第三人（皇帝第一、太子第二、他第三）。而通过这些任命，百官也知道了皇帝对其的宠爱和太子对其的信任。毕竟，没有这对父子的帮助，史弥远是不可能占据那个位置的。

但是，群臣还是想浅了。这对父子对史弥远的宠爱，超出群臣的预料，让他们瞠目结舌。

成为宰相仅仅过了一个月，史弥远就遭到了一个重大打击，他的母亲病逝了。按照规定，史弥远必须回家丁忧守孝。

这对于史弥远而言，堪称是一个重大的打击。毕竟，刚刚成为宰相，羽翼还没有丰满，誓死效忠的人也不够，这要是谁乘虚而入，取代了他的位置，就全完了。

这个时候，就看出皇帝父子对其的宠爱和信任了。

当时，史弥远丁忧回家后，仅仅过了 12 天，宋宁宗就罢免了另一个宰相钱象祖，以表明自己的态度，让史弥远放心。要知道，在当时，钱象祖是唯一能威胁史弥远的人，皇帝把他罢免了，就是在传递一个重要信息——要史弥远安心丁忧，等他回来后，还是“涛声依旧”。

这种宠爱，仅仅是一个开始。

史弥远回家丁忧，仅仅过了五个月，在太子的强烈要求下，宋宁宗颁布了一道圣旨，决定“夺情”，复起史弥远，生生地把他拽回了朝廷。

所谓“夺情”，就是指在官员守孝期间，皇帝还要他办公，“很不厚道”地把他拽回来继续为国效力。当然，这种做法是“理亏”的，所以用了一个“夺”字，叫作“夺情”。“夺情”不算命令，大臣也可以选择拒绝。

连“夺情”都用上了，可见这对父子是多么需要史弥远呀，对他的宠爱和信任也就不说自明了。

至此，在“夺情”下，史弥远王者归来。从此以后，在长达 25 年的时间里，他成了帝国的“独相”，一直把持着朝政，是南宋历史上在宰相之位上时间最长且从来没有中断过的人。

一个权臣执政的时代，就此开始。

奸臣的炼成史

很多人对史弥远很陌生，甚至会认为，虽然这个人不是一个好官，但也不至于是一个祸国殃民的奸臣。毕竟，相比较秦桧等永载史册的奸臣来说，史弥远似乎还没坏到这一步。

其实，大家完全想错了。

在南宋历史上，史弥远是一个独揽大权、打击异己、祸国殃民的大臣，他比秦桧更狡诈，比韩侂胄更残忍，只是在腐败奢靡程度上不及那位“后来者”。他完全可以与那三个祸国殃民的奸臣齐名，并称为“南宋四大奸臣”，永载史册，遗臭万年。

现在，让我们看一下这个奸臣是怎么“炼成”的。

第一，史弥远懂得独揽大权，掌控最高的权力。

宋代宰执制度最大的特点，就是分割相权，宰相只能管政治，不能涉足军事和经济。否则，一个人独自管理军、权、财，还不翻了天。

纵观整个北宋，皇帝都深知此道，他们牢牢地监控着宰相，怕宰相越雷池一步。宰相与枢密使联姻也是当时最大的禁忌，一经发现，必严惩不贷（参考

第二卷中赵普联姻李崇矩)。

南宋建国后，也继承了这种制度，所以秦桧当权时即便气焰熏天，也不能除掉政敌刘锜。因为秦桧不能兼职枢密使，不能管理军队的他拿刘锜毫无办法。

历史的车轮进入韩侂胄时期，虽然这个大臣时不时地兼职一下枢密使，但很快，在舆论的压力下也只能乖乖卸任。

所以，虽然韩侂胄有宰相兼职枢密院的特例，但这毕竟不是制度，当时朝廷还是有一个规则的——不许宰相兼职枢密使，唯恐他大权独揽。

然而，等到了史弥远期间，他打破了规则，兼职枢密使，大权独揽了。

史弥远当宰相后发布了一道命令，为了提高工作效率，宰相可以兼职枢密使，从此军政一把抓。不仅如此，史弥远还令这个制度“遂为永制”。

史弥远堪称开了一个亡国的先河。毕竟，若皇帝不管事，这个兼职宰相和枢密使的大臣，就成为帝国的第一人了。这个人若是一个鞠躬尽瘁、死而后已的贤臣，还好说；但若是一个祸国殃民、无恶不作的奸臣，这个国家只能亡国灭种了。

未来，贾似道之流为何如此气焰熏天、不可一世，其实都是拜这个“宰相可以兼职枢密使”制度所赐。为此，史弥远要为宋朝的亡国负有一定的责任。他不杀伯仁，伯仁却因他而死，他难辞其咎。

为了大权独揽，史弥远除了“两相并置，均兼枢密”外，还破坏了一个民主制度，即“政事堂议事制度”。

所谓“政事堂议事制度”，就是宋朝的宰执们聚在一起，开会共同商议国家的未来。这个制度的主要目的，是防止宰相搞一言堂。

在史弥远眼中，这个制度太碍事了。一大堆人开会，你一言我一语的，讨论半天也办不成一件事。而且，不同意他想法的人太多，这要是费尽口舌统一大家的思想，估计太阳都下山了。

为了毁掉这个制度，史弥远想了一个诡计，他以生病为由拒绝参加会议。当然，生病归生病，史弥远还得管理国家大事。于是，史弥远下令，把所有奏折送到他的府邸，他在府邸办公。

史弥远此举可谓釜底抽薪。他“决事于房闼，操权于床笫”，也不跟群臣开会，大权独揽，独断专行。

史弥远如此行事，对于国家的危害程度可想而知。后来，他的继任者也学会了这个招数，索性把办公场所设置在了游轮上，一边玩耍一边处理公务。

可以说，单这个大权独揽的危害程度，史弥远就已远远高于秦桧和韩侂胄。他建立的一套崭新的大权独揽法，更为那些继任者开启了一条崭新的揽权之道。

当然，也有读者会反驳我。毕竟，在中国历史上，很多贤臣（包括诸葛亮、张居正）也是搞一言堂的。史弥远如此行事，很可能是为了节省时间，为百姓做好事。

别急，看完史弥远下面的所作所为，再做定论不迟。

第二，史弥远懂得结党营私，维护自己的权力。

为了畅通无阻地灌输自己的思想、第一时间执行自己的意志，史弥远结党营私，提拔亲信。

当时，史弥远凭借自己任命百官的权力，大肆收买人心、安插亲信。他的爪牙遍布天下，史称“心腹列于朝堂，亲信布于地方”。

史弥远有一个习惯，特别喜欢重用老乡。他这么做的原因有二：第一，苟富贵，毋相忘，自己飞黄腾达了，也让家乡人鸡犬升天；第二，史弥远相信，老乡不会背叛他。毕竟老乡背叛了他就别想回家乡了。所以重用老乡，他用的放心。

当时，史弥远选拔人士时，特别喜欢重用“非鄞即婺”的官员。在他眼中，鄞县（今浙江宁波鄞州区）人是他的小同乡，婺州人则是他的大同乡。

史弥远这么搞，这些地方的官员“鸡犬升天”，成了官场上的香饽饽。豪门贵族们也都来跟他们联姻，希望跟这些“非鄞即婺”的官员搞好关系，进而傍上史弥远这棵大树。

史弥远如此行事，朝廷的正直官员不干了，他们频繁上疏，要求对史弥远严惩不贷。伶人们也编了段子，狠狠地调侃了史弥远一把。

有一天，相府开筵，史弥远聘请了几个伶人，让他们表演节目助兴。结果，开场后，一个伶人大喊道：“满朝朱紫贵（朱紫，是高官衣服的颜色），尽是读书人。”这时，另一个伶人大喊道：“不对，在我眼中，这满朝朱紫贵，不假，但尽是四明人！”

一听这“满朝朱紫贵，尽是四明人”，在座宾客大吃一惊，大家皆屏住呼吸，等着看史弥远的反应了。

结果呢，要说这个史弥远，涵养还真不是一般的高，他明明听出了这插科打诨中的讽刺，愣是不发作。不仅如此，他还给了伶人很多赏赐，以表明自己“海纳百川之心”。

当然，说归说，做归做。史弥远下令，以后府邸不许再请伶人表演，他不想再堵心了。

书归正传，大权独揽、唯亲是举、到处培养爪牙，史弥远已经可以跟奸臣画等号了。但史弥远做的远不止这些。

第三，史弥远懂得排除异己，一统帝国。

大权独揽，就要消灭一切反对之声，蔡京如此，秦桧如此，韩侂胄如此，史弥远也是如此。

只不过，对比那些前辈，史弥远不仅操控台谏，控制言路，还取代了监察御史，亲自上台规谏朝廷、监察百官。

史弥远上台后，立刻向前辈韩侂胄学习，提拔自家人为监察御史，以此控制言路。后来，尽管言官都是自家人了，史弥远还是不放心，他亲自“呈稿”，取而代之。

史弥远此举，可谓创立未有之格局。史弥远替监察御史写稿子，那还要监察御史干什么呢？台谏官员规谏朝廷、监察百官的作用，不就荡然无存了吗？

要知道，韩侂胄在最鼎盛时，也没有无耻到替言官写文章，还是保留了一点民主，让言官自由发挥。可到了史弥远，这一点民主也都给剥夺了。

就这样，在史弥远的大包大揽下，南宋的监察系统荡然无存。当时，台谏全是史弥远的死党，每次上呈朝廷奏折前，这些言官都会排队到相府等待，拿了史弥远的“旨意”后，再上奏朝廷。

如此行事，这些言官也没觉得有什么不妥，他们不以为耻，反以为荣，毫不避讳地说：“近来文字，皆是府第付出。”

要知道，言官一直以来不惧强权、誓死进谏。以包拯、欧阳修、王素、余靖、蔡襄为首的铁汉们，更是为了坚持自己的理想与正义，敢跟一切恶势力抗衡到底。即使触怒龙颜，即使把皇帝挤对得掉眼泪，即使往皇帝脸上吐口水，这些人也毫无畏惧。对比这些伟大的前辈，再看看这些毫无骨气的后辈，不知道包拯、欧阳修等人的在天之灵会做何感想。

排除异己的手段

虽然在当时，还有官员殊死进谏，希望皇帝居安思危，灭了这个权臣。但可惜的是，宋宁宗要是有那智商，就不是宋宁宗了。

侍读黄度是一个忧国忧民的大臣，他清楚地知道，正常渠道已经无法弹劾史弥远了（言路都被控制了）。他另辟蹊径，准备利用入宫经筵的机会劝慰皇帝，让他废掉史弥远。

在给皇帝讲课期间，黄度知道周围都是史弥远的耳目，他隐秘地进谏道："启奏陛下，唐朝之所以由盛变衰，是因为唐玄宗重用了口蜜腹剑的李林甫，这是唐朝衰败的关键。望陛下退朝之后，反复阅读李林甫的传记，好好思考，总结唐朝衰败的教训。"

黄度的这个比喻非常准确，史弥远确实在行李林甫之事。当时的南宋朝廷，"诺诺者盈庭，而谔谔者卷舌；容容者接武，而皎皎者遁行"，再让史弥远这样搞下去，南宋危矣。

结果，对于黄度的肺腑之言，"不慧"的宋宁宗不仅根本没听懂，他还把这件事情告诉了史弥远，想听一下他对李林甫的看法。

对于这里面的弦外之音，宋宁宗听不出来，史弥远可全听出来了。得知黄度在背地里这样搞他，史弥远大怒，立刻找了一个由头，把黄度轰出了朝廷。黄度离开没过多久，就与世长辞了。

虽然黄度是郁郁而终，但是他应该庆幸。毕竟，在史弥远专权的时代，如此反对史弥远还能全身而退，已经是上天的恩赐了。

要知道，不是每一个人在骂完史弥远后，都可以善终的。他们当中的很多人付出了血的代价。

这些付出代价的人中，最著名的，非殿前司同正将华岳莫属。

华岳，嫉恶如仇，眼里容不得一点沙子。在当武学生时，华岳就接连上疏朝廷，痛骂韩侂胄大权独揽、陷害忠良，请求将其斩首示众。

看了华岳的文章后，韩侂胄愤怒无比，剥夺了华岳的武学生身份，让他变成了一个平头老百姓。韩侂胄还下令，终身不许华岳参加科举考试，让他贫苦一生。

韩侂胄死后，为了笼络天下，史弥远下令恢复了华岳的武学生身份，还把他破格录取了。朝廷任命华岳为殿前司同正将，让他入朝为官。

史弥远本以为恢复了华岳的身份，还让他入朝为官，就等于是华岳的“再生父母”，华岳肯定对自己誓死效忠。

结果呢？根本不是那么回事。

不管时代如何变迁，华岳还是那个嫉恶如仇、眼里容不得一点沙子的华岳。

简单来说，进入朝廷后，华岳见史弥远对外苟安、对内擅权，立刻上疏朝廷，要求对史弥远严惩不贷，以儆效尤。在上疏的同时，华岳还打算铤而走险，诛杀这个奸臣。

得知此事后，史弥远大吃一惊，立刻派人抓捕了华岳，把这场诛杀扼杀在了摇篮里。

抓到华岳后，史弥远亲自审理了他，对其痛骂道：“说，我与你有什么怨仇，竟要图谋我！”这个潜台词是，老子对你那么好，你竟然要害我，真是一只白眼狼。

华岳是如何回答的，史无记载，不得而知，但可以肯定的是，华岳肯定说了不少难听的话，否则史弥远不会那么记恨他，非把他弄死不可。

华岳被捕过审后，审理官员给了史弥远一个满意的结果，拟将华岳斩首示众，以儆效尤。判决出来后，皇帝要复审。结果，看见这个名字后，宋宁宗念华岳是一个正义直言的股肱忠臣（华岳痛骂韩侂胄的事情满城皆知），就想饶他一命。

结果，史弥远大怒，竟然直言不讳道：“此人要谋反，要杀臣。对于这么一个人，怎么能轻判呢？”

宋宁宗道：“那就这样，教他去海南走一遭。”

苏轼的故事告诉我们，海南是宋朝发配最远的地方。华岳被判罚到那里，已相当于让他去死。即使华岳不死，也会少活数十年，狠狠地被扒层皮。

然而，对于这个判罚，史弥远并不满意。在短暂的思考后，他阴黠道：“如此判罚，等于给华岳的判罚减了一等。”

宋宁宗就是一个弱智皇帝，根本不懂本朝刑法。听到“罪减一等”后，宋宁宗误以为就是流放。于是，他就同意了史弥远的请求。结果，宋宁宗根本不知道，所谓的“罪减一等”，其实还是要了华岳的命。

原来，宋朝刑法规定，第一等是斩、绞，第二等是杖，就是用棍子行刑，把人活活打死，即“决重杖一顿处死，以代极法”。

就这样，华岳在韩侂胄的手下逃过一劫，却死在了史弥远的专权下，真是可惜。

清除了异己，史弥远从此以后，想干什么就能干什么，想怎么干就怎么干。没有人能阻止他，也不可能有人阻止他了。

然而，史弥远没有想到，一件事情的突然爆发，让他打造的“盛世”分崩离析了。

第二章 改朝换代

帝国的危机

从开禧三年（1207 年）锤死韩侂胄开始，到嘉定十三年（1220 年）为止，史弥远已经做了 13 年的“独相”。

其间，皇帝信任他，皇后喜欢他，太子崇拜他，群臣畏惧他，没有一个人是他的对手。

在这种背景下，史弥远权倾朝野，爪牙遍布天下。

虽然还有很多大臣在告状，提醒皇帝防止“一侂胄死，一侂胄生”的情况出现，但是宋宁宗根本不听。或者说，他根本没有听懂。宋宁宗一直信任、宠爱史弥远。

没有任何人能动摇史弥远分毫，也没有任何一场风雨，能够摧毁史弥远构建的官场环境。

在史弥远眼中，凭借自己跟皇后、太子的关系，即使新皇登基，身为太子老师的他依旧可以大权独揽。

然而，人算不如天算，史弥远千算万算，也算漏了一件事情。

这件事情，就是太子病逝了。

嘉定十三年（1220 年），太子赵曮突然得了一场怪病，御医还没有查出病因，他就离世了，享年仅仅 29 岁。

伴随着太子的病逝，史弥远建立的关系网全部崩盘了，他不仅要重新编织自己的关系网，还要为宋宁宗再选一个养子，以继承皇位。

没错，就是要再选一个养子。因为赵曮也不是宋宁宗的儿子，而是养子。

这些故事，还得从头说起。

史料记载，老天似乎一直在捉弄宋宁宗，虽然赐予了他八个儿子，但是，这些孩子都没有长大成人，皆夭折而死。

《宋史·宁宗纪》记载，宋宁宗的这八个儿子里活得最久的，不过才八个月（三皇子赵坦），其余的皇子仅仅存活了一到三个月，就病逝了。

皇帝无子，要传递皇位，只能找养子。跟当年的宋仁宗、宋高宗一样，不管宋宁宗多么不愿意，也只能挑选一个宗室子弟作为储君。

在一番海选后，宋宁宗挑选了太祖赵匡胤子嗣燕王赵德昭（爱吃肥肉、被赵光义逼死的那个皇子）的后代赵与愿，把他养在宫中，作为替补。

赵与愿长大成人后，宋宁宗赐他赵曮一名，让其参与朝政，锻炼本领。

再后来，开禧年间，因诛杀韩侂胄有功，宋宁宗册封其为荣王，不久，又正式册封其为皇太子。

赵曮成为皇太子，也就成为下一任的皇帝。作为帝师，史弥远也预约了国家下一任的宰相座椅。

当时，史弥远自信地认为，凭借跟太子的关系，太子登基后，自己的权力也能继续延续下去。然而，这一切的一切，伴随着赵曮的病逝全部戛然而止。在伤心之余，史弥远也只能为皇帝选择一个养子作为储君，并跟这个储君打好关系。

殊不知，就是这个新储君，成了史弥远关系网的掘墓人。

因为，这个新储君，并不是史弥远选择的结果，而是宋宁宗自己下的决定。

这个储君，叫作赵贵和，是宋孝宗一脉祁王赵抦的后代子孙。

根据《桐江集》记载：“宁宗在位三十年，前以侂胄十三年，后以弥远十七，未尝自处分一事，恭俭有余，明察不足。凡侂胄造御批、逐正人、禁伪学、开边隙，宁宗不察也。弥远与杨后、景献诛侂胄，函首送北，宁宗亦不知也。独有立济邸为皇子，出自宁宗独断。”

这段话的意思是说：宋宁宗一共在位 30 年，韩侂胄专政 13 年在前，史弥远独裁佐政 17 年在后，没有一件事情是自己办理的。不管韩侂胄、史弥远干什么事情，宋宁宗都插不上手，可唯独立第二个皇子，完全是宋宁宗自己的决定。

关于这个原因，一句话足矣——这个皇子，能了结宋宁宗的一个心病。

前面讲过，因为愧疚以及现实原因（赵扩傻），宋孝宗曾想选老二赵恺的儿子赵抦当太子，并不想选老三赵惇的子嗣赵扩继承皇位。

后来，据说“绍熙内禅”那一夜，吴太后本来也打算选赵恺的儿子继承皇位，不选赵惇的子嗣荣登大宝，只是因为长幼次序，才选择了年长的赵扩，没有选择年幼的赵抦。

根据南宋文人的野史记载，“绍熙内禅”那一天，除了赵扩，赵抦也来竞选皇位了。当时，看见这两个孩子，吴太皇太后失声恸哭，在一番选择后对赵抦道：“外面都在传言，说要立你为帝，哀家想了半天，应该有一个长幼的顺序。嘉王年长，且教他做，他做完了再叫你做，这才是祖宗之法。”

一听这话，赵抦满脸不悦，但也不能再说什么。他向吴太皇太后行礼后，就规规矩矩地出去了。

赵抦走后，赵扩才恍然大悟，发飙大喊“做不得，做不得”。最后，在大家的簇拥下，这才黄袍加身。

虽然是一个野史传说，但不可否认的是，赵扩登基时，确实有一个竞争对手，而且他的继位并不完全是众望所归的结果，多少有点违抗天命、违背人心的意思。

因此，赵扩一直认为，老天之所以让他绝后，完全是因为自己逆天而行。他的这个皇位应该属于赵抦，而不是自己。

古人相信天命，见自己的儿子接二连三地夭折、养子也英年早逝了，宋宁宗更加深信这个天命。于是，宋宁宗决心把皇位传给赵抦的子孙，以还先前之债。

在这种思想下，宋宁宗颁布了一道圣旨，下令立赵抦的后人赵贵和为皇子，赐名赵竑，把他接入皇宫作为储君。

虽然进入了皇宫，但赵贵和只是一个备胎，还有很大的概率被废掉（参考宋真宗时期的赵允让）。然而，宋宁宗在诏书中，却说了这么一番话，特别指出了这个侄子的重要性——侄贵和重厚英敏，天秉夙成，是一个可造之才。为了天下太平，册封他为皇子。从此以后，他就是朕的亲儿子了。

宋宁宗的这番话，等于把“身为独子”的赵竑立为太子，只是没有昭告天下罢了。

没有昭告天下的太子，永远不是太子，史弥远正是利用这个漏洞，完成了逆袭。当然，这些都是后话。

赵竑刚刚入宫，史弥远就第一时间赶了过来，准备与赵竑交好，建设一个互帮互助的关系。结果，在聊了一段时间后，史弥远失望地走了。

因为，之前这个新太子不仅不给史弥远面子，还视他为仇人，必杀之而后快。

这个原因，有二。

第一，双方之前没有任何的感情基础，无法快速建立合作关系。

跟前太子赵曮不同，史弥远不是赵竑的老师，双方也没有携起手来打过仗（干掉韩侂胄）。因此，双方没有任何感情基础可言，赵竑根本不了解史弥远，更别说信任了。

第二，赵竑是一个初出茅庐的年轻人，自然不会给史弥远好脸。

当时，赵竑最鄙视的，就是那种倚老卖老、大权独揽、为所欲为的奸臣，他也想诛杀了这种奸臣，还朝廷一个朗朗乾坤。

赵竑敢这么说，也真敢这样做！

《宋史·杨太后》记载，赵竑是一个有啥说啥的年轻人，不懂得什么韬光养晦之术，史称“其言露，其术疏”。而他所有的言辞，很快被身边的奸细传出去，传到了史弥远的耳朵里。

原来，为了控制赵竑，把他的一举一动置于自己的监视之下，史弥远花费重金培养了一个能歌善舞、聪明机智的美女，送给赵竑当作自己的眼线。

按理来说，史弥远送的美女，赵竑若有一点危机意识的话，都不应该要。结果，赵竑二话不说就笑纳了，而且他还特别宠爱这个美女，对她毫无防范，有啥说啥。

就这样，在这个细作的帮助下，史弥远清楚地知道赵竑的一举一动了，也知道了赵竑对自己的看法。

要知道，这些看法，全部不是什么好话。

有一次，赵竑跟这个美女谈论史弥远，结果越说越激动，恨不得立刻杀了史弥远，以解心头之恨。

当时，赵竑常指着地图上的琼州或者崖州，对美女道：“吾他日得志，置史弥远于此！”同时，赵竑还书写了“弥远当决配八千里”八个大字，与美人一起欣赏。

还有一次，赵竑不称呼史弥远姓氏，而称其为“新恩”（部分史书也称“恩新”）。

美人不解，问其原因。赵竑直言不讳道：“他日，我不是把史弥远流放新州（今广东新兴），就是放逐到恩州（今广东江门），所以称其为‘新恩’。”

得知了赵竑的真实想法后，史弥远还是不死心，他送给赵竑无数的金银财宝，妄想用金银收买皇子，联络双方的感情。结果，收到珠宝后，赵竑不但不领情，还随便找了一个由头把珠宝砸毁了。

这让史弥远看明白了，双方的关系这么差，已经不可能和解了。这个皇子登基之日，就是自己灭亡之时。

对于史弥远而言，事已至此，无法回头，为了不让那一天来临，他只能全力以赴，把这个皇子拉下马、另立新君。对于这个阴谋，赵竑是不知道的，他也不可能知道。

就在此时，宋宁宗命他去给赵抦选择一个过继子嗣，这正好给了史弥远一个名正言顺的理由。

撤换太子

原来，跟宋宁宗一样，祁王赵抦也是一个绝后人，为了有人继承家业，才收养了赵竑。结果，为了还债，宋宁宗把赵竑夺走了，让他成为皇位的继承人。

这一下子，祁王再次无嗣，只能另觅一个宗室子弟。这给了史弥远“偷梁换柱”的机会。他准备选取一个听话的子嗣，接替赵竑。

主意已定，史弥远立刻命亲信余天锡出发，去寻找一个听话的宗室子弟。

这个余天锡与史弥远家堪称世交，关系好得不得了！余天锡的祖父，是史家的童子师；余天锡的父亲，是史家的童子师；余天锡自己，也是史家的童子师！

换句话说，余家与史家有三代人的情谊在里面，他们虽是主仆，但实际上就是一家人。

因为有这么三层关系在里面，所以史弥远才敢把这个重任交给余天锡。而且，史书上的这个余天锡，为人小心谨慎，言谈举止极有分寸，也相当的忠诚和稳重，是一个合格的人选。

当时，余天锡以“参加科举考试、要找一个安静的地方复习”为由，离开了史家。离开前，史弥远让他多加留意，一定要找到合适的皇子。

说实话，史弥远让余天锡去找人，无异于大海捞针，史弥远也没有完全指望余天锡，毕竟不能一棵树上吊死。

当时，史弥远派出了很多人马，余天锡只是其中之一。然而，余天锡的命却非常好，在误打误撞之下，他竟然真找到了一个合适的皇子。

这个皇子，叫作赵与莒，他就是未来的宋理宗——赵昀。

关于这对君臣会面，有两个版本。

第一个版本，偶然相见。

根据《西湖游览志馀》记载，余天锡返回老家期间，因为劳累困乏，他把舟船停在岸边，躺在里面休息。结果，突然天降暴雨，两个小孩无处躲避，来到船舷旁边避雨。

此时，余天锡梦见两条巨龙来到身边，他大吃一惊吓醒了。余天锡定眼望去，看见两个小孩依偎在船边，就好奇地问：“你们是谁家的孩子？”

两个孩子道：“我们是全保长（王安石变法时，要求十户为一保，保长就是他们的头头）家的亲戚。”

双方聊了一会儿，雨停了，余天锡来到全保长家拜见这两个孩子的家长。

得知余天锡的身份和来意后，全保长很高兴，他告诉余天锡：“这两个人是我的外甥，是皇室子嗣。他们福气甚好，日后必当极贵。”

就这样，余天锡认识了这对孩子，也完成了史弥远交代的任务。

这就是这对君臣见面的第一个版本。

第二个版本，也是偶然见面，却没有那么神乎其神。

根据《宋史·余天锡传》记载，余天锡回家期间，邂逅了一个绍兴僧人，两人结伴而行。他们来到绍兴，突然天降大雨，僧人就建议去旧交全保长家避雨。

得知当朝宰相的家庭老师光临寒舍，全保长受宠若惊，他立刻杀鸡宰羊、热情款待，唯恐招待不周。招待完后，他唤来两个少年给余天锡介绍。

全保长道："这是我的两个外孙，大的叫赵与莒，小的叫赵与芮，他们是赵氏宗室子弟，是宋太祖的十世孙。我找人给他们算过命，他们福气甚好，日后必极贵！"

全保长还偷偷摸摸地告诉余天锡，大孩子赵与莒，身体神异怪诞。他在床上睡觉时，身体仿佛被一层龙鳞覆盖，像一条龙盘踞在床上一样。

虽然全保长说的这番话，是一个"造神运动"的结果（也许全保长根本没有说过这些话，只是后人杜撰的加工产物），但是却勾起了余天锡的兴趣。

以上，就是第二个版本的主要内容。

由于史料匮乏，我们已经无法说清楚这两个版本孰真孰假。但是，不可否认的是，在一番机缘巧合下，余天锡找到了合适的孩子。

余天锡找来了孩子们的家谱，在确定他们是宋太祖赵匡胤后人燕王赵德昭（与病逝的太子赵曮同族）一脉的子孙后，他就带着赵与莒、赵与芮回到京城，让史弥远亲自考察，决定取舍。

这里多说一句，赵与莒确实是宋太祖的后人，他们也确实是穷困潦倒的布衣之身。

根据《宋史·宗室世系表》记载，经过了数代后，太祖十世孙"与"字辈的后人，一共有 3665 人。而宋理宗本人，只是这庞大数目的子嗣之一罢了。

这么多的子嗣，自然不可能都享受"皇家待遇"。赵与莒一脉早就没落了，他家族的政治地位、经济收入，早就与一般百姓无异了。

赵与莒出生在一个没落的皇族中，他的父亲赵希瓐只是一个九品的芝麻小官，还早逝了。

父亲死后，赵与莒一家失去了经济来源，母亲全氏只能带着他们投奔了娘家，住进了全保长的家里。后来，在阴差阳错中，这两个孩子结交了奉命寻找皇子的余天锡，被他带入了京城。

书归正传，看见了这两个孩子，史弥远大喜过望。特别是这个大一点的赵与莒，举止稳重，资貌庞厚，给他留下了非常好的印象。

面试合格后，史弥远偷偷摸摸地找来余天锡，告诉他："现在时机未到，不能让这两个孩子留在京城，要速速地送回去，以免打草惊蛇。等时机成熟了，再把他们召回京城。"说完，史弥远便让余天锡准备车马，把这两个孩子送回了家。

后来，嘉定十四年（1221年），史弥远认为时机已经成熟了，他命令余天锡去全保长家迎接这两个孩子。结果，却出现了一个小花絮——全保长拒不放人，死活不让赵与莒兄弟进京。

原来，第一次送赵与莒兄弟入京时，全保长喜出望外，他认为这对孩子进京后一定能够飞上枝头变凤凰，必大富大贵。

于是，全保长散尽家财，大张旗鼓地置办了一场庆功宴，给这两个孩子壮行。结果，两个孩子进京没多久，就被史弥远“退货”了（实则怕泄露机密，不敢让他们停留），全保长空欢喜了一场。

全保长颜面尽失，也成为街坊邻里嘲笑的对象。鉴于此，全保长死活不让这两个孩子再进京了。

后来，为了劝服全保长，余天锡费尽口舌，也花费了不少金银，才让全保长放人。

就这样，赵与莒兄弟离开了家乡，终于来到了京城。从此，他们成为史弥远的棋子，勇夺储君之位。

那么，在争夺储君的过程中，又爆发了什么样的故事呢？

储君之争

为了掩人耳目，也为了有备无患，史弥远一共选择了10个“与”字辈的宗室子弟，作为考察对象。

虽然考察对象众多，但史弥远最看中的还是赵与莒。

之所以这样看中他，原因有二。

第一，赵与莒的面相极好，言辞之间尽显帝王本色。

在考察期间，史弥远曾重金聘请了一个相面先生，为这10个孩子算了一次命。结果，赵与莒的面相最好，堪称“帝王之命”。

此外，在一些场合，赵与莒也经常霸气外露。

有一次，在练习字体时，赵与莒竟然写出了“朕闻上古”四个大字，让史弥远大吃一惊。要知道，在中国古代，“朕”这个字，可是只有皇帝才能用的专用字，其他人谁用谁死。

赵与莒之所以书写这个字，完全是出于好玩，属于无知之举。然而，单凭此事，也足以将其治罪。但是，看了这个字，史弥远却认为这是天意，更加坚定了将其扶上皇位的决心。

当然，相面、书法这些玩意，都是毫无科学根据的臆说，要想考察出一个人，还得来点干货才行。

这个干货，就是严格的考察办法，我称之为“饥饿游戏”。

第二，在一场“饥饿游戏”的考验中，赵与莒满分通过，给人留下了深刻的印象。

为了考察这批宗室子弟的秉性，史弥远故意把他们关在了一个寺院里，让他们做了一天的祈福。其间，只给他们必要的饮用水，不给他们一点饭食。

整整做了一天的功课，却一点没有食物，孩子们肯定饿疯了。功课结束后，这些孩子们如狼似虎地冲出房门找吃的。

出门过程中，门口小，孩子多，大家就拥挤了起来。由于大家都饿得不行了，就互相推搡、互相指责，还动了手。

这种情况下，只有赵与莒非常冷静，他好言相劝，恢复秩序，指挥大家安全出门。他自己，却是最后一个出门的人。

通过了这次考核后，史弥远更加器重这个孩子，要把他培养成一个合格的接班人。

然而，说归说，做归做，要想把一个贫民子弟培养成皇子龙孙，史弥远还有很多的工作要做。

在这些工作中，最主要的一个就是为他找一个好老师，对其进行良好的教育和引导，好好地包装一番。

史弥远找的这个好老师，就是他的亲信加亲家——国子监学录（国家最高学府的九品官员）郑清之。

郑清之，字德源，初名燮，别号安晚，庆元府鄞县（今浙江宁波鄞州区）人。

史书中的这个郑清之，博学多才、学富五车，是那个时代的一代大儒。他不仅是史弥远的亲信，还是他的双重亲家。郑清之的女儿嫁入了史家，他的儿子也娶了史家的女子。

因此，关系密切、博学多才的郑清之，就成为史弥远的首选。

嘉定十六年（1223 年）的一天，史弥远找到郑清之，对其道："现在的皇子难成大器，倒是沂王府的赵与莒不错，能担大任。我希望您教导他，把他培养成才，并寻找一个机会，拥立他为新皇帝。"

除了表明心迹外，史弥远还不忘恩威并施，他用一软一硬的招数劝说郑清之。

这个"恩"是——事成之后，我史弥远现在的位置，就是你将来的座椅。

这个"威"是——上述的这番话，出自我口，入君之耳，切不可让第三者知道。如果不小心泄露了，我史家完蛋了，你也别想跑！

在这种恩威并施下，就算郑清之不想干，也只能硬着头皮上了。于是，郑清之日夜教授赵与莒知识，尽职尽责，不敢怠慢。郑清之还找了很多宋高宗的书法作为范本，让赵与莒临摹学习。就这样，赵与莒的学问和见识突飞猛进。

史弥远曾向郑清之询问其训练成果。郑清之拿出赵与莒书写的作品，史弥远看后赞不绝口。随后，他询问道："听说这个孩子的贤德已经成熟，大概到了什么程度呢？"

郑清之想了一会，道："这个孩子的贤德已经无法描述，但能用一句话形容。"

史弥远问道："哪句话？"

郑清之道："不凡！"

一听这话，史弥远哈哈大笑道："好好好，不凡，好一个不凡，真是一个可造之才。"说完，史弥远更加坚定拥立赵与莒的决心了。

其实，在我的眼中，赵与莒到底有多少贤德，他是否到了"不凡"的地步，真不好说。但是，这个孩子却非常懂事，其韬光养晦、隐忍薄发的本领，真是到了"不凡"的境界。

《宋史》记载，宋理宗（赵与莒）颇有帝王风采，在任何场合都表现得庄重严肃，不苟言笑，令人捉摸不透，也让人敬畏不已。宋理宗通过凝重寡言的办法来掩饰自己的慌张，用"矩度有常"的招数来减少周围人对其的批评。总而言之，这是一个深知帝王之术的君主。

对比那个鲁莽无知的"真皇子"赵竑，赵与莒的这种本领更是难能可贵，绝对能让他胜出。

在赵与莒的步步紧逼下，赵竑竟然根本不知道威胁已经来临，他还是我行我素，言谈举止更是张狂不已。这样的情况，也只能让赵竑越来越被动了。

当时，赵竑的老师，是号称“西山先生”的一代大儒真德秀。他对赵竑这种不懂韬光养晦之术、毫无城府的状态非常担忧，就写信给这位学生，希望其回归正路。

真德秀是这样告诉赵竑的:“总揽权纲，是君主的责任；推举贤能，惩治贪官，是宰相的责任。身为皇子，肩负着什么责任呢？关心君主的饮食起居，孝敬父母，修身进德，这才是皇子的责任。如今，您在干什么呢？议论朝政，讨论用人，这不是您的责任呀！您这么干的话，早晚得出事呀！”

要知道，历朝历代，皇帝最痛恨的就是太子议论朝政，组建自己的小团体。因为，这是要“取而代之”的节奏，必须严惩不贷。得亏宋宁宗不管事，你换一个别的时代试试……死定了。

对于真德秀的忠言逆耳，赵竑就左耳进、右耳出，让这些话飞到九霄云外了。

真德秀无奈地请求辞职，自贬到潭州（今湖南长沙），去外地避祸了。

伴随着真德秀的出走，赵竑众叛亲离了，他再也没有谋臣出谋划策，也没有力量去对抗史弥远了。他的覆灭之日，近在眼前。

皇子造反

史弥远不愧为当朝第一人，在他的包装下，赵与莒瞬间就加入了皇位争夺战中，并在这个战场上步步紧逼、高歌猛进。这位新进宗室子弟的推进速度之快，让世人瞠目结舌，也打得赵竑毫无还手之力。

这个战场的战况，是这个样子的:

嘉定十四年（1221 年）六月，在史弥远的推举下，赵与莒被封为秉义郎，正式进入战场。

嘉定十四年（1221 年）八月，赵与莒被授予果州团练使官职，兼右监门卫大将军，赐名赵贵诚，立为沂王子嗣。

嘉定十五年（1222 年），皇子赵竑晋封为济国公，赵与莒也被加封为邵州防御使。虽然双方官职不是同一级别，身份也不同，但赵与莒给足了赵竑压力。

嘉定十七年（1224 年）闰八月，宋宁宗身染重病，不省人事。在这种情况下，史弥远颁布了一道圣旨（估计是假传的），晋封赵与莒为成国公，诏立其为皇子，将其过嗣，赐名赵昀。

至此，赵昀与赵竑等级相同，大家都是皇子，地位平起平坐，且在没有太子的情况下，他们都有资格继承皇位。

现在，这哥儿俩只需要等待着皇帝的驾崩，就可以一决高下，成王败寇！

也许，上天也希望他们赶紧开战。他们没有等待太久，宋宁宗就驾崩了。

嘉定十七年（1224 年）闰八月三日，宋宁宗驾崩，享年 57 岁。

关于这位皇帝的死因，一直是一个历史疑案。因为，很多人都坚信，宋宁宗不是寿终正寝的，而是被史弥远毒死的。

《东南纪闻》就明确指出——宋宁宗病重时，史弥远进献了数百粒金丹，宋宁宗吃完就驾崩了。

由于史料匮乏，宫中之事又极其保密，要想还原当时的真相，已经是一件不可能的事情了。《续资治通鉴》在写宋宁宗之死时，虽然照搬了这段话，但作者毕沅加入了自己的理解——金丹之进，则他书别无佐证，今阙之。

对这个皇帝，盖棺定论一下：

在宋朝的历史中，虽然宋宁宗“不慧”，但不可否认的是，这个皇帝还不错，是一个好皇帝，颇有仁宗之相。

有一年元宵佳节，内侍看见宋宁宗孤独地坐在烛灯下看奏折，就谏言道：“今日是元宵之夜，陛下何不大摆宴席，热闹一下。”

宋宁宗合上奏折，感慨道：“天下百姓疾苦不堪，很多人还吃不饱、穿不暖。一想到这些贫苦的百姓，朕就伤心不已，又怎么能大摆酒宴，铺张浪费呢？”说完，宋宁宗打开奏折，继续唏嘘感叹。

纵观中国五千年历史，能够说出这种话的皇帝，即使不是一个明君，也绝不是一个昏君。宋宁宗的品性，可见一斑。

时人评价宋宁宗“无声色之奉，无游畋之娱，无耽乐饮酒之过，不事奢靡，不殖货利，不行暴虐，凡前代帝王失德之事，陛下皆无之”。这个评价非常中肯。

虽然宋宁宗还算是一个忧国忧民的皇帝，但他却是一个有德无才的君主。他在位 30 年，一直仰仗大臣治理国家，自己甘心当一个傀儡。对于这个皇帝，虞云国先生在其作品《南宋行暮》中的一番话，最为精辟：赵扩政治上是一个长不大的孩子，始终寻找强有力的保姆。即位之初，他依赖慈福宫太后和赵汝愚为他做主张；随后，他离不开韩侂胄这根拐杖；诛韩的时候，他需要杨太后把定主意；现在，他又放不开史弥远这只奶瓶……

说到底，他就是一个嫌麻烦、长不大的“巨婴”。

最终，就是在这个“巨婴”皇帝的统治下，南宋出现了衰颓之势，并愈演愈烈，最终无力回天。

好吧，俱往矣，还是让这位皇帝休息吧。

书归正传，虽然宋宁宗的死是一个千古悬案，但毋庸置疑的是，伴随着这位皇帝的去世，一个崭新的时代即将到来，一个皇子也将用自己的生命作为这个时代的祭品。

这个失去生命的皇子，不说自明。

宋宁宗刚刚驾崩，史弥远就迫不及待地动手了。他立刻干了三件事，准备变天。

第一件事，命心腹殿帅夏震（打死韩侂胄的那个将领）带兵入宫，控制朝廷，准备在万不得已时武力逼宫。

第二件事，派郑清之劝说赵昀，命他矫诏继位。

第三件事，派人劝说杨皇后，让其参与政变，拥立赵昀为帝。

可见，三件事情环环相扣，步步为营，充分体现了史弥远的谋划水平，他不愧是这方面的老手。

然而，再完美的谋划，也有出差错的时候。这不，除了第一件事情外，剩下的两件事情都出错了，差点让史弥远功亏一篑。

原来，得知史弥远要自己矫诏继位后，赵昀一直沉默不语，不说干，也不说不干，这让来劝说他的郑清之抓狂不已。

最终，郑清之挑明道：“丞相让我跟随王爷很久了（你知道我是干什么的），王爷身边也有很多丞相的心腹眼线（你以为跑得了）。现在，王爷一句话不说，我怎么回去复命呢？”

这就是赤裸裸的威胁。

一听这话，赵昀慢慢地抬起头，语重心长道：“绍兴还有老母在。”随后，就再次一语不发了。

见赵昀再也不说话了，郑清之只能回来复命。史弥远听完这句含蓄沉稳、意味深长的回答后，沉思了一下，感叹道："沂王不凡啊。"

是的，他确实不凡！因为，虽然赵昀的这句话看似无厘头，但是若细细品味，里面却有两个深刻的含义。

第一个含义，我的老母在绍兴。也就是说，我把老母交付给你了，我同意这件事情了。

第二个含义，即使事情失败了，赵昀也可以开脱责任，说是史弥远等人逼迫的结果。因为，自始至终，赵昀也没有说过一句同意，只是说了一句"绍兴还有老母在"。

如此智商，真可谓不凡……

可见，官场中人，玩的都是《聊斋》，都是套路。

虽然赵昀玩了一个套路，但是不管怎样，他已经同意了，史弥远解决了这个后顾之忧，可以专心解决第三件事情了。

《宋史·杨太后》记载了史弥远拖杨太后"下水"的全过程："十七年闰八月丁酉，帝大渐，弥远夜召昀入宫，后尚未知也。弥远遣后兄子谷及石以废立事白后，后不可曰：'皇子先帝所立，岂敢擅变？'是夜，凡七往反，后终不听。谷等乃拜泣曰：'内外军民皆已归心，苟不立之，祸变必生，则杨氏无唯类矣。'后默然良久，曰：'其人安在？'弥远等召昀入，后拊其背曰：'汝今为吾子矣！'遂矫诏废竑为济王，立昀为皇子，即帝位……"

这段话的意思是：

宋宁宗病逝后，史弥远找来杨太后的亲戚，她的两个侄子杨谷、杨石，让他们去后宫游说杨太后，请杨太后支持。

杨太后不同意，她告诉两个侄子："擅自篡改先帝遗旨，你们这是要造反呀。自己死就行了，别拖我下水！"

就这样，杨氏兄弟"往返七次"奔走于史弥远与杨太后之间，沟通意见，请求杨太后同意。可是，杨太后就是不同意。

最终，见姑姑如此固执己见，杨氏兄弟跪在她面前痛哭流涕道："姑姑呀，事已至此，不立已经不行了。若不立赵昀，'祸变必生'，杨氏一族肯定被灭门啦，咱们都死定了（则杨氏无唯类矣）！"

一听这话，杨太后沉默不语了。在思考了一段时间后，杨太后终于让步了。她同意了史弥远的请求，拥立赵昀为皇帝。

这里多说一句，除了这段史料外，很多史料也显示，杨太后是在史弥远的逼迫下，最终同意了改立新君。

其实并不是这么回事。

要知道，没有史弥远的逼迫，杨太后也一定会联起手来一起搞死赵竑。

原因很简单，杨太后与赵竑不和，早就看这个皇子不顺眼了。

太后跟着造反

杨太后与赵竑不和的证据，有二。

第一个证据，赵竑欺负杨家人，让杨太后无法隐忍。

原来，为了与赵竑结盟，杨太后把侄孙女吴氏嫁给了他，作为其正室夫人（常用的笼络招数）。这个吴氏史称“性极妒忌”，进入了赵家门后，她就一直“管理”赵竑，不允许他有别的女人，更不许赵竑与别的女人卿卿我我。

当时，为了管住赵竑，只要赵竑去别的女人那里，吴氏就会尾随而来。

为了把赵竑拉走，吴氏犹如泼妇一般，大吵大闹，撒泼打滚，用尽招数。为此，吴氏到底掀了多少张桌子，打了多少个狐狸精（那个美女密探估计没少挨打），她自己也说不清楚了。

于是，赵竑夫妻就这个问题产生了不小的摩擦，双方还打碎了不少东西。

在砸东西时，赵竑一不小心把杨太后送的一个水晶双莲花首饰打碎了。据说，这个首饰是杨太后亲自所赐，是让他们夫妻和睦的信物。

就这样，杨太后产生了嫌隙之心。毕竟，他还没当皇帝呢，就敢这么欺负杨家人。这要是登基称帝了，杨家人还有活路吗？

第二个证据，赵竑深扒杨太后的隐私，让杨太后苦不堪言。

根据一部分野史记载，杨太后是一个不甘寂寞的女人，她在宫中有一个老相好。此人姓王，是一个大臣。由于真名大家不敢说，所以就给他起了一个外号，叫作“花儿王”。

对于这件事情，虽然大家心知肚明，但是也都睁一只眼闭一只眼，装作没看见。

结果，赵竑知道了这件事情后非常愤怒，不仅把“花儿王”的事情昭告天下，还到处嚷嚷，说等自己登基称帝后，一定要严惩这种秽乱宫闱的大臣。

赵竑的这番言辞，到底是说给谁听，又是针对的谁，真是不说自明。

综上所述，通过这两件事情，我们就能看出来——杨太后并不喜欢赵竑。

本来，赵竑可以通过自己的身份，跟杨太后建立一个合作伙伴关系、共同发展。结果，因为自己棱角分明、过分张狂的个性，他失去了杨太后这个有力的支援，使自己陷入了不利的境地，最终众叛亲离。而众叛亲离的下场，也就只能……

就这样，权衡了自己的利弊得失后，杨太后终于同意了史弥远的请求。

史弥远立刻派遣使者，宣赵昀进宫。在拟宣召圣旨时，就能看出史弥远"心细如发"的本领了。

这两个皇子住的地方不一样，赵昀住在沂王府，赵竑住在万岁巷。在派遣使者时，史弥远反复叮嘱道："听明白了，你们宣召的是沂王府的那位皇子，不是万岁巷的那位皇子。若弄错了，我灭你们全族！"

宣召的官员出发后，曾路经赵竑的府邸。当时，赵竑已经等疯了，他不顾斯文，趴在房门上，扒着门缝往外看。急不可耐的赵竑希望官差赶紧上门，把自己请进皇宫，登基称帝。

在等待期间，赵竑发现一队人马从他府前匆匆经过，却不知道他们要干什么。后来，这队人马又从他府前匆匆经过，仿佛还簇拥着一个人，他也不知道这些人要何去何从。

眼前的一幕，把赵竑彻底弄糊涂了。他根本不知道，此时此刻，他的命运发生了根本的改变，他已经全盘皆输了。

是的，这个被簇拥的人，就是即将登基称帝的——赵昀。

赵昀入宫后，在史弥远等人的陪同下参拜了杨太后。杨太后看见他后，满脸堆笑说了一句话——"从今以后，你就是我儿子了（汝今为吾子矣）。"

至此，一锤定音，一切尘埃落定，再也无法改变了。

就这样，在史弥远和杨太后的帮助下，赵昀成为最终的胜利者。他登基称帝，成为南宋王朝的第五代皇帝、宋朝第十四位皇帝，史称宋理宗。

确定了宋理宗的身份后，史弥远昭告天下，命文武百官以及万岁巷的赵竑入宫，祭拜宋宁宗，并效忠新君。

赵竑入宫后，他还做着皇帝梦呢。这个人竟然傻傻地问御前侍卫夏震道：

“现在都什么时候了，我为什么还站在殿内？”这个意思是说，我为什么还站在这里？我应该去上面坐着。

对于这个“萌儿”，夏震的回答颇有点灰色幽默了。

夏震欺骗道：“现在还没有宣布圣旨。宣布之前，您只能站在这里。宣布完了，您才可以过去。”

赵竑竟然听信了夏震的鬼话，他就这样傻傻地站着，傻傻地看着赵昀坐在了龙椅上，傻傻地看着满朝文武撩袍跪倒、朝拜新君，大呼“万岁，万岁，万万岁”……

看见此情此景，赵竑完全蒙掉了。他痴痴地站在那里，不知道该干什么。最终，还是夏震按住他的头，逼他跪拜。

事已至此，木已成舟，赵竑除了跪下磕头外，已经没有了第二个选择。

至此，一切尘埃落定，伴随着赵昀的登基称帝，一个新的时代终于拉开了帷幕。当然，根据老规矩，不是每一个人都能在新时代里存活的。

这个不能存活的人，不说自明。

第三章 新的时代

湖州之变

纵观中国历史，拥有太子头衔的人，只要没有登基称帝，其结果基本就是“不得好死”。毕竟，作为新君最大的潜在威胁，不死怎么说得过去呢？

当然，虽然太子必死无疑，但中国讲究一个“温水煮青蛙”，这表面的“赏赐”、背地的“刀子”，还是得分一个轻重缓急。

这不，刚开始的时候，皇帝对这个敌人还真不错。赵昀登基后，立刻赏赐天下，他赏给赵竑的是——授予检校少保，武宁军节度使，济国公官职。随后，又晋封其为济阳郡王、判宁国府。

当然，满朝文武都清楚地知道，这一切的恩赐，不过是皇帝送的“最后一份礼物”罢了。

这不，没过多久，史弥远秘密地让亲信上奏，大家以济王“能量极大，有逼宫生事之嫌”为由，把他轰出了京城。史弥远将其发配至湖州霅城，把他软禁了起来。

一般来说，伴随着这位前太子的软禁，中国历史上那数不胜数的故事又将再次上演。估计用不了多久，这个前太子就会暴病身亡，结束自己的一生。

殊不知，虽然这位前太子的结局没有出人意料，但是这个过程，却堪称跌宕起伏。

原来，不甘心失败的赵竑竟然起兵造反了。然而，他的这个造反，不是自己心甘情愿的，而是被人逼迫的结果。

这个故事，还得从头说起。

史弥远擅自矫诏圣旨、拥立新君的做法，引起了朝野很多人士的不满。很多人打算发泄心中的不满，拥立济王复辟，清君侧、匡社稷，把这个颠倒的黑白扭转过来。

当时，朝野上下有很多人打算这么干。但可笑的是，真正付诸行动的人，竟然是太湖上的两个渔民——潘壬、潘丙兄弟。

潘壬、潘丙虽是渔民，但他们读过几年书，还是临安的太学生。因为在临安生活过，所以这哥儿俩知道朝廷的黑幕，他们痛恨史弥远的为人，也为赵竑的处境打抱不平。

得知赵竑被贬到湖州后，这哥儿俩一琢磨，说史弥远一手遮天，已经闹得天怒人怨，我等不如拥立赵竑复辟，诛杀了这个奸臣，还朝廷一片朗朗乾坤。

说干就干，这哥俩竟然真的招募人马，准备造反。

当然，这哥儿俩也清楚地知道，就自己手底下这几个人、几柄渔叉，根本不是朝廷正规军的对手。因此，要想成就大事，还得寻找有力的外援。

于是，这哥儿俩偷偷地派人去联系山东的割据势力李全，请求他出兵协助，一起图谋大事。

李全的事情，咱们未来再说。但这里，只要记住一句话——李全这个人，就是一个见利忘义，心中只有自己，毫无国家的小人。他当然不会跟潘壬兄弟合作，干这种损己利人的事情。最终，李全敷衍了几句，假装同意出兵，就把潘壬兄弟打发走了。李全只想坐享渔翁之利。但是，潘壬兄弟竟然被李全忽悠住了，他们真的以为李全准备出兵，跟自己图谋大事。

得到李全的出兵承诺后，潘壬兄弟就打算起义了。宝庆元年（1225 年）正月八日，他们率领十几个渔民，打着“忠义军”的旗号，冲到了关押赵竑的府邸，想拥立赵竑复辟。

可想而知，突然进来了十几个舞刀弄棒的不法之徒，赵竑都吓傻了，他藏了起来。叛军找了半天，才找到他。

从一个废弃的水井里，潘壬兄弟把赵竑捞了出来。他们簇拥赵竑来到屋内，搬来一把“龙椅”，呈上黄色的衣服，请求济王“黄袍加身”，领导他们起义。

可想而知，此时此刻，赵竑真是进不能进、退不能退。他不想干，却又没法移开脖子上的那把刀。最终，赵竑哭诉道：“让我带头可以，但必须满足我一个条件，不能伤害太后和皇帝，否则此事免谈。”

潘壬兄弟一听，本来我们的目的就是清君侧、匡朝纲，就想杀了史弥远这个奸臣，也不打算伤害太后和皇帝，既然济王不让干，那我们就不干。于是，潘壬兄弟当即表示，绝对听从济王的领导，您说咋干，我们就咋干。

就这样，完成了“君子协议”后，赵竑这才穿上龙袍，率领他们起义。同时，他听信了潘壬兄弟的说辞，发布了一道诏书，声称要率领精兵二十万，水路并进，直捣临安城。

整整二十万精兵呀……这个数量，确实很爽。赵竑当时意气风发的表情，可想而知。

这个历史事件，就是历史上著名的“湖州之变”，也称“济王之变”。

这个历史事件，也是宋太祖赵匡胤“陈桥兵变”后，宋朝又上演的一次“黄袍加身”事件。

只不过，上一次的“陈桥兵变”，创建了一个崭新的王朝；这一次的“黄袍加身”，则完全是一场闹剧。

太子惨死

随着时间的推移，赵竑发现自己上了贼船，被骗了！原来，那所谓的二十万大军，就是一张空头支票、一句骗人的鬼话！这支起义军不足千人，且大半都是太湖的渔民。这样的队伍，能干什么呢？

后来，不管潘壬兄弟如何洗脑，说什么别看现在人数少，但都是精锐之师，能以一敌万。我们只要一出兵，李全就会闻风而起，第一时间挥师南下，帮助我们讨伐奸佞等。赵竑也彻底地失去了信心，他打算“退股”了。

最终，在一个伸手不见五指的深夜，赵竑逃跑了。他跑到了官府里，投案自首，主动交代了罪行。

在投案自首的同时，赵竑也希望戴罪立功，他带领地方军队奔赴湖州镇压潘壬兄弟的起义。

潘壬兄弟率领的这支起义军，就是一群渔民，手里唯一的家伙就是渔叉和网兜，这样的武器装备，焉能是正规军的对手？一番激战后，潘壬兄弟兵败被俘，随后被斩首示众。这帮渔民也死的死、逃的逃，全部作鸟兽散了。

至此，这场宋朝第二次黄袍加身的“湖州之变”，仅仅持续了十余天，就以闹剧的形式告终。

闹剧结束了，下一步，就该论功行赏和秋后算账了。在这个方面，对于赵竑而言，论功行赏，肯定是没戏的；但秋后算账，他是跑不了了。

原来，“湖州之变”后，史弥远和宋理宗清楚地意识到，只要赵竑还活着，他们就会一直寝食不安。只有让赵竑彻底消失，才能一劳永逸、长治久安。

就这样，那个分手的时刻，终于来到。

“湖州之变”后，史弥远以赵竑生病为由，派遣死党余天锡来到湖州，为其治病。结果，治了几天后，赵竑就因病逝世了。

可见，余天锡到湖州的目的，根本不是治病，而是逼迫赵竑去死。

《齐东野语》更是详细地记录了赵竑的死因：“见其已用锦被覆于地，口鼻皆流血，沾渍衣裳，审尔，则非缢死矣。”

一代皇子，竟然以这样的结局结束了自己的生命，真是让人唏嘘。

殊不知，虽然赵竑死了，但事情并没有结束，反而愈演愈烈了。

原来，赵竑死后，很多大臣对其悲惨的命运打抱不平。毕竟，赵竑没有造反，他只是变成了鸭子，被赶上架了而已。且他投案自首，还主动立功，这样一个人怎么能如此处理呢？

于是，很多理学名臣接连上疏，要求为赵竑平反，并指责赵昀处事不当。毕竟，在理学臣子眼中，皇帝号称“宋理宗”，怎么能干出这种不仁不义之事。

这些奏折中，以大臣邓若水的言辞最为激烈。

宁宗皇帝晏驾，济王当继大位者也，废黜不闻于先帝，过失不闻于天下。史弥远不利济王之立，夜矫先帝之命，弃逐济王，并杀皇孙，而奉迎陛下。曾未半年，济王竟不幸死于湖州，揆以《春秋》之法，非弑乎？非篡乎？非攘夺乎？

——《宋史》

非弑乎？非篡乎？非攘夺乎……这段文字，就是这样激烈。当时，史弥远看完竟然非常激动，“以笔横抹之”。

然而，不管群臣如何激烈上疏，宋理宗就是不为赵竑平反。毕竟，在这位皇帝眼中，给赵竑平反，就要严惩史弥远。严惩了史弥远，就会有人浑水摸鱼，质疑自己皇位的合法性。

毕竟，宋理宗跟史弥远就是一根绳子上的蚂蚱，一荣俱荣、一损俱损。宋理宗不会为了一个赵竑，让自己的统治受到威胁。

就这样，在宋理宗执政的40余年里，这个皇帝根本不想给赵竑平反。当然，理学大臣们也不会善罢甘休，他们利用一切办法上奏朝廷，请求给赵竑平反。

这些办法，就是正面硬来的直言进谏，以及背后使坏的恐吓威胁。

当时，为了给赵竑平反，理学大臣前仆后继，玩儿命地给赵竑申冤，这让宋理宗愤怒不已。后来，理学大臣在得到一个降薪罚俸、贬黜朝廷、客死异乡的结果后，也学狡猾了。他们知道正面敌不过，就改用背后的方法了。

为了给济王平反，理学大臣拿天灾说事，恐吓皇帝。

绍定四年（1231年），京城发生一场特大火灾，烧坏了无数房屋，连太庙也不能幸免。理学大臣就拿这场大火说事了，他们告诉皇帝，之所以天降大火，是因为济王之冤不能申，还望陛下为赵竑平反。

端平三年（1236年），天空出现异象，理学大臣又开始说事了。他们告诉皇帝，天空之所以这么乱，是因为济王冤魂日夜恻怆、请命上帝的结果，恳请皇帝颁布圣旨，为赵竑平反。

嘉熙元年（1237年），临安城又发生了一场大火，漫天的大火不仅又烧毁了无数房屋，还烧毁了济王旧邸。见此情景，理学大臣又玩儿命地上疏，继续“恐吓”皇帝。

最终，在群臣的恐吓和谏言下，宋理宗终于妥协了。他下令，恢复济王的王爵身份，并将其改葬进入皇陵。赵竑的遗孀吴氏也得到了照顾，宋理宗下令，赐予其“夫人”，给了她一份可观的俸禄，让其可以荣华富贵至死。

然而，对于这些赏赐，吴氏死活不要，她频繁上疏朝廷，请求出家为尼

（聪明人）。最终，宋理宗拗不过她，授予了她一个“慧静法空大师”的赐号，让其得偿所愿。

虽然宋理宗给赵竑平反了，但是群臣并不满意。因为在他们眼中，赵竑的后代并没有平反，要恢复他们皇子之身，让这些宋氏子孙回归宗庙，这才像话。

然而，对于这个问题，宋理宗以“命断之事，事关国家，非朕敢私”为由，强烈拒绝。

宋理宗这么做，原因很简单，他怕恢复了赵竑后代的皇子身份后，若自己无后，有人就会浑水摸鱼、趁火打劫，利用济王之子掀起一场新的政治动乱。

虽然在宋理宗时期，济王得到了平反，但这个“济王之冤”一案，依旧是那个时期最忌讳、最敏感的政治话题。史称“群臣泛议，一语及此，摇手吐舌，指为深讳”。大家都唯恐引火烧身，招来不期之祸。

再后来，宋理宗病逝，因为没有子嗣，群臣恳请立济王后代为君，以还清这段孽债。结果，宋理宗宁愿让一个傻子皇帝（宋度宗）上位，也不愿意还债，这也给南宋王朝的灭亡加上了最后一根稻草。

好在，宋理宗临死前终于松口了。他下令，济王之事，“留以遗后人”。就是说，我死后，后人可以为济王平反。然而，宋度宗就是一个傻子皇帝，他哪想得到给赵竑平反。结果，宋度宗病逝后，赵竑也没有沉冤昭雪。

宋度宗病逝，宋恭宗继位后，为了顺应天意、聚揽民心，他给赵竑平反了。朝廷加封赵竑为“镇王”，赐谥号“昭肃”，并恢复了赵竑后代皇子的身份。当时，由于赵竑的后代都病逝了，赵竑已经绝后，朝廷选了一个合适的宗室子弟并入赵竑一脉，作为济王之后。

至此，这桩宋朝最大的宗室冤案，经历了半个世纪终于平反。

然而，此时此刻平反，又有什么用呢？

因为，给赵竑平反是德祐元年（1275 年），一年后，即德祐二年（1276 年），南宋亡国。

这一年，元军占领临安，宋恭宗赵㬎（音“显”）、谢太皇太后以及皇室后宫等人，全都成了元军的俘虏，南宋就此亡国。

一个亡国前的追封谥号，对于赵竑又有什么用呢？若他在天有灵，不知做何感想……

位极人臣

嘉定十七年（1224年）闰八月，皇子赵昀即天子位，开始君临天下，史称宋理宗。这一年，宋理宗21岁，他从此开始长达40年的统治，成为南宋历史上在位时间最长的皇帝。

这里说一段题外话，我个人认为，南宋历史上在位时间最长的皇帝，应该是昏君宋高宗赵构。

宋高宗1127年（靖康二年）即位，1162年（绍兴三十二年）禅位，在位35年。在当太上皇期间，他又间接“统治”了南宋25年。因此，赵构的实际在位时间应该是60年。当然，这只是我个人的看法。

书归正传，虽然宋理宗登基称帝了，但他却清楚地知道，这所有的一切到底是谁给予的。

对于拥立自己的史弥远，宋理宗视为自己的再生父母。他玩儿命地献殷勤，对史弥远不停地加官晋爵、赐予无数金银财宝，唯恐赏赐不到位，得罪了这位恩人。

如此赏赐，也是无奈之举。毕竟，此时此刻的这个史弥远，既可以是宋理宗的恩公，也能变成宋理宗的掘墓人。对于这种人，这个“汉宣帝”只能“若有芒刺在背”，对他颇为忌惮。

为了安抚，宋理宗开始了自己的大手笔。

宝庆元年（1225年），宋理宗以“光辅两朝，定策安宗社，可谓社稷之功臣”的名义，册封史弥远右丞相兼枢密使，晋封魏国公。对于“太师”这个荣誉头衔，史弥远选择了拜谢，但其他的官职他都欣然接受。

宝庆二年（1226年），宋理宗继续昭告天下，授予史弥远少师头衔，并赐一条玉带。这一次，史弥远全部接受了。

绍定三年（1230年），宋理宗颁布圣旨，特别允许史弥远每隔十日来朝廷上班（十日一赴都堂治事），其余的时间自由安排。

绍定四年（1231年），借着皇太后杨氏过75岁大寿之际，宋理宗颁布圣旨，增加了史弥远的俸禄，让他的工资翻了一倍。

绍定五年（1232年），史弥远上疏，以老迈为由，请求辞官归隐山田。对于这个请求，宋理宗怎么可能答应，他第一时间拒绝了史弥远的申请。

绍定六年（1233年），宋理宗以史弥远有“定策大功、勤劳王室，宜加优礼”为由，册封其为太师、左宰相兼枢密使、鲁国公，增加食邑一千户。随后，又加封其为保宁、昭信军节度使，晋封为会稽郡王。对于这些官职，史弥远全都接受。

至此，在皇帝的大手笔下，史弥远成为南宋历史上在职时间最长，且从未中断的宰相。他的任期长达整整25年。

史弥远得道升天后，他的家族成员们也都“鸡犬升天”了。

当时，史弥远的长子史宅之、次子史宇之都加官晋爵、位极人臣。史家的第三代，史弥远的孙子史同卿、史绍卿、史良卿、史会卿等人，也都步入朝廷，成为国家重点培养的干部。就连史弥远的女婿、孙女婿等人，也都加官晋爵。

一时间，在朝的史家官员之多，只能用那句“满朝朱紫贵，尽是四明人”来形容了。

至此，皇帝害怕他，大臣畏惧他，再也没有人能够挑战他了。当然，还是有一个人能够挑战史弥远的。只不过，这个人很快就认㞞了。

这个能够挑战史弥远的人，就是杨太后。

太后“认㞞”

当时，除了笼络史弥远外，宋理宗也深知不能得罪皇太后杨氏。毕竟，杨氏的力量不容小觑，万一得罪了这位娘娘，宋理宗就永无宁日了。

在这种思想下，宋理宗玩儿命地孝敬这位皇太后，每日朝后必来朝拜，不敢怠慢；逢年过节必送礼物。即使这样，宋理宗还是认为自己孝敬得不够。最终，宋理宗大笔一挥，送给了杨氏一个礼物，一个她绝对不能拒绝的礼物。

这个礼物，就是——垂帘听政。

史料记载，宋理宗刚刚登基后，他第一时间颁布圣旨，以自己年龄太小（虽然都已经23岁了），啥也不懂（这倒是实话），无法处理朝政为由，恳请皇太后杨氏垂帘听政，稳定政局。

虽然这道圣旨出自皇帝之手，但所有的史学家都坚信，这其实是史弥远的意思。是他“颁布”的圣旨，让杨氏垂帘听政，以还先前的“拥立之帮”。

就这样，在史弥远的帮助下，杨氏成了继宋真宗之后刘娥、宋仁宗之后曹氏、宋哲宗之母高氏、宋徽宗之“母”向氏、宋高宗之后吴氏后，宋朝历史上第六位垂帘听政的太后了。

其实，史弥远此举，可是有很大的风险的。如果杨氏是一个迷恋权力的女子，她完全可以凭借垂帘听政，来跟史弥远争夺权力。届时，不敢说史弥远一定会败，但也会势力大损。

然而，不知道是惧怕史弥远，还是对权力根本没有兴致，杨氏这一生始终没有越雷池一步。即使垂帘听政，她也没有发号施令的意思。

宝庆元年（1225 年）四月，杨太后颁布了一道手谕：“吾晚年多病，志在安闲。嗣君可日御便殿听政，今后更不垂帘。”

得知母后要“辞职”，宋理宗怎敢同意，他请求母后归政，继续垂帘听政。然而，对于撤帘还政，杨氏彻底铁了心了。不管宋理宗怎么劝，她都要回后宫颐养天年。

最终，在一番商量后，宋理宗和杨太后达成一个共识。由于劳神过度，杨太后不再垂帘听政，她去后宫“养病”。但是，帘子不撤，永远给杨太后留着。杨太后随时可以来“上班”。

从此以后，杨太后一直待在后宫，远离朝政、颐养天年，也算是逍遥快活。

绍定五年（1232 年）十二月，杨氏在后宫安详地闭上了双眼，享年 76 岁。

至此，这位出自民间，连身世姓名都不被人知道的女子；这个为了得到一个显赫身份，认官员杨次山为兄，进入杨家宗室的女子；这个才华与智慧并举的女子，终于闭上了双眼。

杨太后死后，宋理宗依旧赏赐杨家人，还跟这个家族联姻。景定二年（1261 年）四月，宋理宗颁布一道圣旨，命杨次山之孙杨镇迎娶了自己的独女周国公主。

成为皇亲国戚后，杨家享尽了荣华富贵。南宋灭亡前，杨家一族声名不坠，一直保持着显贵的地位。南宋亡国后，这个显赫的家族就此掉进了历史的长河里，从此杳无音信。

杨家的故事到此结束，咱们继续说宋理宗。

其实，这位皇帝之所以重用史弥远、请杨太后听政，除了自己年轻，朝中没有势力外，更主要的是这位皇帝真的没法处理朝政。

当时，对外，金国衰败，蒙古崛起；对内，社会矛盾严重，百姓苦不堪言，还有一些人割据一方，起义造反。对于这些，初出茅庐的宋理宗完全是两眼一抹黑，真不知道该如何处理。

那么，那些割据一方、起义造反的人，又是谁呢？

现在，有请这位割据一方、起义造反的人，闪亮登场。

这个人，就是南宋历史上大名鼎鼎，前期归正，成为大宋王朝的英雄；后期造反，成为大宋王朝的反贼；一生纵横在山东、淮南一带，自称“淮南之鬼”，著名的“三姓家臣”——李全。

第四章 『淮南之鬼』的由来

金国的“梁山好汉”

前面讲过，在“跳河子”人的错误情报下，南宋朝廷上下以为金国饥馑连年，民不聊生，王师若来，势如摧枯拉朽，于是发动了“开禧北伐”，结果得到了一场大败。

其实，这些“跳河子”人的情报并不完全错误，当时的金国确实已经矛盾重重了。只不过，在位的金章宗还算是一个明君，他还有能力带领这艘破战舰开下去。结果，等到了他的继任者金宣宗登基后，这艘破船就无法驾驭了，他们只能让这艘战舰沉没了。

当时，金宣宗登基后，对内，君主腐败奢靡、挥霍无度；对外，根本抵御不了成吉思汗的大军，只能任由那个“蒙古酋长”蚕食自己的土地，祸害自己的百姓。

最终，就在这种内忧外患下，金国的百姓揭竿而起。

在金宣宗期间，金国内部到处都是农民起义，特别是山东、河北两省简直成为农民起义的重灾区。

虽然这些农民起义军鱼龙混杂且归属不同的首领（他们一直没有一个公认的首领），但是为了跟金军区别身份，他们都穿一身红袄，所以这场起义，史称“红袄军起义”。

虽然起义军没有一个固定的首领，但他们还是有巨头的。这些巨头，就包括泰安的刘二祖、济南的夏全、兖州的郝定等。其中，最大的两个巨头，是益都的杨安儿和潍州的李全。

先说杨安儿。

杨安儿，金末红袄军起义首领，东路益都府（今山东青州）人。此人原名杨安国，以卖鞍材为业。因为职业关系，大家称其为杨鞍儿，久而久之，他索性改名叫杨安儿。

杨安儿是一个标准的机会主义者。太平盛世时，他安分守己，靠做生意为生；天下不太平，他就会认为这是一个机会，“此大丈夫得志之秋也”，开始蠢蠢欲动。

见金国衰败、天下要大乱，杨安儿散尽家财，招募了很多地痞流氓，组建了一支军队，准备在乱世中兴风作浪、建功立业。

在“开禧北伐”的战乱时期，杨安儿趁火打劫，洗劫了附近的几个村镇，随后占山为王，倒也逍遥快乐。

宋军惨败，北伐结束后，金国开始对其秋后算账。杨安儿立刻行“宋江之事”，接受了金国招安，成为一名吃皇粮的将军。

在金国当“公务员”期间，虽然杨安儿只得到了一个刺史兼防御使的虚衔，但也相安无事。然而，等蒙古兵入侵后，杨安儿的这种好日子就戛然而止了。

蒙古入侵时，金国根本无力反击，各地的部队不是溃败就是投降，杨安儿的部队也不例外。当时，杨安儿奉命去中都抵御蒙古大军，但他根本不敢去。最终，杨安儿违抗了圣旨，逃回了老家山东。

在老家，杨安儿重操旧业，占山为王。后来，伴随着红袄军起义，杨安儿也加入了进来，成为一个巨头。

巨头本来就树大招风了，然而，杨安儿的欲望越来越大。贞祐二年（1214年），杨安儿在登州登基称帝，改年号“天顺”。

可想而知，不管是南宋，还是金国，都不可能容忍这种“床上酣汉”。得知杨安儿称帝后，金宣宗立刻命将出征，剿灭这个乱臣贼子。

一番交战后，杨安儿抵御不了金军，他逃难至海，随后被追上的金军“击海溺毙”。杨安儿死后，他的首级被金军带回了国都，成为城楼上的一件观赏品。

杨安儿死后，其妹妹杨妙真被众人尊为首领，领导他们继续抗金。

杨妙真，金末武术家，东路益都府（今山东青州）人，她自称“四娘子”，对手称其为“小姐姐”，部下尊称其为“姑姑”。

历史书中的这个杨妙真，是一个武功高手，且武艺不是一般地强。她擅长使用一根梨花枪，纵横天下，败尽英雄，无人敢与之敌。按照杨妙真自己的话，那真是“二十年梨花枪，天下无敌手”。后来，杨妙真把枪法写了下来，书名《杨家枪法》，流传至今。

如今，我们一听说“杨家枪”，以为是“杨家将”的枪法，其实出自这位杨妙真之手。如今，杨家枪法得到了很多军事家的推崇，著名的抗倭将领戚继光，就是“杨家枪”的忠实粉丝。

对于这个杨家枪法，戚继光在自己编纂的《纪效新书》中，就毫无保留地书写了喜爱之情：

夫长枪之法，始于杨氏，谓之曰“梨花”，天下咸尚之……惟杨家之法，有虚实，有奇正，有虚虚实实，有奇奇正正，其进锐，其退速，其势险，其节短，不动如山，动如雷霆。故曰二十年梨花枪，天下无敌手。信其然乎！

作为中国最著名的将领之一，戚继光的威名天下皆知，他什么样的枪法没见过，却如此赞美杨妙真的枪法，由此可见“杨家枪”的威力。

再说这个李全。

李全，潍州北海（今山东潍坊）人，一介平民。李全喜习武，弓马矫捷，善使铁枪，人称“李铁枪”。

拥有如此武艺的人，是不可能安于一生的。于是，在天下大乱之际，李全也投入这股洪流中。

“开禧北伐”时，李全率众投奔了南宋，当了一名“归正人”。他帮助宋军攻打金国，建立了一些战绩。然而，等宋金议和后，南宋就不搭理李全，把他抛弃了。

南宋之所以这么行事，原因有二。

第一，南宋不相信“归正人”。

韩侂胄惨死、史弥远当政后，史弥远的行为模式，简直跟他父亲史浩一模一样。史弥远不相信“归正人”，认为他们就是一群弃实而务名、舍近而谋远、见利而忘害的小人，还可能是敌国的奸细。于是，在这种思想下，史弥远慢慢地远离李全，把他抛弃了。

第二，南宋要遵守协议，不敢再跟“归正人”有关系。

当时，“嘉定和议”签署后，金人告诉宋人，除了赔钱、给人头、叫“大爷”外，还要附加一条，不许“接纳叛人”，若敢背着接收金国的叛人，看我怎么收拾你！

鉴于此，南宋只能抛弃李全，让其自生自灭。

就这样，没有了宋朝的保护，李全为了活命，加入了红袄军组织，也成为一个巨头。

虽然李全加入了一个比较大的组织，但是在金军的围剿下，连强大的杨安儿都扛不住，何况李全呢？他的未来，也就可想而知了。

消灭了杨安儿后，金军立刻奔着李全来了。一番激战后，李全损失惨重，好在跑得快，他逃掉了。

重创李全后，金军继续攻打红袄军。红袄军的其他首领，如刘二祖、夏全、郝定等人，都被金军好好地“款待”了一番，他们不是投降，就是被送到了另一个世界。

红袄军遭到了重创后，只剩下杨妙真和李全这两支部队了。

准确地说，是只剩下杨妙真和李全这一支部队了。

因为，他们联姻了。

根据《宋史》记载，李全和杨妙真的联姻，就是一句话——“杨氏通焉，遂嫁之”。

没有时间，没有地点，只有人物；没有起因，没有经过，只有结果。而且，这个“通”字，真是恶心死了李全夫妇。

因为在古文中，这就是“私通”的意思。

当然，对于这种官方解释，老百姓是不认账的。百姓们发挥想象，重新演绎了李全和杨妙真从见面到结婚的全过程，并描述得活灵活现、绘声绘色，极具观赏性。

在老百姓的演绎中，李全和杨妙真是这样结成夫妇的：

为了对抗金军，红袄军首领定期聚在一起开会，商讨下一步的行动。会议中，杨安儿就看上李全了，对其道："你是好汉，我想与你联姻，把妹妹嫁给你。但可惜呀，你太弱了，打不过我妹妹。若你打赢我妹妹，我就主婚，让你们结成夫妻。"

一听这话，李全大怒，他第一时间要跟杨妙真决斗。

李全的斗志是好的，也是值得表扬的。但可惜的是，他怎么可能是"梨花枪"的对手。一番决斗后，李全输得那叫一个惨。

身为一个好汉，李全拥有百折不挠的个性，他越挫越勇。第二天，李全又来了，要求继续跟杨妙真决斗。结果，不出意料，他又是惨败而归。第三天，李全又来了，要求继续跟杨妙真决斗。结果，不出意料，他还是惨败而归。第四天，李全又……

就这样，在决战了十余天后，李全琢磨过来了，说我这辈子也打不过杨妙真。这样吧，明的不行，来阴的吧，只要能打赢就行了。

说干就干，李全找了几个士兵，命他们在一个灌木丛中待命。李全告诉他们，说我待会跟那个小娘们决斗，我把她引到这个灌木丛中，你们用绳索绊倒她的战马，让其倒地，我再将其生擒活捉。

布置好了这一切，李全就去找杨妙真决斗。后面的剧情就完全在李全的计划之内了：生擒了杨妙真，李全生米煮成了熟饭，他们变成了一对夫妻。

当然，李全和杨妙真的这个故事，只是他们结婚故事的众多版本之一，我还见过其他很多版本。

有的版本说，是李全到了杨妙真的地盘，要她交"保护费"，杨妙真不给，双方打了一架，最终结成夫妻。

还有的版本说，是杨妙真到了李全的地盘，要他交"保护费"，李全不给，双方打了一架，最终结成夫妻。

还有的版本说，李全和杨安儿都是山大王，他们互看对方不顺眼，就举办了一场比赛，谁赢了谁就是老大。结果，在对决中他们成了亲家。

不管这些版本是真是假，结果都是一样的，李全和杨妙真结成了夫妻。从此以后，在长达十余年的时间里，这杆铁枪和这杆梨花枪的主人相濡以沫、共同进退，他们在宋、金、蒙古互相厮杀的历史舞台上，上演了一幕惊心动魄的爱恨情仇。

投靠宋朝

虽然李全和杨妙真结合后，两家兵合一处，将打一家，军威大振，但可惜的是，他们依旧不是金军的对手。

在金军的绝对兵力和南宋彻底抛弃的情况下，杨妙真和李全的处境越来越艰难，他们不仅缺兵少将，还断粮了。

这种情况下，李全夫妻绝望了。毕竟，再这样下去，总有一天，他们会弹尽粮绝，最终被金军的几个无名小卒抓住邀功，然后在耻辱中活着，或者在耻辱中死去。

然而，李全夫妇万万没有想到，正当他们“山穷水尽疑无路”时，突然就“柳暗花明又一村”了！

原来，就在李全夫妻东躲西藏、惶惶不可终日之际，为了岁币，金国撕毁协议，跟南宋重新开战了。在这乱世中，曾经被南宋嫌弃的李全又成为一个香饽饽，成为双方重点笼络的对象了。

未来，咱们将知道，在这场金国和南宋的第五次战争中，虽然南宋在平戎、御戎、和戎问题上举棋不定，不知道到底是全力应战，还是化干戈为玉帛，但有一点可以肯定——为了抵御金军，南宋要最大限度地团结了一切可以团结的力量，一致对外，抵御敌军。

嘉定十一年（1218 年）正月，南宋正式招安了李全，把他的部队改名为“忠义军”，供给他们需要的粮食，史称“忠义粮”，让他们去讨伐金军。

傍上了南宋这棵大树，李全立刻腰直了，胆子也大了，他第一时间率军出征，跟金军决一死战。

一番交战后，李全攻下了莒州、密州、青州等地，士气大振，他就此成为金军的眼中钉、肉中刺。后来，李全更是建立了两大奇功，让南宋惊讶不已，也让金国惊恐不安。

李全建立的第一个奇功，淮河大捷。

嘉定十二年（1219年），金军大举南下，准备从涡口（今安徽怀远）渡河，攻打南宋。结果，李全在涡口偷袭了准备渡河的金军，斩杀数千人，又让金人“溺淮者数千”人，俘虏更是不计其数。

不久之后，李全又故技重施，在化湖陂（今安徽怀远以北）伏击了准备渡河的金国驸马阿海。阿海拼尽全力才逃了回去，但其手下的兵马全军覆没了。

这两战后，李全打出了自己的威名，成为金军的梦魇。每一次，金军从淮河渡江，都会小心翼翼、惊恐不已。因为，他们害怕李全突然冲出来袭击。

最终，在李全和南宋的两面夹击下，金国在淮河一带损失惨重，他们甚至“不敢至淮东”。单凭此举，李全建立了一个不世之功。

李全建立的第二个奇功，招降金将张林。

在跟金军的战斗中，李全得到一个确切消息，管辖山东十一州的金国大将张林兵败后怕被金国惩罚，就打算背弃故土，投降南宋，以求自保。但是，张林顾忌自己金将的身份，害怕南宋拒绝自己，因此一直犹犹豫豫，举棋不定。

得知这个消息后，李全大喜过望，他仅仅带了几个随从，就来到了青州城劝降张林。

可想而知，面对这个单刀赴会的李全，张林都蒙了。他被这个人的胆识深深折服，在一番交流后更是被李全的真挚感动。

最终，在一番推心置腹后，张林打消了顾忌，与李全结为兄弟。

嘉定十二年（1219年）秋，在李全的引荐下，张林递交了降书顺表，他向南宋上呈了自己管辖的青、莒、密、登、莱、潍、淄、滨、棣、宁海、济南二府九州，以及麾下千人头目、战马一千五百匹和整整十五万大军。

在降书中，张林还写下了一句让南宋君臣集体欢呼的语句——“举诸七十城之全齐，归我三百年之旧主”。

这句话，就是这么给力。

没费一兵一卒，没打一枪一炮，竟然收复了整个山东！这样的结果，如何不让南宋上下欣喜若狂？

朝廷授予李全左武卫大将军、广州观察使、京东总管，让他成为一个封疆大吏。宋廷对其的赏赐之物，更是一车一车地送，唯恐让这位英雄寒心。

就这样，一夜之间，李全从一个默默无名的“归正人”，变成南宋的英雄。一夜之间，李全也彻底地上了金国的黑名单，成为他们的心腹大患。

金国在发出“宋人以虚名致李全，遂有山东实地”的唏嘘感叹后，也准备亡羊补牢了。金国派遣使者找到李全，许以更大的官职和赏赐，想让其回心转意。

结果，对于金国的劝降，李全第一时间就拒绝了。在回绝信中，他还喊出了自己一生中的最强音——“宁作江淮之鬼，不为金国之臣”！

为了表达决心，李全派人回老家潍州，把父母兄嫂的遗骨迁到了淮南。

李全的这种决心，让南宋君臣感动不已，他们更加器重李全了。在他们眼中，这个李全简直就是第二个辛弃疾，他甚至会取代辛弃疾，成为“归正人”中的英雄。李全死后，也会进入南宋的忠烈祠中，与岳飞、韩世忠等人齐名，成为南宋永载史册的英雄。

可惜的是，随着时间的推移，南宋君臣惊讶地发现，他们错了，这个李全，最终成了南宋永载史册的反贼。

其实，从李全的那句“宁作江淮之鬼，不为金国之臣”的誓言，就能看出李全之意。

要知道，如果李全真的忠于南宋，他应该喊出“宁作南宋之鬼”，而他那句“宁作江淮之鬼”只能充分证明，李全一生就是一个纯粹的无政府主义者，他没有崇高的国家主义。自由的、无拘无束的、割据一方的“江淮之鬼”，才是他唯一的诉求。

逍遥快乐的“淮南之鬼”

庙谟密遣山东兵，李将军者推忠精。
铁枪匹马首破阵，暗呜叱咤风云生。

这首诗（部分）是李全最巅峰时，南宋诗人送给他的贺礼。然而，随着时间的推移，南宋君臣惊讶地发现，李全变了，他从一个艰苦创业、奋勇杀敌的英雄，变成一个安于享受、腐败奢靡的庸人。

“饱暖思淫欲，饥寒起盗心”，在李全的眼中，艰苦的创业时代已经结束，现在就应该享福了，这才是他想要的生活！

就这样，在这种思想下，李全在度过了艰苦创业的日子后再也不想打仗了，他准备腐败奢靡、愉快地过下半辈子了。为了提高自己的生活质量，他开始玩儿命捞钱。

当时，李全归宋后，南宋命他镇守青州，抵御金军。为了捞钱，李全利用胶西一带的便利交通，做起了南北贸易的买卖。

南北战争期间，奇货可居，只要成功运输一批商品，就能净赚十倍。为此，李全没少挣钱。不仅如此，李全还瞄上做买卖的商人，他告诉这些商人："从此以后，只要从我地头过，就要给我高额的金钱。"

就这样，在李全的敲诈下，他赚了一个盆满钵满。

如果说，李全搞贸易还算是"正常挣钱"，那他接下来的手段，就应该是巧取豪夺了。

当时，张林管辖范围内有一个盐场，收入颇丰，李全动心了。他派遣自己的哥哥李福去见张林，要求合伙经营，分其一半。

对于李福的请求，张林第一时间拒绝了。他告诉李福，盐场里的盐，你可以随便取，但合伙经营一事就算了。

被拒绝后，李福大怒，他不仅骂了张林一顿，还放出狠话，说你不给也行，不久之后，我们兄弟就会派兵，不仅会得到这个盐场，还要得到张林你的脑袋。

李福也真敢这么干。没过多久，李全真的来抢夺这个盐场了。

一番交战后，张林不敌，只能北上遁逃，投降了蒙古。投降蒙古后，张林派人告知南宋，说自己之所以投降，是被逼无奈的结果，错都在李全。若南宋严惩了李全，还他盐场，他就会重新归顺。

唉，遥想当年，张林跟李全把酒言欢，在他的忽悠下，归顺了南宋王朝。结果，这刚过多久，张林就被这个小人逼得投降了蒙古……

张林本以为，南宋朝廷收到这封信后，会还他一个公道，让李全受到惩罚。结果呢？完全不是那么回事。

原来，朝廷收到张林的书信后，确实愤怒不已，但大家转念一想，这些"归正人"都不是好东西，李全和张林打架就是狗咬狗——一嘴毛。如今，他们已经丢了张林这条狗了，再丢了李全这条狗就不好了。于是，朝廷选择了睁一只眼、闭一只眼，默认了此事，不仅没有追究李全的责任，还让他管理这个盐场。

朝廷如此行事，等于滋长了李全的嚣张气焰，他越来越能折腾了。

经历了盐场事件后，李全想明白了，朝廷之所以不管我，是以为给我一点小恩小惠，我就不折腾了。但是，老子的欲望无穷无尽呀，只有自己变得足够强，让朝廷真正地不敢管我，我才能一直这样逍遥快乐下去。

就这样，李全开始玩儿命地招兵买马、扩充实力。而他一旦扩充了兵力，朝廷为了安抚他，只能授予他更大的官职、更多的好处，让他不闹。如此往复循环，最终，双方进入一个“死循环”了。

最终，李全的官职越来越大，兵马越来越多，尾大不掉，成为南宋王朝一个潜在的威胁。

养虎为患

嘉定十五年（1222 年），得知朝廷授予李全京东路镇抚副使、保宁军节度使官职，还给了他 30 万缗犒军之饷后，一直跟李全不和、负责节制他的淮东制置使贾涉大怒。他上疏朝廷，痛骂朝廷养虎为患。

贾涉告诉史弥远：“朝廷只知道用官爵可以笼络将领的心，难道不知道如此胡乱赏赐会导致武将骄惯，最终一发不可收拾吗？”

事实证明，贾涉的话，完全正确。对于李全这种欲壑难填的人，你给他再多的钱也没用；你给不了他钱之日，就是他反咬你之时。

程颢云：“贪之甚，甚昏蔽而忘礼义；求之极，则争夺而致怨。”

虽然贾涉的话完全正确，但是一直选择息事宁人的史弥远却不为所动。他的政策就两条，“惧激他变”“姑事涵忍”，只要李全别闹得太过分，他就不会惩罚李全。在他眼中，李全就是一个要奶的娃娃，给他仨瓜俩枣，他就不再闹腾，天下也就太平了。

史弥远的这些政策，全是扯淡。李全最终造反，就是他一味姑息养奸的结果，他有不可推诿之责。若他对李全恩威并施，李全也不会最终铤而走险。

这么一对比的话，史弥远还不如唐朝的李林甫。虽然他们的秉性差不多，但是李林甫能够降服安禄山，让猛虎不敢造次，更不敢兴风作浪，乖乖地叫自己“十郎”。

对比李林甫，史弥远的驭人手段差远了，别说安禄山那种猛虎了，就连李全这种小狗，他都驯服不了。

书归正传，劝说无效后，贾涉郁闷地离开了。很快，在李全夫妇的“帮助”下，他就迎来了属于自己的结局。

原来，为了打探消息，李全在朝内也安插了不少眼线。得知贾涉状告了自己，李全准备给贾涉一点颜色，让他知难而退。

嘉定十六年（1223 年）二月的某一天，贾涉例行公事，到李全的驻地巡视。结果，李全的士兵不让贾涉进城，愣是把他堵在了门口。

看见李全的士兵敢堵自己，贾涉大怒，痛骂了他们一顿。然而，不管贾涉怎么骂，这些士兵就是不走，堵在门口不让贾涉进城。

最终，贾涉也没有进城。这时，杨妙真骑马出现了，她喝退了这些士兵，贾涉才得以进城。

贾涉进城后，一直没有出现的李全第一时间出现了，他带着无数的慰问品来“负荆请罪”。李全说了好多好话，恳请贾涉原谅。

虽然李全的“认罪态度”良好，赔偿的礼物也足够多，但贾涉心里跟明镜似的——今天的事情，就是一个下马威。他们到底要干什么，不说自明。

在一番痛苦的思考后，为了避祸，也因为身体真的有病，贾涉告老还乡，他离开了这个是非之地。没过多久，贾涉病逝了。

这个忧国忧民的大臣，就这样郁郁而终。

请注意在这里用的词语，是“大臣”，而不是“贤臣”。因为在南宋历史上，贾涉也不是什么“好人”。

对比史弥远“姑息养奸”的软弱政策，贾涉走了另一个极端，他对李全这类忠义军的政策，堪称强硬，而且甚至到了让忠义军无法忍受的地步。

原来，贾涉跟多数的南宋官员一样，根本不信任这些“归正人”。在他的眼中，“归正人”就是一群“饥则嗜人，饱则用命”的饿虎，根本不能信任。贾涉当时一直上疏朝廷，“以有限之财应无穷之须，就如同以肉饲饿虎，肉尽必将反噬”。可见，贾涉对这些“归正人”，是何其的偏见。

为了未雨绸缪、消灭这些“饿虎”，贾涉向朝廷建议，裁撤了这些忠义军，至少裁撤其六成兵力，然后用南宋的士兵去补充缺失的兵员。这样一来，官军占据了绝对的兵力优势，就能“使主胜客”了，这些“饿虎”也就不敢造反了。

可想而知，贾涉的言行是何等伤人心。得知南宋朝廷如此猜忌、防范自己后，忠义军将士们都怒了：“与其这样被人猜忌，不如有官者弃官，无官者回山东做百姓。”

最终，愤怒的忠义军将士差点酿成一场兵变，若不是朝廷第一时间安抚，很可能就重演当年的“淮西兵变”了。

如此行事，贾涉在历史上会留下什么样的评语，不说自明。

其实，对于这些忠义军，南宋既不应该一直安抚他们，也不应该用强硬的政策，将他们全都消灭。最应该用的政策，就是派一个类似于宗泽、辛弃疾那样的大豪杰，去统率他们并兼职他们的“政委”。这样一来，忠义军就会齐心合力、誓死效忠南宋，并跟南宋军队一起北伐，去收复祖先的失地。

对于南宋在李全问题上的政策失误，清朝学者李塨的一番话，堪称一语中的：

李全、张林南归，山东已为宋有。有大豪杰斡旋之，中原可图也。乃以庸才如贾涉、许国者驾驭之，焉能制虎狼之命哉？徒招乱耳！

——《阅史郄视》

早知如此，何必当初，悔之晚矣……

这里，多费一些笔墨，说一下贾涉的故事。虽然在南宋历史上，这个贾涉并不出名，但他的儿子，不，准确地说，是他的私生子，却非常的出名。

野史记载，担任淮东制置使期间，贾涉在巡视时，突然发现了一个美丽性感的农妇。

贾涉肆无忌惮地留在了农妇家中，并打算将农妇带走，二人把酒言欢，等其丈夫回来。过了一段时间，农妇的丈夫回家了。虽然他对眼前的事情愤怒不已，但也无计可施。最终，农夫含着眼泪，收下了一笔“遣散费”，签下了休书协议，让妻子变成了自由之身。

农妇自由后，就跟着贾涉走了。没过多久，她生下了一个大胖儿子。

这个男孩，就是后来南宋历史上最著名的权臣，让南宋亡国的奸臣——贾似道。

第五章 李全败亡

楚州兵变

嘉定十六年（1223 年），贾涉告老还乡，为了继续控制李全，朝廷命许国接替了贾涉的职位，坐镇楚州（今江苏淮安），成为李全新的顶头上司。

许国出身行伍，号称“知兵善战”，但其实就是一个纸上谈兵、志大才疏的庸人。在李全的问题上，许国跟贾涉一个态度，都使用强硬政策，想消灭这些忠义军。

因为看不起李全，许国上任后，采用各种物质上和精神上的方法羞辱、制裁李全夫妇，等于逼他们造反。

先说物质上的。

许国刚刚上任，就颁布了一道命令，停止给忠义军的粮草供应，让他们自生自灭。同时，许国上奏朝廷，要求裁撤九成以上的忠义军。

得知许国如此行事，忠义军将士们愤怒不已，李全也愤怒不已。当然，愤怒归愤怒，大家还没有造反的意思。

李全等人认为，只要向朝廷表明自己誓死抗敌的决心，南宋朝廷就会继续供应军饷、停止裁军，让他们保家卫国，抵御蒙古和金国大军。谣言止于智者，大家只要干好本职工作就行了，用不了多久，朝廷就能还他们一个公道了。

然而，许国的各种精神侮辱将李全逼上梁山了。

我们来看一下精神上的。

许国上任后，根据惯例，李全带着夫人到了许国的府邸来朝拜“新君”。然而，许国竟然以你没有写信预约，不守规矩为由，让他们吃了一个闭门羹，把他们轰走了。

李全愤怒极了，但为了不让许国抓住把柄，他还是写了一封信，请求拜见许国。结果，得到这封书信后，许国竟然小人得志了起来。他在大庭广众之下挥舞李全的书信，对大家炫耀道：“看见没有，这是李全的求见信。这小子全仰仗我养育，我略示威，他就奔走不暇了。”

可想而知，李全听到了这番话是何其愤怒。

虽然愤怒，但李全还是拜见了许国。结果，拜见现场的遭遇，李全更愤怒了。

李全来拜时，许国的家丁告诉李全：“大人劳苦功高，是国家的栋梁，面见许大人时不用行礼。但是，国家有法度，您不行礼又好像不妥。这样，待会见了许大人后，您还是行礼。您一行礼，许大人就会打断您，第一时间回礼，这样您就等于不行礼了。”

一听这话，李全甚是高兴，认为这个许国还是一个讲道理的人。结果呢？根本不是那么回事。

李全行礼时，许国一直坐着，而且轻蔑地看着他，一点儿没有回礼的意思。李全都拜完了，许国也没有起来的意思，他只是挥挥手，表示自己接受了李全的敬意。

整个见面期间，许国都没有离开椅子，他鄙视着李全，说了一堆噎人的话就送客了。

回府后，愤怒的李全把桌子都掀了，他怒不可遏道：“这个许国算什么东西！明明是一个武人！他有什么功劳，竟然在我面前耀武扬威！我李全对朝廷赤胆忠心，他难道要逼我造反不成？”

最终，李全打算动手了。

宝庆元年（1225年）二月，忍无可忍的李全突然发难，率军猛攻楚州，发动了一场“楚州之变”。

李全发动政变的当天早上，许国还不知道怎么回事，院子里就站满了敌军（露刃充庭）。

要说这个许国，不愧是武将出身。即使身陷重围，脸部中了一箭，他还是突围逃跑了。只可惜了他的家人，全都变成了李全的刀下鬼。

在逃跑途中，许国得知家人被杀、家宅被烧，楚州城内物资都被李全洗劫一空等消息后，他仰天大哭，觉得愧对朝廷、愧对家人，无颜存活。最后，许国找了一棵歪脖子树，把自己吊了上去。

至此，伴随着许国的自缢、楚州的城破，不管是李全，还是南宋朝廷，他们都清楚地知道——事情闹大，不好收拾了。

干了如此事情后，李全有点儿怵，他害怕宋朝大军压境，让自己死无葬身之地。为此，李全调兵遣将，准备跟南宋决一死战。同时，他秘密地派人联系蒙古和金国，给自己留了一条后路。

然而，过了一段时间，李全惊讶地发现，自己想错了，这里啥事也没有。别说雷霆之师了，连个人都没有！

这是一个什么情况？

原因很简单，这个李全，真是命好。

原来，李全发动“楚州之变”时，那场更加惊天动地的“湖州之变”才刚刚结束一个月。为了处理那场政变，史弥远和宋理宗忙得焦头烂额、分身乏术，朝廷上下也因为“济王惨死”一事离心离德，天天吵得不亦乐乎。

在这种局面下，为了稳定局势，史弥远只能从大局出发，放弃严惩李全。同时，为了安抚李全，史弥远派遣李全喜欢的徐晞稷为新一任的淮东制置使，让他成了李全的第三任上司。

徐晞稷上任时，史弥远再三嘱咐他，“屈意抚全”，也就是要全力讨好李全，别让他闹事。不管李全提什么条件，只要不起义，就给他，无所谓。当然，特别过分的条件除外。

秉持着这种思想，徐晞稷上任后对李全的态度，就可想而知了。

当时，徐晞稷俨然忘记了自己的身份，为了巴结李全，跟李全本末倒置，李全成为他“主子”了。他称李全为“恩府”，称杨妙真为“恩堂”，把他们当成了“父母”。

为了表示孝心，不管李全提什么要求，徐晞稷都全力执行，绝无二话。当时，李全要钱，徐晞稷就给了他数万缗，当作“零花钱”；李全要装备，徐晞稷就搬空了自己的装备库，全都送给了他；李全要船，徐晞稷就给了他两艘最好的战舰，还附赠数千水军；李全要地盘，徐晞稷就把楚州“借”给了他，让这里变成了李全第二个指挥所……

见徐晞稷如此行事，李全甚是满意，他的胃口越来越大、野心也越来越大。最终，李全上奏朝廷，要求收编另一个忠义军首领彭义斌的军队，壮大自己的实力。

朝廷收到这份奏折后，一时间面露难色，不知道如何处理。给吧，李全已经尾大不掉，他要是再壮大了，就真的无法无天了；不给吧，万一李全闹事，怎么处理？朝廷左右为难，真不知道该如何处理此事。

结果，朝廷正商量呢，彭义斌却上奏了一封奏折，替朝廷解决了此事——彭义斌不仅拒绝了李全的提议，还扬言要杀了他，跟李全分道扬镳了。

得知李全要收编自己后，彭义斌大怒，他以“逆贼背国厚恩，擅杀制使，我必报此仇”为由，拒绝了李全的收编，还跟他势不两立。

原来，彭义斌原本是红袄军首领霍仪的部将，霍仪战死后，彭义斌就投奔了李全，后跟随他归宋。彭义斌归宋后，为了分化、瓦解李全的势力（或者是为了消灭李全的势力），朝廷命彭义斌孤军北上，去北伐中原、收复失地。

虽然朝廷的这种做法不太厚道，但彭义斌却是一个真正的精忠报国的勇士。当时，明知道这是一次危险的行动，彭义斌还是义无反顾地出征了。他带了一支孤军一路“拓地而北”，深入金国的河北、河南等地，替南宋收复了不少失地。

彭义斌以行动告诉大家，在“归正人”中，虽然有李全这种心术不正的人，但也有彭义斌这种精忠报国的人。只要朝廷信任他们，跟他们同舟共济，一定可以取得辉煌的战绩。但可惜的是，朝廷一直戴着有色眼镜看人，不仅不信任他们，还猜测他们、迫害他们。

“人心中的成见，真是一座大山。任你怎么努力，也休想搬动。”对于这句话，彭义斌真是深有体会。

虽然饱受质疑，也受到了不公平的对待，但是彭义斌一直精忠报国，誓死效忠南宋王朝。彭义斌非常看不起李全这种人，他跟李全老死不相往来。然而，彭义斌万万没有想到的是，李全想与他“再续前缘”，这让彭义斌情何以堪？

就这样，得知李全要收编自己后，彭义斌大怒，他第一时间斩杀了李全的使者，随后率军猛攻李全，准备为国除害。

一时间，伴随着彭义斌的大军压境，这两支“宋军”火并了。此举不敢说是“狗咬狗——一嘴毛”，但也是上演一场亲者痛、仇者快的闹剧了。

目睹了两支“宋军”内讧，南宋朝廷大吃一惊，本准备调解此事，结果，在史弥远一句“不用干涉、各享安靖之福”下，南宋朝廷就任由他们火并了。

就这样，在朝廷的不干涉下，李全和彭义斌的战争慢慢升级了，他们从最初的小规模打闹，变成了决斗。双方都使出了所有家底，不置对方于死地不善罢甘休。

殊不知，这二人的火并尚未分出胜负，一个人的突然行动，让这场决斗被迫停止了。

这个人，就是蒙古的大汗——窝阔台。

宝庆元年（1225 年），窝阔台率军南下，继续攻打金国。其间，窝阔台选择了搂草打兔子，准备消灭盘踞在河北、山东一带的彭义斌、李全等人，把这些地区强行“过户”。

面对蒙古大军的进攻，彭义斌奋起反击。虽然他多次打退蒙古人的进攻，可惜最终兵败被俘。蒙古军让其投降，彭义斌誓死不降，还说出了一句永载史册的话：“我大宋臣，且河北、山东皆宋民，义岂为他臣属耶！”说完，彭义斌慷慨赴义。

如此英雄豪杰，真是本国之幸，敌国之悲。可惜，可惜……

彭义斌不屈而死后，蒙古军继续南下，他们下一个目标，就是盘踞在山东的李全了。

抵御蒙军

宝庆二年（1226 年），在消灭了彭义斌后，蒙古大军继续南下，准备消灭盘踞在青州的李全。

李全人生中最大的危机，就此来到。

为了击退敌军，李全和蒙古大军大大小小地打了数百仗，战斗可谓惨烈。然而，不管李全怎么努力，缺兵少将的他根本打不退蒙古大军。最终，李全只能固守青州城，做最后一搏。

守城期间，看着密密麻麻围城的蒙古大军，李全深知，若没有南宋援军，他是无论如何也守不住此城的。于是，李全下令开会，商量搬请救兵一事。

在这次会议中，诸将皆认为，虽然蒙古人围城甚紧，但是防线漏洞很多，成功突围不是难事。但问题是，谁去突围请救兵呢？

李全的兄长李福认为，应该让李全突围去请援军。毕竟，李全是这支部队的主心骨，他要是死了，这支部队只能散伙了。

对于李福的建议，李全不同意。他认为，正因为自己是主心骨，所以才不能动。他若离开了青州城，青州城立刻群龙无首，一天都守不住。因此，李全让李福去请救兵。

就这样，分工明确后，李福在杨妙真的掩护下，成功突围了。他们直奔楚州城去求援军。

求援的消息传到南宋京城后，虽然朝廷大臣讨厌李全，但是也不能无视蒙古人随便"过户"他们的产业。于是，朝廷下令，命淮东制置使徐晞稷率军出征，去解青州之围。

孰料，朝廷的命令下达后，却得到了一个啼笑皆非的回复——徐晞稷拒绝执行。理由是，不敢去。

面对这种胆小如鼠的人，南宋朝廷欲哭无泪，史弥远只能大笔一挥，让徐晞稷下岗回家。他命一个叫刘琸的人接替了徐晞稷的位置，率军出征，去救青州之围。

史弥远之所以选择刘琸，原因很简单，这个人有志气！

原来，虽然刘琸认为淮东制置使这个官职很危险，但是为了更上一层楼，他上蹿下跳，结交了不少官员，让他们替自己美言，说自己能力出众，志气高远，能"素抚镇江，三万人足用，且得四总欢心，讨贼有余力"，若任用他，朝廷可以高枕无忧矣。

最终，就是因为这些吹捧，让史弥远真的以为这个人"了不起"。于是，史弥远大笔一挥，让刘琸接替了徐晞稷的位置。

殊不知，刘琸得到了这个梦寐以求的官职后，反而忧心忡忡、欲哭无泪。

原来，刘琸一直认为，淮东制置使的任务很简单，就是把李全伺候好，不让他造反就行了。结果，他接替徐晞稷却要带兵出征，去跟蒙古人拼命！

虽然痛苦，但是君命难违，刘琸只能带兵出征了。到了楚州后，刘琸找了各种借口，玩儿命地拖延时间，不管李福、杨妙真怎么督促，就是不出兵。

最终，因为救弟、救夫心切，李福、杨妙真就和刘琸吵了起来，双方还差点儿动手。本来，刘琸就讨厌这些“归正人”，视他们为“盗贼、饿虎”，这么一吵后，刘琸更讨厌这些忠义军了。

刘琸不屑地告诉李福、杨妙真等人，说朝廷给他的任务是救援青州城，不是救援李全，自己没有救援李全的任务（这是“白马非马”理论）！什么时候李全死了，他什么时候再出兵！同时，刘琸还威胁李福、杨妙真等人，说你们再这么没完没了的，就以“扰乱军心”之罪砍了祭旗！

刘琸都这么说了，李福、杨妙真等人清楚地知道，自己应该干什么了。

算了，反正也不是第一次了，虱子多了不痒，债务多了不愁，再干一次“弑主”之事吧。

然而，虽然李福、杨妙真等人想杀了刘琸，但是他们没有兵马。只有区区几千人马的他们，根本不是刘琸的对手。

在一番商量后，众人决定，请一个外援，帮助自己“起义”。

这个外援，就是刘琸的部将——盱眙总管夏全。

原来，得到出兵救援青州的命令后，胆小怕死的刘琸调来了原忠义军战将、李全的下属夏全，让他保护自己出征。

按理来说，夏全是自己的“保镖”，刘琸应该礼数有加。然而，刘琸嫌弃他是一个“归正人”，动不动就对其大骂，让夏全愤怒不已。后来，跟李福、杨妙真等人交恶后，刘琸更是嫌弃夏全了，他甚至认为，夏全跟他们是一伙的，也要砍了他祭旗。

最终，刘琸的冷言冷语，把夏全推到了李福、杨妙真那边，让这个人反戈一击，成了自己的掘墓人。

李福、杨妙真等人清楚地知道夏全和刘琸的关系，为了把夏全笼络过来，杨妙真用了“美人计”。

宝庆三年（1227 年）二月的某一天，杨妙真好好地打扮了一番，派人把夏全请了过来，盛装出迎，游说夏全。

杨妙真的这次劝说，堪称一个教科书级的公关。她态度诚恳、用词准确，并在三个方面下足了功夫。

哪三个方面？讲事实、拉关系、给利益。

先说第一个，讲事实。

杨妙真告诉夏全："将军曾经是我家夫君的部下，我们一起征战沙场，一起归降宋朝，命运永远连在一起。如今，刘琸对我们什么样，您也看见了。唇亡齿寒，我们万一有事，将军能够独善其身吗？兔死狐悲，李氏灭，夏氏宁独存？愿将军垂盼。"

再说第二个，拉关系。

杨妙真告诉夏全："正因为我们是一体的，我们才应该团结起来，一致对外。将军跟我们是战友，杨妙真对您敬佩不已。如今，人传三哥（李全）死，吾一妇人安能自立？小女子孤苦无依，还需要将军的肩膀依靠才能活命呀。"

最后说第三个，给利益。

杨妙真告诉夏全："如果将军肯替我出头，打跑刘琸，解决这个心腹大患，小女子必感激不尽，我愿意嫁给你。"说完，杨妙真趴在了夏全的胸口上，开始勾搭这位将军了。

可想而知，听完了杨妙真的说辞，特别是"嫁给他为妻"后，夏全瞬间就控制不住自己了。他当即表示，马上出兵，明天就砍了刘琸那个老贼。

就这样，在杨妙真的魅惑下，第二天，夏全提着刀、带着兵，直奔刘琸而来。

刘琸本来就因为怕死，才雇用了夏全当保镖，焉能是这个保镖的对手？得知夏全来袭后，刘琸二话不说就跑路了。虽然刘琸身边还有一万大军，远远多过夏全的部队，但他还是直接逃跑了。

刘琸逃跑后，杨妙真率军攻陷了楚州的军库，把军用物资洗劫一空，并付之一炬。同时，杨妙真收编了楚州城内的人马。

至于刘琸，在夏全的追杀下，他一路狂奔，逃到了扬州城内。

在扬州避难期间，刘琸听闻楚州城已经被杨妙真控制，他痛苦无比。后来，得知自己弃城逃跑的消息传到京城后，京城官员"闻者大笑"，并准备对其严惩不贷，刘琸又惊恐不已。

最终，在这种既痛苦又惊恐的日子里，刘琸惶惶不可终日，“忧惧而死”。

对于这种人，无话可说。

其实，对比刘琸，胜利的夏全也不咋样，他的处境堪称生不如死。因为，他被杨妙真算计了。

轰走了刘琸后，夏全高高兴兴地收兵回营，准备进入杨妙真的闺房，实现自己的“心愿”。结果呢？等到了楚州城后，迎接夏全的，不是杨妙真的拥抱、亲吻，而是城楼上的弓箭、滚木。一番交战后，夏全不敌，只能狼狈地逃跑了。

夏全回到了自己的领地盱眙，准备进城休息。结果，因为攻打刘琸的行为，他进了南宋的黑名单，盱眙守军拒绝他入城，又用弓箭、滚木招待了他一番。

有家难归、有国难报，夏全恨死坑他的杨妙真了，但又毫无办法。最终，走投无路的夏全投降了金国，才算是得到了归宿。

刘琸死后，淮东制置使位置再一次空缺，朝廷只能再物色一个倒霉蛋，来管理杨妙真等人。

这一次，朝廷任命了跟李全夫妻关系非常好的姚翀，让其成为新一任淮东制置使。朝廷选择的姚翀的目的很明确——求求你们了，别再闹了，我真的受不了了！

当时，姚翀赴任前，因为前四任淮东制置使非死即贬，他都不敢进楚州城，就在楚州城外河里的舟船上办公，好第一时间跑路。对于李福、杨妙真等人的请求，姚翀也不敢反驳，全部同意。

至此，在姚翀的不作为下，李福、杨妙真等人成为真正的淮东制置使。他们终于出兵去支援青州城，去解救李全了。

然而，出兵前，李福、杨妙真得到了一个好消息和一个坏消息。好消息是，青州城已经“安全”，他们不用出兵了；坏消息是，李全已经投降了蒙古，成为一名汉奸。

原来，就在李福、杨妙真、刘琸、夏全等人互相攻杀时，李全终于扛不住了。宝庆三年（1227 年）正月，弹尽粮绝、只剩下几千人马的李全为了活命，打开城门，投降了蒙古。

对于南宋而言，李全的叛变，不仅使山东正式易主，还给这个国家带来了一场轩然大波。

这场轩然大波正是南宋王朝自己折腾的结果。

叛国投敌

得知山东易主、李全投降后，南宋王朝算是想明白了。这些“归正人”就是一群毫无忠义之心的饿狼，对他们再好也没用，除了徒增烦恼外，一无是处。

朝廷的这种偏见，并非没有道理。看看这些年任命的淮东制置使吧。第一任贾涉，被排挤走了；第二任许国，自缢而亡；第三任徐晞稷，被贬下岗；第四任刘琸，忧惧而死；第五任姚翀……虽然暂时没事，但是他连城都不敢进，只能在船上办公（方便跑路），已经对忠义军失控了。

如今，淮东制置使这个官职，俨然成为朝廷官员的噩梦。一旦上任，非死即伤。姚翀担任淮东制置使时，他上疏朝廷，请求调任。结果，满朝文武无一人肯替代，姚翀只能硬着头皮继续干下去。

最终，朝廷见楚州兵乱不断、委任的官员非死即伤，就决定放弃这块地方、这些士兵。后来，在史弥远错误的“轻淮而重江”思想下，朝廷准备把防线从淮河后移到长江一带。这样一来，这些驻守楚州的忠义军就没用了，朝廷准备把他们“遣散”。

就这样，朝廷开始大量削减粮草、军饷。目睹了这一切后，忠义军将士们不去怪罪南宋政府，反而把火气撒在了李全夫妇身上，准备将他们斩首示众。

忠义军将士的这种想法，其实很简单。在他们心中，朝廷之所以削减了粮草，是因为李全叛国投敌了，他如果以身殉国，自己就是“烈士”的部下，焉能受这种不公平的待遇。而且，李全的夫人杨妙真，也不是什么好东西，若不是她轰走了刘琸、焚烧了楚州城，将士们焉能上了南宋朝廷的“黑名单”。如今，忠义军变成朝廷的“眼中钉、肉中刺”，这是无妄之灾，替人受过。

最终，为了重新得到朝廷的信任，忠义军将士达成一个共识——发动兵变，斩杀李全的家人，把他们的头颅送到南宋朝廷，得一个“平叛乱臣贼子”的功劳，重新得到南宋朝廷的信任，继续得到粮饷。

说干就干，主意已定后，众将立刻点起兵马，直奔李全的家人而来。一番激战后，李全的兄长李福、李全的次子以及夫人杨妙真，全部被杀死了。忠义军将士把他们的头颅装在盒子里，快马送到了临安城。

虽然事后朝廷查明这个被杀的杨妙真只是李全的小妾刘氏，真正的杨妙真早就金蝉脱壳，易容跑到海州去了，但不管怎样，朝廷得到这些人头后还是

“倾朝甚喜”。于是，朝廷继续供应忠义军将士粮饷，还加封了这些忠义军将士的官职，让他们取代李全的位置，继续报效国家。

不管是忠义军，还是南宋朝廷，大家都很满意。然而，家破人亡的李全并不高兴。

得知家人惨死后，李全悲痛欲绝，他不报此仇，誓不为人。为了报仇，李全来到蒙古军营，玩儿命地哭泣叩首，请求出兵报仇雪恨。

见蒙古人对自己有顾忌（怕他以带兵为名，行归宋之事），李全还砍掉了自己的一根手指，以表自己誓死效忠蒙古、绝不归宋的决心。

见李全如此行事，蒙古就同意出兵了。在蒙古的帮助下，李全顺利地攻陷了楚州城。他杀尽了兵变的将领，报了杀兄、杀子、杀妾之仇，并收编了部将，一时间势力大增。

李全攻陷楚州后，身处海州的杨妙真回到了他身边，这对夫妻又在一起了。

帮助了李全后，因为要收拾金国，蒙古大军不想再跟南宋为敌，以免两线作战。于是，蒙古授予李全山东、淮南行省之职，让他“专制一方”后就撤兵了。当然，不能白让李全专制，蒙古人让他“岁献金币”。

宝庆三年（1227 年）十月，一身蒙古官服的李全坐镇楚州城，开始替蒙古管理山东、淮南地区。然而，如果能够安安稳稳地治理一方、不再闹事，他就不是那个李全了。

简单说，李全治理淮南时，采用了狐假虎威、首鼠两端的战术。

当时，李全偷偷地致信宋朝，表示只要给他钱粮，他就愿意回归。当然，不给他钱粮，他也愿意“回归”。只不过，那个时候的回归，就不是他一个人了，他会带着很多马匹来南方，好好地在江南一带“打猎”。

本来，对于李全这种“借大兵（蒙军）之势，要宋人供给馈饷，特一猾寇耳”的小人，南宋就不能同意他的请求，否则只会继续助长这种狐假虎威小人的气焰，会祸害无穷。然而，腐败无能的南宋政府为了避战，竟然同意了李全的请求，答应花钱消灾。

就这样，李全得到了无数的金银财宝，甚至得到了南宋授予他的彰化、保康节度使、京东安抚使的官职，成为宋朝的封疆大吏。这个人，同时成了蒙古和南宋的大臣，创造了一个奇迹。

然而，还有更加神奇的事情。

原来，李全不仅坑了宋朝，他还以“带土归顺”为由，跟金国打得火热。最终，李全得到了金国的不少好处，还得到了一个金国授予的官职。

至此，在一番精彩的忽悠下，李全竟然变成一个“三姓家臣”了！如此“战绩”，可谓辉煌无比，不敢说前无古人（苏秦身佩六国相印，是六国宰相），但也绝对后无来者。

虽然李全首鼠两端，既吃蒙古的皇粮，拿南宋的俸禄，又笑纳金国的礼物，但是他清楚地知道，这三个国家中，谁才是他真正的主子。

为了表忠心，以获得蒙古人的信任，进而加官晋爵，李全一有机会就会欺负南宋。即使南宋花钱买平安，李全也毫不领情，他一而再、再而三地惹起祸端，让南宋痛苦不已。

绍定二年（1229 年），李全以粮草不够为由，命令自己的士兵进入宋境，来平江、嘉兴一带“购买”粮食。暗地里，李全操练水军，趁采买熟悉宋朝的水路，为未来进攻宋朝做准备。

后来，为了削弱宋朝的军事力量，李全派楚州军官穆椿秘密地潜入临安城，一举烧毁了宋朝的御用军器库，让南宋损失惨重。

干了这些事情后，李全的手下就有点儿怵，他们告诉李全：“如此明目张胆地行事，恐遭宋朝的报复，还望小心行事。”

结果，李全根本不惧，他告诉手下：“没事，朝廷待我如小儿，啼则与果。我越闹，给的果子越多。别怕，继续闹。”

事实证明，李全的预测完全正确。

即使李全干出了过分的事情，史弥远不仅对其不理不管，而且依旧给李全钱粮和官职，继续“花钱买平安”。

史弥远之所以这样养虎为患，原因很简单：史弥远老了，已经不想再惹事了，他就想过几天安静日子。

根据时间我们知道，李全是在绍定年间折腾的，具体时间是 1228 年至 1231 年，而史弥远是在 1233 年病逝。当时史弥远年老体衰、已经没有精力去处理李全了。他唯一的心愿，就是花钱、花钱、花钱，只要能买一个平安，花多少钱都干。

就这样，李全越折腾，得到的好处越多。当时，目睹朝廷把大笔大笔的银子交给李全，让李全扩充兵马，又被其反戈一击，危害南宋江山后，江南的百姓无奈道："朝廷此举，真可谓'养北贼，戕淮民'。"听者皆愤怒不止，却无处发泄，只能无奈叹息。

最终，在自己的无限野心下，李全发动了对南宋的战争。然而，就在这场战争中，李全输掉了一切，包括自己的性命。

李全之死

绍定三年（1230年），李全给朝廷送去了一封信，正式向南宋宣战：

全复归三年，淮甸宁息，虽荷大丞相力主安靖之说，深有覆护之恩，奈何赵制置、岳总管、二赵兄弟人自为政，使全难处！全欲决定去就，亲往盐城存札。若有疾全者、疑全者，如赵知府之辈，便可提兵决战。如能灭全，高官重禄任彼取之，倘不能灭，方表全心。

——《宋史·卷二三六》

这段话的意思是说：我李全归顺了宋朝三年，没干啥事情，就是让"淮上安定"。如今，虽然有史大丞相罩着，给我吃的、给我喝的，我很满意。但是，奈何朝中有小人，如赵制置使、岳总管、二赵兄弟等，他们不服我，玩儿命地诽谤我，让我难以生存。因此，为了表示我的忠心，我决定去一趟盐城。如果你们怀疑我，认为我是要抢地盘，大可"提兵决战"。如果能灭了我，高官厚禄自然不在话下。反之，灭不了我，你们就能知道我"真正的赤诚之心"了！

这封书信，真是嚣张。

看完李全的书信后，南宋朝廷彻底炸了。大家一致认为，李全都这么写了，这就是公认的挑衅了。若这样都不敢迎战，朝廷颜面何存！于是，大家一片喊打喊杀之声。虽然史弥远出面安抚，替李全说好话，但是他也控制不住这个局面了。

最终，在史弥远的亲信加亲家、当朝帝师郑清之的带头逼迫下，史弥远无奈地签署了"开战令"。朝廷以"用怨酬恩，稔恶恣暴。为封豕以洊食，贪婪无厌；怒螳螂而当车，灭亡可待。故神人之共愤，岂覆载之所容！舍是弗图，孰不可忍”为由，发布了讨伐李全的檄文。南宋削夺了李全的官爵，停给钱粮，整顿兵马，开始出战了。

这里说一个题外话。

虽然签署了“开战令”，但史弥远还是后悔了。这个奸臣偷偷摸摸地派遣使者找到李全，告诉他，只要他罢兵，朝廷就对他的行为既往不咎，还会给他15000人的兵粮，用来犒军。

国家危难至此，史弥远竟然还想着“花钱买平安”……得此奸臣，真乃李全之幸，南宋之悲。

当时，李全听完使者的话后哈哈大笑道：“丞相劝我归，丁都统与我战，非相给耶？”说完后，李全把史弥远的书信掷于地上，把史弥远的使者轰走了；真的以为我李全是一个小孩子吗？告诉你们，这点赏赐，不好使！这场仗，我打定了！

在怒吼中，李全准备造反到底了。然而，事实证明，如果李全能够接受史弥远的建议，拿好处回家也就不会输得那么容易、那么彻底。

当时，南宋朝廷本以为，李全实力雄厚，麾下兵多将广，背后又有蒙古撑腰，因此这场战斗不好打。结果呢，根本不是那么回事，李全就是一只纸老虎。

原来，虽然李全玩儿命地扩充兵力，看似兵多将广，其实他麾下的士兵全是贪财忘义之辈。这些人看着挺骁勇善战，其实自私自利，一旦战局不利，这些人就亡命逃窜了。

这不，刚开始李全军士气高涨，接连攻克了三座城池，但这些都是小城，当碰上了坚固的城池，就离心离德，最终崩溃了。

绍定三年（1230年）底，李全兵临富庶的扬州城，准备把城内的财宝全部抢走。结果，在南宋赵范、赵葵兄弟的防守下，李全损失惨重，拿这座城池一点办法也没有。

因为打不下来，李全下令挖掘城壕，做好持久战准备。李全打算困死扬州城，让这个城池不攻自破。

李全的想法很好，但实践起来难如登天。

首先，只要宋朝的运粮队到达，赵范、赵葵就会奋勇出击，打散围城的李全军，把粮食运回城，军粮充足；其次，对方全是不怕死之辈，本方全是怕死之辈，李全根本拦不住这些宋军。

因为“攻城不得”，李全都崩溃了，他郁郁寡欢，不停自悔，甚至变成了一个神经病。

不止一次，李全命下属抱着自己的胳膊，问道:“看，这是我的手吗？”对于这个问题，手下无言以对。

可见，此时此刻，李全的心态已经完全崩溃了。

绍定四年（1231年）正月十五日，在这一年一度的元宵佳节里，虽然敌军兵临城下，但赵范、赵葵根本不惧。他们在城内布置了无数花灯，开心过节，根本不把李全放在眼里

看着这满城烟火的扬州城，李全气得咬牙切齿，却又无计可施。最终，李全也布置了花灯开始过节。他还找来一群妓女，在军营内“矫情自肆”，用来回应城内的宋军。

就这样，李全过了人生中最刻骨铭心的一个元宵节，也是其人生中最后一个元宵节。

绍定四年（1231年）正月十六日，宋军重新出战，他们出西门攻打李全军。因为宋军之前从西门进攻都被李全打败了，所以李全对西门的宋军很鄙视，他对着蒙古监军道:“看我扫南军。”说完后，李全率领部队威风凛凛地出战了。

虽然李全信心十足，结果，一交手，李全就发现自己错了。因为，这支宋军战斗力十足，而且赵范、赵葵兄弟也在这支部队内，宋军这是对自己发动了总攻。

原来，为了麻痹李全，赵范、赵葵故意派老弱残兵出西门，让李全打败，好让他产生轻敌心理。几次后，赵范、赵葵见李全已经不把西门的宋军当回事了，就知道李全已经中计了。于是，赵范、赵葵把所有的精锐部队放在了西门，准备来一场总攻，消灭李全。

就这样，因为轻敌，李全完全被打蒙了。等他清醒过来时，已经大势已去、无力回天了。为了活命，李全马上逃离战场。他仓皇北上，一路被追杀到新塘，不慎掉进了泥潭里。

新塘这个大泥潭，面积大，也够深。泥潭平常很显眼，人都能躲得开。结果，最近几天一直是大晴天，泥潭的表面都干了，上面还布满了灰尘，与一般土壤无别（久晴，浮战尘如燥壤）。不知道的人，根本不知道那里有一个

大泥潭。

就这样，在毫不知情下，慌不择路的李全带军冲到了泥潭里，再也动不了了。宋军追到后大喜，他们拿出长枪刺杀李全军。

看见身边的伙伴都变成了“糖葫芦”，李全惊恐无比。为了活命，他对宋军大喊道：“毋杀我，我乃头目。”李全选择投降，准备再苟延残喘一段日子。

可惜的是，虽然李全的声音很响，但是宋军似乎并未听见这句话，他们依旧没有控制手中的长枪，还是刺了下去。

至此，伴随着一声声的惨叫，一代枭雄李全就此惨死在泥坑里，享年41岁。

全歼李全军后，宋军清理战场。这时，大家才发现，这具只有九根手指的尸体竟然就是贼首李全，为此，大家都懊悔不已。原因很简单，活捉的赏赐，要比杀死的多得多。

虽然没有活捉，但李全的尸体也值钱。于是，宋军一拥而上，全都“争以为献”，把李全的尸体据为己有，以建功绩。最终，因为抢的人太多了，“群卒碎其尸”，李全落了一个尸骨无存的下场。

李全被肢解后，宋军把李全的首级放在了盒子里，快马传至杭州，向朝廷呈上了捷报。

看见捷报后，史称“帝惊喜，太后举手加额”，南宋君臣太开心了。毕竟，这个心腹大患终于死了。

李全死后，其妻杨妙真临危受命，第二次成为众人的“姑姑”。杨妙真率领众人逃回楚州城，准备在这里负隅顽抗，做最后一搏。然而，面对大军压境的宋军，杨妙真根本守不住，她打算北上投奔蒙古。

逃难时，忠义军将领们发生了分歧，一些将领认为自己是汉人，应该投降南宋，不肯投降蒙古。为此，他们拒绝北上，还打算杀了杨妙真，作为投降宋军的“投名状”。

对于这些将领，杨妙真不仅没说什么，相反，她还帮了一把，让这些人顺利投降。

杨妙真告诉众人：“二十年梨花枪，天下无敌手，但今事势已去，撑不住了。你们不造反，是因为畏忌我，不敢罢了。现在，杀我投降，你们于心不忍；不杀我，南宋未必接纳你们。不如这样，我归老涟水，你们告诉南宋朝廷，说想杀我投降，结果被我发觉，逃跑了。如今的我，已经逃过淮河了。你们说，这个投降的方法可行吗？”

至此，在众人的同意下，杨妙真遣散了部队。愿意跟随她的，投降了蒙古；不愿意去北地的，投归了宋朝。

安排好了众人，杨妙真带着李全之子李璮（也有的说不是儿子，是养子）北渡淮水，逃回了山东老家。后来，他们投降了蒙古，窝阔台任命李璮管理山东、淮南等地，授予其山东淮南楚州行省官职，后改名益都行省。

除了给李璮高官厚禄，蒙古统治者还大笔一挥，封他为世侯，给予了他“尽专兵民之权”和“相传以世”的权力。从此，李璮成了可以世袭罔替的藩王。

蒙古给予李璮的赏赐，不可谓不高。然而，李璮却继承了父亲的基因，他也是一个欲壑难填的人。后来，李璮也造反……最终被忽必烈平定了。

宋景定三年（1262 年）七月，李璮兵败被俘，随后被斩首示众。李璮死时非常惨，《元史·史天泽传》记载，“砍去两臂，次除两足，开食其心肝，割其肉，方斩首”，李璮落了一个死无全尸的结局。

再说一下杨妙真的结局。有的资料说，李璮兵败时，杨妙真就战死沙场了。有的资料说，杨氏窜归山东后，仅仅过了数年就暴病身亡了。还有的资料说，投降了蒙古后，杨妙真看破红尘出家为尼了，最终颐养天年，寿终正寝。由于史料矛盾重重，杨妙真到底是一个什么样的结局，成了千古之谜。

至此，伴随着李全、杨妙真、李璮的相继毙命，李全曾经不可一世的家族，就此消失在历史的长河中。

元朝统一天下后，开始编纂《宋史》。在编写李全时，为了警示后人，元朝史官大笔一挥，用了整整两篇传记来记录李全的生平。

这是什么概念？在《宋史》中。那些永载史册的贤臣们，也就一篇传记。而比李全更著名的张邦昌、刘豫之流，也没有这种待遇，甚至都没有自己的独立传记（张邦昌、刘豫和其他三个人合起来一篇）。

元朝此举，真是让其永载史册、遗臭万年。

以铜为镜，可以正衣冠；以古为镜，可以知兴替；以人为镜，可以明得失——李全的一生，留给后人，慢慢品味。

至此，李全的故事就此落幕。然而，我们反过来也要思考几个问题：

到底是一个什么原因，逼得李全等人揭竿而起呢？又是什么原因，让曾经强大无比、不可一世的金国土崩瓦解、分崩离析的呢？金国衰败后，蒙古帝国又是如何崛起的呢？蒙古崛起后，在这个新的时代里，蒙古、西夏、金国、南宋这些国家又会上演了什么故事呢？

追根溯源，还得从金国的衰败说起。

第六章 金国衰败

惊人的预言

根据周密《浩然斋意抄》记载，乾道八年（1172 年），辛弃疾在滁州奠枕楼上喝酒聊天时，准确地做了一个预言——“别看金国现在很强大，但再过六十年，这个国家必亡！然而，金国灭亡了，宋朝才会迎来真正的忧患。”

事实证明，辛弃疾的这个预言，太准确了。

辛弃疾是 1172 年做的这个预言，当时是一个什么时代？宋朝刚刚经历了符离惨败，再无北伐之力，国家一片萧条，只能休养生息。国家尚且看不见未来，更别说将金国取而代之了。

相反，金国的统治者金世宗却是一位难得一见的贤君，号称“小尧舜”，他把国家治理得井井有条、国泰民安，正处于中兴的时代。在这种背景下，宋朝根本看不见金国衰败的迹象，何来亡国之说？

结果，从 1172 年开始，到 1233 年为止，仅仅过了 61 年，金国真的就亡国了！

而且，伴随金国的灭亡，北面蒙古的崛起，他们攻击宋朝，最终把南宋灭亡了。

要知道，辛弃疾在1172年预言时，铁木真还未崛起，此时距离他建立蒙古汗国还有30多年呢！此时此刻的蒙古诸部，还处于四分五裂的动荡局面，根本没有统一的迹象，更别说称霸世界了。

难怪周密无比惋惜，留下了“惜乎斯人之不用于乱世也”的遗憾语句。

当然，辛弃疾的这个预言，很可能是后人杜撰的。

抛开这个预言，让我们回归现实——这个曾经强大的金国，是怎么灭亡的呢？那么强大的蒙古帝国，又是怎么出现的呢？

这一切还得从金国的那位明君讲起。

在“宋粉”眼中，他们最痛恨的金国皇帝，就是那位“小尧舜”金世宗了。

这位皇帝太能干了。金世宗在位期间，挽狂澜于既倒，扶大厦之将倾，不仅收拾了金熙宗、海陵王留下的超级烂摊子，把金国从悬崖边上拉了回来，而且把金国发展到了一个前所未有的极盛时代，史称“大定盛世”。

然而，再贤明的君主，也敌不过时间。1189年，即金大定二十九年、宋淳熙十六年，完颜雍因病驾崩，享年67岁。

金世宗死后，传位给孙子完颜璟。

那么，这里有一个问题，为什么金世宗传位不传给儿子，而要传给孙子呢？

前面讲过，金世宗在登基前，有一个温柔体贴、善解人意的妻子乌林答氏。乌林答氏被海陵王逼死后，为了怀念这位情深义重的妻子，金世宗再也没有册封过皇后。他第一时间册封乌林答氏生的儿子完颜允恭为太子，让其成为国家的继承人。

在后面的岁月里，金世宗一直悉心教育完颜允恭，把他培养成了一位合格的接班人。然而，人算不如天算，大定二十五年（1185年）六月，完颜允恭因病逝世了，死时年仅40岁。

上演了一场“白发人送黑发人”的悲剧后，金世宗内心的悲痛，可想而知。然而，悲痛归悲痛，金世宗还是得强打精神，继续处理朝政。毕竟，这个国家有太多的事情，等待着这位皇帝去处理。

在这些事情中，最重要的一件，就是重新选一位太子。

那么，选谁呢？

没有任何的犹豫，也没有任何的质疑，金世宗就圈定了自己的孙子、完颜允恭的儿子完颜璟，册封其为皇太孙，让他以后继承皇位。

金世宗这么做的原因，有二。

第一，告慰乌林答氏的在天之灵。你的儿子没有继承皇位，我把皇位传给了你的孙子，这个皇位永远被你一族“内定”。

第二，这个皇孙是一个有福之人，聪慧无比，是一个合格的储君人选。

何为有福之人？

原来，完颜璟出生时，金世宗正在麻达葛山（今河北张北）打猎。那一天，也不知道怎么回事，麻达葛山的猎物出奇得多，金世宗可谓满载而归。回营后，随从来报，说太子妃顺利生产，生一个大胖孙子。

听完这个喜讯，金世宗大喜过望——打了无数猎物，还得到了一个嫡孙，今天太高兴了。于是，高兴的金世宗下令，“朕尝喜其地衍而气清”，就以此山为名，给这个孙子取名为“完颜麻达葛”，以此为念。

完颜麻达葛长大成人后，金世宗认为这个名字不雅，就改名为完颜璟。

不管这个孩子叫什么，金世宗都认为他是一个有福之人。当然，“有福之说”太虚幻缥缈，也太片面了。金世宗之所以选择完颜璟继承皇位，还是因为这个孩子聪慧，是一个合格的储君人选。

如何聪慧？

对比南宋的“弱智皇帝”宋宁宗，完颜璟太聪明了，堪称是一个“学霸”。他饱读诗书，是一个熟读儒家经典、学富五车的人。完颜璟不忘本民族的语言，在精通汉语的同时，还精通女真语，这就更加难能可贵了。

要知道，在金世宗时期，女真人能精通女真语，确实难得。因为，自从女真人入关后，他们就掉进汉民族的熔炉里了。

很多女真人从出生，就没有学过女真语，不是他们不学，而是他们的父辈也已经不说女真语，只说汉语了。

女真人的这种只说汉语的情况，到了什么程度呢？金世宗统治天下时，为了保持女真人的传统，下令必须说女真语，官员不说女真语的不许为官。结果收效甚微。虽然官员们学习女真语，但他们只是把女真语当成进入官场的“敲门砖”，等步入官场就再也不说了。

对于这种情况，金世宗是既气愤，又无奈，只能默认了这个事实。而孙子完颜璟竟然会说女真语，还说得特别好，这太让金世宗欣慰了。

为了让完颜璟成功继位，金世宗加封了完颜璟的官职，封其为“原王”。册封了王爵后，完颜璟入宫谢恩。

当时，完颜璟全程用女真语谢恩，这让皇帝感动无比。

没过多久，金世宗就颁布了一道圣旨，任命完颜璟为“首都市长”。根据宋朝的惯例我们知道，金世宗此举，就是要历练完颜璟，以让他成为一个合格的储君。

在这次考验中，完颜璟拿到了一百分。他用汉语解决汉人的官司，用女真语解决女真人的矛盾，把京城治理得安定有序。此外，在担任开封府尹期间，完颜璟还大力打击鱼肉百姓的权贵，还百姓一片朗朗乾坤。他大力提拔优秀的官员，为这个国家发现了很多栋梁之材。

看见孙子的工作能力如此优秀，金世宗很是欣慰。

大定二十九年（1189 年），金世宗病危，在弥留之际，金世宗颁布圣旨，传位给完颜璟，史称金章宗。

看见孙子能继位，金世宗很是满意。

金世宗统治的这个帝国堪称盛世。对内，风调雨顺、国泰民安，百姓安居乐业，喜笑颜开。对外，南宋不思进取，蒙古尚未崛起，西夏已经臣服，没有外患可言。而且，帝国选定了一个合格的接班人，在他的统治下，帝国肯定会蒸蒸日上，再创辉煌……一想到这些，金世宗在九泉之下，也足以欣慰。

然而，命运就是这样荒诞。金世宗根本不会想到，帝国的衰败，就是从金章宗开始的。未来，这个曾经驰骋天下、无人匹敌的大金帝国，在这个皇帝的带领下慢慢驶入地狱，并在另外一个女人的帮助下跌到地狱的最谷底。

这，就是这个帝国的命运……

皇帝汉化

1189 年，金大定二十九年、南宋淳熙十六年，一代明君“小尧舜”金世宗完颜雍安详地闭上了双眼，享年 67 岁。金世宗驾崩后，其 22 岁的嫡孙完颜璟登基称帝，改号“明昌”，史称金章宗。

同年，南宋统治者宋孝宗选择禅位，传位给宋光宗赵惇，回后宫养老去了。

随着金国、南宋两位杰出帝王的离世和退休，中华大地进入了一个新的时代。在这个新的时代里，对比南方“父子不和，天天打架”的南宋，金国安静得多。

之所以这样，原因很简单，对比那些“喜欢血肉”的祖先，金章宗是一个标准的汉化皇帝，他完全学会了汉人那套“治大国如烹小鲜”的理念，不折腾，喜静不喜动。

就这样，在这位“汉化皇帝”的统治下，金国过上了自己舒服的小日子。

其实，在金国历史上，金章宗何止是一个汉化的皇帝，这个人简直比汉族皇帝还“汉族”。

因为这是家族遗传和后天努力的结果。

何为家族遗传？

虽然金世宗要求女真人不能忘本，但他的儿子、金章宗的父亲完颜允恭就是一个“忘本”的人。当时，完颜允恭精通汉人文化和汉语，很少说女真语。在他的言传身教下，金章宗就变成了一个汉化很深的“文人太子”。

除了汉化颇深的父亲外，金章宗的母亲也是一个饱读诗书、善写诗词的才女。虽然这个女子不如宋朝的那些才女，但对比金国的女子，绝对是出类拔萃、鹤立鸡群。

在父亲、母亲的熏陶和言传身教下，再加上他出生的环境，金章宗就是想不被汉化都新鲜。

何为后天努力？

由于自幼喜欢汉人的东西，金章宗一生学习汉人文化，苦练汉人“武功”。最终，在诗词书画上，金章宗都取得了很高的造诣，成为金国最有文化的皇帝，史称“金国诸帝无出其右”。即使对比宋朝的皇帝，金章宗也是有过之而无不及。

咱们都知道，虽然宋徽宗是一个昏君，但是在书法上却颇有造诣，开创了一种叫“瘦金体”的字体。这种字体飘逸优美，笔迹瘦劲，至瘦而不失其骨，犹如用钢笔写字一样。

一直以来，无数的文人墨客都想效仿“瘦金体”，但以金章宗写的“瘦金体”最为惟妙惟肖，不知道的人，真以为是宋徽宗的书法。

前些年，在欧洲的一个拍卖会上，拍卖了一幅“瘦金体”文字的书画。因为这幅画没有署名、没有落款，也没有印章，所以大家就误以为这是宋徽宗的书画。

结果呢？专家们经过了数次考证后惊讶地发现，这幅书画是金章宗的作品。

宋徽宗的“瘦金体”让金章宗成功“复制”了，还差点把专家都给蒙住，可见其书法造诣之深、水平之高。

除了字以外，在诗词上，金章宗也毫不逊色，随便举一阕词《蝶恋花·几股湘江龙骨瘦》就能证明：

几股湘江龙骨瘦，巧样翻腾，叠作湘波皱。金缕小钿花草斗，翠条更结同心扣。

金殿珠帘闲永昼，一握清风，暂喜怀中透。忽听传宣颁急奏，轻轻褪入香罗袖。

这是一首经典的“婉约派”诗词，不知道的人，根本无法想象，这首诗词出自金国的皇帝之手。

从某种意义上讲，这个皇帝就是一个汉人皇帝。

令人可惜的是，汉化程度如此之高、文采水平如此之强，金章宗却没有变成一个明君。

简单来说，因为太喜欢汉人的东西了，金章宗沉醉在了汉人的“温柔乡”里不能自拔。他喜欢汉人的书法，喜欢汉人的书画，喜欢汉人的宝物，喜欢汉人的女子……金章宗乐此不疲。

就这样，这个强大无比的大金帝国也随之由盛变衰了。最终，这个强大的金国衰败的爆发点由一个女人点燃了。

这个女人，就是金章宗的宠妃——元妃李师儿。

后宫乱政

前面讲过，纵观一个王朝的衰败，主要有六个因素——女宠、外戚、阉祸、朋党、强藩、悍夷。

在这六个因素中，“女宠”居首。这话虽然有点对不起女人，但又确实跟女人脱不了关系。

神奇的是，让宋朝衰败的女人，姓李，叫李凤娘；而让金国衰败的女人，也姓李。这个女人就是金国历史上大名鼎鼎的妖姬——元妃李师儿。

李师儿，汉族，其父李湘，其母王盼儿。李师儿出生在一个卑微的家庭，与宋朝的那位李凤娘没有任何关系。

由于史料匮乏，李师儿的父亲李湘到底是一个什么人，一直没有定论。有史料说他是一个小小的官吏，有史料说他是一介草民，总之，其身份真假难辨。但有一点可以肯定，李湘犯罪了，李师儿受其牵连，被“没入宫监”——她给皇家当了奴隶，以当牛做马的方式抵债。

来到宫监后，李师儿学习成为一个宫女，伺候皇室成员。不出意外的话，她将在贵族的大呼小叫、鄙视辱骂下，凄惨地度过一生。

当时，宫里有规定，男老师授课时（教授宫廷礼仪，类似于现在的岗前培训），双方不能见面，毕竟男女授受不亲。讲课时，双方要隔着一层纱帐。

虽然隔着一层纱帐，但是老师一直对李师儿存在好感。因为这个孩子天资聪明，还声音甜美，是一个可造之才。于是，老师倾尽所能，教育李师儿，准备给自己“投资”了。

很快，老师的这个“投资”，就收到了回报。

有一天，金章宗闲着没事，来这里视察工作。其间，老师告诉他，说那个叫李师儿的才思敏捷，声音好听，是一个可造之才。要不，您瞧瞧？

金章宗说：“好呀，好呀！”就下令宣召李师儿。结果，一看见李师儿，皇帝的眼睛就动不了了。

于是，皇帝二话不说，就把李师儿带了回去。随后，金章宗颁布圣旨，让李师儿陪王伴驾，成为自己的爱妃。

至此，李师儿飞上枝头变凤凰了。

由于李师儿出身卑微，又经历过牢狱之灾，所以她非常清楚，在这个世界上她应该干什么事情、说什么样的话。

在很短的时间内，李师儿用迷惑皇帝、内交宦官、外联大臣等方法，稳固了地位，并打赢了后宫的所有对手，成为金章宗最宠爱的女人。

当然，李师儿之所以能够成功，也是因为她口才一流、能力出众。我在这里举两个例子，用来说明。

第一个例子，才华了得。

金章宗是一个文人，文人就喜欢掉掉书袋。有一次，在今天的北京北海琼华岛上（那里曾是金中都的行宫），金章宗与李师儿一起赏月。赏了一会儿，金章宗看着地面随口吟了一个上联："二人土上坐。"

这个上联，看似简单，但其实不好对，"二人土"，不就是一个"坐"字吗？所以，这个上联暗藏玄机、一语双关。

孰料，听完这个上联后，李师儿想都没想，一指天上的月亮笑着回答道："一月日边明。"

金章宗一听，爱妃太有才了，一个月加一个日，不就是一个"明"吗？而且，还对得这么工整、这么快，我太爱你了。

通过这件事情，金章宗爱死李师儿了，称其为金国开国百年来最有才华的女子。

第二个例子，深得君心。

每一次举办宴会前，金章宗都会偷偷摸摸地来到皇家仓库，看一看那些用玛瑙玉器雕刻，镶着各种金银宝石的酒杯。

这些酒杯，都是从宋徽宗那里缴获的战利品。金国祖先引以为戒，把它们封存了起来，不让后世子孙用，以免玩物丧志。

金章宗以前的皇帝，虽然知道这些东西，但是一直兴趣不大。毕竟，他们在举办宴会时，更喜欢美女和美食这种实际的东西。

以前的皇帝不喜欢，但金章宗喜欢。每次举行宴会，金章宗就想把这些东西拿出来使用。但是，前车之鉴，金章宗不想被御史骂"玩物丧志、腐败奢靡"，所以他一直不敢用，只能看两眼，解解馋。

这一次，金章宗又来了，他把玩着这些酒杯自言自语道："真是好东西呀，要是能够使用的话该多好……"

各位，考验人品的时候到了！

对于这个问题，贤臣箕子会怎么说？奸臣蔡京会怎么说？这个李师儿又会怎么说？就看他们的人品了。

毋庸置疑，李师儿清楚地知道怎么回答才能深得君心。

李师儿劝慰道："陛下，喜欢这些东西就用呗，怕什么呢？"

金章宗摆摆手，道："爱妃有所不知，宋徽宗就是因为这些东西玩物丧志，最终亡了国。前车之鉴，朕怎么能跟他一样呢？"

李师儿回答道："陛下呀，您这么说，臣妾就听不懂了。要知道，玩物丧志，责任在人，不在物，这些东西是没有错的。要是一个明君圣主，不管用什么，哪怕他用金杯玉碗，国家都会富强。要是一个昏暴之君，不管用什么，哪怕他用纸杯、土碗，也得亡国。所以说，国家强盛还得看陛下您，臣妾说的对不？"

一听这话，金章宗如醍醐灌顶一般，他高兴地道："对对对，爱妃说的是，朕是一个英明的君主，即使用了这些东西，也不会玩物丧志。传朕旨意，把这些东西洗干净，今天的宴会就用它们了。"

就这样，在李师儿的劝说下，"潘多拉盒子"被打开了，欲望接踵而来，金章宗一改初衷，开始玩儿命地腐败奢靡了。

后来，李师儿除了"鼓励"皇帝腐败奢靡外，还跟历史上的很多外戚一样，干涉朝政、结党营私、卖官鬻爵。她玩儿命地提拔娘家人，干涉朝政。

元妃有两个兄弟，一个叫李喜儿（后改名李仁惠），一个叫李铁哥（后改名李仁愿）。他们本来都是不学无术的无业游民，结果，因为沾了妹妹的光，都入朝为官，成为天子近臣。

除了提拔本家亲戚外，李师儿还特别注意培养朝堂力量。当时有一个副宰相，叫作胥持国。此人是经童出身，也就是金国科举考试中最低一级的考试出身。这个考试只有13岁以下的孩子有资格考，所以胥持国的文凭，相当于今天的初中毕业。

因为文凭低下，所以即使胥持国位高权重，也被其他官员看不起，这让他很痛苦，也很无奈。就在此时，李师儿不失时机地抛来了橄榄枝，跟他结盟、合作发展。

就文化水平而言，虽然李师儿的文化水平比较高，但就出身而论，胥持国则更胜一筹。毕竟，李师儿是奴隶出身，在这个偌大的皇宫内，也只有她的出身比胥持国更低了。因此，这两人一拍即合，马上建立了一个"经童为相，监婢为妃"的联盟，共同发展。从此以后，李师儿主内，胥持国主外，他们精诚合作，结党营私，一起把持朝政。

就这样，拜这个李师儿所赐，李家官员遍布天下，金国的官场妖魔四起，小人当道，贤臣失势。最终，金国跟宋朝徽宗时代一样，好好的朝堂被搞得纲纪废弛、乌烟瘴气，金朝也不可避免地衰败了。

祸乱朝纲

“李氏家族”把持朝政后，把朝廷搞得小人当道、乌烟瘴气。见此情景，朝中的正义之士很是伤心，他们开始反击了。

首先发动进攻的，是那些天不怕、地不怕的伶人。

金国的伶人跟宋朝的伶人一样，也有不怕死、直言进谏的优良传统。当时，见李师儿如此飞扬跋扈、干涉朝政，伶子们编了一个段子讽刺她。

有一天，金章宗在宫中举办宴会，两个伶人说了一段相声。甲问乙：“你知道祥瑞吗？”

乙回答道：“知道呀，天降灵芝，奇物现世，凤凰飞舞，这些都是祥瑞呀。”

甲说：“凤凰飞舞，这确实是祥瑞。那我问你，你知道凤凰怎么飞吗？它往上飞、往下飞、往外飞、往里飞，都是什么意思呢？”

乙道：“这，我哪知道？愿闻其详。”

甲说：“听好了哈，凤凰往上飞，是风调雨顺；凤凰往下飞，是五谷丰登；凤凰往外飞，是万国来朝；凤凰往里飞，则是加官晋爵。记住了啊。”

一听这话，下面的人集体震惊，李师儿更是气得浑身颤抖。

原来，“里飞”与“李妃”同音，凤凰往“李妃”，就是暗示李妃干预朝政，擅自升贬官员。

眼看一场“战争”就要打响，还是皇帝化解了这场纠纷。金章宗就跟没有听见一样，只是一笑了之，就让伶人下去领赏，也没有追究他们大不敬的罪名。

虽然伶人们的讽刺没见成效，但是他们优异的表现，却鼓舞了金国正直官员的士气。毕竟，在御史大夫眼中，区区伶人都直言进谏了，我等世受国恩，若不以死报国，有何面目去见列祖列宗。

新一轮的“战争”，就此开始。

有一次，金章宗跟大臣一起切磋学问，他出了一个命题——《论汉高祖和汉光武帝谁更伟大》。

很显然，这道题不用辩论，虽然他们都是开国之君，汉高祖建立了西汉，汉光武帝建立了东汉，但汉高祖是白手起家，三年灭秦，四年平楚，还用毕生的时间扫平诸侯，最终建立了一个大汉王朝。虽然汉光武帝也是布衣出身，但他有一个“汉室子孙”的金字招牌，这让他省了不少事。

辩论了一会儿后，君臣一致认为，还是汉高祖刘邦更伟大。就在此时，宰相徒单镒站了起来，大声道：“老臣不同意大家的说法，还是汉光武帝更伟大！”

一听这话，金章宗疑问道：“爱卿，为什么刘秀比刘邦更伟大？”

徒单镒道：“若论功业，自然是汉高祖厉害，但论勤政，则汉光武帝更胜一筹。要知道，汉光武帝勤政三十余年，不近酒色，后宫也管理得井井有条，其阴皇后（阴丽华）恭谨俭约、怜悯慈爱，更是天下皇后的表率。反观这个刘邦，自登基后就腐败奢靡了起来，他宠信戚夫人，导致朝政大乱，还因为管不住女人，让吕后篡了权……”

徒单镒尚未说完，金章宗的脸已经挂不住了。心想道：“老东西，你骂谁呢！你这指桑骂槐，以为朕听不出来吗！”

当然，说归说，做归做，金章宗还是控制住了脾气。最终，金章宗以“爱卿的论点非常精辟，让朕受益匪浅，回去好好回味一下”为由，下令散会了。

除了指桑骂槐外，正直的官员更是直言进谏，让皇帝亲贤臣、远小人，并直接告诉皇帝谁是小人！

有一次，一个御史上疏朝廷，请求皇帝亲贤臣、远小人，重振朝纲。金章宗看完后满脸不悦，就让李喜儿去问问这个御史，说“我朝都是贤臣，哪有小人。你这么说，不是在痛骂朕是非不分吗”。

得到这个命令后，李喜儿就趾高气扬地去了。他是天子近臣、皇帝的大舅子，走路都跟螃蟹似的，横着走。

李喜儿见到御史后，指着对方鼻子道：“皇帝让我问你一件事，你上疏朝廷，说朝中有小人，谁是小人？”

李喜儿话音未落，那御史二话不说，直接拽住李喜儿的手臂把他拽到皇帝跟前了。

面见了皇帝后，御史大义凛然道：“陛下，您不是问我谁是小人吗？就是他！请陛下远离他，远离这个祸国殃民的小人！”

御史的一番话，说得金章宗和李喜儿脸红一阵、青一阵的，虽然他们想怒，但也不好意思。最终，金章宗也没有治御史的罪，只是让他退下了。当然，皇帝也没有远离李喜儿，该怎么干还怎么干。

目睹了皇帝的所作所为，正直的官员悲痛无比，他们看着大金帝国慢慢地沉沦，却毫无办法。

妖孽四起

《中庸》有云：国之将兴，必有祯祥；国之将亡，必有妖孽。

对于这句话，金章宗最深有体会，他也终于明白当年宋真宗的苦楚。

金章宗执政初期，靠着祖父积累的巨大财富，金国还很强大。然而，随着时间的推移，在自己怠政下，大金国运一天不如一天了。

就在此时，老天爷也不怀好意地下手了，他给金国送来“妖孽”，让这个国家加速灭亡了。

这就是天灾。

咱们都知道，中国历代的统治者，无论是何种出身、何种民族，登基以后，其最怕的事情就只有两件，“外敌入侵”和“天降灾祸”。这两件都是动摇国本的事情，稍有不慎，国家就毁于一旦。

在这两件事情中，对于“外敌入侵”，皇帝认为很好办。只要选拔优秀的将领、训练强大军队，就能解决。然而，对于“天降灾祸”，皇帝就没招了。

因为，在那个没有农药化肥、没有人工降雨、没有暖棚的时代，粮食收成如何，完全是靠天吃饭。一旦遇到了灾难，国家一点办法都没有。若赈灾不利，百姓还会揭竿而起，动摇国本。

皇帝对于天灾都非常重视。但天灾发生的次数与皇帝重视的程度无关，跟皇帝是昏君、是明君也无关。

以明朝为例，在漫长的昏君执政时代（比如嘉靖），天灾的次数并不多；相反，在兢兢业业的明君时代，天灾的次数却多得惊人，足以把这个王朝拖垮。

君若不信，看那个倒霉的崇祯皇帝，刚刚登基称帝就连续8年（崇祯元年到崇祯八年）遭遇史无前例的天灾。这除了用“气数已尽”外，真的不好解释。

对比气数已尽的明朝，金章宗统治时期，国家也出现了气数已尽的征兆。

在金章宗统治后期，金国的河南、山东、安徽等地，“水、旱、蝗”三灾频繁爆发，大地颗粒无收。此外，黄河也跟着作乱，三次冲垮堤坝，吞没无数人口，淹没大量良田，让黎民百姓苦不堪言。就是在这种背景下，南宋以为金国要“亡国”了，这才动起歪点子，发动了“开禧北伐”。

如今，通过史料，有学者对金国的灾难进行过统计，并对金国前后期发生灾祸的次数进行了对比。

学者研究表明，金国可以分为两个阶段。第一个阶段，从金国建国开始，一直到金世宗病逝为止，共74年。第二个阶段，从金章宗即位开始，一直到金国亡国为止，共45年。在金国统治前期的74年里，有案可查的天灾一共111次，平均一年1.5次；在金国统治后期的45年里，有案可查的天灾一共175次，平均一年3.8次。

虽然上述数据片面，但至少可以说明一个问题，在金国统治的后半期，上天确实不眷顾这个王朝。

就这样，在天灾和人祸的双重攻击下，再加上北面蒙古的崛起，金国越来越岌岌可危了。

虽然在这种情况下，金国还打赢了开禧北伐之战，但不可否认的是，这已经是金国最后的辉煌了。假以时日，这个国家将在蒙古的铁蹄下，迎来属于自己的结局。

可惜的是，或者是庆幸的是，这个王朝的结局，金章宗是看不见了。

因为，在打赢了“开禧北伐”之战后，当年年底，这个皇帝就病逝了。金章宗传位给叔叔完颜永济，把这个烂摊子丢给了卫绍王。

那么，到底是什么原因，让金章宗传位给叔叔，不传位给儿子呢？

第七章 蒙古崛起

卫绍王登基

皇帝驾崩，国家要选出一个新的继承人。然而，对于这个问题，金国上下都很困惑，他们不知道选谁来当皇帝。

原因很简单，金章宗无后。金章宗一生无子，包括李妃在内的所有妃嫔，都没有给金章宗生下一个儿子。

在金章宗重病缠身之时，元妃李氏曾想出来一个鬼点子（也有资料说，这是皇帝自己想出来的鬼点子），准备行宋朝刘娥的“狸猫换太子”之事。

当时，元妃找到金章宗，说：“恭喜恭喜，您还不知道吧，后宫有两个妃子已经怀上龙种了，只是不知道是男是女。这样，您再坚持几个月，等孩子生下来，国家就有继承人了。”

一听这话，金章宗十分高兴，但他又悲伤地告诉李妃：“算了吧，朕是扛不住了。还等几个月，等几天都够呛。这样吧，朕传一道圣旨，告诉天下，朕有两个妃子怀孕了。若生下男孩，立为储君。若两个都是男孩，就立好的为储君。”

由于史料匮乏，我们已经不知道这个故事是真是假了，但有一点可以肯定，即使金章宗有一个皇子，那也是一个襁褓中的孩子，国家大权也只能旁落。金章宗只能选一个托孤大臣，把国家交给他。

那么，这个托孤大臣是谁呢？

巡视了一遍朝廷后，完颜璟把目光投在了叔叔完颜永济身上，准备让其继承皇位，照顾自己的孤儿。

金章宗为什么选择完颜永济呢？

完颜永济，本名完颜允济，字兴胜，虎水（今黑龙江省哈尔滨市）人。金朝第七位皇帝，金世宗完颜雍第七子，完颜允恭异母弟。由于他后来被下属刺杀，是一个“废帝”，所以跟海陵王一样，他没有庙号，不被称为“金某宗”。金宣宗时期，朝廷为其平反，追封卫王爵位，谥号为“绍”，所以史书称其为“卫绍王”。

完颜璟之所以选择把皇位传给完颜永济，主要是看中了两点。

第一，史料称完颜永济“柔软鲜智能”，也就是说，他是一个软弱无能、毫无本事的人。金章宗认为这个没有野心的窝囊废会遵守协议，未来会把皇位还给自己的儿子。

第二，虽然在历史上，完颜永济的年龄不详，但是在金章宗眼中，这位跟自己父亲同一辈的人，年龄肯定不小。自己40多岁就死了，这个叔叔肯定活不了多久。把皇位传给他，也就是让他暂时代理几年，等自己的儿子长大了，这个叔叔也死了，能保证第一时间归还王位。

鉴于这两点，金章宗看上了完颜永济，打算让他代理几年皇位。

主意已定，完颜璟召见了叔叔，准备最后考察。双方交谈后，完颜璟很是满意。

当时，完颜永济要离开京城，去地方上办事。结果，金章宗竟然这样对其道：“叔叔不想做主人吗？为什么急着离去呢？”

一听这话，完颜永济大吃一惊，都不知道怎么回答了。同样，听完这番话后，一旁的元妃也大吃一惊，她马上知道了圣意。

没过多久，金章宗病危，陷入弥留之际。这时，元妃召集大臣开会，当众宣布了完颜璟的遗诏：“皇叔卫王即皇帝位。若金章宗有皇子，则还位给金章宗子嗣”。

至此，在大臣们山呼海啸的“万岁、万岁、万万岁”声中，完颜永济登基称帝。

一口永载史册的痰

在登基大典上，看着跪拜在自己脚下的满朝文武，听着赞美的词语，完颜永济的心情就一个字形容——爽。

原来，当皇帝是这么一件快意的事情。难怪，那么多人都想登基称帝，品尝一下这唯我独尊的滋味。

自从登上皇位、体会了权力的快感后，完颜永济就再也控制不住他自己了。他准备杀死那些跟他抢夺权力的人，独享此物。

亲爱的两位皇子，不，是那两位还未出世的孩子，你们准备好了吗？朕来啦！

虽然在历史上，完颜永济是一个㞞人，但在维护权力方面，完颜永济比赵子龙还要勇敢、比司马懿还要诡计多端。为了能够大权独揽，消灭那些竞争者，他有的是办法。

完颜永济登基仅几天，就迫不及待地颁布了一道圣旨，告知天下：“金章宗去世前，说自己有两个尚未出世的孩子，其实根本没有。那两个妃子都犯了欺君之罪。事实是，一个妃子早就流产了，一直知情不报；另一个妃子根本没有怀孕。当然，这么重大的事情肯定有帮凶，帮凶就是元妃李氏。”

为了证明，完颜永济还出示了一份她们“造假”的报告书。里面详细阐述了元妃是如何找到妃子，如何劝妃子造假，她们又是怎么造假，以及怎样“狸猫换太子”的全过程。报告书之详细，不由得人不信。

可见，完颜永济真是一个才华横溢、才思敏捷的“段子手”。

颁布了圣旨后，完颜永济下令把“罪人”抓起来，随后又颁布了处罚结果——流产的妃子削发为尼，永世不得踏出佛门一步（也有史料记载是被杀了）。“假怀孕”的妃子斩首示众，以儆效尤。同时，“幕后黑手”元妃李氏被赐自尽，算是“罪有应得”。

元妃死后，其家族以及相关势力被完颜永济连锅端、夷为平地了。她的那两个哥哥，被斩首示众；她的党羽，也树倒猢狲散了。

至此，完颜永济终于可以高举胜利的酒杯，庆祝自己“皇权永固”了。若天上的金章宗看见此情此景，不知会做何感想。

其实，有什么可以感想的。金章宗创造的这个“先传给叔叔，再由叔叔传给儿子”的继承思路，根本就是一场闹剧，也只能迎来这个结局。

金章宗只能在天上默默看着这个强大的大金帝国，在完颜永济的率领下下，仅仅过了数年，就被打得只剩下半条命。而完颜永济也在这种内忧外患下，来跟自己会面了。

打败他的人，就是一代天骄——成吉思汗。

干掉了威胁自己统治的敌人后，完颜永济昭告天下，定国号“大安”，寓意“天下彻底安全”。彼时，完颜永济根本不知道，所谓的“大安”其实一点也不安，堪称“大不安。”

因为，远在大漠深处的成吉思汗已经拔出手中的刀，准备大军压境，讨伐金国了。

一场金国与蒙古的宿命之战，就此拉开了序幕。

吊诡的是，还没有成为成吉思汗的铁木真，以及还没有成为皇帝的卫绍王完颜永济，他们曾经见过一面。

铁木真还是一个草原部长时，曾率众到金国称臣纳贡。当时，接待他的人，就是完颜永济。

纵观史书我们知道，铁木真上贡的次数屈指可数，完颜永济接待人的次数也屈指可数。结果，就在这种“屈指可数”下，这两位未来的皇帝就这样见面了。如此戏剧性的场面，也只有“郭威面试赵匡胤的故事”可以匹敌了。

然而，跟“郭威看见赵匡胤后，立刻喜欢上了他，对其委以重任”的故事不同，铁木真见了完颜永济后，脸上充满了鄙视。在他的眼中，这个人一无是处，多看他一眼都是浪费时间。

正是这次不友好的见面，奠定了蒙古对金国的基本国策。

《元史·太祖本纪》记载，卫绍王登基称帝后，派人向藩镇传达圣旨，告诉他们自己当了“大哥”的消息。结果，铁木真得知是他当了皇帝，啐了一口吐沫，不屑道:“我以为中原的皇帝是天上人做的，就那平庸、懦弱的废物也配当皇帝?”说完，掉转马头，走了，留下了一脸茫然的金国使臣。

铁木真痛骂完颜永济的消息传到金国后，举朝哗然，完颜永济气得青筋暴起。他下令若叫铁木真的人来进贡，直接杀了他。

完颜永济的这个想法挺好，但可惜的是，这个已经被尊称为“成吉思汗”的男人，怎么可能还给金国称臣纳贡呢？相反，用不了多久，完颜永济就对他称臣纳贡了。

卫绍王登基的第二年（1210 年），成吉思汗下令，断绝与金国的朝贡关系。

第二年，1211 年，即金卫绍王大安三年、南宋宋宁宗嘉定四年，成吉思汗倾国来袭，他兵分两路，讨伐金国。

在成吉思汗的怒吼中，蒙古与金国的战争全面爆发。金国的亡国之钟，也开始鸣起……

蒙古来袭

金卫绍王大安三年（1211）二月，成吉思汗御驾亲征，兵分两路南下讨伐金国。事实证明，金国能够打赢不堪一击的宋军，但在强悍的蒙古大军面前只能任其宰割了。

此次南下，成吉思汗不费吹灰之力，就攻破了金国号称坚不可摧的防线。蒙古大军顺利进入中原，所到之处，财宝全都取，妇女全都幸，居民全都杀，田地全都毁，中原百姓生灵涂炭，惶惶不可终日，苦不堪言。

当年十月，抢够了后，成吉思汗意犹未尽地退兵了。蒙古大军第一次试探性的进攻，就以这大获全胜告终。

这一次胜利，不仅让蒙古大军获得了大量的战利品，更通过这场战争，让成吉思汗再一次确定，废物就是废物，完颜永济统治下的金国就是一个“虚假的胖子”，看着威风，但只要几下就能撂倒在地！

有的时候，历史就是这样荒诞。假设成吉思汗没有见过完颜永济，不知道完颜永济的虚实，也许就不敢这样肆无忌惮地进攻了。

毕竟，以金国的疆域、人口、兵力来看，它就是一个庞然大物，在没有了解虚实下，成吉思汗未必敢动手。

然而，得知金国皇帝是完颜永济后，这一切的一切，就都不一样了。在成吉思汗眼中，现在不打，更待何时！

就这样，在成吉思汗轻蔑的眼神下，金国和蒙古的战争开始升级。

第二年，即金卫绍王大安四年（1212 年），为了不给金国重新搭建防线的机会，刚刚开春，成吉思汗就迫不及待地发动了战争。他分兵三路，开始攻打金国。

在成吉思汗的指挥下，蒙古大军连战连捷。三路大军攻无不克，战无不胜，他们一战乌沙堡，二战野狐岭，三战会河堡，歼灭大量金军。随后，在北京大定府（今内蒙古宁城县大明镇），东京辽阳府（今辽宁省辽阳市），西京大同府（今山西大同），燕京居庸关等重要战役中，蒙古军也获得了完胜，他们先后重创了十余万金军。

当时，在蒙古大军的攻击下，金国北面的疆域，几乎沦陷。除了京城金中都、通州、顺州、真定、清州、沃州、大名、东平、德州、邳州、海州十一座城池外，金国北面的城池，全都被蒙古大军洗劫一空了。

这样的结果，对于金国而言，真是可想而知。

殊不知，虽然这些城池大部分是蒙古军攻陷的，但少部分城池，是西夏军攻陷的。西夏竟然跟蒙古联起了手，一起讨伐金国了。

其实，西夏之所以跟蒙古联手，原因很简单，他们痛恨金国“见死不救”，这才帮助蒙古揍金国，以报不救之仇。

这个不救之仇，是这么回事：

1210 年，西夏派遣使者来到金国，请求卫绍王出兵，帮助他们抵御成吉思汗的进攻。

要知道，这已经是成吉思汗第三次攻打西夏了。虽然在前两次的防御中，西夏损失惨重，但是他们自信地认为，凭借一己之力，是能够抵御蒙古大军的，所以他们没有求救于金国。不过这一次，西夏不行了。

因为这一次成吉思汗出兵，已经把西夏的都城包围了，若都城被攻陷，西夏就亡国了。于是，为了不亡国，西夏只能求救于金国，恳请完颜永济出兵，去解救他们。

按理来说，根据“唇亡齿寒”的道理，也因为西夏与金国这么多年的深厚友谊，金国都应该出兵，去解救这个邻居。结果呢，糊涂透顶的卫绍王不仅拒绝出兵，他还说了一句极其寒心的话，彻底地伤透了西夏君臣的心。

敌国相攻，吾国之福，何患也？

——《西夏书事》

要知道，自 1124 年金国与西夏议和，一直到 1210 年金国对西夏见死不救为止，在漫长的 80 余年的时间里，西夏一直对金国保持着臣属、宗主的关系。虽然有时为了几块边地，这对“主仆”会打一架，但总体上，西夏和金国还是和平友好的。

金国进入金世宗、金章宗时代后，西夏更是彻底地臣服了金国，并至死不叛。要知道，在南宋和金国大战期间，南宋曾派遣使者潜入西夏，邀约一起夹攻金国，结果遭到了西夏的拒绝。为了抵御南宋的进攻，金国不得不抽调西面防御西夏的大军，这就等于对西夏不设防了。可即使这样，西夏也没有出动一兵一卒，越雷池一步。

综上所述，在西夏和金国的关系中，西夏从没有对不起金国，却在危难之际遭到了对方的背叛……我要是西夏国王，也会愤怒地跟金国玩儿命。

后来，在围攻西夏首都 2 个月后，成吉思汗自知难以获胜，就主动撤兵了（蒙古撤兵其实很搞笑。成吉思汗想开掘黄河堤坝，引水灌城，结果没玩好，把自家的营帐给淹了，害死了不少蒙古士兵，最后只能撤兵）。蒙古撤退后，西夏国主二话不说，下令跟金国断绝所有关系，从此唯蒙古马首是瞻，跟着成吉思汗混了。

再后来，成吉思汗讨伐金国时，西夏都不用动员就第一时间出兵了。西夏国主率军从西面猛攻金国，让金国被迫两线作战，打得卫绍王苦不堪言。

平心而论，在成吉思汗围攻西夏都城时，只要金国能够出兵，就能跟西夏军两面夹击，并消灭了成吉思汗。即使金国不战斗，只要出现在战场上也能威慑成吉思汗，逼他撤兵，解了西夏的国都之围。而西夏被解救后，西夏君臣自当对金国感恩戴德，跟金国一起对抗蒙古，金国后来也不会如此被动挨打，最终亡国。

可惜这一切，都是假设。在昏庸的卫绍王那句“敌国相攻，是金国之福，我担心什么”下，金国迎来最后的结局。

早知如此，何必当初？

其实，后悔的人，又何止金国的卫绍王。西夏的那些君臣们也是如此。

要知道，当时的“牌局”非常明显，蒙古是“地主”，西夏和金国就是“农民”，只有两个“农民”联起手一起打“地主”，才有可能胜利。结果呢？“农民”金国对“农民”西夏见死不救，“农民”西夏含恨反击，去帮助蒙古这个“地主”去殴打另一个“农民”金国……这样，不输才怪！

上天待成吉思汗真是不薄，竟然给他匹配了一群连规则都不懂的人。

其实，不懂规则的人，又何止是西夏、金国。在长江南面的南宋，也是一个德行……

谋反弑君

在金国境内大肆抢劫后，成吉思汗下令全军集结于金国首都中都城下，他要试着攻击一下金国的都城。如果能打下来，最好不过；如果打不下来，也能吓吓那位金朝的皇帝，吓破那个㞞人的胆。

成吉思汗万万没有想到，他这一次围城，不仅吓破了完颜永济的胆，还把他害死了。

准确地说，在成吉思汗攻城期间，吓破胆的完颜永济强令一个将领出征抵御蒙古大军，结果这个将领不听从命令，他反戈一击，攻陷了京城，把完颜永济杀死了。

这个谋反弑君的人，就是金国的大将——胡沙虎。

这些故事，还得从头说起：

胡沙虎，女真名叫纥石烈执中，是一个将门之后，其祖先是金国著名的大将破辽鬼阿疏。

虽然隔着好几代人，但胡沙虎还是继承了祖先的优秀基因，史称其“骁勇善战，冠绝三军”。虽然勇猛，但是胡沙虎身上也有不好的地方，史称其“贪婪残忍、专横放肆，不奉法令”。

对于胡沙虎这种有缺陷的人，如果金国皇帝有手段、有本事，恩威并重，用其长处而避其短处，也不算什么大事。然而，经过了数代的遗传，金国皇帝哪里还有列祖列宗的本领，他们对于胡沙虎这种“刺头”的使用方法就是“雪藏”。

金章宗在位期间，就以贪残专恣，不奉法令为由，把胡沙虎轰出朝廷，发配到地方上去了。

本来，像胡沙虎这样劣迹斑斑的人，一旦开启了“失宠”之势，接下来，就是“痛打落水狗”模式了。他的最终下场，也只能看君主念不念旧情了。谁知，胡沙虎的命特别好，不仅逃过了这一劫，还东山再起了。

原来，胡沙虎发配地方期间，南宋撕毁协议，开始“开禧北伐”。大战在即，金章宗让胡沙虎戴罪立功，去抵御宋军。

不得不说，虽然胡沙虎是一个劣迹斑斑的人，但也确实是一个不可多得的将帅。在跟南宋的战争中，胡沙虎打得宋军大败，建立了不世之功，成为金国的英雄。

胡沙虎凯旋后，金章宗将其官复原职，还加官晋爵了。卫绍王完颜永济登基称帝后，也继续重用胡沙虎。完颜永济任命其为西京留守、行枢密院兼安抚使，让他镇守西京大同府（今山西大同），去抵御蒙古大军。

事实证明，胡沙虎收拾软弱的宋军，是可以的，但让他收拾强悍的蒙古军，那就真的不行了。

目睹了蒙古大军不可战胜之势后，胡沙虎二话不说就丢弃了西京，逃回了京城。

按理来说，这种不战而退、无故丧地的将领，是必须要严惩不贷的。然而，完颜永济见国家处于用人之际，就既往不咎了。完颜永济赦免了胡沙虎的罪行，给了他一支五千人的部队，命他去镇守中都的北门，抵御蒙古大军。

完颜永济本以为，经过这次赦免，胡沙虎会洗心革面、重新做人。但可惜的是，完颜永济根本不知道……大错已经铸成。

要知道，胡沙虎是因为怯战才舍弃西京的。这样的一个人，又怎么可能再去抵御蒙古大军呢？

胡沙虎奉命镇守京城后，“耽于田猎、疏于军务”。胡沙虎每天就干一件事情，带鹞子（鹰的一种）打猎，玩得不亦乐乎。

得知胡沙虎每天逍遥快活，完颜永济大怒，派人告诉胡沙虎——赶紧训练兵马，抵御敌军。如果你打了败仗，休怪朕无情，新仇旧账一起算。

《金史・逆臣传》记载，完颜永济的使者痛骂胡沙虎时，他正在喂鹞子呢。听完使者的斥责后，胡沙虎大怒，他把鹞子往地下一扔，将其活活摔死。之后，胡沙虎对使者大怒道："我胡沙虎干事，向来不受任何人干涉。谁想干涉我的行为，这只鹞子就是他的下场！"

胡沙虎这么说，就是打算造反了。而且，他真的造反了。

至宁元年（1213 年）八月，胡沙虎突然发难，率军猛攻皇宫。按理来说，皇家禁军的数量远远高于叛军，完全可以凭借人数优势平叛，但禁军根本没有经历过战事，焉能是胡沙虎的对手。

一番激战后，胡沙虎顺利地拿下皇宫，把完颜永济软禁了起来。随后，胡沙虎用一杯毒酒，把皇帝送到了另一个世界。

就这样，这位仅仅当了 5 年皇帝的完颜永济，就以这样的结局告终。这位被成吉思汗鄙视的金国皇帝，没有死在对手的马刀下，却死在了自家人手里……真是生时糊涂、死时迷糊。

完颜永济死后，弑君的胡沙虎准备更上一层楼——篡位了。就在此时，宰相徒单镒站了出来，谏言道："金国的皇帝历来都由完颜氏来当。你杀了皇帝，要取而代之，天下的人会愿意吗？如果天下的人都反对你，你打算怎么办呢？"

一听这话，胡沙虎毫无办法，只能问其对策。

徒单镒继续谏言道："为今之计，可立翼王完颜珣为帝。此人是金世宗完颜雍的庶长孙，金显宗完颜允恭的庶长子，金章宗完颜璟的异母兄。他年已五旬，为人仁厚，老成练达，是一个合格的皇帝人选。若选此人为帝，将军就建立了一个万世之功。"

听了徒单镒的建议，胡沙虎认为可行，就派人把完颜珣迎回朝廷，对其叩拜，拥其登基称帝。

就这样，在胡沙虎等人的簇拥下，完颜珣登基称帝，改元"贞祐"。这位大金王朝的新一任皇帝，史称金宣宗。

至此，伴随着这位皇帝的登基，大金王朝的历史进入了一个新的篇章。一个新的时代，终于降临！

当然，还是那句老话——不是每一个人，都能在新时代里生存。

这第一个不能存活的人，就是弑君夺位、拥立新君的胡沙虎。

胡沙虎拥立完颜珣后，凭借"拥立之功"，成为大金帝国新一任的宰相。完颜珣册封胡沙虎为太师、尚书令、都元帅，监修国史，封泽王，让其成为帝国的"军政第一人"。

大权独揽后，胡沙虎就得在朝廷办公，于是，他把抵御蒙古大军的重任，交给了手下一个叫术虎高琪的将领。

胡沙虎都抵御不了蒙古人，他手下的将领，焉能抵御？几次交战，术虎高琪皆惨败回营，损失了很多兵马。

看见术虎高琪老是打败仗，胡沙虎就怒了，他派人告诉术虎高琪，说你干什么吃的，一直打败仗，就是一个废物。若你再打败仗，我就不客气了，必“军法从事”。

在胡沙虎的威胁下，术虎高琪惶恐出兵，结果，又被蒙古人打败了。吃了败仗后，术虎高琪一琢磨，说我现在回不了朝了，我一回朝，肯定被胡沙虎杀死。得了，与其让你杀我，不如我先动手吧。何况你就是一个乱臣贼子，人人得而诛之，杀了你，也算是为民除害了。

于是，历史就这样重复上演了。只不过，上一次弑君的胡沙虎，这一次变成了被弑的人。

术虎高琪以“负荆请罪”为由，率军回到了京城。一到京城，术虎高琪立刻率军猛攻胡沙虎的府邸，要为民除害。

要说这个胡沙虎，不愧是一个身经百战的武将。即使被打了一个偷袭，胡沙虎也毫不惧色。他率领府兵坚守大门，用弓箭抵御叛军。然而，敌众我寡，在一番厮杀后，胡沙虎的士兵全军覆没，他变成一个光杆司令了。

胡沙虎杀出了一条血路，准备跳出府墙，逃出生天。结果，也不知道他那天穿的什么衣服，在翻墙时衣服挂在了墙上，胡沙虎下不来了。胡沙虎挣扎期间，几个弓箭手看见了他，就把手中的箭射了过去……

至宁元年（1213 年），胡沙虎死于乱箭之下，这也算是因果报应了。

杀了胡沙虎后，术虎高琪提着他的首级进入了皇宫，来跟金宣宗“谢罪”。说我未经许可，就杀了一个国家大臣，这是不对的。即使这是一个大大的奸臣，我也不能先斩后奏，所以我有罪，还望陛下降罚。

金宣宗一直养尊处优，哪里见过这种阵势。突然看到一个手持兵刃、一身血迹、满脸杀气、还提着一个首级的主，完全被吓傻的他还能说什么。金宣宗只能说一些安抚的话。

金宣宗对术虎高琪道：“没事，爱卿没错。朕早就看胡沙虎不顺眼了，也早就想杀了这个奸臣，只是一直没有机会罢了。正好，爱卿替我解决了，真好，真好。”

一番安抚后，金宣宗不仅赦免了术虎高琪所有罪过，还擢升了他的官职，封他为左副元帅、平章政事，让他接替了胡沙虎的位置，成为帝国军政第一人。

金宣宗的这个任命，堪称一大败笔。因为术虎高琪比胡沙虎更加贪婪、更加残忍，且更加愚蠢。

当然，重用术虎高琪的金宣宗也一个德行。他比前任卫绍王也更加贪婪、更加残忍，更加愚蠢……

最终，就是在这对君臣的执政下，金国彻底堕落了下去。在未来的岁月里，这哥儿俩携手将大金王朝推到了万劫不复的地狱谷底。

改朝换代

在诛杀了胡沙虎、进行了新一轮的“资源重组”后，金国的内患算是解决了，下一步，就要对付成吉思汗这个外患了。

就在金国君臣开动脑筋，琢磨着怎么击退成吉思汗时，这个“一代天骄”却选择了撤兵。成吉思汗之所以撤兵，原因有二。

第一，虽然金国新登基的皇帝是一个更加废物、无能的主，但是成吉思汗并不知道。他只按常理推断，敌国新君登基，自然焕然一新，金国肯定军民一心，跟自己拼命，成吉思汗可不想跟他们拼命。

第二，从宋嘉定六年（1213 年）八月开始，一直到宋嘉定七年（1214 年）三月，成吉思汗已经围困金中都半年了。经过了这么长时间的战斗，蒙古军损失惨重、士气低落。这些情况下，成吉思汗也难以为继。

鉴于这两点，成吉思汗选择了见好就收。他致信金国皇帝，要求金国给一些“保护费”，如果答应他就撤兵了。

在这封书信中，成吉思汗是这样说的——“你的山东、河北等地，如今都归我了。你能管理的地方，也就剩下燕京一带。老天削弱你，把你逼入绝境，是因为你逆天而行。我打你，抢你土地，掠你子民，是替天行道，老天不会把我怎么样的。如今，我打累了，要回去了。但是，我的将士还没有打累，他们不想走，且都满腔愤怒。因此，你给我一些金银财宝，让我平息一下将士的愤怒。否则，我只能继续攻城。”

看完这封书信后，金国君臣大喜过望，说这个挨千刀的终于要走了。赶紧地，给他一点东西，让他赶紧走，否则他后悔了就完了。

于是，金国君臣同意了成吉思汗的请求，就把他打发走了。

至于这个赏赐数量则比较好笑，也能说明此时此刻的成吉思汗，还只是一个没有见过世面的土锅村民。

根据《建炎以来朝野杂记》记载，成吉思汗要求的“赏赐”是——一个公主，十个护驾的将军，一百名护卫的皇家禁军，五百个伺候公主的童男童女，三千件精美的衣服，三千匹皇家御马，外加一些金银财宝。后来，成吉思汗觉得不够，又追加了一个宰相，当作人质。

就要这么一点“赏赐”，成吉思汗真是没有见过世面。要知道，昔日金国撤兵时，要的可是王子、宰相当人质，而且还要宋朝割地，赔偿金五百万两，银五千万两，牛马等各万匹，绢、帛各百万匹。

签署了协议、拿到“赏赐”后，成吉思汗高高兴兴地撤兵了。金国的这次“亡国之危”也就此解除了。

成吉思汗撤兵时，横扫了整个金国的北境，能够带走的全都带走了，带不走的就全部烧毁了。除了抢掠外，成吉思汗也没少干烧杀的事情。他杀人之多，令人发指。

《建炎以来朝野杂记》记载，成吉思汗撤兵时，“取所掠山东、两河少壮男女数十万。皆杀之”。

蒙古撤兵后，面对这满目疮痍的大地，金国将何去何从呢？金国君臣会卧薪尝胆，发愤图强，还是会另辟一条道路发展呢？

答案，不说自明。

第八章 金国的行动，南宋的对策

亡国之策

蒙太祖九年（1214年）三月，在得到了不菲的“赏赐”后，成吉思汗满意地撤兵了。

蒙古军走后，看着这一片狼藉的大金帝国，完颜珣欲哭无泪。国家到了如此危难之际，完颜珣如果是一个有作为的帝王，就应该选拔贤能之人和勇猛之士，发展经济，安抚百姓，操练兵马，抵御敌军。在休养生息、帝国富强后，再调兵遣将、开赴北疆，去攻打成吉思汗，报仇雪恨，以告慰无辜百姓的亡灵。

完颜珣完全可以这么做，当时的金国不缺人才。文臣方面，金国有忽必烈口中的“北朝第一贤相”耶律楚材；武将方面，金国有骁勇善战、能用四百骑兵大破蒙古八千铁骑的完颜陈和尚。

可惜的是，完颜珣要是能选贤任能、操练兵马的话，就不是完颜珣了。

看着这一片残破的大地，完颜珣竟然害怕了。他认为，金中都离蒙古人太近，太不安全了。完颜珣要逃到远离战火的南方，去昔日宋朝的首都开封那里避祸。

昔日，为了躲避敌军，辽国的天祚帝选择了逃跑；昔日，为了躲避敌军，宋朝的宋高宗选择了逃跑；现在，为了躲避敌军，完颜珣也选择了逃跑……看来，真是“英雄”所见略同。

金宣宗“迁都开封，去南方避祸”的方案一出台，举朝哗然。正义之士纷纷上疏，劝慰皇帝不要这么干。一代名臣徒单镒更是誓死进谏，请求皇帝留在中都，保护列祖列宗留下的产业。

徒单镒告诉金宣宗：“圣驾一启动，北面的疆域就没有政府了，就再也守不住了。如今，我们已经跟蒙古人讲和了，蒙古人暂时不会进攻。现在，招兵积粮，坚守京师，抵御敌军才是上策。开封那个地方一马平川，四面受兵，无险可守，根本抵御不了蒙古大军，去了也没用。如果实在要迁都，就回老家。辽东是咱们的根本之地，那里靠山背海，是一个天然的堡垒，足以抵御蒙古大军。我们在那里积攒实力，等发展好了再打回来，这是次一等的计谋。”

徒单镒的话有理有据有节，这才是金国该走的路线。结果呢？对于这番骨鲠之言，金宣宗就两个字——“不从”。

就这样，在力排众议下，金宣宗以“大计已定，不能中止”为由，颁布圣旨，开始迁都。

完颜珣下令，留太子完颜守忠镇守中都、以安民心。他这么做，就是为了表一个态度，说明他没有抛弃大家，未来还会回来。同时，完颜珣给太子留下两个副手，文臣完颜承晖、武将抹捻尽忠，让他们辅佐完颜守忠，镇守京城。

安排好这一切后，金宣宗带着大部队浩浩荡荡地开始南迁，去开封城避祸了。

事实证明，金宣宗的这个迁都，完全是一大败笔。甚至可以说，完颜珣迁都之时，就是金国亡国之钟敲响之日。

这个说法不是危言耸听，而是事实。因为，完颜珣迁都后，给这个大金帝国带来了三个致命的危害，最终导致这个国家彻底分裂了。

第一个危害，为了迁都，国家耗费了无数的钱财，让这个本来就国蹙兵弱、财用匮乏的国家捉襟见肘，国家财政彻底崩溃了。

仅搬家费、置业费、装修费这三笔款项，就是一个天文数字。其他大大小小的款项加起来，花钱更是无数。

搬迁花费了无数的钱，开封城的粮食更是花钱。而且，这还是一个无底洞。

当时，金宣宗宣布南迁后，那些为了避祸的北方官员和百姓也都举家南迁，随金宣宗来到了汴梁城。一时间，汴梁平白无故地多了几百万人口（具体人数不详，史料从100万到500万都有）。

这些人迁徙到开封后，开封每年要消耗360万石粮食，可河南一年收缴的粮食不足150万石。一时间，人多饭少，开封城的米价翻了数倍，物价快速飞涨，百姓苦不堪言。最终，在国家的严惩黑心商人和花钱补贴下，物价才暂时回落，国家才渡过了难关。这么干治标不治本，但他们只能走一步算一步了。

最终，为了应付这些庞大的支出，金国国库空无一文。

为了不让金国破产，金宣宗大规模地发行纸币（史称“交钞”），让金国成为中国第一个正式使用纸币的王朝（宋朝的纸币只是部分地区使用，并不通用）。在纸币不管用后，金宣宗又直接增加赋税，让百姓砸锅卖铁，给国家交赋税。

可想而知，百姓会做何感想，又会如何回应这位皇帝。

当时，滥发“交钞”的通货膨胀，让百姓苦不堪言；横征暴敛的赋税，更是成为压倒他们的最后一根稻草。最终，忍无可忍的百姓揭竿而起，金国就此四分五裂。

为了活下去，金国内部到处都是农民起义，特别是山东、河北两省，到处都是穿红袄的农民军。这个起义，就是前面讲过的杨安儿、杨妙真、李全等人参加的“红袄军起义”。

最终，在这些红袄军的帮助下，金国彻底分裂。

第二个危害，完颜珣迁都后，远离故土，祖宗之地飞了。

完颜珣迁都后，金国的北面疆域彻底无人管理。不久，女真人列祖列宗生活的东北被其他人“过户”，完颜珣的“祖宅”被别人抢走了！

原来，金宣宗迁都后，金国北面的官员彻底疯狂了。为了避祸，这些官员举家南迁，追随金宣宗而来，于是金国的北面疆域进入无政府状态。

在这种情况下，生活在东北的契丹皇族后裔（还需考证）耶律留哥起兵造反。在成吉思汗的帮助下，耶律留哥割据了辽东一代，自立为王。耶律留哥定国号“辽”，史称这个政权为“东辽国”。

一年后，负责剿灭耶律留哥的女真将领蒲鲜万奴兵败，这哥儿们一琢磨，以战败者的姿态回京，即使不死，也永无出头之日了。不如这样，我也登基称帝吧，有生之年能穿一次龙袍，也不枉此生。于是，蒲鲜万奴割据了辽西一代，自立为王。蒲鲜万奴定国号“大真”，后改国号“东夏”，史称这个政权为“东夏国”。

耶律留哥的东辽政权和蒲鲜万奴的东夏政权，不仅对金国统治构成了巨大威胁，同时还把金人退回东北老家的路彻底堵死了。

在这些自立为王、割据一方的反贼和起义军的打击下，金国的国土大规模缩水。金国可控疆域只剩下河南全省，山东、山西、陕西的一部分。这个昔日雄霸一方的国家，变成一个二流小国了。

悔不听徒单镒之言，落得今日之处境，真是后悔不已……

然而，金宣宗根本不知道，他最该后悔的事情，就是贸然迁都后，彻底得罪了南方的宋朝，让这个国家跟自己交恶。

第三个危害，完颜珣迁都后，彻底得罪了南宋王朝。

金国迁都开封，刺激了宋朝那颗脆弱的心脏。

在南宋人眼中，开封是什么地方？那是他们太祖、太宗皇帝建国称帝、君临天下之所，是每一个宋朝人朝思暮想的“圣地”。如今，金国那些蛮夷竟然坐在那里，这让宋朝臣民情何以堪？

宋朝使者更是愤怒，因为，一旦他们出使金国，就要在“圣地”对金人叩拜俯首，还要给他们送去岁币……

在那种时代里，如果一个南宋的大臣肯去开封送岁币，他就别想回来了。毕竟，回来后等待他的，只有百姓的唾弃，无数的恶言恶语。

在这种背景下，金国和南宋的关系急转而下，双方开始“互恶”。最终，在一篇文章下，金国和南宋彻底绝交了。

这篇文章是《请绝金虏岁币》，书写这篇文章的人，有一个好听的名字，叫真德秀。

我叫“真的秀”

嘉定六年（1213 年），在真德秀一篇奏折的“推动”下，本来安详、和平的朝廷瞬间炸开了锅。一直相安无事的南宋朝内瞬间分成了两派，他们相互攻击、辱骂，甚至还动起了手。这场争吵堪称旷日持久，大臣们整整吵了 7 年，也没有分出胜负。

这是一个什么情况？

很简单，真德秀在这篇《请绝金虏岁币》中强烈要求宋朝撕毁协议，重新跟金国开战。

可想而知，如此劲爆的文章，怎样勾起了主战派复仇的火焰。

那么，这个真德秀，是一个什么人呢？

真德秀，本姓慎，因避讳宋孝宗的名字，改姓“真”了。此人始字实夫，后更字景元，又更为希元，号西山，福建路建宁府浦城县（今福建省浦城县仙阳镇）人。

真德秀是南宋后期重要的理学家，学者称其为“西山先生”。他创建了“西山真氏学派”，这个学派在弘扬理学文化、为理学成为正统发挥了重大作用。

当时，朝廷送给了真德秀一条标准的“位极人臣”之路——先授予他一个京官，在中央培训一番。随后，把他委派到地方，替朝廷解决地方难题。紧接着，让他出国一趟，得到一个“勇士”的荣誉证明。最后，再让他回到朝廷，委以重任，成为国家的掌权人之一。

结果，就在“出使敌国”的环节，真德秀没有按照既定线路，而是上了一份奏折，引来了一场轩然大波。

原来，嘉定六年（1213 年），得知金宣宗即位，宋朝派真德秀出使金国，去给这位皇帝祝贺。

真德秀出发前，朝廷给了他两个任务。第一，收集资料，打探金国的局势。第二，保护好“赏赐”给金国的岁币，别弄丢了。结果，因为蒙古大军围城，真德秀无法交付岁币，只能原封不动地拿回来了。

虽然没有完成交岁币的任务，但真德秀却完成了第一个任务。在出使金国期间，真德秀四处打探消息。在一番整理后，得出了自己的结论，“金国已经大不如前了，我们不用再害怕他了，这个岁币也不用交了”。

为此，真德秀写出了千古名文《请绝金虏岁币》，出现了先前的一幕。

在这篇文章中，真德秀是这样写的：“我国跟金国，有万世之仇，不共戴天！高宗、孝宗时期，金国如日中天，我们打不过他们，只能韬光养晦，希望后人能出一个勾践，讨伐敌国，报仇雪恨。如今，这个机会终于出现了。此时的金国，内部，旱蝗频繁，千里赤地，白骨累累；外部，蒙古北下，西夏东进，两面受敌，金国已呈亡国之势了。这么一个天赐良机，陛下不打算抓住它，来一番永载史册的作为吗？

“臣常常思考对付敌人的计策，如今，有三条计策：第一，行勾践之事，率军北上，讨伐金国，报仇雪恨，此上策也。第二，按兵不动，加固边疆，停止遣使，不纳岁币，跟金国彻底绝交，关门过自己日子，此中策也。第三，以救灾恤邻的名义，继续给仇敌钱，让金国成为我们的屏障，抵御可能会来的蒙古大军，此为下策。

“三策中，上策最好，中策可以偏安一隅，唯独下策是可以亡国的！因为金国是我们的世仇，我们置世仇而不顾，反而去救援他们，这会寒了天下所有忠贞义士的心，也会让金国的夷狄轻视我们，认为我们不敢报仇。杀父之仇不报，还要给杀父仇人送钱，这种事情若写在史书里，我们如何向后代交代！

“臣建议，现在就断绝岁币、跟金国开战吧！我堂堂大宋王朝，国土千里，雄兵百万，还会怕一个日薄西山、垂死挣扎的金国？把接待金国使者的礼仪用来接纳天下豪杰，把送给金国的岁币用来犒赏三军，届时我军必士气高涨，奋勇向前，那个扫平金贼，光复中原，重拾汉人江山的梦想，也就指日可待了！”

真德秀上了这份奏折后，朝廷立刻炸开了锅。主战派看着热血沸腾，嚷着要跟金国开战。不仅国内如此，当时的“国际形势”也非常混乱，南宋王朝不能维持现状了，他们要赶紧拿出一个合格的外交政策，才能拥有未来。

对于真德秀的这份奏折，朝廷几乎一面倒地支持。每一个有血性、有耻辱心的南宋人，都想报仇雪恨，告慰列祖列宗的在天之灵。

群臣的这种民族情绪，以两朝元老马光祖的奏折最能体现——“女真乃吾不共戴天之仇，天亡此仇，天予不取，是谓弃天，未有弃天而天不我怒也！”

虽然朝廷几乎一片喊打喊杀之声，但是也有“头脑清醒”、反对开战的主。淮西提举常平（负责管理地方经济、工程的官员）乔行简就是其中之一。

当时，乔行简上奏朝廷，认为不能跟金国开战，还应该继续给金国岁币。他认为：过去，金国是我们的仇敌，但现在“国际形势”不一样了。金国现在是我们抵御蒙古的屏障，只有继续给金国岁币，金国才有能力继续抵御蒙古。毕竟，唇亡齿寒。

虽然乔行简的话也有道理，但是誓死要报仇的官员痛骂了乔行简一顿，还放下狠话——还给金国钱，这就是一个汉奸。我们要杀了他，以谢天下！

乔行简被骂，自然要反击。于是，这场到底是平戎（讨伐金国），还是御戎（自己过日子），还是和戎（继续给钱）的“讨论会”，就这样上演了。

这个讨论会持续时间之长（整整讨论了七年）、人数之多（所有官员都参与），前所未有。为了证明自己正确，官员们一天到晚大吵大闹，舌战、笔战、骂战，连个中场休息都没有。双方甚至还动了手，打了一个头破血流。

那么，在这场辩论中，宋宁宗的态度是什么呢？

无奈地叹口气吧，这个皇帝根本就没主意。或者，这个皇帝根本没有听懂大臣的意思。

艰难的抉择

在宋人刘克庄编写的《玉牒初草》中，这位皇帝的态度是这样的：

嘉定十一年（1218 年）夏，主战派礼部侍郎袁燮面见宋宁宗，请求皇帝整顿兵马，讨伐金国。对于这个建议，皇帝回答了两个字：“同意。”

不久，主和派工部侍郎胡榘面见宋宁宗，请求皇帝不要出兵，认为只要巩固边疆，关门过日子即可。对于这个建议，皇帝也回答了两个字：“同意。”

不久，又有一位大臣进谏，请求皇帝给金国岁币，多少给点儿，别让金国亡国，让他们当宋朝的看门狗，去抵御蒙古大军。对于这个建议，皇帝还是回答了两个字：“同意。”

平戎，同意；御戎，同意；和戎，还是同意……宋宁宗，到底有没有一个主意！

见皇帝不拿主意，大臣们把矛头对准了国家“二号首脑”史弥远。

殊不知，史弥远主意也不行。朝廷由此争执不断，争吵了数年之久。

由于史料匮乏，史弥远到底是因为什么不喜欢打仗，已经不得而知了。他到底是跟父亲一样，认为“准备不足，不能出兵”；还是怕跟韩侂胄一样来一个仓促出兵，众叛亲离的下场，已经不得而知了。我们唯一知道的是，他这一生，一直反对北伐，至死方休……

在这场争持中，90% 的大臣是坚定不移的主战派，可不管大家如何喊打喊杀，史弥远都不为所动，就是一个坚定的“不动手派”。

史弥远不仅不想跟金国动手，对于“是否继续给岁币”这个问题也一直含糊不清，从来没有正面回答过。毕竟，史弥远也清楚地知道，岁币这个问题太敏感了，他不敢轻易发表言论，怕激起民愤，让自己死无葬身之地。

当时，为了表达自己议和的态度，史弥远躲在幕后，派出亲信工部尚书胡榘和礼部尚书薛极，让他们出面参与辩论，阐述“议和”的重要性。

这里多说一句，胡榘的祖父，就是宋高宗时期誓死不议和的、一身铮铮铁骨的胡铨。

当年，作为坚决的主战派，胡铨不仅说出了“如果议和，我就是跳到东海里去死，也不愿意在这个小朝廷存活”的狠话，还上奏朝廷，要把秦桧的脑袋砍下来，挑在竹竿上游街示众（竿之藁街），以儆效尤。

如此强硬的主战派胡铨，竟然有这么一个主和派子孙，不知老爷子在天之灵会做何感想。

书归正传，在这场辩论会上，胡榘和薛极一直听从史弥远的命令，玩儿命地“兜售”议和的好处，跟主战派对着干。他们的言论气得主战派咬牙切齿，却又无计可施（毕竟他们的后台，是史弥远这个大老板）。

在朝的大臣，对史弥远毫无办法；那些不在朝的国家未来大臣即那些学子们，却对史弥远发动了猛烈的攻击。

原来，得知胡榘和薛极等人一直主和后，太学的学生大怒，300 多名太学生来了一场宋朝版的“公车上书”。他们伏阙上书，请求朝廷出兵，讨伐金国，并要求杀了主和派的胡榘、薛极等人以谢天下。

得知学生“造反”后，主和派大吃一惊，随后惶惶不可终日。毕竟，自古以来，学生请愿都是难处理的问题。这要是让学生来一场示威游行、暴力对抗政府的行动，南宋王朝就彻底热闹了。

在学生声势浩大的请愿下，主和派之一的薛极害怕了，他打算跑路了。得知亲信要逃跑，史弥远大怒，他找来薛极，痛骂其一顿，最后放下一句狠话。

这句话就是——“弥远明天走，那么尚书今日去！”

这句话的意思是说——“哪天我走了，你才能走；老子还没走呢，你敢溜！”

这句话的潜台词是——“老子永远不会走，因此你得继续干。”

就这样，通过一番恩威并施后，史弥远按住了薛极这个“葫芦”。然而，史弥远万万没有想到，薛极这个“葫芦”，被他按住了；胡榘那个“水瓢”，却又浮起来了——他甚至被轰出朝廷了。

原来，在宋朝版“公车上书”期间，有一天早朝，就这个是平戎、御戎，还是和戎的问题，大家又展开了一番激烈的辩论。

期间，主战派的礼部侍郎袁燮见胡榘执迷不悟，索性豁出去了。袁燮学了一把前朝的马知节，抡起手中的朝笏，对着胡榘的脑袋就打了过去。当然，袁燮比马知节厉害。马知节只是嚷嚷，没动手，袁燮是真动手。

“啪”的一声，朝笏正中胡榘的脑袋。胡榘疼得嗷嗷大叫，还血溅了朝堂。

看见神圣的金銮殿，瞬间变成了斗兽场，宋宁宗大怒，他没收了袁燮的朝笏，下令把袁燮压入天牢，等待发落。

第二天，御史集体告状，说袁燮大庭广众下打人，有辱斯文，不配当官，应该把他轰出朝廷。当然，主战派的官员也为袁燮求情，说他是一时气愤，这才干了后悔的事情。如今，袁燮认错态度良好，恳请从轻发落。

最终，一向没有主意的宋宁宗选择了自己的处理办法，他颁布了一道圣旨，以“议论不一，各持偏见，一主于和，一主于战，求胜报怨，殊非国体”为由，各打五十大板，把他们一起罢免了。

虽然是一起罢免，但在笔者眼中，袁燮是胜利者。毕竟，他把对方揍了一顿，还让对方跟自己一起下岗了，怎么算都是赚了。何况，在百姓的眼中，袁燮成了一个民族大英雄，更是稳赚不赔。

袁燮和胡榘出京时，有数百学子来给袁燮送行，大家送了很多诗句，用来歌颂他的政绩。同样，也有数百学子给胡榘送行，大家送给胡榘很多砖头，也送给了他很多诗句，把他的祖宗八辈都好好地“问候”了一遍。

虽然因为在公共场合打架，袁燮和胡榘都得到了应有的惩罚，但问题是，朝廷还是不知道该何去何从。这个岁币，到底是给还是不给，朝廷依旧没有拿出一个主意。

正当朝廷争论不休时，天下又发生了巨大的变故。在这场巨大的变故中，南宋无法再独善其身，他们被卷入其中，最终被迫跟金国开战。

这场巨大的变故，就是金国的国都失守了，金中都被成吉思汗成功地“过户”了。

乣军叛乱

贞祐三年（1215 年），得知完颜珣南迁后，成吉思汗对左右道："金国跟咱们已经议和，结果现在南迁了。完颜珣此举，是怕咱们继续进攻呀。可见，金人还是怀疑我们，他们没有放下仇恨。所谓的议和，不过是缓兵之计罢了。因此，咱们要马上出兵，不给金人喘息的机会。"

于是，成吉思汗御驾亲征，率领 3 万蒙古铁骑南下，再一次讨伐金国。

其实，成吉思汗的这番话，完全是借口罢了。金国不南迁，他也会率军讨伐。金国南迁，只不过是给了他一个借口罢了。

此次出征，成吉思汗可谓精锐尽出、倾国来袭，除了自己的精锐部队外，他还带了一支强大的援军，可谓如虎添翼。

这支援军，就是原金国的主力，后来造反的契丹人组成的部队——乣军。

为什么曾跟金国同仇敌忾、一起抵御蒙古人的契丹人，会反戈一击，帮助蒙古人攻打金国呢？

这还得从头说起：

在"逃跑皇帝"天祚帝耶律延禧统治期间，因不满无道昏君，很多契丹人就选择了造反。一些契丹叛将、叛军投奔了金国，帮助金国讨伐自己的国家。后来，在讨伐北宋的过程中，这些契丹军建立了很多功绩，成为金国的主力部队之一。

金国和南宋议和后，为了犒劳这些英雄，金国下令把他们安排在了边地，把一块富庶的草原赐给了他们，让他们在此安居乐业。

为了管理他们，金国按照辽国的旧例，设立了一个军政一体化的机构"招讨司"，把他们组建成了一支单独的部队，用来指挥。这支部队，就是乣军。

刚开始的时候，金国非常信任乣军，乣军也誓死效忠金国，没有一点儿造反的意思。然而，在金熙宗、海陵王统治期间，因不满这些皇帝的腐败，很多契丹人造反了。伴随着契丹人的造反，金国怀疑这些乣军，对他们也颇有成见。

虽然在契丹人造反期间，乣军不仅没有造反，还镇压了很多起义，诛杀了很多同胞，但这些都没用。金国统治者还是怀疑他们，并把乣军当成了假想敌。

金国统治者有这种想法，无可厚非。毕竟，乣军都是契丹人，"非我族类，其心必异"，这是无法争辩的事实。

金世宗时期，皇帝下令要契丹人与女真人杂居，要“男婚女聘，渐化成俗”——他要同化这些契丹人，让他们的后代变成女真人。

金世宗的这个办法很好，堪称是一个妙计，但问题是，乣军人数众多，一时半会同化不了。结果，等到了卫绍王统治期间，乣军也没有成功换血，还是一支以契丹人为主的部队。

卫绍王统治时，因不满他的统治，又有很多契丹人造反。这一下子，本来就怀疑乣军的卫绍王惊恐不已，更加怀疑乣军了。

为了防止乣军造反，完颜珣下令，“契丹人一户，以二女真户夹居防之”——他跟防贼似的防范契丹人了。完颜珣此举，招致了乣军的不满。

然而，完颜珣还是不放心。他颁布一道圣旨，下令让乣军背井离乡，南迁到中都居住。

完颜珣此举，有两个目的。第一，他把乣军安排在眼皮底下，天天地盯着他们，就不怕他们造反了。第二，乣军的战斗力很强，可以依靠他们保护首都，杀退敌军。

在完颜珣的命令下，一肚子怨言的乣军离开舒适的草原，被迫进入拥挤的城市。这样的生活，让他们的痛苦却无处发泄。

虽然满腹怨言，但在蒙古大军入侵下，乣军还是选择了精忠报国，誓死与金国共存亡。

当时，乣军骁勇善战，是少数几支能跟蒙古军对抗的金国部队。蒙古人甚至被他们打怕了，避着他们走。

蒙古军退兵后，乣军自信地认为，自己的战功如此显赫、自己的行为如此忠君爱国，从此以后，金国应该对他们刮目相看了。金国不应该再猜测他们，应该尊重他们，给予他们想要的东西了。结果呢，乣军万万没有想到，理想和现实，真不是一回事儿。

简单来说，不管乣军如何奋勇杀敌、如何誓死效忠，他们依旧被金国猜疑。完颜珣从来没有信任过乣军，在他的眼中，乣军就是一颗“定时炸弹”，早晚得爆炸。

在这种思想下，金国南迁后，完颜珣下令乣军随着南迁，去保护金国新的国都。

在乣军眼中，离开舒适的草原，背井离乡地来到这个拥挤嘈杂的金中都，已经苦不堪言了。现在要更加远离故土，去一个更加拥挤嘈杂、闷热潮湿的开封城！这让他们情何以堪，心中怎能释怀？

在南迁途中，因为背井离乡，乣军满腹怨言，一肚子怒火无处发泄。这种情况下，金宣宗本应该动之以情、晓之以理，玩儿命地哄他们。结果呢，完颜珣竟然“火上浇油”了一把，助推这些乣军叛变了。

原来，看见满腹牢骚的乣军后，金宣宗怕他们造反，就下令以更换武器为由，要乣军交出所有的战马、武器、铠甲等物资。乣军也不傻，见金宣宗如此行事后，也清楚地知道自己应该干什么了：我们如此效忠金国，金国却如此猜测、防范我们……罢了，这样的国家，不效忠也罢！

就这样，大怒的乣军造反了，他们诛杀了金国的监军，全军浩浩荡荡地北上，重新回到了金中都。

乣军的本意是在折返回金中都后继续北上，回归家乡。结果，在金中都他们竟然遭到了拦截他们的金军。这些金军视他们为反贼，准备杀了他们。

面对金军的压迫，乣军大怒，他们击退了攻打自己的金军，随后全军北上，直接投奔了成吉思汗，彻底跟金国势不两立。

成吉思汗都不知道怎么回事，就得到了一支骁勇善战的部队，而金国在自作自受下，失去了一支最强的部队。这个代价，不可谓不大。

就这样，背金降蒙后，乣军成为蒙古的先锋，他们开始讨伐这个昔日的主子。乣军的叛变，不仅严重削弱了金中都的防御力量，熟悉金中都情况的他们还成了“先头军”，帮助蒙古军攻打金中都。

乣军的叛变成为金中都的外患。殊不知，就在敌军兵临城下时，金中都竟然又出现了内忧，且这个内忧要比外患严重得多，它直接瓦解了金中都的防守力量！

这个内忧，就是太子完颜守忠逃跑了。

中都陷落

前面讲过，金宣宗南迁时，把太子留在了金中都，安抚社稷，安抚百姓。结果，得知蒙古军来袭后，金宣宗二话不说，立刻颁布一道圣旨，命令太子南下，来开封避难。

金宣宗这么干的原因有二。

第一，太子是金宣宗的亲儿子，金宣宗不想让其丧命。

第二，金宣宗害怕留守中都的太子有野心，行“唐肃宗灵武之事”。为了不当太上皇，他才颁布圣旨，让太子南下。

接到这封南下的圣旨后，太子高兴得不行了，他立即骑马出城，避难去了。

唉，真是什么样的老子，生出什么样的儿子……

要知道，在这个国家危难之际，如果完颜守忠有点担当的话，他就应该抗命，誓死保护金中都，与此城共存亡。

到了那个时候，金国军民同仇敌忾、上下一心，一定会打退蒙古大军。即使打不退他们，完颜守忠最终殉国了，也能让蒙古大军付出血的代价，给他们留一个刻骨铭心的记忆。然而，完颜守忠二话不说，直接撒丫子跑了，丢弃了江山社稷、黎民百姓，把他们都留给蒙古人了。

这样的结果，不说自明。

《宋史纪事本末》记载，“太子既行，中都益惧”。太子逃跑后，金中都崩溃了，城中兵无斗志，百姓惶惶不可终日，大家各自逃难。

没有办法，人散了，还能聚；人心散了，就真的聚不起来了。

在蒙古大军即将攻破中都之际，完颜承晖选择自杀殉国，以报皇恩。当时，他找来自己的老师，开始交代后事。在家人的哭声中，完颜承晖毫无惧色，跟老师好好地喝了一顿断头酒。喝完后，完颜承晖对老师道：“学生一生所学，皆老师传授。我一直铭记在心，不曾忘记。现在，我给老师写一篇文章，以作诀别。”说完，完颜承晖拿起毛笔，开始书写。结果在写到最后两个字时，完颜承晖把这两个字写颠倒了。他投笔感叹道：“这么简单的词语，我竟然还能写错，难道我已经神智凌乱了吗？”

虽然写错了，但是完颜承晖也不打算重写了。他把这篇文章交给老师，跟老师诀别。结果，老师尚未出府门，就听见完颜承晖的家人哭声一片。他回头一看，完颜承晖已经口吐鲜血，倒在了血泊里。

原来，老师喝的酒，是普通的酒；完颜承晖喝的酒，是毒酒。他写最后两个字的时候，已经开始毒发了，没过多久就身亡了。

一代贤臣，以这样的结局告终，真是让人唏嘘不已。但是，完颜承晖永远被世人铭记。

至此，伴随着太子逃难、完颜承晖尽忠，再也没有一个人能够守住中都了。在一番激战后，这座城池迎来了新的主人。

贞祐三年（1215年）五月，成吉思汗以一个胜利者的姿态进入了这里。

即使占领了这里，成吉思汗也没有打算接管这里，他唯一想干的事情，就是夺走这里的一切。在史料中，我们也看见了这个伟大的成吉思汗所做之事："既破两河，赤地千里人烟断。燕京宫室雄丽，为古今之冠，鞑人见之惊畏不敢仰视。既而亦为兵所焚，火月余不灭。"

就这样，京城一带的百姓，全都被成吉思汗杀死了，金中都赤地千里，杳无人烟。看见那座雄伟的金国皇宫，成吉思汗认为它很雄伟，但他还是放了一把大火，把这座雄伟的宫殿烧毁了。

"楚人一炬，可怜焦土"，可惜这座雄伟的宫殿，就这样彻底地消失在了历史的长河里。

大家都知道，金朝、元朝、明朝、清朝都曾在北京建都，但因为成吉思汗的烧毁，如今北京城内仅留下了一丁点儿的痕迹，以证明自己曾经存在过……这样的结果，真是令人叹息。

书归正传，伴随着金中都的易主，不管是蒙古还是金国，抑或是南面的南宋，大家都清楚地知道了，一个新的时代就此到来。

这个时代，是一个"蒙强金弱"的时代，蒙古已经成为中原的霸主。在这个时代里，南宋不可能再偏安一隅、与世无争了，他们要拿出一条切实可行的对外政策，来迎接这个崭新的时代。

第九章 岁币战争

上帝的黑鞭

对于金国而言，中都的陷落不仅意味着国土面积减少，也意味着金国军民的抗敌士气会被大大地削弱。这让本来就苦难的国家更加雪上加霜了。

更可怕的是，攻陷了金中都后，蒙古的铁骑正式进入华北平原，再也没有什么天险能够阻止他们前进的脚步了。只要蒙古人愿意，他们可以席卷整个中原，获得他们想要的一切。

失去了金中都后，金国只剩下南京开封这一个都城了。若再失去了这座开封城，金国就理论上亡国了。咱们都知道，开封城根本就无险可守。要想守住这座城池，也只剩下北宋的国策“在德不在险”了，但现在的金国，在昏君金宣宗的统治下，哪里还有一点儿“德”呢。

对外，国都丢失，敌国不日就要兵临城下；对内，盗贼四起，百姓苦不堪言。金国的国运，看来真的到此了。

且慢，就在这个危难之际，上天竟然帮助了金国一把——成吉思汗去忙别的事情了，无暇顾及金国，这就等于给金国续命了。

成吉思汗忙的这个事情，就是倾尽全力西征。他要讨伐那个嚣张狂妄、不把自己这个一代天骄放在眼里的中亚大国——花剌子模。

成吉思汗讨伐花剌子模的故事，简单地介绍一下：

花剌子模原本是西辽帝国的一个附属国。1200 年左右，这个国家强大了起来，摆脱了西辽的统治，独立了。

独立后的花剌子模为了壮大自己，开始了南征北战。一番激战后，这个国家抢了西辽不少地盘，又吞并了周边几个国家，成为中亚的霸主。

对于这个中亚的霸主，成吉思汗本不想与之为敌，或者说，在没有吞并西夏、金国前，成吉思汗不想与这个国家为敌。成吉思汗采取了友好的外交方式，与这个国家"通商不通武"，和平发展，共同进步。

可惜的是，对于成吉思汗这条共同促进地区发展繁荣与和平稳定的外交政策，花剌子模不仅根本不感冒，还破坏了和平。

当时，花剌子模有一个守城官，此人叫亦纳乞克（又称哈亦儿汗），他看见蒙古商队里有很多金银财宝，就起了歹念。亦纳乞克杀死了蒙古商人，把这些财宝据为己有。

亦纳乞克的这种做法，让成吉思汗愤怒。但是，愤怒的成吉思汗尚没有出兵讨伐的打算，"以和为贵"的他派遣使者去花剌子模，要求花剌子模的国王严惩凶手、赔偿蒙古商人的损失。

结果，成吉思汗万万没有想到，花剌子模国王根本不理他，不仅没有严惩凶手，还羞辱了成吉思汗的使者。花剌子模国王剃光了使者的胡须、眉毛和头发，让他们回禀成吉思汗："你的钱，爷就是抢了，不服，就来打爷呀！"

可想而知，花剌子模国王的所作所为，是对一个主权国家的严重侮辱！这种事情放在现在，也足以爆发一场国家之间的战争。更何况，他招惹的那个人，还是铁木真。这个人若能忍的话，他就不是成吉思汗了。

就这样，1219 年夏，愤怒的成吉思汗命十万大军在石河（今额尔齐斯河）上游集结，他御驾亲征，讨伐那个嚣张至极的花剌子模国王。成吉思汗要用花剌子模国王的头颅，向全世界展现蒙古大军无敌的战斗力。

在成吉思汗的怒吼中，"上帝的黑鞭"出现在了这个星球上。也就是从这一刻起，地球的某一段历史，被称为"一度被蒙古人支配的恐怖和毫无办法的彷徨无助的时代”。

书归正传，当时，因为对付花剌子模，成吉思汗根本没有精力再对付金国，这就给了这个帝国喘息的机会。

面对这种局面，金国的有识之士达成了一个共识——成吉思汗无暇顾及金国，真乃天赐良机。我们应该赶紧整顿兵马、发展经济、积攒力量，好跟成吉思汗决一死战。这个天赐良机，是上天给金国最后的机会。

然而，令这些有识之士无语的是，这么一个天赐良机，竟然被金国轻易地放弃了。更神奇的是，金国竟然用这宝贵的韬光养晦、休养生息的时间，去开辟第二战场——金国跟西夏和南宋开战了！

后来，就是拜这个第二战场所赐，金国仅存的一点兵马全部打完了。等成吉思汗收拾了花剌子模再来攻打金国时，金国已经毫无力量反击，只能任由蒙古大军蹂躏。

早知如此，何必当初……

那么，为什么金国要用仅存的兵马与这两个国家打仗呢？金国是另有隐情吗？

这一切，还得从丢弃国都、逃难至开封的昏君完颜珣说起。

金国的补救措施

毋庸置疑，在中国历史上，金宣宗就是一个昏君。当时，国家如此内忧外患，金宣宗却毫不关切。他每天就忙着一件事情——继续腐败奢靡，醉生梦死。

金宣宗的这种表现，纯粹是“万事不如杯中酒，百年几见月当头”。

在金宣宗的以身作则下，群臣上行下效，大家夜夜笙歌。贵臣、豪族莫不以奢侈相尚，服食车马唯事纷华，大家一起上演了一幅“太平盛世”的场面。

金末学者刘祁撰著作的《归潜志》，向我们展示了这幅“太平盛世”的场面：“金自南渡之后，为宰执者往往无恢复之谋，上下同风，止以苟安目前为乐，凡有人言当改革，则必以生事抑之。每北兵压境，则君臣相对泣下，或殿上发叹吁。已而敌退解严，则又张具会饮黄阁中矣。每相与议时事，至其危处，辄罢散曰：‘俟再议。’已而复然，因循苟且，竟至亡国。”

这段话的意思是说：金国迁都至开封后，朝廷大臣不去考虑如何变法强国，如何收复失地，反而上下谄谀成风，天天琢磨苟且偷安。若有人提议变法图强，大臣就会认为这个人多事，玩儿命地打击他。当蒙古军入侵时，金国君臣毫无办法，要么抱在一起嗷嗷大哭，要么在大殿上唏嘘感叹。蒙古军抢够了，撤退了，大臣马上举办宴会，喝酒庆祝。在商量国事时，每每商量最重要的事情时，如如何富国强兵、如何击退强敌等，这些大臣摇摇头道："明天再说吧！"就这样散去了。日复一日，年复一年，金国君臣如此得过且过、苟且偷安。最终，这个国家亡国灭种了。

金宣宗享受荣华富贵的生活，不恤民情，天怒人怨，百姓怒而造反。

为了制造御用的鞠杖（古代打球的棍棒），在帝国百废待兴、急需耕牛播种的情况下，金宣宗竟然不顾百姓死活，强行征缴百姓的耕牛，杀牛取皮，为自己做球棍。

横征暴敛百姓的耕牛后，金宣宗竟然还嫌百姓的牛皮不好，迁怒于百姓。为此，金宣宗专门训斥了南京一带的官员，命他们好好地征缴耕牛，务必得到好的牛皮。

皇帝怎么迁怒于大臣，大臣就怎么迁怒于百姓。于是，百姓只能揭竿而起了。

除了惹恼了本国百姓外，更神奇的是，金宣宗竟然又一次惹恼了西夏人。

准确地说，金宣宗惹恼了悔恨不已、请求和谈的西夏人。

原来，自从臣服蒙古后，西夏人受尽了苦。西夏人痛苦地发现，自己不是蒙古的合作伙伴，而是他们的"使唤丫头"。

当时，西夏要不折不扣地执行蒙古的要求，要无条件地为蒙古提供各种协助和物资。从战前运输，到带兵打仗，西夏全都给包了，简直就是"一条龙"服务。

更可气的是，西夏人如此卑躬屈膝，却依旧得不到蒙古主子的欢心。他们悲观地认为，在成吉思汗眼中，自己就是一只等待宰杀的羔羊。

鉴于此，西夏人打算不跟蒙古人合作，重新跟金国合作。结果呢，面对这个千载良机，金宣宗直接拒绝了西夏的请求。

可想而知，得知金国拒绝了自己的和谈请求后，西夏恼羞成怒了。他们调兵遣将，攻打金国。同时，西夏联系南宋一起伐金。

一时间，西夏和金国全线开战，上天赐予这两个国家的宝贵时间，就这样白白地浪费掉了。史料记载，自从被金国羞辱后，从1219年开始，西夏一直攻打金国，至1224年双方和谈，西夏一共出兵20余次，它简直为了尊严，生死看淡，不服就干……

除了自己干，西夏还联合南宋一起干。西夏和南宋仅联合出兵过两次，但在这两次出兵中，西夏野战、南宋攻城的合作模式还是重创了数万金军、掠夺了金国数座城池，让金国苦不堪言。

虽然为了自己的面子，西夏玩儿命地攻打金国，但事实证明，西夏的这种行为完全是在干“鹬蚌相争，渔翁得利”之事。它这么干，只能最终便宜蒙古。西夏此举，真可谓得不偿失，未来之所以亡国也完全是咎由自取。

西夏愚蠢，金国更傻。若不是金国拒绝了西夏的和谈请求，西夏也不会如此恼羞成怒地大军压境。金国此举，真可谓“亲者痛，仇者快”。

其实，金国拒绝西夏的和谈，还不是最愚蠢的外交政策。它最愚蠢的外交政策，竟然是想“堤内损失堤外补”——它企图攻打南宋的土地，来弥补自己的损失。

假设有一个“评选中国历史上最大的失误外交”的活动，我相信，金国这个愚蠢的外交政策，绝对可以勇夺冠军……

就这样，金国在与蒙古、西夏同时开战的情况下，在自己政局不稳，急需休养生息的情况下，在自己百姓揭竿而起，急需安抚民心的情况下……还是毅然决然地出兵了。

一时间，宋金全线开战，南宋与金国的“第五次大战”就此拉开了序幕。

岁币战争

金国之所以出兵南宋，原因很简单，他们没钱了，所以打起了南宋的主意。同时，南宋单方面地拒绝送岁币也激怒了金国，他们准备让宋朝人知道自己的厉害，乖乖地送上岁币。

至此，岁币成为战争的导火索，这场南宋与金国的大战，史称为“岁币战争”。

这场战争的起因、经过、结果，还得从头说起：

史学家做过统计，金章宗继位第二年，是金国的全盛时期。当时，金朝有库金 1200 余铤，银 515 万余铤（铤是一种货币单位，一铤银子约南宋一百贯钱），堪称富庶。当时，南宋那区区 30 万缗的岁币，金国还真看不上。然而，今非昔比了，地主家也没余粮了。这平常看不上的岁币，竟成为金国的“救命稻草”了。

结果，金国可怜巴巴地等着的“救命稻草”，南宋却单方面地不给了。或者是说，在没有想好前，南宋没打算支付这笔钱。

前面讲过，在真德秀书写的《请绝金虏岁币》带动下，南宋朝廷炸开了锅，到底是平戎、御戎，还是和戎的“讨论会”天天上演，没完没了，不知道什么时候到头。

在这种背景下，南宋实在不知道是该给还是不该给岁币。最终，南宋出了一个折中的办法——要不，咱们跟对面的金国聊聊，先减少一些岁币，再做打算。

嘉定八年（1215 年）初，南宋派遣了生辰使，给金国国君祝寿。在宴会时，宋使表达了南宋的态度，“请减岁币如隆兴之例”，希望金宣宗减十万两，让南宋少给点钱。

按理来说，金国都穷成那样了，南宋还肯给钱，你就赶紧要吧。结果呢？虽然大哥落魄了，但还是要面子的，金国不能轻易丢面儿。对于南宋的请求，金宣宗以“本自称贺，不宜别有祈请”为由拒绝了。他强调，“一个钱子都不能少！”

看见金国如此行事，宋宁宗怒了。

本来，宋宁宗就心里苦，对于给钱这种事，大臣就不同意，天天打得不亦乐乎，自己少给岁币，已经是独断专行、力排众议，已经是背上千古骂名了。即使金国同意接受这个数量的岁币，宋宁宗也头疼找谁去送。结果，对于自己的善意请求，金国直接拒绝了，你让宋宁宗情何以堪？

愤怒的宋宁宗下令，你金国不是狂吗？那我就不送了，爱咋咋地！宋宁宗昭告天下，以“运河枯竭、无法运输”为由，不再给金国岁币了，彻底跟金国翻脸了。

看见南宋如此行事，金宣宗傻了。

就这样，金国和南宋的关系降到了冰点，也不可能修复了。金国急需要钱，在没有岁币的情况下，他们要怎么办呢？

没有办法，只能这么办了……

金贞祐五年（宋嘉定十年，1217年）四月，在术虎高琪等人的怂恿下，金宣宗颁布了出征令，正式跟南宋宣战。

金国以南宋“累年谲诈，不贡岁币”为由，讨伐南宋，准备给这个国家一些惩罚。当然，对于金国的这次军事行动，大家都跟明镜似的，都知道金国此次出兵到底意欲何为。

对于金国的这次军事行动，金末著名史学家、一代文宗元好问总结得最为精辟：“贞祐以后，主兵者不能外御大敌，而取偿于宋，故频岁南伐。”

这真是道破了这场战争的本质。

金国跟南宋的战争，就此开始。

虽然当时的金国，已经在两条战线上同时开战（北御蒙古、西敌夏国），但他们根本不惧怕再开辟一个战场。甚至可以说，金国根本不惧怕宋军，他们甚至乐观地认为，宋军就是一群酒囊饭袋，随便打，随便虐。

金国的这种自信，来自宋军的装备报告。

根据《历代名臣奏折·蔡戡·论和战》记载，宋朝的士兵情况，是这样的：“尺籍伍符，虚实相半，老弱居其一，工匠居其一，俳优居其一，舆隶胥史居其一，诡名冒籍者无所不有。则是宋室养兵万人，所可用者，千人而止耳。”

可见，在金国统治者眼中，他们即将对阵的对手，就是一群毫无战斗力的业余军人。打这种部队，焉能不胜？

虽然金国的统治者盲目自信，但还是有很多清醒的大臣。这些清醒的人认为这个仗不好打，甚至不能打。其中，以平掌政事胥鼎的奏折最为强烈，他一共陈述了“六不可”，坚决反对对南宋出兵。

这“六不可”，如下：

自大安（年号）以来，赋税严重，天灾不断，国家已经疲惫不堪了。在这种情况下，出动大军，只会让天下更加动乱。稍有不慎，后悔莫及。这是不可动武的原因之一。

虽然现在我国有潼关、黄河保护，但也不能掉以轻心。万一讨伐南宋期间，西夏和蒙古出兵了，他们就可能直捣黄龙。到了那个时候，咱们连后悔的机会都没有了。这是不可动武的原因之二。

皇帝君临汴梁，更加靠近宋境，这是好事，便于我们出兵。但同样，这也是坏事。南宋知道我们迁都后，一定朝夕忧惧、委曲防备。攻打一个准备充足的国家，怎么可能会打赢呢？恐怕只能毫无所获，徒劳无功了。这是不可动武的原因之三。

南宋是我们的世仇，他们之所以不敢报仇雪恨，是因为畏惧我军的实力。如今，我军实力不行，若被宋军查出我军虚实，进而被他们挥师北上，国家社稷就彻底危在旦夕了。这是不可动武的原因之四。

国家赋税严重，如今盗贼四起，若宋人招募这些反贼，不战时为向导，战斗时为死士，就成了我军的一个心腹大患了（确实如此，比如李全）。现在，国家外有强敌，内有百姓造反，这种情况下出兵，焉能获胜？这是不可动武的原因之五。

现在农耕将近，此时出兵，耽误农活不说，还非常扰民。何况，国家百废待兴，现在应该全力发展经济，不可再动干戈之力。这是不可动武的原因之六。

完颜珣看完胥鼎的奏折后，认为这些话说得有道理，就把这篇奏折拿给术虎高琪看。结果，术虎高琪看都不看，就把奏折扔在地上大喊道："大军已经出发，不可能回头了，现在再看这些不可不可的，有什么用！"

在术虎高琪的怒吼中，金国和南宋的第五次战争开始了。

宋金开战

金贞祐五年（宋嘉定十年，1217年）四月，金国大军压境，分三路讨伐南宋。由于事发突然，宋军被打了一个措手不及，节节败退，军队损失惨重，战死了很多忠义将领。

在这些殉国的将领中，有一个不得不提，历史也必须还这个人一个公平。

这个人，就是秦桧的后代——秦矩。

秦矩是秦桧的曾孙（名义上的），却是一个顶天立地的大英雄。当时，宋金开战，秦矩和其子秦浚镇守蕲州，抵御金军。

防守蕲州时，金人闻知是秦桧曾孙守城，大喜，派人劝降。结果，秦矩焚降书，斩来使，绝不投降。

金兵破城后，秦矩父子誓死不降，自焚报国。

不管从任何角度看，秦矩父子都是英雄，也都是永载史册的英雄。然而，秦矩父子抗金战死的故事却少有人知。

书归正传，虽然打了南宋一记闷棍，获得了不少的战利品，但是事实证明，对于伐宋这件事情，金国君臣还是太盲目、太乐观了。

宋金进入僵持阶段后，金国将士惊讶地发现，这完全是一场力不从心的战争。战局的发展，也让他们无可奈何。

其实，这个战争的发展，金国统治者是知道的。因为，金右司谏兼侍御史许古的奏折说得明明白白："或谓专用威武，可使宋人屈服，此殆虚言，不究实用，借令时获小捷，亦不足多贺。彼见吾势大，必坚守不出，我军仓卒无得，须还以就粮，彼复乘而袭之，使我欲战不得，欲退不能，则休兵之期殆未见也。况彼有江南蓄积之余，我止河南一路征敛之弊，可为寒心。宜速与通和，则蒙古闻之，亦将敛迹，以吾无掣肘故也。"

许古告诉金国君臣，所谓的"宋人害怕我们，可以不战而屈人之兵，直接让宋人屈服"的话，就是扯淡。我们只是打几个小胜仗的实力，根本没有弄死宋朝的本事。一旦开战，宋军畏惧我方兵势，肯定坚守不出。对于这种情况，我军毫无办法，只能粮尽退兵。退兵时，万一宋军追杀我们，我们欲战不得，欲退不能，不全军覆没就不错了。何况，打仗是一场烧钱的游戏，宋军占据江南，有的是钱，玩得起。咱们只有河南一省的赋税，怎么跟人家玩？征税过头了，百姓就起义了！现在唯一的可行办法，就算赶紧跟宋朝结盟，一起对付蒙古。蒙古知道我们跟宋朝结盟，就不敢再继续南下，我们就暂时安全了。

事实证明，许古的这番话是当时金国唯一的出路。然而，金国只能硬着头皮继续下去了。

其实，综观当时的战局，我们只能说，金国的命太好了。毕竟，当时的金国西面跟西夏开战，南面跟宋朝开战，内部还得镇压忠义军的将士。这个国家三面受敌，人心尽失、岌岌可危（张林就是在这个时候投降了南宋）。

就这样，虽然在"岁币战争"中，金国的战局非常被动，但是为了自己的面子，这个国家也只能继续打下去了。金宣宗下令，加大兵力，扩大战役，跟南宋一决雌雄，一战定乾坤。

结果，就在这一战，金国输掉了一切……

这场让金国输掉一切的战役，就是永载史册的“枣阳之战”。

枣阳之战

1219 年，即宋嘉定十二年、金兴定三年，为了以战逼和、逼迫宋朝进贡金银珠宝，完颜珣听从了术虎高琪的建议，举国兵分三路，再一次对南宋发动了进攻。

一时间，金军的西路大军进犯川陕，东路大军开赴两淮，中路大军更是直逼荆襄。金国的三路大军分工明确，颇有一举灭亡宋朝之势。

虽然金国来势汹汹，但是战局却并不乐观。在短暂的“张牙舞爪”后，金军“这只纸老虎”就被打回了原形，其后只能撤兵了。

简单来说，金国的西路大军进犯川陕后，虽然接连攻克凤州、黄牛堡、武休关、虎头关、兴元府、祥州等地，但是继续进犯时，却被宋军死死地抵挡住，无法前进一步。

最终，粮草殆尽的金军只能撤兵。宋军趁势发动追击，不仅收复了失地，还消灭了三千余金军，俘虏了一名金国将领，让金军惨败而归。

金国进犯川陕的西路军惨败而归，开赴两淮的东路军，也没有吃到好果子。

当时，金国的东路大军出征后，跟西路大军一样，开始非常顺利，攻克了濠州、滁州、光州、黄州、和州等地，直接兵临长江渡口采石矶，让宋廷上下震惊。

然而，屯兵采石矶后，金军就不能再前进一步了。不管他们使用什么办法，也无法踏过这条“绝望之河”。最终，弹尽粮绝的东路军被迫北归。

至此，仅仅出兵数月，金国的两路大军就被迫回归，只剩下他们的中路大军还在苦苦支撑，做最后的殊死一搏。

然而，金国的中路大军也被一个城池死死抵挡，这个城池也因为这场战役永载史册，书写了一段辉煌的历史。

这个城池，叫作枣阳；这场大战，就是为期三个月、双方皆死伤无数的“枣阳之战”。

史料记载，金国的中路大军出发后，他们的目标非常明确，就是猛攻宋朝的襄阳城，攻破宋朝的长江防线。若攻不下来，就攻陷襄阳城旁边的枣阳城，把这座城池变成进攻宋朝的桥头堡，为未来进攻宋朝做准备。

但是，在这座枣阳城下，在那对父子坚不可摧、众志成城的防守下，金国损失惨重，只能灰溜溜地撤兵了。

宋朝的这对父子，就是南宋中期著名的将领，堪称南宋“擎天二柱”的孟宗政、孟珙父子。

孟宗政，字德夫，绛州（今山西新绛县）人，南宋著名将领岳飞部将孟林之后。因为出自军旅之家，孟宗政从小立下的目标，就是当一个保家卫国的大宋军人。上天非常眷顾他，孟宗政自幼豪伟，有胆略，天生就是一个当将军的料。

“开禧北伐”时，朝廷任命孟宗政为枣阳县令，负责防守。“开禧北伐”失败后，金军兵犯襄、郢一带，被孟宗政打败，杀敌众多，夺辎重无数。

孟宗政大获全胜的消息传到京城后，朝廷一看，这个人可以呀，是一个骁勇善战的猛将。于是，朝廷任命孟宗政为京西路钤辖（从七品的小官，负责管理当地军队、维护当地治安），命他驻守襄阳，保护这个重要的军事城镇。

后来，宋金重新开战后，孟宗政回到了枣阳，在这里抵御金军。

在镇守枣阳期间，孟宗政遇到了来犯的金军，就此成就了一生的辉煌。

孟宗政镇守的枣阳城固若金汤，金军不管怎么攻，都以失败告终。孟宗政在战场上骁勇善战，同时他又给南宋写了封信，鼓舞了斗志。

敌军兵临城下，枣阳城危在旦夕，孟宗政的信却是这样写的：“我方很强，敌军很弱，他们根本打不下来。我可以坚持很久，你们可以慢慢来。”彰显了其强悍的本色。

后来，就是因为这封强悍无比的救援信，南宋朝廷决定，不去救援枣阳城了，而是采用“围魏救赵”之计，抄了金军的后路。

南宋朝廷下令派出两路大军，一路攻邓州，一路夺唐州，彻底地堵住了金军的归途。

前面攻击受阻，后面归途被堵，金军更加疯狂地攻城。为了攻陷这座枣阳城，金国展开了为期九十多天的疯狂进攻。其间，双方用尽本领，使劲招数。宋金交战的方式，更是让人看得瞠目结舌。

当时，为了攻陷枣阳城，金军统帅完颜讹调来 2000 名神箭手（史称“弩子手”），命他们往城里射火箭，烧毁城池。同时，金军往枣阳城下运送了很多芦苇、稻草，准备烧毁枣阳城的城楼，以杀进去。

为了对抗金军，孟宗政准备了无数的沙包和大瓮，他用沙包防火，用大瓮里的水救火。最终，金军用尽火药，也没有让枣阳城燃烧。

一计不成，再用一计。完颜讹下令，命士兵挖隧道，昼夜挖城，挖塌枣阳城。

得知敌军挖洞后，孟宗政下令，咱们也挖洞。宋军也挖了很多隧道，直接跟金军的隧道连上了。隧道相通后，孟宗政下令，放毒烟烈火，熏死那些挖洞的金军。

在宋军的毒烟烈火下，金军损失惨重，但他们并没有撤退。最终，金军继续挖掘，愣是又把宋朝挖的隧道堵上了，也把枣阳城的一座城楼挖塌了。

城楼被毁后，孟宗政毫无惧色，他下令，这个城楼不要了，全军退回内城，继续抵御敌军。他还下令，在城楼周围堆满干柴，烧毁城楼——孟宗政“铸造”了一座火墙，抵御金军。

看见宋军用火墙抵御自己，完颜讹大怒，他下令组织数千敢死队，命他们穿重铠、披上用水浸湿的毛毯，脸部戴上铁面具，用湿毛巾捂住口鼻，直接冲过火海，与宋军玩儿命。

结果，金军不要命，宋军更是不要命。

当时，看见这群浑身是火的“火人”后，孟宗政身先士卒，率领宋军杀了过去。宋军用长枪、长戈玩儿命地刺杀金军，终于杀退了敌军，把这群“火人”又赶回了火海里。

此战中，孟宗政身先士卒、骁勇善战，他的儿子青出于蓝而胜于蓝，“虎父无犬子”。

当时，孟宗政的第四子孟珙还不到 25 岁，但已经成为一名独当一面、奋勇杀敌的大将。

金军攻城时，孟珙身先士卒，直接冲到了第一线，在城墙上用箭射杀敌军。大家都对其胆魄和箭术赞叹不已。两军短兵相接时，孟珙也毫无惧色，他身先士卒，率领部队冲了过去。一番激战后，孟珙破了敌军十八座寨子，斩杀了数千敌军，获得了无数物资后大胜回营。

可见，虎父之下，岂有犬子？

在孟宗政父子的防守下，金军毫无办法，在与宋军相峙三个月、血战 70 余场后，完颜讹自知无法取胜就撤兵了。

在撤兵时，完颜讹又被前方阻挡他归途的邓州、唐州宋军和后面追击的孟宗政父子前后夹击，损失惨重，死伤了三万余人。完颜讹“单骑逃遁”，从一个率领千军万马的大帅，变成一个惶惶不可终日的丧家犬。

经历了这次惨败后，金军被孟宗政杀怕了，从此称其为“孟爷爷”了。

至此，伴随着金国中路军的全军覆没，这场完颜珣豁出去的南侵行动就以失败告终。此战过后，真可谓几家欢喜，几家愁。

欢喜的人，是南宋。

击退了金军后，宋宁宗甚是高兴，他大笔一挥，给予了奋勇杀敌的将领应有的赏赐。孟宗政加官晋爵，被任命为荆鄂都统制，成为一名独当一面的大将，此外还拥有了一条御赐的金带。其子孟珙也得到了赏赐，未来的他接替了父亲的职务，成为宋朝边疆的擎天一柱。

发愁的人，是金国。

此战过后，金国损失惨重，“士马折耗，十不存一”。本来想去宋朝抢劫，结果偷鸡不成蚀把米、赔了夫人又折兵。

最终，在日夜忧虑之下，完颜珣不甘心地闭上了双眼。

1224 年，金宣宗完颜珣郁郁而终，享年 62 岁。同年，宋宁宗赵扩也因病逝世，享年 57 岁。

至此，伴随这两位君主的病逝，宋金就此再次进入一个新的时代。

第十章 改『朝』换『代』

金哀宗即位

金元光二年（宋嘉定十六年，1223 年）十二月的一个夜晚，躺在病床上的完颜珣自知大限将至，赶紧传来太子，准备安排后事。

这个太子，不是之前的太子完颜守忠，而是他的第三子完颜守绪。

原来，太子完颜守忠从中都逃到开封后，因为劳累，再加上惊吓过度，一到开封城就病倒了。没过多久就一命呜呼了。

完颜守忠死后，金宣宗哀痛不已，他立完颜守忠的儿子为太子，准备传位给孙子。谁知，这个孙子也是一个短命鬼，没过多久也因病逝世了。

孙子死后，金宣宗也不知道该立谁当太子了。

金宣宗一共有三个儿子，长子死了，应该次子继承。本来老二完颜守纯有资格继承皇位，结果金宣宗跳级传位，弃老二选老三，把皇位传给了完颜守绪。

金宣宗之所以这样传位，有两个原因。

第一个原因，老二完颜守纯不行。

完颜守纯完全继承了老爹的细胞，腐败奢靡、挥霍无比，简直就是一个“小宣宗”。

更可怕的是，完颜守纯嗜酒如命，天天喝得烂醉如泥。醉酒后，完颜守纯不仅误事，还随便杀人，就是一个“酒疯子”。

第二个原因，老三完颜守绪还行，他还是皇后的“嫡子”。

对比自己嗜酒如命的哥哥，完颜守绪虽然能力也一般，但一比就显得好太多了。何况，完颜守绪有一个“嫡子”的身份，就更加名正言顺了。

原来，虽然在历史上，完颜守绪是淑妃的子嗣，是一个普普通通妃子之后，但是他的小姨是当朝的皇后。因此，凭借这层关系，完颜守绪成为皇后的“养子”，他也顺理成章地成为“嫡子”。

至此，根据中国传统的“有嫡立嫡，无嫡立长”的规矩，完颜守绪虽然是老三，但凭借嫡子的身份，还是超过了老二，成为帝国的储君。

元光二年（1223 年）金宣宗病危，他颁旨召太子入宫，安排后事。结果，得知父皇病危，老二完颜守纯伺机而动，他准备来一个“浑水摸鱼”。

得知二哥如此行事，完颜守绪大怒，他立刻安排了三万东宫亲军镇守皇宫，拒绝任何人入宫。同时，他派人控制了完颜守纯，把这个哥哥软禁了。

消除了这些潜在威胁后，完颜守绪这才进宫，目睹父皇咽下了最后一口气，在他的灵前继位，成为大金国的新一任皇帝。

这个皇帝，就是大金帝国的亡国之君——金哀宗。

平心而论，虽然完颜守绪被称为金哀宗，且能力一般，但对比金国那些昏庸的君主，这个皇帝好太多了。国家之所以亡在他手中，也只能用大势已去、生不逢时来形容了。

从下面三点能看出来，金哀宗不应该是一个亡国之君。

第一点，这个皇帝很仁慈。

金哀宗登基称帝后，他颁布的第一道圣旨，就是严惩准备谋朝篡位的哥哥。眼看完颜守纯就要人头落地了，太后站了出来，为完颜守纯求情。

太后告诉金哀宗：“当年卫绍王滥杀无辜，导致宗室离心离德，才有了金国今日之处境。如果咱们宗室齐心合力，能被蒙古这么欺负吗？你现在就剩下二哥一个亲人了，你还要杀了他，这不是重蹈海陵王的覆辙吗？如此骨肉相残，只能让亲者痛仇者快。”

就这样，在太后的劝说下，金哀宗收回了成命，饶了哥哥一命，只是把他软禁了起来。

后来，完颜守纯一直在监狱里待着，直到蒙古人攻破了开封才被释放。当然，释放后完颜守纯也没活成，他被蒙古人杀死了。

虽然是在太后的求情下，金哀宗才饶了哥哥一命，但不可否认的是，金哀宗若没有仁爱之心的话，这个哥哥根本活不了。要知道，在杀亲戚方面，金国可是有传统的。如此行事，金哀宗绝对算是一个仁君。

除了不杀害意图谋反的哥哥，在对待哥哥的母亲、也就是自己的大妈上，金哀宗也仁慈。他对这个大妈非常好，让她享受了各种荣华富贵、寿终正寝。

完颜守纯的母亲庞氏，是一个阴狡机慧的女子。当时，为了让完颜守纯成为储君，她上蹿下跳，干了不少坏事。完颜守绪登基后，她应该被打入冷宫，从此孤苦无依地度过一生了。然而，完颜守绪却对她非常尽孝，还让她享受了太后的待遇。

有一次，宫中举行宴会，所有皇亲国戚都要出席。完颜守纯被幽禁了，而他的母亲庞氏却出席了这个宴会。宴会期间，礼部官员知道庞氏的身份，他们就给庞氏用了次一等的玛瑙碗。皇帝、皇后、太后等人，都用第一等的玉碗。

当时，太后发现这种情况，脸立刻就阴了，她叫来礼部官员，质问道：“为何如此区别对待？庞妃是皇帝兄长的母亲，身份尊贵，凭什么不能用玉碗？庞妃用玛瑙碗，皇后用玉碗，难道庞妃的身份还不如我的儿媳妇吗？”

听了母亲的话后，金哀宗马上附和了起来，他下令让庞妃也用玉碗，让其身份等同于太后，并称以后谁再敢怠慢庞妃，必严惩不贷。

就这样，在金哀宗的保护下，庞妃没有遭到任何的迫害。

第二点，这个皇帝能听得进谏言。

常言道：忠言逆耳、良药苦口。虽然这些道理，咱们都懂，但是放眼整个中国历史，拥有博大胸怀，敢于接受谏言的皇帝，那真是凤毛麟角。毕竟，逆耳的东西太难受了，谁愿意给自己添堵。

然而，金哀宗却是一个能听得进谏言的好皇帝，即使是最难听的语言、最难喝的药，他也能一饮而尽。

金哀宗登基后，立刻颁布圣旨，下令广开言路，允许任何人上疏朝廷，直接呈给皇帝。大家可以对这个国家畅所欲言，无论什么内容都可以讨论，而且金哀宗也不会对上疏者论罪。

诏书颁布后不久，在皇宫的正门前就出现了一个披麻戴孝的男子，他声称要上疏朝廷。众人问他要上疏什么内容，这个男子先狂笑不止，随后大哭道："我笑，笑将相无人；我哭，哭金国将亡！"

一听这话，众人都蒙了。说这人什么情况，就是一个疯子吧。如此乌鸦嘴，竟说金国要亡国。众人二话不说，一拥而上，把这个疯子缉捕入狱了。

疯子入狱后，大臣们上疏朝廷，说要杀了这个人，让天下人都看看，如此诽谤朝廷、如此诅咒国家是一个什么样的下场。

结果，金哀宗劝慰众人道："算了，国家都到这种地步了，老百姓心里不痛快，说两句牢骚话，也是情有可原的。要是再严惩了直言进谏的人，百姓的怒气就没处撒了，就都起义了。"

皇帝都这样说了，大臣们还有什么办法。于是，群臣只以"造谣生事"的罪名，打了这个疯子一顿，就把他轰走了，没有再追究他胡说八道的罪行。

如此对待百姓，不会因为一些捕风捉影的言语就胡乱杀人，哪怕对方"证据确凿"也不会轻易挥下屠刀。金哀宗的仁爱之心，可想而知。如果，完颜守绪生的逢时，他完全可能跟宋仁宗齐名，成为一个金国的"金仁宗"。

可惜的是，历史只有"结果"，没有"如果"。

第三点，这个皇帝懂得规矩，不会胡来。

当时，根据金国面临的四面楚歌的被动局面，金哀宗颁布圣旨，重新跟南宋和西夏建立了友好的关系，双方议和，不要再打仗了，一起收拾蒙古才是正道。

对于南宋，金哀宗是这样行动的。

即位当年，金哀宗就派遣使者李唐英去南宋，告知南宋君臣——从此以后，宋金之间所有不平等条约全部作废。我们不要岁币、岁绢了，从此以后，我们两家身份平等。

对于金国的求和，南宋将士乐意接受，毕竟他们也不愿意打仗。南宋边将告诉金国，说你们的求和请求，还得朝廷大佬们决定。这样，你们留下，好好地吃一顿，边吃边等结果。

李唐英把这个消息传回金国后，金哀宗大喜过望。他不等南宋的"结果"

出来，又进一步表示自己的诚意。金哀宗下令，在宋金边界张贴榜文，告知宋朝所有军民，金国不会再南下了。从此以后，两国再无战争。

虽然因为国恨家仇的问题，对于金国的和谈请求，南宋没有同意。但同样，南宋也没有反对，等于间接地同意了金国的请求。

至此，宋金这场长达七年的战争停止了。金国解除了南面的危机，可以专心致志地抵御蒙古大军了。

解决完了南宋问题，下一步，金哀宗就要解决西夏了。

几乎在示好南宋的同时，金哀宗派遣使者进入西夏，请求和谈。

相对于南宋暧昧的态度，饱受蒙古所困的西夏没有一丝一毫的犹豫，同意和谈了。西夏君主夏献帝热情地款待了金国的使臣，并派遣使者前往金国，进行和谈。

一番协商后，双方达成协议。从此以后，双方平等对待，各自使用本国年号。金国和西夏不再是君臣，而是兄弟。金国是兄，西夏是弟。双方从此一致对外，一起抵御蒙古大军。

至此，这两个打了十余年，一直稀里糊涂的“农民”，终于明白了规则，一致对外地抵御那个“地主”。

双方和解后，通过边境的贸易，金国供给西夏最需要的粮食物资，让夏献帝有粮食御敌；而西夏则给金哀宗最需要的马匹，让他可以组建骑兵，与蒙古大军决战。

金国和西夏如此行事，若持之以恒地干下去，以他们的国力，不敢说最终能够击败成吉思汗，但也不至于会输得一败涂地。然而，上天留给这两个国家的时间，并不多了。

西夏亡国

虽然在金哀宗和夏献帝的努力下，金国和西夏携起了手，准备一起抵御成吉思汗。但可惜的是，为时已晚，伟大的成吉思汗不会给他们机会了。他准备在有生之年一举干掉西夏。

该来的，终于来了。

1225年，即西夏献宗乾定三年、南宋理宗宝庆元年、金哀宗正大二年、元太祖成吉思汗二十年，成吉思汗以西夏接纳蒙古仇人、没有履行约定派遣皇子当质子为由，发兵10万，直奔西夏而来。

成吉思汗这次出征，是他第五次攻打西夏，也是他一生中最后一次远征。

蒙古大军所到之处，势如破竹，城邑崩溃，人民逃亡，西夏国危在旦夕。面对蒙古大军的入侵，夏献帝根本没有办法，只能看着蒙古大军慢慢蚕食自己的疆域。在这种天天败北的战势下，夏献帝惶惶不可终日，竟被吓死了（忧悸病亡），死时年仅46岁。

1226年，西夏献宗李德旺惊忧而死后，其侄子李晛登基称帝，成为西夏最后一位皇帝，史称其为西夏南平王，也称为夏末帝。

夏末帝登基后，面对兵临城下的蒙古大军毫无退敌之策。夏末帝唯一的办法，就是死守都城，派使者前往南宋和金国，希望他们援助，跟自己里应外合，击溃这些围城的蒙古人。

可惜的是，在金国有心无力和南宋有力无心的情况下，求救外援的计划彻底破产。

虽然没有外援，但西夏还是进行了可歌可泣的亡国前最后一战。当时，在西夏军民众志成城、视死如归下，西夏愣是抵御了蒙古大军半年之久。其间，成吉思汗用尽办法，也无法攻破西夏国都。

可惜的是，再坚固的城池，也有到极限的那一天。

半年后，夏末帝终于坚持不住了。当时的西夏国都中兴府，已经成为一座人间炼狱。城中早就粮草殆尽，百姓易子相食。尸体无人处理，城内瘟疫横行。这时，上天也抛弃了西夏，一场突如其来的地震，不仅压死了无数百姓，还摧毁了西夏军民战斗的意志，成为压垮这个王朝的最后一根稻草。

最终，在山穷水尽下，李晛选择了投降。他派信使拜谒正在六盘山避暑的成吉思汗，请求投降。他请求成吉思汗给他一个月的时间，以备贡物，迁民户，随后他亲自朝谒，跪地称臣。

对于李晛的投降请求，成吉思汗欣然接受。他这一生中，接受了敌人无数次的投降。然而，这一次却是成吉思汗人生中最后一次接受投降。

接受了李晛的投降请求后，重病缠身的成吉思汗自知大限将至，他留下遗嘱，黯然病逝了。

1227年七月十二日，这位靠一己之力撼动了整个世界的孛儿只斤·铁木真，没有敌过时间，在六盘山下清水县（今属甘肃）病逝，享年66岁。

一个月后，根本不知道成吉思汗已经死了的李晛出城投降。结果，他刚刚呈上降书顺表，就被蒙古人杀死了。跟李晛一起死的，还有都城中兴府的所有西夏军民。

1227年，即西夏南平王宝义二年、南宋理宗宝庆三年、金哀宗正大四年、元太祖成吉思汗二十二年，在蒙古人的屠杀下，西夏彻底亡国。

至此，这个传了十代国君，历190余年的国家，终于消失在了历史的长河里。

跟西夏国一起消失的，还有这个民族的建筑、语言、文化以及所有的历史记录。

当时，蒙古大军进城后，立刻开始屠杀西夏军民。上到王公贵族，下到普通乞丐，都被蒙古人杀掉了。据说，蒙古一共屠杀了80万西夏人，直杀得西夏彻底灭亡。

除了杀人，蒙古还拆毁了西夏所有的建筑物，就连西夏王陵的坟墓也无法幸免——蒙古人发掘了西夏的皇陵，将里面的金银财宝掠夺一空。他们将西夏列祖列宗的遗骨抛弃在了地上，肆意践踏。最终，蒙古人放了一把大火，把这里付之一炬。

更可怕的是，蒙古人竟然在烧毁的土地上撒满盐巴，让其再也无法生长生物，彻底地让西夏都城变成了一片不毛之地。

这得有多大的恨，才能下此毒手呀。

据说，蒙古人之所以这样恨西夏人，是因为他们在遵守成吉思汗的遗旨。

部分史料记载，成吉思汗在临终前曾告诉三军：“我死后，秘不发丧，继续攻打西夏，不灭了这个国家，不许班师回营。若西夏人投降，就接受他们的投降。进城受降后，屠杀了整个西夏国，我要让整个西夏人民作为陪葬品！”

因为这个遗诏，蒙古大军才对西夏军民下了狠手。要知道，虽然在征服全世界的过程中，蒙古以凶残、屠杀等行为见诸各国历史，并给世界留下了刻骨铭心的印迹。但是，对一个王国“全体国民”的大屠杀，却极为罕见，恐怕除了西夏外，再也没有一个国家遭受过这种厄运。

然而，若细细品读历史，我们会惊讶地发现，西夏的悲剧远不止如此。蒙古之所以这样大规模地屠杀，好像也另有隐情。

当历史的车轮转到元朝，在灭亡南宋、统一了中华大地后，元朝统治者开始修史。

在修史时，元朝宰相脱脱力排众议，决定不用历朝历代注重正统王朝而忽略少数民族的修史方式，主张宋、辽、金三朝皆是正史，平等对待，一起编纂。

西夏也是一个少数民族建立的王朝，跟辽、金的性质一样，为什么元朝史官对西夏这个政权视而不见呢？

蒙古人这样做，到底在隐藏什么？真实原因恐怕只能是一个千古之谜了。

就这样，可怜的西夏王朝，明明是一个跟宋、辽、金并列的王朝，却没有自己的传记。它只在这三个王朝的传记中参演了一些剧情，成为一个几乎没有戏份的配角。

在元朝编纂的一百一十六卷的《辽史》中，西夏只有一卷。在元朝编纂的一百三十五卷的《金史》中，西夏也只有一卷。在元朝编纂的浩瀚的四百九十六卷的《宋史》中，西夏增加了一些戏份，但也仅仅只有两卷而已。

三个王朝，共计七百四十七卷，西夏只有五卷，连百分之一都不到。

更让人无语的是，据说，为了能够让历史“统一”，元朝下令烧坏西夏王朝近 200 年所积累的珍贵典籍、古物珍玩、历史记录等，除了少部分漏网之鱼外，西夏国的历史戛然而止。

至此，这个曾经雄踞中国西北，握有今河套平原、河西走廊、陕西北部以及新疆东部地区，疆域方二万余里，雄霸一方的西夏王朝，就这样从中国历史上消失了。西夏王朝几乎没有给后世留下任何东西，可以供后人研究、学习的文献史料少得可怜。西夏的文字，也不可避免地失传。如今没有一个学者，能够读懂西夏文字。

按照史学家们的说法：“虽然最近国家加大了对西夏历史的投入，西夏的历史研究也有了长足的进步。但无奈的是，西夏那面又矮又厚的‘天花板’就在那里，无论怎么研究，也无法得到一个明显的改观。”

如今，不管我们如何扼腕叹息，西夏的历史也是如此支离破碎。我们只能期望更多的史料出炉，来还原这个百年帝国昔日的辉煌。

讨伐金国

唇亡齿寒，目睹了西夏亡国后，金国除了兔死狐悲外，也敏感地意识到，蒙古的下一个目标就是自己了，蒙古大军的屠刀已经架在了自己的脖子上。然而，对于这种现状，金国毫无办法。

看看金国和蒙古的疆域对比，我们就能清楚地知道，金哀宗是如何绝望无助了。

当时，在一番穷折腾后，金国的疆域已经大幅度缩水，他们可以控制的直接疆域也就仅剩下河南以及山东、山西、陕西部分地区。为了保住这些疆域，金国尽弃河北、山东关隘，唯并力守河南，保潼关。

对比弱小无助的金国，蒙古则强大得多，它是当时世界上版图最大的国家。

一代天骄成吉思汗病逝后，他给子孙留下了一份令人震惊的遗产：当时，蒙古的疆域东起大海，西至中亚，北到西伯利亚，南到中国的黄河一带，著名的里海、巴尔喀什湖、贝加尔湖等，都是这个国家的内湖。这个国家疆域之大，让人震惊。

对比疆域大，但军事实力不强的北宋王朝，蒙古的军事实力和疆域面积成正比。当时，在兼并了这些疆域、吸收了当地住民后，蒙古大军已经由单一的骑兵部队，发展成了多元化的兵种。金国的弓弩部队、穆斯林的火枪队、欧洲的重甲军、汉人组成的方阵大军，都编入了蒙古大军，不仅充实了兵力，也给了他们更多的选择。

疆域辽阔、人口众多、兵员充足、士气高涨，手握这么一手好牌，我要是蒙古新任大汗窝阔台，也会“欲穷千里目，更上一层楼”。

就这样，灭亡金国的行动，终于上了蒙古帝国的日程表。

好在，家大业大的蒙古人有一个内讧的习惯，终这个王朝一生，这个习惯也没有改过。

这不，成吉思汗刚刚病逝，他的帝国就进行了第一次内讧。在进行了两年的平息内乱后，窝阔台才举行了汗位继承大典，正式登基称帝。

两年，上天整整给了金国两年时间……然而，对于积重难返的金国而言，这两年不过是让他们苟延残喘，毫无意义。

1230 年，即南宋理宗绍定三年、金哀宗正大七年、元太宗窝阔台二年，在蒙古新任大汗窝阔台的怒吼中，蒙古大军兵分三路，开始攻打金国。

此次出兵，蒙古三路大军分工明确。东路大军由斡惕赤斤率领，从山东济南南下，直奔开封城。中路大军由大汗窝阔台亲自率领，由山西南下，同样直奔开封城。西路大军由拖雷率领，直奔陕西，向南宋“借道”，绕过潼关，直奔开封。三路大军在开封城下会师，一起攻打金国。

这里说一下“借道”。

成吉思汗临死前除了颁布一道“杀尽西夏人”的遗诏外，还颁布了一道灭亡金国的遗诏。《元史·太祖本纪》中这道遗诏，是这样写的：“金精兵在潼关，南据连山，北限大河，难以遽破。若假道于宋，宋金世仇，必能许我，则下兵唐、邓，直捣大梁。金急，必征兵潼关。然以数万之众，千里赴援，人马疲弊，虽至弗能战，破之必矣。”

这段话的意思是说：金国在潼关屯守重兵，我们若强攻是打不下来的。不如避实击虚，从南宋借道灭金。宋、金是仇敌，肯定借我们道。我们借道从宋境攻打汴梁，到了那个时候，潼关的守军必定去援助京城，但路途遥远，援军赶到时也已疲惫不堪。此时，我们养精蓄锐、以逸待劳就能彻底消灭这支部队。到了那个时候，金国无兵可用，无险可守，灭亡指日可待。

成吉思汗的这个战术是一个教科书级的策略。但问题是，他忽略了一个重要的问题：宋真的肯“借道”吗？宋军不怕这是一个“假道灭虢”的诡计，未来自食恶果吗？

当时，蒙古派遣使者去宋境，上呈了希望“联宋灭金”的请求，请求宋朝打开淮南一带的防线，让蒙古借道讨伐金国。

“借道淮南”的战术，非常正确。毕竟，从淮南南下，要比从陕西一带南下容易得多，也可以第一时间围攻金国的都城，不给金国反应的机会。然而，蒙古从淮南一带南下，去金国国都容易，同样，他们去南宋国都也容易。因此，对于蒙古的这个请求，南宋就回复了一个词，没门。

一计不成，蒙古继续派遣使者，恳请南宋开放陕西一带，让他们从陕西南下，绕过潼关，直奔开封城。结果，对于这个请求，南宋还是回复了那个词，没门！

至此，蒙古这才反应过来，所谓的“假道于宋，宋金世仇，必能许我”，就是一个痴人说梦罢了。

“借道”被南宋拒绝后，蒙古一看，软的不行，好嘞，那就直接来硬的！

在这种背景下，蒙古的西路大军强行进入了宋境，攻陷了南宋的兴元府（今陕西汉中）和沔州（今陕西略阳），从这里绕道潼关攻打金国。

要知道，蒙古此举，等于跟南宋宣战了，他们也完全有可能因此惹恼宋朝，或者打醒宋朝，推动宋金联手，一起对付自己。

无奈地叹口气吧，蒙古的这次强行“借道”，是南宋和蒙古的第一次正式交锋，南宋军队也第一次领略了这个称霸全世界的国家的军事实力。当时，奸臣当道、昏君执政的南宋王朝仿佛根本没有听见蒙古战马的嘶鸣，他们还在文恬武嬉，醉生梦死，得过且过。蒙古军队撤离宋境后，南宋政府该怎么过，还怎么过，仿佛这场战争就没有发生过……

无语，真是无语。

就这样，拖雷指挥的西路蒙古军顺利地绕过潼关，向开封城进军。对于这支即将兵临城下的部队，金国将怎么对付呢？

三峰山之战

成功“借道”后，蒙古军按照成吉思汗遗嘱的进军路线前进。令人匪夷所思的是，金国竟然也按照成吉思汗实施的“路线”前进，他们完全“遵从”了成吉思汗的遗愿。

原来，得知蒙古大军绕过潼关，开始进击开封城后，金国调动潼关一带的守军，准备“千里赴援”，追击拖雷的大军，解救国都。最终，人马疲弊的他们，只能得到了一个“破之必矣”的结局了。

为了收拾这支援军，拥有绝对主动权的蒙古骑兵不与金军决战，他们只是玩儿命地骚扰金军，让他们苦不堪言。

当金军严阵以待，要跟蒙古人决斗时，蒙古人就全军逃跑，但是，等金军吃饭或者休息时，蒙古人就会突然来临。蒙古军杀来也不跟金军过多纠缠，只是踹翻金军的饭碗，烧毁金军的帐篷。

这种骚扰战，若一次两次还行，一直这么干，金军就受不了了。金军将士吃不能吃，睡不能睡，全军苦不堪言却毫无办法。这个时候，上天还不作美，下起了鹅毛大雪，更加让金军痛苦疲惫。

在这种情况下，金军最佳的选择就是安营扎寨，全军严阵以待，等雪停了，休息够后，再前往国都去解救皇帝。然而，金哀宗以一封信件，逼迫这支部队继续前进，最终把他们害死了。

当时窝阔台率领的大军突破了黄河防线，已经兵临开封城。在这种情况下，金哀宗强行命令这支部队前进，来国都勤王，保护自己的安全。

收到圣旨后，统帅完颜合达痛苦极了。不动身吧，君命难违，且国都已经危在旦夕。动身吧，全军士气低落、疲惫不堪，强行进军的后果不堪设想。毕竟，在进军期间若碰见蒙古大军，只能九死一生。

最终，在一番痛苦的思考后，完颜合达选择遵从圣旨。他下令全军立刻起身，在暴风雪中急行军。

很好，完颜合达不愧为一个精忠报国的贤臣。然而，铁的事实证明，在这种情况下继续前进，是一个愚蠢的选择。完颜合达选择解救国都之时，就是他命丧黄泉之日。

因为没有吃饱饭、没有睡好觉，金军疲惫不堪。在暴风雪中痛苦的前进过程中，很多士兵扛不住了，他们不是饿死，就是被冻死。

尚未开战，金军已经士气低落、大规模减员。在这种情况下，一旦与蒙古军开战，金军的下场可想而知。

结果，怕什么来什么，在离钧州（今河南禹县）二十五里的三峰山上，金军遭遇了养精蓄锐、严阵以待的蒙古大军。

狭路相逢、避无可避，面对准备跟自己决一死战的蒙古大军，金军将士只能用疲惫之躯，跟蒙古开战。

至此，永载史册的三峰山之战，就此拉开了序幕。

此战中，金军疲惫不堪，痛苦难言，他们的对手蒙古军则酒足饭饱、精力十足。

原来，拖雷下令，全军两班倒。第一班上阵杀敌，攻打金军。另一班人在大营内养精蓄锐。两班人轮流上阵杀敌、攻打金军。蒙古军如此“炽薪燔肉，更迭休息”，用绝对的力量攻打金军。

不仅如此，蒙古军为了用最小的代价夺取胜利，还使用了一个小计谋，由此彻底瓦解了金军的士气，让他们全军覆没了。

蒙古人深知，这支金军的人数有整整15万人。若把这15万人逼急了，跟自己玩儿命，那么自己即使胜利，也要付出惨烈的代价。

于是，为了瓦解这15万金军的士气，拖雷下令，围三缺一，网开一面，主动让出金军进入钧州的道路，任由金军向钧州方向撤退。

如果蒙古大军继续围困金军，毫无退路的金军只能殊死一搏，现在看见有一条生路后，金军开始避死求生，全都奔着那条路逃跑。

《金史》记载，金军逃跑时，“全军遂溃，声如崩山”。

而在逃跑的金军后面，蒙古大军开始了愉快的追杀。四条腿的他们（骑马）很容易追上只有两条腿的金军（步兵）。于是，从三峰山到钧州这一路上，到处都是金军将士的尸体，整整15万大军无一人得逃者。

完颜合达杀出重围，只率领数百兵马逃到钧州城，他在这里坚守城池，准备殊死一搏。然而，这点兵马根本抵御不住蒙古大军。一番激战后，钧州城破，完颜合达兵败被俘，随后被斩首示众。

伴随着完颜合达的身首异处，蒙古军获得了一场完胜。三峰山一战，成为蒙古灭金的决定性的战役。从此以后，金哀宗镇守的开封城没有了任何援军，只能靠开封军民防守城池。

一场决定金国生死的亡国之战，就此拉开了序幕。

第十一章 金国灭亡

汴京保卫战

1232年春，窝阔台率领大军兵临开封城下，准备攻城。

在攻城前，窝阔台来了两个下马威。

第一个下马威，展示人头。

蒙古大军攻城前，一蒙古使者提着完颜合达的首级，冲到开封城下，对城上的金军大喊道:“你们所依靠的，不过是黄河天险和完颜合达的援军罢了。如今，黄河天险已被我军占领，完颜合达也全军覆没了。你们没有了任何希望，若现在投降，可饶你们不死。”

蒙古使者说完后，史称“金军皆大骇”。

第二个下马威，瞬间填上护城河。

为了守护城池，城墙前面有一道护城河。当时，开封城的护城河非常宽阔，极难攻破。昔日，金军付出了无数血的代价后，才攻陷了这条护城河。结果，蒙古大军直接填平了这条护城河。

原来，在攻城前，窝阔台继承了伟大的成吉思汗的战术，下令让被俘的金国百姓背土填埋护城河。

看见本国的百姓填埋护城河，守城的金军不知道是不是该射箭。射吧，那是本国的百姓，是自己的家乡父老，不忍心下手；不射吧，护城河就被填平了。

结果，就在犹豫迟疑中，这条护城河被老百姓填平了。当然，填平护城河的东西，除了金国百姓背负的土石外，还有他们的尸体。

最终，不费吹灰之力，蒙古军就填埋了开封城的护城河，可以架云梯攻城了。

看见了这群凶神恶煞的蒙古大军的所作所为后，金哀宗吓得瑟瑟发抖，都不知道应该干什么了。

不知道此时此刻的金哀宗，是否想到了105年前的那场“靖难之役”。当时，他的祖先们，正如现在攻城的蒙古人，而跟他一样表情的就是北宋的那些君臣……

沧海桑田、造化弄人，曾经不可一世、对北宋皇室极尽羞辱之事的完颜家族，也许未曾想到，终有一天，他们的子孙竟然跟北宋皇室一个结局，甚至有过之而无不及。

书归正传，为了让蒙古人退兵，金哀宗派遣使者到蒙古大营，提出了割地、赔款的条件。同时，金哀宗愿意把新认的“儿子”完颜讹可送到蒙古，当作质子，换取蒙古的退兵。

金哀宗此举挺不厚道的。因为，这个完颜讹不是别人，正是政敌完颜守纯的儿子。送儿子，都不送自己的子嗣，而是把仇人的儿子送过去……

虽然金哀宗提出了丰厚的议和条件，但是蒙古根本不为所动，他们也对质子没有兴趣。

法国历史学家雷纳·格鲁塞在其著作《蒙古帝国史》中的一句话，就是对蒙古人理想的最好描述——“人生最快乐的事，就是战胜敌人，追逐他们，抢夺他们所有的东西，让他们所亲爱的人以泪洗面，骑他们的马，臂挟他们的妻妇。”

理想虽如此，但真要攻城，蒙古还是比较头疼的。毕竟，蒙古军擅长野战，不善于攻城。

最终，为了减少牺牲，在一番审时度势后，窝阔台答应了金国的谈判请求，打算先谈谈。成不成，再说。

结果，正是因为这场谈判，蒙古大军开始攻城了。原因很简单，金国擅自杀了蒙古的谈判代表。

其实，准确地说，是窝阔台派遣的使者主动找死，愤怒的金国忍无可忍才杀了他。

窝阔台派遣的这个代表，是一个汉人，叫作唐庆，此人是一个成事不足、败事有余的小人。

按理说，谈判代表就老老实实谈判呗，多要点钱，多让金国割让土地。结果呢，小人得志，猖狂无比的唐庆在开封大殿上蹿下跳，不仅提出了让金哀宗无法同意的条件（取消帝号、对蒙古称臣），还对金哀宗进行语言侮辱，狠狠地骂了这个皇帝一顿。

唐庆此举，彻底地惹怒了金哀宗。虽然这个皇帝收拾不了外面的蒙古军，但收拾这么一个跳梁小丑还是绰绰有余的。在金哀宗的密令下，金军出击了唐庆下榻的驿站，让唐庆和 16 名部下全部变成了金国的刀下鬼。

杀了蒙古的使者，事情闹大了。

在中国，有一句文明的古话，叫作“两国交战，不斩来使”，还有一句不文明的古话，叫作“打狗看主人”。唐庆这条“狗”惨死后，窝阔台大怒，立刻下令攻城。

至此，在窝阔台的怒吼中，这场关乎金国存亡的“汴京保卫战”，就此拉开了序幕。

虽然蒙古军有攻破这座城池的决心，但是现实告诉他们，这座城池真的不好搞。蒙古军损失惨重，也无法攻陷这座城池。

原来，虽然定都开封后，北宋的政策是“在德不在险”，但为了保护自己的安全，历朝历代的北宋皇帝除了“重德”外，更“重险”。当时，只要北宋皇帝一有钱，就会加固开封城的城墙，拓宽开封城的护城河，完善开封城的各种防御设施。总之，北宋皇帝会用尽一切办法加固开封的防御，使其固若金汤、坚不可摧。

别的不说，单说这个开封城的城墙就不简单。别的城池的围墙，是用砖砌成的，开封的城墙则是夯土，就是用一层层泥土压实垒成的。

这种夯土墙，坚固无比，无懈可击。蒙古人用砸毁无数欧洲城池的投石车，一块大石头过去也只能砸出一个坑，根本砸毁不了城墙。

除了城墙坚固外，守城金军手中还有两个无敌的武器，让蒙古军损失惨重。这两个武器，就是震天雷和飞火枪。

震天雷是一种巨型的手榴弹，有球形、罐形、扣碗形、葫芦形等。它的里面装满细铁和火药，装上引线。使用时，把它放在投石车上，点燃引线，扔出去，“以火点之，炮起火发”。

在敌军上空，震天雷爆炸后，“其声如雷，闻百里外，所围半亩之上，火点著甲铁皆透”。意思是：震天雷的声音之大，百里之外都能听见；震天雷的射程之远，能够覆盖半亩土地；震天雷的威力之大，再坚固的铠甲，也会被它爆出的碎片贯穿。

飞火枪是一种“注药以火发之，辄前烧十余步，人亦不敢进”的武器。

从字面上看，飞火枪是一种类似于火焰喷射器的武器，但从博物馆的实物来看，它更像是一种类似于现代步枪的武器。将火药放在特定的发射器中，点燃引线，火药就会发射出去，十余步距离内的物体都会被其贯穿。

就这样，凭借坚固的城池和两个无敌的武器，金军打得蒙古军损失惨重。蒙古军连续攻了十六个昼夜，也没有攻陷这座城池。

见此情景，外加盛夏来临（蒙古人怕热，战斗力减半），虽然窝阔台不甘心，但也只能选择撤兵。

于是，在收了金人一笔“保护费”后，窝阔台撤兵了。当然，虽然他离开了开封城，但是并没有走远。窝阔台屯兵在黄河沿岸，准备卷土重来，继续攻打开封城。同时，窝阔台把目光放在了洛阳城上，准备把这座雄伟的城池“过户”。

至此，伴随着窝阔台的撤兵，金军获得了开封保卫战的胜利。然而，金哀宗却一点也高兴不起来。毕竟，开封城内的善后工作，要比抵御蒙古军困难得多，也艰巨得多。

因为酷暑，城内的尸体开始腐烂，导致城中瘟疫横行。当时，在短短两个月内，开封城内就有 90 多万人被瘟疫夺去了性命，剩下的人也疾病缠身，只是在苟延残喘。

除了疾病外，更让京城百姓忍受不了的是，金哀宗发布了强征粮食令，把老百姓的粮食都抢走了。

原来，虽然蒙古军撤兵了，但是金哀宗清楚地知道，这群“土匪”还得回来。为了抵御蒙古大军，金哀宗下令强征百姓的粮食，作为军饷。为了完成这个目标，金哀宗启用了一批最狠心的大臣，让他们去完成这个收粮重任。

这群收粮官简直就是一群饿狼，即使对比凶残的蒙古军，这群家伙也毫不逊色。当时，他们挨家挨户地搜粮食。凡是搜到的粮食，全部带走。百姓若敢私藏粮食，一经发现，必严惩不贷，斩首示众。

当时，收粮官发现一个寡妇私藏了一些粮食，这些官员大怒，要打死这个寡妇。寡妇哭诉道："我丈夫死于守城，婆婆年老，我们私藏一点粮食苟活，有何不可？如今，我知道错了。我愿意献出这些粮食，以求保命。"寡妇都这么说了，这些官员竟然不为所动，还是把这个寡妇活活打死了。

伴随着可怜寡妇的惨死，开封的百姓都怒了，大家再也不愿意效忠这个国家。胆小者，"把剩粮尽弃于粪溷之中"，宁可自己饿死，也不给国家；胆大者，直接揭竿而起，跟国家对着干。

在这些百姓的推动下，金哀宗在开封城的统治崩溃了。不用蒙古军动手，这些百姓就能把金哀宗推翻了。

最终，在这种背景下，金哀宗只能选择了出逃，他以御驾亲征，抵御蒙古人为由，率领军队逃出了开封城，去其他地方避难去了。

就这样，伴随着这位皇帝的出逃，金国终于进入了最后的时刻。这个国家的寿数，终于开始了倒计时……

出城逃难

1232年冬，眼看开封城弹尽粮绝、百姓准备造反，无奈的金哀宗下令开会，商量对策。

在这场会议中，大家一致认为，开封城内民心尽失，已经待不了了。再待下去，皇帝就会死在这些"反贼"手里。但问题是，逃到哪里呢？

有的大臣建议，可以去归德（今河南商丘）；有的大臣建议，可以去卫州（今河南卫辉）；有的大臣建议，可以去汝州（今河南汝州）；大家你一言我一语，吵了半天，也没有商量出最终的地点。最终，金哀宗拍板道："都别吵吵了，先出城。至于去哪儿，出了城再说！"

就这样，金哀宗以北征为名，出城御敌去了。他留下参知政事完颜习捏阿不和枢密副使完颜奴申守城，率军出城逃跑了。

金哀宗出城时，虽然受到了老百姓的欢呼，但是他清楚地知道，自己欺骗了百姓，他这一去再也不会回来了。

在离开前，金哀宗与太后、皇后、妃嫔、皇子、公主依依惜别，抚胸大恸。哭完后，金哀宗翻身上马，看了国都最后一眼后含泪离开了。

1233 年正月，离开开封后，金哀宗像一只无头苍蝇一样到处乱窜，惶惶不可终日。其间，他还跟蒙古人干了几次，虽然也有胜利，但终究是胜少负多，根本改变不了战局。最终，金哀宗逃难到了归德，这才安定了下来。

安定下来后，金哀宗派遣使者接家眷来归德，跟自己团聚。

孰料，金哀宗的这道命令，没有接到家人，反而成了家人的催命符，把他们害死了。

原来，送走了金哀宗后，开封城的百姓盼星星、盼月亮，就想盼来金哀宗大捷的消息，解救他们于水深火热之中。结果，他们等来的却是金哀宗抛弃他们、要接走自己家眷的消息。这让开封百姓情何以堪？

得此结果后，开封百姓关闭城门，禁止金哀宗的家眷出城。愤怒的百姓不承认金哀宗是皇帝了，大家准备把完颜守纯放出来，拥立他登基称帝。

对于百姓的所作所为，守城的完颜奴申和完颜习捏阿不毫无办法，他们梦想有一个大豪杰从天而降，来解救自己。

结果，这个“大豪杰”真的出现了，也真的解决了这个难题。只不过，这个“大豪杰”和解决办法，完全超出了完颜奴申和完颜习捏阿不的预料。

这个人就是崔立。崔立“本性淫狡，常思乱以快其欲”，也就是一个心理阴暗、渴望天下大乱的无赖。这种人在太平盛世没有活路，但在这个乱世就如鱼得水，优哉游哉了。

在天下大乱之际，崔立参军并凭借优秀的逃跑本领和谎报战功的能力，得到了朝廷的重任。金哀宗离开时，命他镇守西门，抵御敌军。在镇守开封时，崔立见金国气数已尽，就打算杀了完颜奴申和完颜习捏阿不等人，用他们的头颅作为见面礼，投降蒙古大军。

说干就干，在一个黑夜，崔立发动了兵变。他杀了完颜奴申和完颜习捏阿不等人，打开开封城的城门，正式投降了蒙古。

投降蒙古后，为了“建功立业”，崔立率领大军攻入皇宫，把金哀宗的太后、皇后、妃嫔、皇子、公主、宗室、国戚等500人整整装了37辆车，送给了蒙古人。

蒙古人收到这个“礼物”后大喜，愉快地带领他们北归了。这些人的下场，也跟“靖康之难”时北宋的那拨儿人一样了。这样的结果，真可谓轮回。

道旁僵卧满累囚，过去旃车似水流。
红粉哭随回鹘马，为谁一步一回头？

随营木佛贱于柴，大乐编钟满市排。
虏掠几何君莫问，大船浑载汴京来。

白骨纵横似乱麻，几年桑梓变龙沙。
只知河朔生灵尽，破屋疏烟却数家！

——《癸巳五月三日·北渡三首》

此情此景，与百年前北宋亡国时如出一辙，真是令人唏嘘。当然，唯一不同的是，在这个浩浩荡荡的俘虏队伍中，没有金哀宗。金国的皇帝还在归德卧薪尝胆，继续抵御蒙古大军。

其实，他也不用卧薪尝胆了。因为他的生命，已经走到了尽头……

最后的乐土

国破家亡，让金哀宗痛苦；蒙古大军步步逼近，又让金哀宗惊恐。然而，对于这些事情，他毫无办法。金哀宗唯一能做的，就是继续逃命，逃到一个蒙古军打不到的地方，在那里续命。

在这种心理下，1233年夏，金哀宗下令迁都，他从归德出发，去南方远离战火的蔡州，把这里作为自己的最终之地。

其实，金哀宗迁都蔡州（今河南汝南），并不是一个明智之举。

当时，对于迁都蔡州，很多金国大臣都反对，大臣王用安更是提出了四条反对意见。

王用安劝谏金哀宗道："第一，归德四面环水，易守难攻；蔡州地处平原，无险可守。第二，持久战时，最怕断粮。一旦蔡州断粮，就完了。但归德断粮，还能继续坚持，因为这里鱼茨可以取足。第三，蔡州距离南宋太近了，一旦宋军参战，或者是资助蒙古军粮，祸不可解。第四，如果守不住归德，还能去蔡州，可是守不住蔡州，我们就无处可去了。因此，请先镇守归德，给自己留一条后路。"

王用安的预测，完全正确。事情的发展，也都不幸被他一一言中了。但只顾逃命的金哀宗顾不得那么多了，他还是迁都蔡州，把这里当成了自己最后的堡垒。

金哀宗初来蔡州时，只带了两三百士卒，战马不足五十匹。堂堂大金帝国的皇帝，竟然混得如此落魄，真是让人唏嘘。好在，金哀宗还有一批誓死效忠的将领，有这些将领陪伴，他还能称自己是一个皇帝。

当时，为了保护皇帝，金国最精忠报国的将军接连赶到蔡州城。最终，有数万将士云集在了蔡州城内，他们成为这个国家最后的卫士。

虽然身边有了数万人马，但金哀宗深知，用这点兵马去抵挡蒙古大军，无疑就是螳臂当车、以卵击石。于是，为了活命，金哀宗使用了最后的办法，他派遣使者去南宋，请求南宋出兵，帮助自己抵御蒙古大军。

为了求得南宋军队，金哀宗完全不顾自己的颜面。悲痛欲绝、哀号流涕的语言，在这封求救信中频频出现；感激不尽的词语，也是不绝入耳。信的最后，金哀宗用了一段极其准确的话，请求南宋出兵救命：

> 蒙古灭国四十，以及西夏，夏亡必及于我。我亡必及于宋。唇亡齿寒，自然之理。若与我连和，所以为我者亦为彼也。
>
> ——《金史》

唇亡齿寒呀，我死了，你也就完了。

虽然金哀宗的言辞恳切，也说出了金国与南宋唇亡齿寒的道理，但令人可惜的是，南宋根本不理会金哀宗的求救，他们用了"不许"两个字，把金国使者轰走了。

写到这里，很多人就会扼腕痛惜，说南宋的君臣就是一群傻子，他们竟然在同一个地方摔了两次，也从来不明白什么叫作吃一堑长一智。

遥想当年，金国崛起时，辽国向北宋求救，结果北宋置之不理，还跟金国联合起来一起灭了辽国。结果，等跟金国当邻居后，金国就把北宋灭了。如今，历史再次重演，南宋竟然不吸取教训，金国若灭亡，南宋也只能自食其果，迎来属于自己的结局。

这些人还义愤填膺道："倘若，南宋君臣能看清形势，暂时搁置仇恨，制定有远见的战略规划，助金国抵御蒙古，伺机而动，则局面可能大不相同。南宋若以强大的经济和科技实力援金，估计金国可再多支撑10年，南宋就有更多的时间做准备，以备强敌。可惜南宋坚持联蒙灭金，在加速金国灭亡的同时，也加速了自己的灭亡。"

这番话，表面看很有道理，其实漏洞很多。

要知道，当时金国已经理论上亡国了，其国土面积也只剩下一个小小的蔡州。这么一个苟延残喘的国家，南宋君臣真的有必要救吗？而且，就算救了金国，在蒙古大军的攻击下，这个国家还能扛多久呢？救它，不仅等于白救，而且还得得罪一个敌人。何况，金国跟南宋有国耻家仇，南宋真的会去救这个死敌吗？

更何况，当时的金国又干了两件伤害南宋的事情，让南宋君臣根本不想管它的死活。

第一件事情，金哀宗大言不惭，竟然看不起宋军！

金哀宗坐困蔡州时，息州守军求援，说南宋军队正在逼近，要攻打他们。对于这个求援，金哀宗本来是不打算管的。毕竟自己都快完了，一个小小的息州，丢了就丢了吧。

话虽如此，但为了安定民心，金哀宗一咬牙、一跺脚，割出了500人马，让他们去救援息州。

区区500人马，去抵挡南宋的大军压境……傻子都知道，这是一个什么样的结局。当时，出发前，这500名士兵皆面露死色，悲痛不已。

见此情景，金哀宗只能撒谎鼓舞士气。他告诉这些士兵："北兵之所以常取胜者，恃北方之马力，就中国之技巧耳，我实难与之敌。至于宋人，何足道哉！朕得甲士三千，纵横江淮间有余力矣。"

这段话的意思是说：蒙古人之所以能打胜仗，是仗着他们有好马，还精通中原的武功，所以咱们打不过。但这些宋军就不同了，他们就是一群手无缚鸡之力的孬人，不值得一提！朕只需要三千将士，就能纵横整个江南，我还嫌这个人数多呢。

昔日金国数十万大军南下，都没有讨到一点便宜。如今，你竟然说只用三千兵马，就能纵横整个江南。这牛皮吹得，服！

金哀宗这么说，只是为了鼓舞士气罢了，他也清楚地知道，所谓的“三千兵马纵横江南”，只是痴人说梦。

可想而知，听到这番话后，南宋君臣愤怒不已。他们万万没有想到，金国都落魄到这个地步了，竟然还大言不惭！

当然，一段让人无法顺耳的语言，绝不是南宋不救援金国的主要原因。南宋君臣之所以见死不救，是因为金国干了更加过分的事情。金哀宗打算抢宋朝的地盘，这彻底地激怒了南宋。

第二件事情，金国打算夺取四川，重新建国。

为了不让金国亡国，金国的大将武仙突然率领西军出战南宋，准备夺取南宋的四川，迎接金哀宗入蜀。

武仙的计划很好，但在孟珙的防守下，武仙被杀得大败，入蜀重新建国的计划由此宣布破产。

虽然武仙攻打四川的军事行动是他独断专行的结果，跟金哀宗没有一丁点关系。但南宋是不可能相信的。

毕竟，在南宋眼中，这么大规模的军事行动，金哀宗怎么可能不知？而且，自始至终，金哀宗也没有颁布一道让武仙停止军事行动的圣旨。换句话说，他默认了这次军事行动，也许金哀宗还期待武仙能够夺取四川呢。

将心比心，你的一个仇家落魄了，他在向你求救前先把你羞辱了一顿，还要抢你的房子，在失败后又向你求和，求你救救他让他活命……如果是你，你会怎么选择？

如果是我，我不弄死他已经是最大的仁慈了，还救他，除非我脑袋有病！

当时的南宋王朝，也是这样的心理。因此，南宋回复了“不许”二字。

至此，被南宋回绝后，金哀宗求人不成，只能求天。金哀宗下令，举行一场大规模的祭天仪式，他要率领文武百官祈求上苍保佑，保住金国。

其实，金哀宗所谓的祭天仪式，不过是战前总动员罢了。他用这种办法来鼓舞士气，好抵御来袭的蒙古大军。

就这样，祈祷后（其实都没有祈祷完毕，因为在仪式期间，蒙古大军就攻城了），金哀宗下令全军出战，跟蒙古大军决一死战。

这场金国最后殊死一搏的蔡州之战，就此拉开了大幕。

蔡州之战

蔡州之战，是金国的最后一战，在这场战斗中的金国士兵都是忠于金国的战士、视死如归的勇士。

金国士兵出战后，视死如归地攻击蒙古军。每一个金军战士都有一个志愿——不杀死十个蒙古士兵，自己绝对不能闭眼！

这是拼命。

还记得那句话吗？一人必死，十人不能当；十人必死，百人不能当；百人必死，千人不能当；千人必死，万人不能当；万人必死，横行天下！

就这样，在金国的视死如归下，蒙古大军损失惨重，也第一次知道了金国将士的威力。

其实，金国的威力比他们想象的还要可怕得多。

在这场蔡州之战，已无退路的金国可谓全民皆兵。男人，视死如归地攻打蒙古军；女人，也都上了战场，帮助男人攻打蒙古军。当时，蔡州的女人穿上男人的衣服，冒着枪林弹雨运送滚木礌石上城楼。

金国的男女老少，活着，要为金国奋战到死；不幸战死了，尸体也要继续为金国奋战！

杀红了眼的金军把遇难者的尸体放在大锅里熬成热油，用来烧烫蒙古军。对于这种防守武器，金军还起了一个名字叫“人油炮”。

见此情景，窝阔台下令停手，不打了。跟这群疯子打仗，不合算。把这座城围起来，把他们围到弹尽粮绝，让他们不攻自破。

蒙古的这种围城战术，非常正确。但是，这里有一个重要的问题，蒙古大军没有后勤补给，他们的战术是靠烧杀抢掠补充军饷，如果无法以战养战就只能弹尽粮绝地撤兵。

可见，蒙古的这个围城战术就是一把双刃剑。如果真的开始这种持久战，鹿死谁手真不可知。

然而，就在这个关键时刻，蒙古大军却等来了“援军”。

这个援军，就是不惜历史重演也要加入战场，联蒙灭金的南宋。

南宋军队之所以加入战场，除了想灭亡金国、一雪前耻外，更主要的原因是，史弥远病故了。伴随着这个强硬主和派的病逝，宋理宗终于可以放开手脚大干一场了。

绍定六年（1233 年）十月二十五日，就在蒙古大军围攻金国最后的都城时，史弥远卒于临安府邸，享年 70 岁。

这个饕餮天下的权臣，终究没有敌过时间，不甘心地病逝了。

史弥远死后，宋理宗悲痛欲绝，他下令辍朝三日，为史弥远举办了一场风风光光的葬礼。那些追封官职、加封家人、赏赐物品等事，也都接踵而至。宋理宗下令，以“公忠翊运，定策元勋”为名，追封史弥远一个殊荣的谥号——“忠献”。

根据《建炎以来朝野杂记》记载，“大臣谥之极美者，有二：本勋劳，则忠献为美；论德业，则文正为大。”可见，得到了这样一个谥号，史弥远九泉之下，足以闭眼。

不过，虽然“忠献”是朝廷授予的最高等级谥号之一，但在南宋时期，这个谥号却不怎么样。因为，秦桧最初的谥号，也是“忠献”。跟那个遗臭万年的大臣齐名，不知道史弥远在九泉之下会做何感想。

鉴于此，《建炎以来朝野杂记》记载，虽然在两宋期间，得到“忠献”“文正”谥号的官员不少，但是在作者李心的眼中，只有六个人配得上这个谥号：“大臣谥之极美者，有二：本勋劳，则忠献为美；论德业，则文正为大。有国二百年，谥忠献者才三人：赵韩王、韩魏王、张魏公是也；谥文正者，才亦三人：王沂公、范汝南公、司马温公是也。其品可知矣。”

在李心眼中，能够得到“忠献”谥号的，只有赵普、韩琦、张浚三人；能够得到“文正”谥号的，也就仅仅王曾、范仲淹、司马光。

李心的这个评判标准是否正确，韩琦、张浚、王曾是否配得上这个谥号，还请读者自己定夺。我只知道，史弥远确实不配“忠献”这个谥号，他就是一个奸臣！

要知道，在史弥远执政期间，南宋王朝得到了百年机会，他们完全可以趁金国垂危之际，北伐中原，成就一番霸业。结果，在史弥远的无兴趣、不干涉下，南宋安于现状，苟且偷生，日复一日，年复一年，最终看着金国被蒙古灭亡却毫无作为。

更可气的是，进入理宗朝后，全天下人都知道，蒙古已经崛起，蒙古战马嘶鸣，但史弥远还是安于现状，得过且过。他既不加强军备，又不储备物资，就这样舒舒服服地直到咽下了最后一口气。

对此，当时的正义之士通过各种奏折，痛骂史弥远："我国家自韩侂胄用于庆元，迄于开禧，甫及十年，天下之势，如人少壮而得疾，故其疗之也易为功。自史弥远相于嘉定，迄于绍定，凡二十七年，天下之势，如人垂老而得疾，故其疗之也难为功。"

这番话，得到了当时很多人的共鸣。史弥远死后，仅仅过了七年，蒙古大军全面攻打南宋。在这个国家危难之际，人们重新看了这番话，不禁感慨道——"凡今日之内忧外患，皆权相三十年酿成之！"

这句话，彻底地把史弥远钉在了历史的耻辱柱上。

史弥远死后，朝廷再也没有能够抑制主战派的力量了，且宋理宗也需要建立自己的威望。于是，宋理宗和主战派一拍即合，南宋正式宣布出兵了。

金国灭亡

南宋绍定六年（金天兴二年、蒙古窝阔台汗五年，1233 年）十月，在宋理宗的命令下，孟珙率领 2 万将士（也说 10 万）北上。他们携带 30 万石粮食来到蔡州城，帮助蒙古大军攻打金国。

南宋的参战，让蒙古大军如虎添翼。而城里那可怜的金国，在这两个国家的夹击下，只能迎来最终的结局。

南宋军队到来后，蒙古甚是满意，他们跟南宋歃血为盟，结成兄弟。为了不伤及对方，蒙古跟南宋签署了一个协议——宋军负责蔡州城的东面和南面，蒙古军负责蔡州城的西面和北面。双方画地而守，以防突围。

为了防止杀红眼时，宋蒙两军出现意外，双方还约定，南军（宋军）毋入北军军营，北军（蒙古军）亦毋入南军军营，两军勿相侵犯。

跟南宋分配好了防区后，蒙古军就下令攻城。结果，在金国的全力防守下，他们损失惨重。蒙古军的汉人将领张柔被金军包围，危在旦夕了。

眼看张柔就要战死沙场，在这危难之际，孟珙率军来到了蒙古军负责的防区，杀退了金军，救了张柔一命。

孟珙这种援助友军的行为，很好。但可惜的是，孟珙若知道营救张柔的后果，可能不仅不会去救张柔，甚至巴不得他赶紧战死。

因为，五年后，即1238年，张柔的第九个儿子出生。他的这个儿子，就是率军进攻南宋，生擒文天祥、击败张世杰，最终在崖山一战中逼迫陆秀夫背负宋末帝跳海，彻底灭亡南宋的元朝著名将领——张弘范。

解救了这么一位灭亡南宋的元朝将领的父亲，不知孟珙在天有灵，看见这未来的一幕会做何感想。

书归正传，在南宋和蒙古的联合攻击下，金国就是再强也无力回天了。在被围困了三个月后，金国弹尽粮绝，走上了历史的尽头。

1234年正月，这本来是一个举家团圆的日子。然而，金国却哀鸿遍野。因为，金哀宗清楚地知道，自己和这个大金国，已经时日不多，看见第二天的太阳已经成为这些人的奢望。

当时，在宋蒙两军的联合围城下，蔡州城断粮了。为了活命，城里的百姓把能吃的，全都吃了；不能吃的，如全城的老鼠、树皮、野草，各种皮制品，也全都进入军民的肚子。后来，为了活命，蔡州军民开始吃尸体。再后来，尸体都不够吃了，大家把仅剩的尸体和泥土混杂在一起进食活命……

这是一幅何等悲惨的场面！此时的蔡州城，简直就是一个地狱。

通过意志崩溃的降卒，宋蒙联军知道了蔡州城内的情况。当然，不用降卒交代，宋蒙联军也应该知道城内已经断水、断粮了。因为，每次他们一生火烤肉，城墙上的金军就会嗷嗷大叫，流泪不止。

战争打到这种境地，金国是真的扛不住了。

1234年正月，戊申夜，金哀宗颁布了一道圣旨。在这道圣旨中，金哀宗告诉大家：“我绝对不是一个亡国之君，国家到了这个地步，只能用气数已尽来形容，国家灭亡后，朕一定自杀殉国！”

金哀宗说完后，大家都流下了伤心的眼泪。是呀，虽然这个皇帝不算好，但对比荒淫残忍的商纣、固执狂暴的隋炀帝、奢侈糜烂的宋徽宗，这个皇帝好太多了，他真的不应该是一个亡国之君。

对于这种结果，我只能说，这就是命，无奈何也。

书归正传，金哀宗开会期间，宋蒙联军又攻城了。城破在即，金哀宗率军来到了城门，准备偷跑地出去。结果，看见密密麻麻的宋蒙联军后，金哀宗自知突围无望，他灰溜溜地回到了宫殿，颁布了最后一道圣旨。在这道圣旨中，金哀宗下令传位给金国的将军完颜承麟。

历史上的这个完颜承麟，非常了不起。此人是著名的金国将领金兀术的后代。虽然无法见证祖先与岳飞鏖战的历史，但完颜承麟却以祖先为榜样，不仅继承了金兀术的勇和武，还继承了精忠报国的精神。终其一生，他都誓死效忠金国，从未想过叛逃。

因为精忠报国、誓死效忠的精神，在得知金哀宗要传位给自己后，完颜承麟誓死不干。金哀宗只能向他说出了传位给他的真正原因："朕将江山社稷托付给你，是迫不得已。朕身体肥胖，不能策马。万一城陷，必难突围。你身手矫健，而且有谋略，是一个不可多得的将才。如果有幸逃脱的话，可延续国祚，这是朕的心意呀。"

金哀宗都这么说了，完颜承麟还能说什么，他含泪接过了金国的传国玉玺。

完颜承麟这个皇帝，史称金昭宗，也称金末帝。他是金国的最后一个皇帝，也是中国历史上在位时间最短的皇帝。因为他在位的时间，史称"帝龄不足一日"。准确地说，他在位的时间，仅仅只有一个时辰。

金末帝继位时，蒙古大军已经攻破了城门，杀入内城。见此情景，金哀宗二话不说，就上吊自尽了。

金哀宗死后，金末帝含着眼泪颁布了一道圣旨，追封这位皇帝为"哀"，随后放了一把大火焚烧了金哀宗的尸体，不让敌方侮辱这位皇帝。

放完火后，金末宗又颁布了一道圣旨，也是他生命中的最后一道圣旨——整顿兵马，击杀敌军。随后，连龙袍都没来得及脱，金末帝就拿起兵器，骑上战马，去攻打敌军。再随后，他血战而死……

至此，伴随着金哀宗的殉国、金末帝的战死，金国这个曾经不可一世的中原霸主，消失在了历史的长河里。

虽然在百年后，“大金帝国”再一次崛起，但建立那个帝国的人已是“爱新觉罗氏”，跟这个“完颜氏”没有任何关系了。

关于金国灭亡的历史教训，众说纷纭，但以清朝王夫之《宋论》中的一段话，总结得最为独到，也最为精辟：“以积弱之宋，而女直无如之何，则苟非女直，固将能如之何也。女直一倾，而宋随以溃，奇渥温氏谈笑而睥睨之，俟其羽翮之成而已。”

见死不救……落井下石……唇亡齿寒……渔翁得利……早知如此，何必当初，悔之晚矣。

这，就是已经亡国的金国和即将亡国的南宋，留给我们的启示。

第十二章 理宗时代

昙花一现的盛世

端平元年（1234 年），宋理宗终于可以亲政了。

当时的宋理宗非常年轻，只有 31 岁，此时的他，希望变成一个明君，开创一个盛世。于是，宋理宗大规模地审查，开始对史弥远余党进行清算。

史弥远有四个亲信，史称“四木”；还有三个专门负责打击异己的台谏官，史称“三凶”。当时，这七个人张牙舞爪，惹得天怒人怨，百官恨得咬牙切齿，只因为他们是史弥远的亲信，敢怒不敢言。宋理宗掌权后，二话不说，就颁布了一道圣旨，让这七个人回家了。

宋理宗还颁布了一道圣旨，擢升了真德秀、魏了翁、吴昌裔、郭磊卿等人的官职。

真德秀自不必说，魏了翁堪称一代贤臣，吴昌裔“刚正庄重，遇事敢言”，郭磊卿“弹劾权幸无所避”，这些人都是国家的栋梁之材。

见皇帝如此地拔贤臣，黜奸佞，天下为之一振。大家奔走相告，说这是一个盛世，史称“端平更化”，也称“小元祐”。

可惜这个“端平更化”的盛世，终究是昙花一现。

这个原因，有二。

第一，虽然皇帝驱逐了史弥远的爪牙，但是史家的核心人员却保留了下来。

史弥远的亲信郑清之代替了史弥远，成为国家的首辅；史家族人的领袖史嵩之也在朝中上蹿下跳，意图恢复史家“满朝朱紫贵，尽是四明人”的场面。爪牙没有驱除，只是轰走了几个小混混，只能是治标不治本。

毕竟，在不清算历史遗留问题的情况下，想要开创一个崭新的局面，根本就是一件不可能的事情。

第二，皇帝能力有限。

李心在总结宋理宗时，认为他有三个缺点，不是一个明君：一是朝令夕改，靡有常规；二是无端怀疑，出尔反尔；三是喜听谗言，讨厌谏言。

随着时间的推移，群臣无奈地看着这位皇帝，从一个虚怀若谷、提拔贤臣的好皇帝，变成了一个听信谗言、重用小人的昏君。最终，在太皇太后的帮助下，这个皇帝彻底地沉沦了下去。

那位“亡国的太皇太后”。就是宋理宗的皇后——谢道清。

谢道清比夫君宋理宗小两岁，她出生时，长得一点都不好看。其皮肤“生而黧黑”，眼睛旁还有一个大黑痣。

看见女儿如此难看，其母毛氏非常伤心，道：“生女子，无事；可长得如此丑陋，则是大事。”

虽然毛氏的话偏激，但在封建时代，女人长得丑陋恐怕要被人鄙视一辈子，估计也找不到好婆家。

谢道清长大后，谢家也家道中落了，她成为一个平民家的孩子。

虽然家境贫困，但是谢道清并没有怨天尤人，她唯一的心愿，就是过上安定的日子，找一个爱自己的夫君，平平淡淡地过一生。

然而，没有一个人能够想到，伴随着宋理宗登基称帝，她的生活发生了翻天覆地的变化。她本人也从一个落魄的山鸡，直接飞上枝头，变成一个母仪天下的皇后。

宋理宗称帝后，杨太后就打算政治联姻了。当时，为了能够跟皇帝联姻，很多大臣都找到了杨太后。结果，对于这些贵戚大臣，杨太后都拒绝了，她自始至终就一个人选。杨太后要选已故宰相谢深甫的家眷为后，以还当年的救命之恩。

前面讲过，杨太后是把宋宁宗灌醉了，才得到了册封她为皇后的圣旨。当时，圣旨送到中书省后，有些官员就犯愁了，说这大半夜的，皇帝怎么颁布了这么一道圣旨呢？要不等天亮了，跟皇帝确认一下再颁布不迟。

要知道，如果真的等到天亮，韩侂胄就知道此事了，他一定会全力阻止。到那个时候，杨氏不仅不会变成皇后，还会有性命之忧。就在这个危难之际，宰相谢深甫力排众议，颁布了这道圣旨，杨氏这才转危为安，成为皇后。

因为当年受到谢深甫的鼎力相救，所以杨太后一直想报答谢家。然而，这么多年，一直没有合适的机会。现在好了，这种肥水，可不能流给外人。

于是，杨太后力排众议，颁布懿旨，让谢家没有婚配的女子入宫，成为皇后的替补。当时杨太后的这番好意，让谢家痛苦不已。

因为谢家没有婚配在身的，只有 17 岁的谢道清，根本没有第二个合格的女子。

看着这个丑陋的闺女，谢家人犯愁了。不送吧，君命难违；送吧，把这么一个丑娘娘送进宫，万一让皇帝恶心得反了胃……谢家人都不敢继续去想。

虽然在中国历史上，有嫫母、钟无艳、孟光、阮氏女这四大丑女，且都成就了一段佳话，也阐述了一个容貌与心灵、品德是不能画等号的道理。但不是所有人，都是那么重口味……

在送还是不送这个问题上，谢家人愁眉不展，不知如何是好。

殊不知，就在这个时候，突然发生了两件奇怪的事情，让谢家人高高兴兴地把谢道清送到了皇宫。

第一件事情，百鸟朝凤。

《宋史·后妃传》记载，正当谢家人纠结送还是不送这个问题时，谢家房顶上来了好多鸟儿，一时间，谢家的屋顶被鸟群占领了。

见此情景，有一人道："听说谢家的女子要入宫了，难道这就是传说中的'百鸟朝凤'？寓意谢家女子要当皇后？"

一听这话，谢家人大喜不已。

第二件事情，化蝶重生。

还是《宋史·后妃传》记载，在去京城期间，谢道清突然得了一种皮肤病，结了一层厚厚的痂，导致本来就丑的面容更加丑陋了。

谢家人全都慌了：完了，完了，这等模样，怎么见人呀。咱们就等着惹怒皇帝，被株连九族吧。

结果，过了几天，谢道清的病好了。痂脱落后，众人一看，谢道清粗黑的皮肤变白了，眼睛旁的大黑痣也消失不见了。

目睹了丑女蜕变后，大家认为这个女子非常传奇，一定获得了上天眷顾，大富大贵。此去京城，必成为皇后，母仪天下。

谢道清来到了京城，得到了宋理宗和杨太后的召见。杨太后看见谢道清大吃一惊，就对谢家人道："这个女孩这么漂亮，你们为什么上报说她丑呢？这可是欺君的大罪呀。"

宋理宗看见这个女子，也大吃一惊。毕竟，已经有人告诉过他了，结果，如此美丽的女子，真是颠覆了自己的想象。

在杨太后的撮合、宋理宗认为还不错的情况下，大家同意了这门婚事。宋理宗选择了一个良辰吉日，正式迎娶了谢道清。

其实，宋理宗之所以认为谢道清漂亮，完全是期待效应的结果。这就好比相亲时，媒婆告诉你，对方身高不足1.5米，体重160斤，结果，相亲时一看，对方身高1.6米，体重120斤，虽然还是一个矮胖子，但比想象的好多了，也就对其有点好感了。

宋理宗的心理，就是如此。之前有太多人告诉他，这就是一个丑女。结果，看见后，宋理宗认为还不错。其实呢，等宋理宗明白过来后，他就不喜欢这个女子了。毕竟，皇帝见过太多太多的美女了，谢道清这种姿色的女人，只能算是长相平平。

宋理宗迎娶谢氏后不久，就不理会这个姿色平平的女子了。宋理宗转移目标，跟一个国色天香、倾国倾城的美女打得火热了。

这个女子，就是改变南宋历史的女人——贾妃。

宋朝的"唐玄宗"

在国色天香的美女中，宋理宗最喜欢的就是贾妃了。他把所有的爱都给了这个女子，以至于宫中都出现了这样的词语——“不立真皇后，乃立假皇后邪？”

可惜的是，贾妃集皇帝万千宠爱于一身，却无福消受。没过多久，贾妃就病逝了。贾妃死后，皇帝悲痛了好一阵子。悲痛完，皇帝又跟阎妃打得火热，把贾妃彻底地忘记了。

当时，为了博宠妃阎氏一笑，宋理宗不惜在国门累卵、国库告罄的情况下，花费巨资为阎贵妃修建了一座功德寺。

这座寺庙的规模之大、用料之贵、装饰之豪华，令人瞠目结舌。对于这个寺院，百姓则极其痛恨。

在一个深夜，有人曾在寺内大鼓上写了一副对联：“净慈灵隐三天竺，不及阎妃两片皮。”

净慈寺、灵隐寺、三天竺寺院（由上、中、下三座寺院组成），都是杭州非常著名的寺院，辉煌无比。但是，这三座雄伟的寺院加起来都不如阎妃的寺院。大家用这种方式，痛骂宋理宗铺张浪费、穷奢极欲。

因此，阎妃成为宋朝的“杨贵妃”，被人痛骂，永世不得翻身。

人们在痛骂阎妃的同时，也没有忘记痛骂已故的贾妃。大家甚至认为，这个贾妃比阎妃更甚，更不是一个好女人。

大家有这种想法很正常，因为贾妃在世时，提拔了自己的弟弟，大宋王朝就是毁在了她弟弟手里。

贾妃的弟弟、姓贾的大臣……不说自明。

书归正传，在贾妃和阎妃的帮助下，宋理宗变成了“唐玄宗”，从一个励精图治的明君，变成一个安于享乐的昏君。

皇帝昏庸，自然小人得志。在宋理宗身边，慢慢地聚集了一帮厚颜无耻、沉溺享乐的小人。对于这个小人当道的朝廷，百姓敢怒不敢言，他们画了一幅漫画暗下嘲讽。

这是一幅画了涨潮之状的漫画，潮水里面全都是乌贼。朝廷看见后大怒，因为这幅画的谐音，就叫——“满朝都是贼”！

书归正传，这些小人中有三个最为受宠，他们分别是奸臣丁大全、小人马天骥，还有宦官董宋臣。加上之前的阎妃，这四人构成了一个祸国殃民的“四人帮”。

当时，有人在朝堂门上书写了八个大字，讽刺了他们一番：“阎马丁当，国势将亡（‘当’是南宋官话‘董’的谐音）”！

殊不知，宋理宗竟然觉得很委屈，他颁布了一道手谕，辩解如下：“朕仪图治功，宵旰在念，适时多艰，未称朕意。威令玩而不肃，纪纲翕而不张，财计匮而生财之道蔑闻，民力穷而剥民之吏自若。敌非果强，特自未有以振国势；兵非不多，特莫知所以计军实。舍法用例已非矣……”

意思是：亲爱的百姓们，不是朕不努力呀，是咱们这个国家太穷了、兵太少了，也太弱了，敌人也太强了，我真的没辙呀！求求你们放过我，让我过几天安静日子吧。

如果宋理宗处于一个太平时代，他这样生活倒也可能无事。但问题是，宋理宗时期，可是一个强敌环绕的时代。北方的蒙古大军已经按捺不住，准备入侵了。

然而，第一个动手的人，竟然是宋理宗。在他的一声令下中，南宋讨伐蒙古的战役，也是唯一一个南宋讨伐蒙古的战役，就这样拉开了序幕。

这个战役，史称“端平入洛”。

帝王的决心

毋庸置疑，刚刚掌权时，宋理宗是一个胸怀大志、励精图治的皇帝，从他用的年号，就可见一斑。

宋理宗用了什么年号？端平。

何为端平？一切从头开始。

怎么从头开始？消灭仇敌，恢复大业！

在宋理宗眼中，消灭一个垂死挣扎的金国，只能算是痛打了一顿“落水狗”，他要收复祖先的故土、收复丢失的江山。他要向世人展示自己不朽的辉煌战绩，并成为宋朝历史上最伟大的皇帝。

然而，就跟当年的宋徽宗一样，一个天下大乱的时代就此到来。

此时此刻的宋理宗认为北伐中原、抢回江山并不会失败。因为，当时有两个因素在干扰这个皇帝的判断。

第一个因素，中原空虚，无人驻守，此时不取，更待何时？

原来，蒙古人攻陷了中原后，只是烧杀抢掠，根本无意治理。蒙古人把中原抢了一遍后就撤兵了。中原根本就是无主之地。在这种背景下，你若是宋理宗，也会想第一时间去把这些城池抢到手。

第二个因素，武将忽悠宋理宗，让其马上出兵。

目睹了中原无主后，以赵范、赵葵为首的武将就按捺不住了，他们建议皇帝出兵，收复失地。为此，他们还提出了一条切实可行的战略——据关（西守潼关），守河（北依黄河），收复三京（西京洛阳，东京开封，南京商丘），与蒙古划河而治。

这个战略，真的切实可行吗？

一个字形容：扯！

要知道，“西守潼关、北依黄河”的战略防线，如果碰上一个软弱的少数民族，还有用；但若碰上一个强悍的少数民族，就只能被彻底撕裂。昔日，北宋用这条防线抵御金国；今日，金国用这条防线抵御蒙古，他们都是一个什么下场，南宋官员难道看不见吗？

然而，虽然有血淋淋的前车之鉴，但是宋理宗在赵氏兄弟的忽悠下，竟真的以为这条防线可以永久性地抵御蒙古人。

其实，宋理宗除了被赵氏兄弟忽悠外，还被自己的外交官忽悠了。他的外交官告诉他，蒙古人都是一群天真淳朴的傻子，不用跟他们客气。对于这种人，赶紧占便宜，能骗就骗，能蒙就蒙。

当时，对于这些草原上的蒙古人，南宋官民是极其陌生的，他们只是通过一些类似于演义的《南迁录》《行程录》等书，了解一些传说中打遍天下无敌手的蒙古人的情况。

南宋官方对于蒙古人的第一次记载，出自出使大臣楼钥的奏折。

乾道六年（1170 年），楼钥随吏部尚书汪大猷出使金国。出使期间，在打探金国国情的同时，楼钥收集了很多蒙古人的信息并传回南宋。当然，楼钥打探回来的消息，基本上可以用胡编乱造来形容。

比如，楼钥说蒙古人都是一群蛮夷，他们不说人话，茹毛饮血，生吃活物。因为不吃熟食，他们能在黑夜里看清东西，且能看见数公里外的物品。蒙古人打仗勇猛无比，力大无穷，能够轻易举起巨石。他们身上的铠甲不是一般物品，那是一种用鲛鱼的皮做成的铠甲，刀枪不入，百毒不侵，等等。

虽然楼钥的话，可以用天方夜谭来形容了，但这毕竟是南宋君臣第一次接触蒙古人的形象。

后来，伴随着蒙古和金国战事的不断升级，越来越多的金国百姓逃难至南宋。从这些逃难百姓的嘴中，南宋君臣才正式了解了蒙古人，也知道之前的认识是多么荒诞无知。

虽然在南宋君臣眼中，蒙古人不再像传说中那样奇特，但他们还是达成了一个共识：蒙古是一个骁勇善战的民族，对于这么一个强大的民族，不得不防。

于是，从此以后，南宋采取了一种不主动结交蒙古人，也不想让蒙古人结交的外交政策，静观其变。

南宋不主动结交蒙古人，蒙古人却想主动结交他们。

成吉思汗在进攻金国后，曾派遣使者联系南宋，希望南宋出兵，共同夹击金国。事情发生在嘉定七年（1214 年）正月，成吉思汗派遣三个使者渡过淮河，来到宋境，递上国书，以“纳地请兵”为由，请求南宋出兵。对于这些蒙古使者的请求，南宋不敢接受，只是给了他们一个竹筏，把他们送走了。

这里多说一句，成吉思汗跟南宋结交时到底提没提过“纳地请兵”，一直是个谜。

宋朝的记录是，成吉思汗说了，他以“纳图”为诱饵，让宋朝出兵。蒙古资料显示，铁木真没有说过这句话，毕竟，那是他们伟大的成吉思汗！成吉思汗犯不着这样低三下四地去求南宋出兵。

成吉思汗到底说与不说，结果其实都是一样的。为了防范蒙古，南宋没有一点跟他们结交的意思。于是，蒙古与南宋的第一次结交，以失败而告终。

这次外交失败后，成吉思汗再也没有派遣使者出使南宋。直到四年后，成吉思汗再次递出橄榄枝，请求跟南宋结交。

嘉定十一年（1218 年），在结交山东境内起义军首领时，成吉思汗突发奇想，让这些起义军首领为中间人，再一次跟南宋结交。

虽然这一次外交还是以失败告终，但不可否认的是，在这些起义军的劝说下，南宋政府重新认识了蒙古，并且准备跟蒙古接触了。

时间到了嘉定十三年（1220 年），在与金国的战斗中，南宋君臣作出了一个重要的决定，出使蒙古，去会会这些传说中的蒙古人。

南宋的这个决定，也是无奈之举。毕竟，在与金国的大战中，金国不好受，南宋也不好受，他们迫切需要外援来一起对抗金国。

根据《建炎以来朝野杂记》记载，此次出使蒙古的大臣，是都统司计议官赵珙（也写作赵拱），负责接待他的蒙古大臣，则是蒙古对金最高军事指挥官木华黎。

其间，蒙古举行了一场马球大赛，赵珙不喜欢这种运动。他认为 20 多匹马抢一个球太闹心，就找了一个借口避席了。结果，木华黎竟然主动地找到他，问道："今日马球，汝为何不来？"

赵珙不好意思说不喜欢，就委婉道："不闻钧旨相请，故不敢来。"大意是：你没有正式邀请我，我不便去。

一听这话，木华黎哈哈大笑道："你来我国中，便是一家人。凡有宴聚打球或打围出猎，你便来同戏，如何？"

面对木华黎的盛情款待，赵珙还能说什么，他只能天天跟着木华黎一起打猎、打马球了。

待了一段时间后，赵珙起身回国。回去前，木华黎为其举办了一场大规模的宴会，各种送别礼更是一车一车地送。

在赵珙出发时，木华黎握着他的手叮嘱道："回去路上，凡是好城子要多住几日，有好酒要喝，有好饭菜要吃，好笛子、好鼓子也要一直吹着、打着……"

于是，回朝后，赵珙告诉朝廷，蒙古人"大抵其性淳朴，有太古风"，值得一交。可恨那些流言蜚语，说蒙古人是一群诡计多端，狡诈之徒，真是大大的可恶。结果，他的这种汇报却起到了反面效果，让朝廷那群奸诈小人认为有占蒙古人便宜的机会了。

后来，为了进一步交流感情，嘉定十四年（1221 年），宋朝派遣苟梦玉第二次出使蒙古。苟梦玉出使时，成吉思汗正在西征呢。这哥儿们一路追赶，一直追赶到今天乌兹别克斯坦境内，才见到了这位传说中的成吉思汗。

由于史料匮乏，他们这次见面发生了什么故事并无记载，不得而知。但从成吉思汗专门派人送他回国、苟梦玉回国后一直赞誉蒙古人的情况来看，他们这次会面应该很愉快。

再后来，嘉定十六年（1223 年），苟梦玉再次出使蒙古，继续跟蒙古联络感情。从那以后，虽然南宋跟蒙古没有正式建交，但蒙古时不时派个使者来

“进贡”一次，实际也算是交往了。

至此，在几次交往中，南宋认为蒙古还不错，就跟蒙古建立了一定的友谊。后来，双方精力合作，一起灭了金国。结果，当共同的敌人消失后，南宋就开始琢磨这个憨厚老实、天真淳朴的邻居的“家产”了。

就这样，在众人的忽悠中，鬼迷心窍的宋理宗真的以为能够收复祖先的失地了。于是，他颁布了一道圣旨，下令士兵北伐，去抢夺蒙古人的“家产”，去收复中原。

一场永载史册的战役，就此开始。这场战役，叫作“端平入洛”。当然，这场战役只会是一场大悲剧……

端平入洛

得知皇帝要出兵后，朝廷一些明白的官员接连上疏，请求皇帝收回成命，不要再鬼迷心窍下去了。

在这些奏折中，还是以乔行简的奏折最为经典。

当时，乔行简忧心忡忡地告诉宋理宗：“自古英君，规恢进取，都要选好精兵强将、准备好充足的物资，才能举事。如今，陛下之将，足当一面者几人？勇而能斗者几人？智而善谋者几人？陛下之兵，能战者几万？我们连精兵强将都没有，怎么打仗？

“好，就算有精兵强将，那么陛下告诉我，需要多少兵马去占领京、洛？又需要多少兵马，去留守淮、襄？恐怕没有二三十万众，想都别想。好，即使有这么多兵马，另一个问题接踵而来，这些士兵需要多少钱，又需要多少粮？

“古人有云，兴师十万，日费千金；千里馈粮，士有饥色。如今，我们需要准备多少钱粮，才能供给这二三十万大军？去中原征缴？中原百废待兴，百姓还等着朝廷救助呢，哪里有余粮供应这支大军。从南方走水路运输？这个办法不错，但连年战乱，运河已经坏了，河渠两岸又全是盗贼，我们如何运输？又得准备多少人马，来维持这条供给线？

“要知道，维持一条千里之长的运输线，是一件不可能的事情。即使孙、吴为谋主，韩、彭为兵帅，亦恐无以为策。而且，更可怕的是，如果敌军破坏了这条补给线，我军运粮不继，前线将士就进退不能了。稍有差错，更会全军覆没。因此，臣恳请皇帝好好想想这些问题，不要出兵了。”

乔行简的分析可谓鞭辟入里。未来战争的局势，也全都在他的预料之内。然而，对于乔行简苦口婆心的劝谏，宋理宗根本不理，鬼迷心窍的他还是颁布了出征令，下令士兵去北伐中原，收复失地。

在宋理宗的命令下，端平元年（1234 年）六月，宋军兵分两路，开始北伐中原。

第一路，统帅为庐州知州全子才，他率领一万淮西军从庐州出发，一路北上，兵锋直指宋朝旧都汴梁城。第二路，统帅为淮东制置使赵葵，他率领五万淮东军向泗州、宿州一带进军。赵葵的任务是支援全子才，并解放宋朝的南京城。双方约定，在东京汴梁胜利会师。

一场轰轰烈烈的北伐，就此拉开了序幕。

全子才出征后，一路攻无不克、战无不胜，顺利攻到了开封城下。当然，与其说是全子才猛，不如说他根本没有遇到像样的抵抗。

全子才出兵惊讶地发现，中原已经被蒙古人祸害成人间炼狱了，史称“茂草长林，白骨相望”“寂无烟火，骨殖横道”。在这种背景下，全子才最辉煌的战绩，就是有 7 个守城的金军向他投降，而其余的城池，别说守城军了，就连百姓也所剩无几。

就这样，全子才率军来到了开封城下。结果，他尚未开打，开封城守军就投降了。

原来，当时开封城的最高长官，是那个卖国求荣的崔立。这家伙不得民心，很多人就想宰了他，只是没有机会罢了。得知南宋兵临城下后，守城官员二话不说就杀了崔立，开城投降。

崔立惨死后（尸横在街，军民脔割，顷刻而尽），全子才兵不血刃地进入了开封城，在这座城池上重新挂上了大宋王朝的战旗。

这一天，是 1234 年七月初五。

开心一下吧，在 106 年后（以 1128 年，宗泽病故、杜充弃城南逃开始算），大宋王朝的旗帜，终于重新插在了这座所有南宋人梦寐以求的城市上。宗泽、岳飞、韩世忠、虞允文、李显忠、陆游、辛弃疾等无数抗金名将一辈子没有实现的梦想，在这一刻成真了。

然而，现实是如此的残酷，得到，不意味着拥有；能不能守得住，才是关键。

南宋王朝的噩梦，就此开始。

1234年七月二十日，赵葵率军来到开封城，两军胜利会师。会师后，赵葵非常不满意，质问全子才道："我辈始谋据关守河，今已抵汴半月，不急趋洛阳、潼关，何待耶？"

全子才面露苦色，道："粮饷未集，无法进军。"

是的，没有粮草，如何进军？

关于这个粮草问题，如今史学家们一致认为，是史家族人史嵩之故意使绊，故意不给前线运粮，才导致这次北伐功亏一篑。

原来，史弥远死后，虽然为了安定团结，史家族人没有被秋后算账，但也不复昔日的辉煌了。为了重现当年"满朝朱紫贵"的局面，史嵩之肩负起家族重启的重任。

当时，为了不让政敌郑清之继续建功立业，史嵩之才学了一把三国时期的李严，故意不给这个"诸葛亮"运粮。

如今，这种说法成为很多史学家的共识，因为这件事情，史嵩之就此被钉在了历史的耻辱柱上。

然而，即使史嵩之全力支援运粮也没用，宋军也还是会弹尽粮绝。

原因有二。

第一，漕运被毁，无法运输。

关于这个问题，乔行简之前已经说得很明白了。漕运被毁，两岸全是盗贼，在这种背景下，根本无法运粮。

第二，蒙古人毁坏了黄河大堤，让宋军无法运粮。

为了防止宋军运粮，蒙古人二话不说，就毁坏了黄河上的寸金堤。从寸金堤的名字上，就能知道这个堤坝的重要性。

一时间，汹涌的黄河之水淹没了整个中原大地，豫东尽成泽国。当时，整个华北平原泥泞不堪，到处都是深水，"道路水深有至腰及颈处"。在这种情况下，根本无法运粮。

虽然全子才的话句句属实，没有粮食就无法进军。但是，贪功心切的赵葵不管这些，他下令解除全子才的兵权，派自己的亲信徐敏子为前锋，率领一万三千人出发去收复洛阳城。

出发前，因为粮草严重不足，赵葵只拨了五天军粮。这还不算，他让徐敏子省着点吃，五天的军粮要整整吃七天！

就这样，拿着这可怜巴巴的粮食，宋军在半饥半饱的状态下出征了。七月二十六日，宋军来到洛阳城下，准备攻城。

宋军本以为，洛阳城内没有不得民心的败类，且这座城池被蒙古统治了很久，所以这场仗不好打，并已经做好了损失惨重的准备。结果，宋军惊讶地发现，蒙古人弃城逃跑了，他们兵不血刃就攻取了洛阳城。

至此，三京全部恢复，南宋从理论上已经基本恢复了中原故土。得此捷报，宋理宗真是高兴。

殊不知，宋理宗高兴不了多久。因为，蒙古人开始反击了。

七月二十九日，镇守洛阳的徐敏子得到了一个惊人的坏消息，负责支援他的一万五千宋军被蒙古军伏击，全军覆没。蒙古军从四面八方涌来，有把洛阳城围困至死之势。

原来，对比鬼迷心窍、贸然出兵的宋理宗，蒙古大汗窝阔台则是一个谋略家。当时，得知宋军来犯后，窝阔台立刻颁布了四道命令抵御宋军。

第一，决黄河堤口，让中原变成泽国，阻挡宋军运粮。

第二，全军退出城池，不跟敌军进行无意义的城池战。

第三，全军埋伏在城池周围，密切关注宋军的一举一动。

第四，宋军一旦入城，立刻困之。围点打援，消灭宋军的援军；围困城池，将里面的宋军活活饿死。

在这种战术下，蒙古军开始反击了，他们大军压境，准备饿死洛阳城内的宋军。

按理来说，如果宋军有足够的粮草，凭这一万三千人的精锐之师，是足以守住洛阳城的。然而，这支宋军已经完全断粮了，他们已经“采蒿和面作饼而食之”了。而且，即使这样，存粮也撑不了多久。

内无粮草，外无救兵，对于这些情况，徐敏子召集众将商量对策。众人达成了一个无奈的决定——回师。

回师？如何回师！在千里平原之上，疲惫不堪、饥肠辘辘的宋军步兵在养精蓄锐、彪悍善战的蒙古铁骑面前如何回师？然而，回师却是宋军最好的选择。毕竟，回师，还能九死一生；不回师，则十死无生。

八月初二，在突破了蒙古大军的包围网后，宋军回师。结果，在蒙古军追杀数百里下，宋军损失惨重，一万三千人全军覆没。徐敏子身中数箭，几乎战死，最终只率领三百余人逃了回来。

得知入洛的大军惨败后，赵葵和全子才知道大势已去，他们率军离开了开封城，全军班师而归了。宋军撤退后，蒙古军全线反击，重新夺回了宋军占领的城池。

至此，这场轰轰烈烈的“端平入洛”战役，就以三京得而复失，三万将士惨死他乡的结局告终。被宋理宗寄予厚望的这场战役，只能变成历史上的一场闹剧。

这场“端平入洛”战役，到底是谁的错已经不重要了。毕竟，这些都将成为历史，活着的人们还得面对未来。

这个未来就是——宋朝军民要赶紧行动起来，迎战蒙古大军。毕竟，你把人家揍了一顿，人家要是不还手，那才叫没有道理。

全面战争

伴随着“端平入洛”的失败，蒙古和南宋的战争全面开始爆发。

如今，通过史料我们知道，窝阔台早就有吞并南宋的决心，即使南宋不去打他，他也会来揍南宋。“端平入洛”事件，不过是给了他一个出兵的借口。

1235 年，窝阔台以南宋无故兴兵为由，讨伐南宋。一时间，蒙古大军三线出击，在东面的两淮战场、中路的荆襄战场、西面的四川战场与宋军展开了交战。

这次交战才让宋军意识到，自己招惹的是一个什么样的对手。

这个对手，真是可怕……

简单来说，在两淮战场上，蒙古军几乎是无人可阻，他们不费吹灰之力就攻取了蕲州、舒州、光州等地。随后，他们进占六安、霍邱，准备把这里当成桥头堡，继续攻打宋军。后来，因为中路荆襄战场的蒙古军撤退了，两淮的蒙古军才不甘心地撤兵。

虽然在蒙古军的屠戮下，南宋的两淮之地损失惨重，但对比四川，两淮就不叫事儿了。

蒙古大军入侵四川后，什么天险、什么蜀道难，在他们眼中，这都不叫事儿。蒙古大军不费吹灰之力就攻陷了川蜀诸城，他们还一举攻陷了剑门关。

伴随着剑门关、成都城的失陷，整个四川都暴露在蒙古铁骑之下。蒙古大军一路烧杀抢掠、无恶不作，在他们的攻击下，四川60州有54个州惨遭蹂躏。四川百姓死伤惨重，被屠戮者“十分之七八”。

这样的结果，等于四川易主了。好在蒙古人只会打，不会治，在烧杀抢掠一番后，蒙古人就满载而归地撤兵了，他们又把四川还给了南宋。

虽然蒙古人走了，但没有走远。当时，他们留下了两支部队，一支驻守兴元（今陕西汉中），一支驻守沔州（今陕西略阳），死死掐住四川的咽喉，随时准备继续入侵。

这就是蒙古人的战术，可以用努尔哈赤的“伐大树”理论来解释。他们深知，自己没有足够的实力管理四川，于是索性就不管了。他们选择不停进攻，不给四川休养生息的机会，消耗四川的人力、物力，同时不停地消耗南宋拨给四川的人力、物力，最终让南宋王朝衰败下去。

南宋在四川的损失可谓惨不忍睹。当然，最可怕的不是他们在两淮、在四川损失了多少人力、物力，而是在中路的荆襄战场上，竟然丢失了军事重镇襄阳城。

此城的丢失，动摇了南宋王朝的统治。

在中路的荆襄战场上，蒙古大军依旧攻无不克、战无不胜，那座让金军苦不堪言的枣阳城，瞬间就被蒙古占领了。

后来，蒙古大军屯兵至襄阳城下，结果发现这个城池不好打，就撤兵了，转去围攻其他城池。当然，在攻陷其他城池时，蒙古军总是心怀顾忌。毕竟，他们害怕襄阳守军会突然出击，断他们的后路，所以他们一直不敢继续深入宋朝的腹地。

结果，没过多久，蒙古军惊讶地发现，他们的顾忌没了，因为这个襄阳城竟然投降了。

为了对抗蒙古大军，当时在襄阳一带有很多的部队，如无敌军、克敌军、神劲军、忠义军、中顺军、中卫军等，这些军队虽然番号不同，但大约可以分为两军，即“南军”和“北军”。

所谓“南军”，指的是南宋的军队；所谓“北军”，指的是金国灭亡后，逃难或投降至南宋的北方军队。

因为各种原因（歧视，历史等），“南军”和“北军”一直不和，双方都看对方不顺眼，两军矛盾重重，一直无法化解。

其实，对于这两军的矛盾，很好解决，只要南宋有一个类似宗泽、辛弃疾那样的大豪杰，统率他们并兼任他们的“政委”，这两军就会齐心合力了。可惜的是，南宋就没有这样的大豪杰。

就这样，因为襄阳守将赵范的赏罚不公，“南军”和“北军”彻底交恶。最终，“北军”索性开城投降，把此城献给了蒙古大军。

襄阳城的失守，对于南宋，无疑就是一场地震。且不说他们损失了多少物资（襄阳城经过百年的苦心经营，里面有 24 个兵器库以及堆积如山的钱粮物资），光这个城池的重要性，就足以让南宋亡国！

可喜的是，此时此刻的蒙古大军初来乍到，还不知道襄阳城的重要性。

在搬空了这座城池的物资后，蒙古大军就认为这个城池没用了，没有再派兵镇守这座城池，而是放了一把火，拆毁了襄阳城的城防后就走了。

真是天佑南宋王朝……蒙古人根本不知道，他们的这次撤兵，让自己的统一中原之路至少推迟了六年，还是最艰苦的六年。

书归正传，拆毁襄阳城后，蒙古大军肆无忌惮地进攻了。于是，中路军统帅、窝阔台钦定的下一任大汗阔出下令，全军继续前进，他要攻取南宋的军事重镇江陵城。结果，在江陵城，他遭到了南宋擎天一柱孟珙的反击。

一番交战后，阔出大败而归，其麾下部队损失惨重。孟珙破了他 24 个军寨，夺回了他俘虏的两万南宋军民。

打了败仗，阔出愤恨不已，没过多久就郁郁而终了。这位蒙古的准大汗，就这样病逝了。当然也有一种说法，说阔出是在跟孟珙的厮杀中战死沙场了。

不管阔出是怎么死的，他都死了。阔出死后，蒙古的中路军离开战场，开始退兵。其后，蒙古的东路大军和西路大军也撤退了。蒙古的这次试探性的进攻，总体以大获全胜的方式告终。

蒙古撤兵后，孟珙调兵遣将，重新布置防线。在他的眼中，这场蒙古和南宋的战争才刚刚开始。未来，还有无数的硬仗在等着他。

事实证明，孟珙是对的，从1235年开始，一直到1241年为止，蒙古和南宋之间的战争就没有停止过。

继续全面战争

时间推进到1240年，在与南宋交战五年后，窝阔台开始反思，他重新制订了灭宋方案。

通过这几年的战争，窝阔台想明白了，南宋王朝太大了，虽然蒙古帝国家大业大，但也没有足够的资源撑起三线战争。因此，必须在三线之间取舍一下，有主有辅。

哪个是窝阔台眼中全力攻打的战场呢？东面的两淮战场吗？

诚然，从两淮进攻是一个不错的选择，但经历了“端平入洛”失败后，南宋王朝制订了“守江必守淮，失淮必失江”的战术，他们屯重兵，誓死保护淮河，进而保护自己的最后防线——长江。

这些年，南宋一直增兵于两淮，如今的这里，光正规军就有十余万，加上各种后备队、民兵，南宋在两淮的兵力超过了25万。这种兵力，足以让任何来犯之敌投鼠忌器。

除了兵多外，两淮这里还有勇将。这些年，在孟珙的提拔和推荐下，两淮聚集了无数名将，其中的李庭芝、吕文德、刘整、杜杲等人，给窝阔台留下了刻骨铭心的记忆。

这些年，窝阔台曾多次兴兵进犯两淮，结果，他在这里不仅损失惨重，还给对方留下了一个“黄州大捷”。窝阔台见两淮固若金汤，就不再重点关注这里了。

是中路的荆襄战场吗？

一想到这个战场，窝阔台就脑仁疼。因为，在其他战场他是攻击者，但在这个战场，他是被攻击者。

原来，这一战场的宋军统帅，正是那个擎天一柱孟珙。这些年来，孟珙一直进攻，他不仅杀得蒙古人苦不堪言，还一举收复了襄阳城，进而收复了整个荆襄地区。

收复了这些地方后，孟珙高筑墙、广积粮，抵御蒙古的进攻。他建立的防线坚不可摧，让蒙古大军苦不堪言。而且，一有机会，孟珙就会采用蒙古军的做法，出兵骚扰，不给后者喘息之机。

嘉熙四年（1240 年）初，孟珙得知他的“老朋友”张柔正在邓州、顺阳一带造船，准备组建水军进攻南宋。得知这个情报后，孟珙立刻下令全军出征，端了这个窝点。孟珙派遣一支部队出襄阳，分散敌军的注意力。随后，他派遣得力助手王坚到顺阳，一举烧毁了蒙古积聚的造船材料。后来，孟珙又故技重施，偷偷地派遣一支部队去蔡州，将敌人的物资仓库烧了个一干二净。

在窝阔台眼中，中路战场匹配的对手是一个有勇有谋、有胆有识的将领，对于这种对手……嗯，还是另寻他路吧。

不能打中路、不能打东路，窝阔台可以选择的只剩下西路的四川战场了。

事实证明，这个战场，可以搞！

因为蒙古大军的破坏，四川元气大伤，根本没有缓过来，这里没有良将，根本无法阻止蒙古大军的入侵。这些年，窝阔台从四川得到了不少好处。在他眼中，这是他最好战的一路。

1237 年，蒙古不宣而战，他们趁南宋过元宵节之际突然发兵，打了南宋一个措手不及。此战中，蒙古攻陷了武信，将这里洗劫一空。武信周围的几个城池也没有幸免，全都遭到了蹂躏。

同年六月，蒙古一举攻下了陆游当年治理的夔州。在这里，蒙古军乘船第一次进入了长江，为未来水路攻打南宋做准备。

1238 年，蒙古大军又来了，这一次，他们渡过了大渡河，深入到了南宋的腹地。后来，在南宋军民的强烈反击下，蒙古人才不甘心地撤兵。

1239 年，蒙古人又来了，这一次，蒙古大军号称八十万，颇有灭宋之势。在一番厮杀后，蒙古军攻陷了号称西南咽喉的夔州。随后，蒙古大军再接再厉，击败了南宋的水军，直接出了巫峡。一时间，南宋震惊。

在这之际，南宋马上派遣孟珙入川，让他去当“救火员”。结果，孟珙不负众望，顺利地击败了蒙古水军。随后，孟珙乘胜进军，一举收复了夔州城。蒙古军见孟珙不好对付，他们也抢够了，就撤兵了。

其实，对于窝阔台的意图，南宋君臣也很清楚。于是，南宋调兵遣将，修筑防线，准备抵御蒙古大军。

高筑墙，好办；广积粮，好办；调兵遣将，也好办。但问题是，南宋没有统帅，也没有合格的人选。

朝廷原想调孟珙入四川去抵御蒙古。后来，一琢磨，算了。毕竟，孟珙已经身兼两个战场了，他既要管理自己的荆襄战场，又要辅助旁边的两淮战场，再把四川战场给孟珙，非累死他不成。

不能调孟珙，朝廷却急需用人，最终，在一番筛选和在赵葵的推荐下，朝廷任命那个人为四川制置使兼重庆知州，命他去管理四川。

事实证明，朝廷的这个任命，非常正确。

因为这个新上任的四川最高统帅，就是南宋的另一个擎天之柱——余玠。

余玠，字义夫，号樵隐，南宋名将。宋史记载，余玠家贫，落魄无行，喜功名，好大言。若在太平盛世，他这种人是最被社会鄙视的，但在一个风起云涌的乱世，他就如鱼得水了。

余玠年轻的时候气盛，曾在一个茶馆喝茶时，跟茶老板发生了纠纷，他没控制住，把对方打死了。打死人后，余玠就逃跑了，他隐姓埋名，参了军。

余玠在参军期间，被赵葵相中了，成了他的幕僚，为其效力。效力期间，余玠屡建奇功，成为一名出色的将领。

在赵葵的帮助下，余玠的官职越来越高，成为淮东制置副使。

淳祐三年（1243 年），在亲自面试余玠后，宋理宗对其很满意，就大笔一挥，册封余玠为四川制置使，让其去川蜀上任，去保护南宋的西南江山。

余玠进入四川后，立刻调兵遣将、修筑城池、抵御敌军。余玠还开设了一个招贤馆，招揽天下英豪，一起抵御蒙古大军。

就这样，在余玠的治理下，四川建立了一条坚固的防线，蒙古大军无法轻易入侵。招贤馆也为余玠招揽了很多英雄，他们成了让蒙古头疼的人。

在这些英雄中，有两个人不得不提，他们就是播州隐士冉琎、冉璞兄弟。虽然官方给出的资料，说冉氏兄弟是隐士，但按照现在的说法，他们是一对“高级工程师”。

冉氏兄弟不会打仗，却非常善于建城。在他们的设计下，余玠以江为线，以山为点，在四川全境构筑一条全新的山城防御体系。

余玠修筑的城池很多，但在这些城池中有八座城池最为重要，它们共同守护着四川，史称“四川八柱”。就是这八座城池中的一座，给了蒙古大军一个刻骨铭心的记忆。

这座城池，就是钓鱼城。

在余玠的保护下，四川固若金汤，蒙古大军不能随意入侵。同时，在孟珙的保护下，襄阳和两淮也是固若金汤，足以让蒙古大军有来无回。正当宋军严阵以待，准备跟入侵的蒙古军决战时，他们却惊讶地发现，蒙古人突然消停了，他们不来了。

宋军本以为，蒙古人这是累了，需要休息一下，等他们休息够了，就会再次入侵。结果，整整十年，蒙古根本没有出动过一兵一卒，这个国家仿佛“放下屠刀，立地成佛”，不再热衷打仗了。

这是一个什么情况？

原来，蒙古之所以十年不进攻，是因为他们的大汗窝阔台病逝后，蒙古帝国开始内战了。在短短的十年内，他们竟然改朝换代了四次。在这样的背景下，蒙古帝国自顾不暇，也就无法继续出征南宋了。

冤有头，债有主，蒙古帝国之所以这么容易动乱，其根源全都在于成吉思汗惹的祸。

现在，开始讲述蒙古帝国的这段宿命。

第十三章 元之乱

大汗的继承人

成吉思汗有很多子嗣，但以排名前四的儿子最为出名，即长子术赤（“术”音“竹”），次子察合台，三子窝阔台，四子拖雷。

这四个儿子，为成吉思汗所喜欢，也是继承他汗位的人选。但是，选谁继承皇位呢？这个问题，确实很难办。

《元朝秘史》记载，1219 年，成吉思汗准备西征时，他的皇后忧心忡忡道：“大汗此去，行程万里，吉凶难料，若出现变故，为之奈何？”

虽然皇后没有明说，但是成吉思汗也明白了她的意思。于是，在出征前，成吉思汗召来自己的四个儿子，准备跟他们讨论确定下一任大汗。

在这次会议中，长子术赤准备第一个发言。结果，术赤尚未开口，老二察合台就不怀好意道：“父亲是想把汗位传给术赤吗？他是蔑儿乞惕部的野种，岂可辱社稷，我不承认他是大汗！”

此言一出，术赤大怒，走过去跟察合台打了起来。在成吉思汗的怒斥下，这俩人才停手。发生了这么一个事情，这个会议也没法进行了，众人各自散去了。

术赤之所以这么愤怒，是因为察合台揭了他的一个伤疤。一个他到死，也没有整明白的伤疤。

原来，在蒙古历史上，一直有一个未解之谜。这个术赤，他究竟是不是成吉思汗的子嗣，是一个“外来子”吗？

简单来说，成吉思汗在创业阶段时，势力弱小，根本无法保护家人，他的妻子、术赤的母亲曾被蔑儿乞惕部掠走。虽然后来成吉思汗打赢了蔑儿乞惕部，救回了术赤的母亲，但此时此刻，术赤的母亲怀孕了。

这一下子，很多事情就说不清、道不明了。

虽然术赤的母亲一口咬定，这就是成吉思汗的子嗣。但是，若算日子，这个孩子很可能是术赤母亲被俘时被迫怀上的子嗣。当然，也有可能术赤的母亲被俘前就怀上了孩子。

这种事情放在现在，做个DNA检测就能解决了。但是，在那个只有“滴血认亲”的古代，这种事情无法辨别。最终，成吉思汗承认了术赤是自己的子嗣，并对他悉心照顾。

虽然成吉思汗承认术赤是自己的子嗣，但在潜意识里，他还是觉得自己戴了一顶绿帽子。因为，他给这个孩子取名术赤，就说明了一切。

何为术赤？意思就是不速之客，就是客人的意思。可见，成吉思汗一直怀疑术赤的身份。

成吉思汗的这种怀疑，不无道理。毕竟，按照黎东方教授的《细说元朝》记载，蒙古人当时的习俗是“将所余的妇女小孩们，可以搂抱的，都搂抱了；可以门里面使用的，都使用了”。对于这种事情，成吉思汗就没少干，他不可能相信蔑儿乞惕部人没有这么干。

就这样，父亲怀疑术赤的血统，儿子们也不可能不怀疑这个哥哥的身份。因此，老二察合台非常讨厌这个哥哥，一直跟他不对付。老三窝阔台也讨厌这个哥哥，只是不显露出来，暗地里使坏。

因为身份问题，目睹了老大和老二大打出手后，成吉思汗伤心不已，却又无计可施。最终，成吉思汗想明白了，老大和老二的关系那么差，一旦老大即位，老二就死定了；反之，老二即位，老大也死定了。这样吧，立有宽宏之量、忠恕之心的老三窝阔台吧。只有让这个宅心仁厚的老三即位，才能在自己百年后，不让蒙古帝国分崩离析。何况，老三也确实是一个不错的人选。

拿定主意后，成吉思汗再一次召集四个儿子，告诉他们："我百年后，汗位由窝阔台继承，家产交给拖雷去管理。就这样了，从此以后，你们要遵从我的旨意，不能违反。"

后来，1226 年，在出征西夏前，为了以防万一，成吉思汗再一次召集众人（那个时候，老大术赤已经郁郁而终了），重申了自己的遗嘱。

成吉思汗告诉他们："万一我有不测，汗位由窝阔台继承，家产由拖雷支配，这是我的遗嘱，必须执行。我百年后，你们要团结一致，互相帮助，不能让这个帝国分裂。"

第二年，即 1227 年，成吉思汗在征讨西夏的途中去世了。

就这样，在经历了老大、老二的鹬蚌相争后，窝阔台这个"渔翁"得利了。根据遗嘱，他成为这个帝国新一代的大汗。然而，这个"渔翁"并不满足。虽然成吉思汗承认了他的地位，让他继承了自己的事业，但是没有给他打猎用的"工具和船只"。

工具呢？船只呢？都在老四拖雷手里呢！

成吉思汗把所有实惠的东西都给了拖雷。

根据俄译本《史集》记载，成吉思汗是这样分配家产的，长子术赤、次子察合台、三子窝阔台，每个人得到自己麾下 4000 户的军队，剩下的 101000 户军队全部由拖雷继承。10 万户军队呀，还都是成吉思汗直接统辖的精锐之师。

成吉思汗的分配原则只是一个最单纯的"幼子守灶"原则，并没有什么不妥。在少数民族的思维里，哥哥是成年人，就不应该守着家产，而应该去开疆拓土，去创造属于自己的世界。家产要留给年幼的弟弟，这样才能让他们生存下去。

成吉思汗的这种想法，没毛病，也很人性。但成吉思汗没有想过，一个有名无兵的大汗，是根本镇不住一个无名有兵的下属的。成吉思汗此举，等于是给了拖雷谋朝篡位的机会。

就这样，拖雷根本不遵从遗嘱，自恃兵强马壮的他根本不把哥哥放在眼里，而他也成为这个国家的"监国"。

目睹如此情景，不知成吉思汗在天有灵，会做何感想。

拖雷和窝阔台这种情况，若放在中原，这个国家肯定就有一场内战发生了。若蒙古真的爆发了内战，中国的历史、世界的历史，就都可能被改写了。但可惜的是，蒙古还有一个纠正的机制，这就是他们的忽里勒台大会。

所谓的忽里勒台大会，是蒙古国诸王定期举行的大会。“忽里勒台”在蒙古语中，就是“聚会、会议”的意思。蒙古人通过这种民主的大会，决定各种国家大事，并推举自己的首领。

当时，为了解决这个国有二主的局面，宗室诸王们举行了忽里勒台大会。在长达 40 余天的激烈辩论后，众人终于达成了一致，通过了“按照成吉思汗的遗嘱让窝阔台继位”的决议。

至此，在被弟弟拖了两年后，窝阔台正式成为这个国家的大汗。他登基称帝，继承了成吉思汗的家产。

一个新的时代，就此到来。

当然，还是那句话，不是每一个人，都能在新的时代里面存活。这个慷慨赴死的人，我不说，大家也会知道是谁。

拖雷之死

毋庸置疑，窝阔台最痛恨、最忌讳的人，就是这个弟弟拖雷了。毕竟，若没有他的从中作梗，自己在两年前就当上大汗了，何必苦等这 700 多个日夜。

于是，窝阔台登基后，就准备将这个弟弟斩首示众，以泄心头之恨。

面对哥哥愤怒的双眼，拖雷竟然毫无察觉。我行我素的他又干了一件事情，彻底地惹怒了窝阔台，给自己招来了杀身之祸。

这件事情，就是“三峰山大捷”。

前面讲过，在三峰山一战中，拖雷消灭了金国最后一支有生力量，为这个国家的灭亡压上了最后一根稻草。然而，在这场战役中，拖雷却完全独断专行。这场胜利，是他独自指挥的结果。

拖雷这么做，错了吗？没错呀！毕竟，将在外，君命有所不受。战局瞬息万变，什么情况都要请示千里外的君主，那还打个什么呀？然而，在窝阔台眼中，他这么做就是错了。拖雷犯了独断专行的大忌，再加上他功高震主，这样一个人已经不能留了。

于是，一个阴谋浮出了水面。中国历史上那数不清的谋害贤良的故事，再一次上演了。

根据《元史·睿宗传》记载，这个害死拖雷的阴谋，是这么回事："五月，太宗不豫。六月，疾甚。拖雷祷于天地，请以身代之，又取巫觋祓除衅涤之水饮焉。居数日，太宗疾愈，拖雷从之北还，至阿剌合的思之地，遇疾而薨。"

这段话的意思是说：不知道什么原因，窝阔台生了一场病，眼看就要病逝了。拖雷祈祷上天，希望能够替大汗去死。在喝了一碗巫师给的"圣水"后，窝阔台痊愈了，拖雷却病死了。

对比中原高超的害人技巧，此计根本不是一个阴谋，简直就是阳谋了。

在外国文献《蒙古秘史》中，作者把拖雷描写成了一个为国捐躯的大英雄，让人感动不已。

这段文献是这样记载的。为了语句通顺，我稍微改了一下，并不是百分之百的原文，但意思相同。

（1231年）斡歌歹（窝阔台）出征金国，顺利击败金军，杀得金军积尸如烂木堆一样。追过居庸关，窝阔台又派遣军队攻打金军，最后，窝阔台驻营于龙虎台。

在那里，窝阔台突然得了病，口不能言，昏迷不醒。蒙古将士们惊恐不已，找来巫师，让他们占卜看是怎么回事。

占卜后，巫师道："金国的土地神、水神们，因为他们的百姓被掳、各城被毁而愤怒。现在，他们作祟得非常厉害，这些神灵不弄死大汗是不会善罢甘休的。"

众人问对策，"并许以百姓、人口、金银、牲畜、替身禳之"，打算用这些东西换大汗的命。结果，神不说话，"为祟愈急"。

众人又问："可以用亲人做替身吗？"虽然神还是不说话，却不再"急祟"了。

这时，窝阔台睁开了眼睛，索要水喝。喝完后，他问道："怎么啦？"

巫师奏禀道："金国的土地神、水神们，因为他们的地方被毁，百姓被掳，急遽作祟。占卜时问神，可否以别的东西为替身，结果作祟愈急。又问可否用亲人做替身，作祟就暂停息了。如今，听凭圣裁。"

窝阔台道："如今朕身边的宗王有谁？"

宗王拖雷正在他的身边，就回禀道："神圣的父汗成吉思汗像选骗马、择羯羊般地在诸兄弟之中选了合罕兄长你，把他的大位传给你，让你担当统治百姓的重任。如果合罕兄长你有了不测，众多蒙古百姓将成为遗孤，无依无靠了。若金军反击，我们怎么办呢？现在，让我来代替合罕兄长吧。我曾劈开鳟鱼的脊、横断鳇鱼的背。我曾战胜亦列、刺伤合答。我面貌美好，身材高大，可以侍奉神。巫师，你来作法吧，让我替兄长去死。"

拖雷表明心意后，巫师就开始作法了。过了一会儿，他们拿出一碗诅咒的水，让拖雷喝。端着这碗水，拖雷想都没想就一饮而尽。

喝完后，拖雷坐在椅子上，道："我醉了，我要睡觉了。我睡觉期间，请合罕兄长好好照顾年幼的侄儿、寡居的弟媳吧……"说罢，拖雷一觉不醒，就这样去世了。

根据这段文献的描写，拖雷仿佛也知道这是一个阴谋，就是让自己去死。但是，为了这个国家不动乱、为了自己的子孙后代不被迫害，拖雷选择了慷慨赴死。他了结了自己，解除了窝阔台的顾虑。

1232 年，年轻有为、战功显赫，在蒙古帝国中具有举足轻重地位的拖雷替皇兄而死，享年仅仅 41 岁。

拖雷就这样死了，可喜的是，因为愧疚，窝阔台并没有难为他的子嗣，反而给予了相应的照顾，重用他们，让他们继承了拖雷的地位和军队，继续为蒙古帝国效力。

窝阔台此举挺仁义的，让人感动。但是，如果窝阔台熟悉中国历史，明白斩草除根的道理，也许就不会这么干了。毕竟，如此行事，等于给蒙古帝国留下了一个分裂的伏笔。

19 年后，即 1251 年，正是他照顾的这些拖雷后代谋朝篡位了。这些人不仅篡夺了窝阔台的江山，还把他的后代害得不轻。

六皇后"称制摄国"

拖雷死后 9 年，窝阔台也因病逝世了。

1241 年，窝阔台驾崩，享年 56 岁。窝阔台在位 13 年，其间发展经济，南征北战，为蒙古帝国的发展作出了杰出贡献。忽必烈建立元朝后，念其功绩，追封其为英文皇帝，庙号太宗。

由于史料匮乏，窝阔台到底是怎么死的，是死于暗杀，还是死于嗜酒，还是死于女色，已经不得而知了。

如今，史学家们达成一个共识，在没有决定性证据出现前，大家以《史集·窝阔台合罕纪》的记载为准，认为窝阔台是死于嗜酒如命。

《史集》记录的内容，大概如下：

窝阔台嗜酒如命，经常喝得酩酊大醉，且毫无节制。因为饮酒无度，他的身体日益衰弱。大臣们无论怎么劝他，他都不听。相反，越劝他，他喝得越多。

最终，大臣怒了，大家以辞职相要挟，逼迫窝阔台限量饮酒，每天只许喝一定的杯数。对于大臣的劝慰，窝阔台好似听了，他真的每天只喝一定杯数的酒。谁知，他把小酒杯换成了大酒杯，总量还是没变。就这样，因为饮酒过度，窝阔台早早地离世。

虽然作者在《史集》中也提到，窝阔台可能死于暗杀，有人在他的酒里下毒，毒死了这位大汗。但是，我坚定地认为，即使没有人下毒，以窝阔台这样嗜酒如命的行为也必死无疑。

在其他的史料中，我们也能看出窝阔台嗜酒如命的个性。《元史》记载，元朝一代贤臣耶律楚材见窝阔台嗜酒如命、“每饮必彻夜不休”后，非常着急，就来劝慰这位皇帝。

耶律楚材告诉窝阔台：“酒是好东西，但饮酒过度就不好了。大汗请看，酒杯是铁铸成的，铁是坚固的东西，但在酒的腐蚀下，还能出现裂口。人的五脏的坚固程度，远不如铁，大汗这么肆无忌惮地喝酒，岂有不损伤身体的道理？”对于耶律楚材的忠言进谏，窝阔台同意，但他还是继续饮酒作乐。最后，窝阔台死在了酒乡里，也算是自己选择的结果。

窝阔台死后，国家不能无君，他的“乃马真六皇后”站了出来，开始“称制摄国”。

这里有两个问题，第一，为什么窝阔台死后，是皇后称制，不是大臣摄政呢？蒙古诸亲王、大臣让一个女人管家，他们就没有异议吗？第二，这个乃马真六皇后，是一个什么样的女人呢？

先回答第一个，关于皇后“称制摄国”。

其实，这个问题很简单。蒙古刚刚建国，还没有完善的君主制度，与其说这是一个国家，不如说它是一个的组织。

在这个组织中，大哥死了，大姐临危受命，走上前台，成为大家的“老大”，引导大家继续前进，这个完全可以。因此，对于皇后称制摄国，蒙古大臣没有提出异议，也没有认为不妥。

君不见，契丹的那些女中豪杰们，如“断臂太后”述律平、“承天太后”萧燕燕，都是这样上位的。

至于这个乃马真六皇后，是一个什么样的女人，根据《元史·后妃传》记载，乃马真六皇后是蒙古人，原名乃马真·脱列哥那，是蒙古乃马真部的贵族之女，先嫁给了蔑儿乞部的首领，成为其妻子。也有资料显示，乃马真六皇后是西域人，是蔑儿乞部缴获的奴隶，被迫嫁给了首领，成为其妻子。

虽然乃马真六皇后的身份是一个历史之谜，但其结果都是一样的。成吉思汗灭了蔑儿乞部后，见脱列哥那长得不错，就笑纳了。成吉思汗把她嫁给了窝阔台，成了自己的儿媳妇。

由于史料匮乏，脱列哥那什么时候嫁给的窝阔台，不得而知。但有一点可以肯定，脱列哥那嫁过去时，她的地位并不高。因为此时此刻，窝阔台已经妻妾成群。脱列哥那前面有五个姐姐，她只能排行老六，这让她痛苦又无奈。

虽然处境悲惨，但是在短短数年的时间，脱列哥那就完成了逆袭，她干掉了前面的五个姐姐，成了窝阔台的第一夫人。

脱列哥那之所以能够成功上位，原因很简单，她能生。

通过史料我们知道，窝阔台一共有七个儿子，即贵由、阔端、阔出、哈剌察儿、合失、合丹、灭里。其中，前五个儿子都是脱列哥那的子嗣。

在古代，能生，就是女人的本钱。否则，女人的能力再强，即使强如武则天、慈禧，生不出孩子也是白搭。

就这样，脱列哥那平步青云，成了窝阔台的第一夫人。窝阔台登基称帝后，这个女人也自动升级为皇后，史称乃马真皇后。因为她曾经排行老六，所以史上也称其为乃马真六皇后。

窝阔台病逝后，乃马真六皇后临危受命，走上了前台，开始称制摄国。乃马真六皇后要处理的第一件国家大事，也是国家最重要的大事，就是确定国家下一任的大汗。毕竟，虽然她可以暂时管理朝政，但总归要还给蒙古男人。

那么，选谁当国家的下一任大汗呢？

这个问题，比较难办……

跟父亲成吉思汗一样，窝阔台也立过遗嘱，拟立自己的三子阔出为国家的继承人。结果，阔出无福消受，在跟南宋的战争中病故了（也说是战死了）。

阔出死后，窝阔台很是伤心，秉持着爱屋及乌的想法，他想把皇位传给阔出的儿子失烈门，让这个孙子继承皇位。

有的史料记载，窝阔台在世时曾颁布诏书，正式册封失烈门为国家储君，让他继承皇位。但是，窝阔台也害怕儿子们会反对。因此，对于立孙子这件事，窝阔台只是开了几场内部会议，只是跟自己的儿子、皇后、妃嫔们商量过。这件事情并没有对外公布，也没有大臣、贵族参与，完全就是窝阔台一家的内部会议。

窝阔台之所以不对外宣布，一是他不敢贸然立储，怕引发储君之争，让这个国家分裂。二是窝阔台也不相信自己会英年早逝，所以不准备过早立储君。三是窝阔台希望通过这种内部会议，先给家族成员打一个预防针，再慢慢地培养失烈门，等水到渠成后再公布其储君身份。

窝阔台这种循序渐进的想法，很好，但人算不如天算，他万万没有想到，自己会是一个短命鬼。于是，窝阔台还没来得及宣布下一任大汗就去世了。

大汗没有遗嘱，只有一个可以不承认的内部会议人选，蒙古帝国的下一任储君出不来。群臣把目光投向了乃马真六皇后，让这个大姐做主。

没有任何犹豫，乃马真六皇后就推翻了窝阔台的想法，她要立长子贵由为下一任大汗。

如今，随便翻开一本史料，史学家会悲愤地告诉我们："乃马真六皇后不是一个好皇后，她干涉朝政、玩弄权术、重用奸臣，把国家闹得朝纲颓废、鸡犬不宁。她就是一个慈禧似的皇后，不是什么好人……"

说实话，把她比成慈禧，是在夸她，不是在损她。

在我的眼中，乃马真六皇后比慈禧太后差远了。

要知道，如果乃马真六皇后有慈禧的本事，她就应该立年幼的失烈门为帝！怀抱幼子登基，先垂帘听政十几年，岂不是一件美事？结果呢，她非要立年长的贵由为帝，也只能缩短自己当政的时间了。

以史为鉴，除了慈禧，看看北宋的那个高太后，就知道怎么处理此事了。宋神宗活着时，高太后一直上蹿下跳，让他传位给年长的弟弟。结果，宋神宗前脚一死，她后脚就让宋神宗9岁的儿子登基，自己垂帘听政十余年。可见，乃马真六皇后跟她们比，差远了，根本不是一个等级。

当然，乃马真六皇后立长为君的行为，对于蒙古帝国，则是一件好事，有百利而无一害。毕竟，国有长君，那些蠢蠢欲动的竞争者们，只能偃旗息鼓，听命行事了。

书归正传，在乃马真六皇后的提议下，贵由被推上了前台，成为国家储君。如果这是在宋朝，在太后懿旨下，贵由就能直接登基称帝了（比如宋徽宗）。然而，这里是公平、公正的蒙古，贵由要想上位就有点困难了。不摆平那些反对者，他根本无法坐上龙椅。

这些反对者，主要有二。

第一类人，就是已经接受儒家思想，誓死报效窝阔台的大臣。这以耶律楚材为首。

虽然窝阔台时期的汉化还不严重，但是已经有很多大臣开始接受儒家思想。当得知乃马真六皇后推翻先帝遗嘱改立他人后，耶律楚材愤怒无比，他誓死不同意。最终，若不是耶律楚材郁郁而终，贵由能不能登基称帝，真不好说。

第二类人，就是那些跟贵由有仇的蒙古贵族。这类人中为首的，就是诸王之长、术赤的嫡次子——拔都。

拔都跟贵由的仇恨，是这么回事。

1234年，在攻打南宋期间，窝阔台还发动了一场对西面诸国的战争。他派遣两支远征军，去讨伐成吉思汗曾征服过，却降而复叛的国家。由于这次出征的主要将领是蒙古各宗室的长子，所以这次“官二代”出征，史称“长子西征”。

《蒙古秘史》记载，这次西征战役非常顺利，蒙古大军一路攻无不克，战无不胜，使11国百姓归顺。大军胜利后，众人商议，在凯旋前，举行一场宴会。于是，众人张灯结彩，举办了一场鼓乐齐鸣、豪华奢靡的酒宴。

结果，就在这个酒宴上出事了。

酒宴开始后，拔都自恃是成吉思汗最年长的孙子，擅自下令宴会开始，还先喝上了酒。

目睹此景，贵由怒了。我贵由可是大汗的长子！你算什么东西，竟敢喧宾夺主！

愤怒的贵由不参加这个宴会了，带着自己的亲信骑马走了。上马前，贵由跟亲信们谈论此事，说“这个拔都算什么东西？凭什么先饮酒！他只配跟长胡子的老婆子喝酒（比喻拔都身份下贱）。我要用脚后跟踹他，用脚板踩他，把他的胸膛打烂，给他接上一个木尾巴”等。

没过多久，拔都听说贵由如此侮辱自己，大怒，但他忍了下来。他以自己不懂事、不懂规矩为由，上疏窝阔台，请求合罕叔父圣裁。

按理来说，拔都确实不对，但贵由也不能这样侮辱人。窝阔台若是一个明君，就应该为了国家团结，安抚拔都、痛骂贵由。

结果呢？得知此事后，窝阔台大怒，本来就对大哥术赤有成见的他迁怒其子嗣，窝阔台大骂拔都是一个下贱的东西，还是一只臭蛋。

后来，在众人的劝说下，息怒的窝阔台认为这么骂人不妥，他颁布了一道圣旨，让骂人的贵由道歉，并好好地补偿了拔都一番。然而，事已至此，拔都的心都被伤透了，这种补偿又有什么用呢？

就这样，拔都恨死了窝阔台一族了。他在心中种下了一颗仇恨的种子，就等着那个谋朝篡位的机会。

窝阔台病逝后，心怀仇恨的拔都选择了离家出走。拔都率军来到了伏尔加河下游的拔都萨莱城（今俄罗斯阿斯特拉罕附近），在这里建立了一个政权。拔都建立的这个国家，史称钦察汗国，也称金帐汗国。

拔都建立政权后，虽然还听命蒙古帝国，但不可否认的是，这已经是一个国中之国了，拔都俨然变成了一个大汗。

当时，因为拔都是诸王之首，所以，举行忽里勒台大会时，别人可以不来，拔都则是一定要参加的。毕竟，他不来，这个大会就没有意义。

因为跟贵由有仇，拔都不想让贵由登基称帝。每次大会，拔都就以脚筋骨痛为由，托病不出席。而且是能拖一年，就拖一年。

至此，内有耶律楚材不同意，外有拔都不合作，再加上一个不想放弃权力的老妈，贵由的登基之日，只能遥遥无期。

就这样，在“太宗崩，后称制摄国五年”下，蒙古帝国开始了太后垂帘听政的时代。而乃马真六皇后亲政的这五年，也成为蒙古帝国最黑暗、最混乱的一段岁月。

新汗登基

虽然从选择继承人上看，乃马真六皇后不如慈禧等人，但论治国的“本事”，她绝对能跟慈禧一决雌雄，甚至有过之而无不及。假设中国有一个“历史上昏庸妇女排行榜”，乃马真六皇后绝对榜上有名。

据《元史·太宗本纪》记载：“是岁大旱，河水尽涸，野草自焚，牛马十死八九，人不聊生。诸王及各部又遣使于燕京迤南诸郡，征求货财、弓矢、鞍辔之物，或于西域回鹘索取珠玑，或于海东楼取鹰鹘，驲骑络绎，昼夜不绝，民力益困。然自壬寅以来，法度不一，内外离心，而太宗之政衰矣。”

在乃马真六皇后横征暴敛下，在她重用的那些阿谀奉承、蝇营狗苟之辈的执政下，在那些蠢蠢欲动的藩王推波助澜下，蒙古朝堂纲纪废弛、乌烟瘴气，君臣猜忌，上下离心离德，这个国家不可避免地开始衰退。

当时，没有一个人能够阻止这个国家衰败，即使这个国家有“第一贤相”之称的耶律楚材也没辙。

《元史·耶律楚材传》记载，乃马真六皇后任用了一个叫作奥都剌合蛮的奸臣，此人就两个本领，善于敛财，阿谀奉承。因为能“挣钱”，还会拍马屁，所以乃马真六皇后非常信任这个大臣，对奥都剌合蛮的建议堪称言听计从。

乃马真六皇后信任他到了什么程度呢？“后以御宝、空纸付奥都剌合蛮，使自书填行之”。也就是说，乃马真六皇后直接给他印章和空白的圣旨，让奥都剌合蛮自行填写。他想干啥，不用申报，随便干。

得知此事后，耶律楚材气得青筋暴起，他进谏道：“天下者，先帝之天下。朝廷自有宪章，今欲紊之，臣不敢奉诏。”

得知耶律楚材反对自己，乃马真六皇后大怒，颁布了一道圣旨：“凡奥都剌合蛮所建白，令史不为书者，断其手。”意思是，凡是奥都剌合蛮书写的建议，官员就应该通过；若反对，就砍了他的手！

一看这话，耶律楚材大怒，他痛骂道：“若合理，自当奉行，如不可行，死且不避，况截手乎！”合理的建议，自当奉行；不合理的建议，就不能让其通过！老子连死都不怕，还怕断手？

当时，有人劝耶律楚材明哲保身，不要这样跟太后正面对抗。结果，耶律楚材大声道：“老臣事太祖、太宗三十余年，无负于国，皇后亦岂能无罪杀臣也！”

然而，虽然蒙古有耶律楚材这样的贤臣，但是碰上一个败家的摄政皇后，又能怎么办呢？最终，耶律楚材忧忿而死，死时年仅 55 岁。

蒙古帝国的一代贤臣，就以这样的方法陨落，真是让人唏嘘。

看看蒙古的处境吧，此时的这个国家，小人当道、奸臣执政、君臣贰心、宗室离德、上下解体……哈哈，好一片“亡国之相”。

此时此刻，若南宋抓住这个千载难逢的机会，挥师北伐，不敢说能收复失地，也一定会重创蒙古。然而，若南宋这么干的话，它就不是那个南宋王朝了。

看看当时的南宋王朝吧，皇帝消极怠政，真可谓“万事不如杯中酒，一生几见月当头”；大臣互相攀比，真可谓“朱门日日买朱娥，军事如何？民事如何”；你让这群“暖风熏得游人醉，直把杭州作汴州”的昏君、奸臣去北伐中原、收复汉室，去一番作为……拉倒吧！

在这种背景下，即使宋朝名将孟珙，也毫无办法，只能郁郁而终。

蒙古内乱期间，蒙古河南行省范周吉曾打算脱离蒙古，归顺南宋王朝。对于这个“天降馅饼”，孟珙甚是高兴，他上疏朝廷，建议招降范周吉，并建议以此为契机，北伐中原，收复汉人江山。

结果，对于这个千载难逢的机会，宋理宗竟然毫不理会。后来，见孟珙没完没了，宋理宗以范周吉叛服不常为由，拒绝了孟珙接纳他的请求。

就这样，在宋理宗的“消极怠工”下，北伐中原的千载良机最终消失殆尽。对于这个结果，孟珙悲愤无比，这让他本来就重病的身体更加不行了。

淳祐六年（1246）年九月，孟珙死于江陵，享年 52 岁。孟珙死前留下一句遗言，让人唏嘘不已——“三十年收拾中原人心，今志不克伸矣”。

陆游有诗曰：“公卿有党排宗泽，帷幄无人用岳飞。”这句诗，同样适用于这位孟珙将军。

通过孟珙的遭遇，我们也能知道这个国家的未来了。

就在南宋“虚度年华”中，蒙古帝国结束了混乱的局面，在新大汗贵由的领导下，这个国家慢慢地复苏了。

1246 年，在蒙古诸大臣和贵族的强烈要求下，蒙古举办了忽里勒台大会。虽然这一次，诸王之长的拔都还是没有参加，但大家还是如期地举办了这次大会。

在会议中，众人一致决定，乃马真六皇后退位，贵由登基称帝。在隐忍五年后，贵由终于守得云开见月明，成为蒙古帝国新一任大汗。

贵由登基前曾出现了一个小花絮。当时，贵由告诉众人：“我同意继位，但你们得答应我一个条件。我百年后，汗位必须传给我的后代。若你们不同意，我就不当这个大汗。”

对于贵由的请求，众人表示同意，并立下了一个的誓言：“我等宣誓，只要你的家族中还留下哪怕是裹在油脂和草中、牛狗都不会吃的一块肉，我们都不会把汗位给别人。”

立完誓言后，众人脱下帽子，解开宽腰带，簇拥着贵由来到大营外，把他扶上了准备好的宝座。

就这样，在众人的宣誓中，贵由成为蒙古帝国新一代的大汗，开始了自己两年的统治。后来，忽必烈建立元朝后，追封其为简平皇帝，庙号定宗。

一个新的时代，就此到来；同样，那些老人们，也迎来了自己的结局。

贵由病逝

1246 年八月二十四日，贵由称帝，成为蒙古第一任大汗。

一朝天子一朝臣，贵由继位后立刻开始整顿国家。那些有功的人，自然得到了赏赐；那些有过的人，也自然得到了惩罚。

第一个被贵由惩罚的人，竟然是他的老妈——乃马真六皇后。

贵由之所以惩罚老妈，理由非常简单。不管是中原汉族还是少数民族，垂帘听政都是跟“母子不和”画等号的。在贵由眼中，自己之所以好几年当不上大汗，完全是母亲不肯交权的结果。若她肯归政，自己何必等五年之久。

贵由这么想，其实有点不讲道理了。要知道，若不是乃马真六皇后力排众议，非要推荐他当皇帝，这个皇位早就归失烈门了，他焉能当这个皇帝？然而，贵由不管这些，他心中只有大权旁落的恨。

就这样，因为痛恨母亲，贵由对她越来越冷淡，甚至越来越讨厌。贵由甚至不肯多看这个母亲一眼，俨然把她当成了一个仇人。

目睹儿子如此对自己，乃马真六皇后伤透了心。于是，她索性眼不见心不烦，再也不与贵由见面。乃马真六皇后把自己锁进宫中，从此大门不出，二门不迈，再也不见人了。

几个月后，在这种悲痛欲绝下，乃马真六皇后生病了。没过多久，她就郁郁而终了。

据说，她死时是不瞑目的。因为她到死，也没有看见贵由来请安……

至于贵由，逼死了老妈，他一点也不心痛。毕竟，这是他的政敌。贵由通过母亲的死告诉天下——自己，是这个国家的大汗，谁也不能忤逆！

大权在握的贵由打算再接再厉，让不服从自己的人都去死。

下一个不服从他的人，就是他的堂哥——拔都。

在贵由眼中，他第一恨的人，就是垂帘听政的母后；第二恨的人，就是那个诸王之首、不服从自己的拔都。若不是拔都三番两次拒绝参加忽里勒台大会，这个大会早就如期举行了，自己也当上大汗了。自己之所以等这么久，都是拔都的错，不杀了他，难解其心头之恨。

于是，贵由大军压境，来跟拔都决斗了。

1247 年冬，贵由集结了十余万大军，开始西进。对于这次行动，贵由给出的理由是——我生病了，要回自己的原封地叶密立（今新疆维吾尔自治区额敏县西面塔尔巴哈台山脚下），那里风景宜人，空气好，适合养病。

贵由的这个养病借口听着合情合理，但问题是，带十余万人去养病，你以为拔都傻呀。拔都清楚地知道，贵由就是以养病为由，率军西进，来跟自己拼命。

为了抵御贵由，拔都整顿兵马，以迎接大汗为由，率军东进。他前进至横相乙儿（今新疆青河县南），准备在那里抵御贵由。

就这样，双方的大军云集在了这个名不见经传的地方，准备上演一场蒙古内战。结果，尚未开战，拔都却得到一个令人瞠目结舌的消息，让他不知真假。

这个消息就是，两军对峙期间，贵由突然病逝了。

关于贵由大汗的死亡原因，历史上有好几种说法。

第一种说法，下毒。

《基督教东方评论》记载，贵由是被人下毒害死的。下毒的人，可能是拔都，也可能是拖雷的夫人唆鲁禾帖尼。此人在贵由的酒里下药，毒死了这个大汗。

第二种说法，砍死。

《出使蒙古记》记载，贵由大军压境后，拔都非常害怕，他派遣弟弟昔班出使，去贵由大营负荆请罪，恳请大汗撤兵。结果，昔班是一个合格的武将，却不是一个合格的外交官，他搞砸了这次外交行动。在和谈时，昔班据理力争，一点儿也不示弱。他的这种表现，惹恼了贵由。贵由抽出腰间的刀，要砍了昔班，昔班也拔出刀，跟大汗打了起来。最终，双方的刀都砍中了对方，他们同归于尽了。

第三种说法，内疚。

还是《出使蒙古记》记载，贵由不是死于昔班之手，而是死于自己的愧疚。原来，听完昔班的和谈请求后，贵由心中无比愧疚，说爷爷成吉思汗在世时，我们手足情深、其乐融融，现在为什么要拔刀相向，拼一个你死我活呢？一想到这些，贵由就内疚。结果，当天夜里，贵由就死在了自责中。

除了上述说法，贵由的死还有很多种说法，由于史料匮乏，已经无法分辨真伪了。如今，史学界公认的贵由死法，是《史集》中的“饮酒作乐”之说，即贵由跟他父亲窝阔台一样，都死于酒水。

《史集》记载，贵由天生虚弱，大部分时间都在养病。即使这样，他还是昼夜饮酒作乐。由于饮酒无度，贵由的身体越来越差，最终英年早逝。很多史料，如《草原帝国》等书都支持这种说法，认为贵由大汗是过于沉溺酒色而去世的。

一代大汗，竟然跟父亲一样的死因，这对父子也算是应验了“有其父必有其子”这句俗语。

1248 年三月，贵由崩于横相乙儿之地，享年 43 岁。这位仅仅登基两年（实际上也就二十个月）的大汗，不甘心地闭上了双眼，去了另一个世界。

那么，贵由死后，谁将成为这个国家新一任大汗呢？

海迷失称制摄国

贵由的突然驾崩，给蒙古帝国带来了一场前所未有的地震。大家万万没有想到，年轻有为的大汗会英年早逝。

帝国再次面临一个棘手的问题，下一任大汗到底是谁？

原来，贵由死前，根本没有颁布遗诏，安排下一任大汗。一个公司要是没有继承人，都得面临破产，何况这还是一个帝国，那还不得天下大乱呀。在没有遗嘱的情况下，怎么选择下一任“董事长”呢……

无计可施的群臣只能把目光投向了他们新的大姐，希望贵由的皇后给大家出个主意。

贵由的皇后，叫作斡兀立氏·海迷失。跟出身卑微的婆婆不同，海迷失出身贵族之家（斡兀立氏祖辈是蒙古帝国的功臣），是一个含着金勺子出生的富家女。

纵观海迷失的一生，堪称毫无波澜。因为政治需要，海迷失长大成人后就嫁给了贵由，进入了帝王家。因为身份尊贵，海迷失没怎么用力，就成了贵由的第一夫人。贵由登基后，她也顺利地晋级为皇后。

对比身份卑微、一生忐忑的婆婆，海迷失的一生足以让乃马真六皇后气红了眼。真是人比人得死，货比货得扔……

但是，上天是公平的，它在赐予海迷失荣华富贵的同时，也赐予了她一颗愚蠢的大脑。

简单来说，乃马真六皇后是一个傻子，结果这个儿媳妇更傻，在选择储君的问题上，就可见一斑。

窝阔台死时，乃马真六皇后选自己的儿子继位，肥水不流外人田。结果，贵由死后，海迷失是怎么选择的？这个傻女人二话不说，把失烈门抬了出来，准备拥立他登基称帝。

史学家分析，海迷失之所以选择失烈门，是精打细算后的结果。这个女人害怕失去自己的地位和权力，但她又不知道怎么镇压诸王。因此，她把宝都押在了失烈门身上，希望这个曾经的储君能够镇住群臣，保住她的地位。

海迷失的这种想法挺好，但她根本不知道，拥立失烈门一事根本就是一场闹剧，给自己带来了三大危害。

第一个危害，拥立失烈门一事，让群臣看透了其性格。

身为一个政治家，是绝对不能示弱的，否则敌人会得寸进尺，欺负死他。贵由死时，若海迷失采取强硬手段，跟她婆婆一样垂帘听政，称制摄国，不明情况的群臣还会畏忌三分，不会轻易动手。结果，在没有任何压力的情况下，这个女人就抬出了失烈门，主动大权旁落。海迷失此举，让群臣彻底看透了她。从此，群臣再也不会把这个心无主见、软弱好欺的女人当回事了。这也为未来海迷失家族大权旁落，埋下了一个伏笔。

第二个危害，拥立失烈门，等于自毁协议。

前面讲过，贵由登基前，曾让众人发了誓，从此以后，这个汗位永远属于贵由的后代。若海迷失坚持此誓言，让自己的儿子继承汗位，大家真不好说什么。然而，拥立了失烈门，海迷失等于是自毁协议了。

第三个危害，拥立失烈门，彻底地伤了儿子们的心，让他们跟自己对着干了。

要知道，海迷失不是没有儿子，她有两个合格的儿子，即忽察和脑忽，他们都是储君的合格人选。海迷失放着自己的儿子不选，非要选一个外人，这让儿子们心中怎能释怀？

就这样，忽察和脑忽恨死了母亲，他们拉帮结派，准备争夺这个储君之位。同样，本来根本没有希望的失烈门当上储君后，为了巩固自己的地位、收拾这两个打算篡权的小子，也拉帮结派，玩儿命地增加势力。

最终，拜失烈门、忽察、脑忽所赐，蒙古帝国分裂了。虽然在后面的三年里，蒙古史料显示，这是海迷失皇后“自抱失烈门，临朝视事”的时代，但这三年实际上是蒙古大分裂的时代。当时，蒙古帝国一共有三个政府，它各自为政，互相不服、互相拆台……

蒙古的这三年，是继乃马真六皇后垂帘听政五年后，又一段黑暗岁月。海迷失皇后也通过这个“政绩”，跟她婆婆一样荣登“历史上昏庸妇女排行榜”。

我多么希望，此时此刻的南宋能够抓住机会，挥师北上，去攻打这个混乱的蒙古，来一场“王师北定中原日，家祭无忘告乃翁”呀！

当然，这只是我的希望罢了。

在南宋君臣日日笙歌、不思进取下，这个千载难逢的机会又白白溜走了。等南宋君臣反应过来时，他们已经没有这种机会了。同样，蒙古帝国也不会再给南宋这种机会了，相反，他们重燃战火、大军压境，准备灭亡南宋了。

第十四章 战火重开

蒙哥即位

蒙古帝国进入三足鼎立的时代后，失烈门、忽察、脑忽各自为政，他们都称自己的政权是“中央”，导致蒙古政权极度混乱，大家都不知道到底听谁的。

对于这种混乱的局面，很多蒙古大臣多次上疏，希望他们不要再内战了，大臣请求召开忽里勒台大会，选出一个新的大汗。结果，对于群臣的请求，这三人就当没听见。

原来，这哥儿仨有私心，他们害怕在实力不够的情况下，贸然召开忽里勒台大会，若没人选自己当大汗，岂不是白白地给他人做了嫁衣。因此，他们都不张罗召开忽里勒台大会，能拖一年是拖一年。

这哥儿仨能忍、能拖，但群臣扛不住了。于是，众人把目光投向了那位诸王之首，希望这个人站出来，临危受命，召开会议，选出一个新大汗。

这个被众人寄予厚望的诸王之首，就是那个老熟人——拔都。

“活着，就能见证奇迹”。对于这句话，拔都真是深有体会。

遥想当年，窝阔台在位时，自己只能远走他乡，另立门户。贵由登基后，自己是他最大的敌人，被其兵临城下，差点战死沙场。如今，在帝国混乱的局面下，自己竟然成为“全村的希望”，群臣都希望这个诸王之首站出来召开忽里勒台大会，选出一个新的大汗，指引大家前进。

昔日龌龊不足夸，今朝放荡思无涯。春风得意马蹄疾，一日看尽长安花……这其中的酸甜苦楚，拔都真是一言难尽。

于是，在群臣簇拥下，拔都准备召开忽里勒台大会，选出一个新的大汗。

那么，选谁呢？

在拔都眼中，首先不能选的，就是贵由的后代。毕竟，拔都恨死窝阔台一族了，绝对不会选这一族的人当大汗。

窝阔台一族不能选，察合台一族也不能选。毕竟，在拔都眼中，察合台当年侮辱过老爹，他们一族跟窝阔台一族是盟友。

自己的术赤一族也不能选。没有办法，在拔都眼中，虽然自己是高贵的成吉思汗后裔，但是毕竟老爹的身份一直是谜。为了不引来非议，还是老老实实地当藩王，不要越这个雷池了。

三族都落选后，也只剩下拖雷一族。在审时度势后，拔都决定，就选拖雷的后人继承王位。毕竟，自从拖雷被窝阔台害死后，拖雷一族也恨死窝阔台一族了，他们跟自己同病相怜，有共同语言。何况，扶持这个没落的家族，这叫“雪中送炭”，这以后的回报……

主意已定，拔都就开始行动了，他筛选拖雷的后代，准备找一个合格的人选，扶植其登基称帝。

就在拔都行动时，那个毛遂自荐的人也如期而至了。

这个人，就是拖雷的遗孀、蒙哥的母亲——唆鲁禾帖尼。

历史上的这个唆鲁禾帖尼，可是一个不简单的女子。如今，几乎所有的世界史料，都称赞这位“四帝之母”（唆鲁禾帖尼有四个儿子，蒙哥、忽必烈、旭烈兀则、阿里不哥，这四个人都称帝了）。

这个女人干了太多的传奇故事，太值得大书特书，在历史上留下浓重的一笔。

比如，部分外国史学家相信，窝阔台大汗是被这个女人毒死的。

比如，部分外国史学家相信，贵由大汗是被这个女人毒死的。

还比如，部分外国史学家相信，拔都之所以能够知道贵由大汗西征，就是这个女人提前通风报了信。

凭借这些传说，加上外国人的以讹传讹，唆鲁禾帖尼被称为传奇。再加上她那个吸引眼球的“四帝之母”头衔，唆鲁禾帖尼就成为外国人眼中最著名的中国女人。

书归正传，虽然外国人眼中的故事，未必出自唆鲁禾帖尼之手，而且也没有任何正史记载这个女人干过这些事，但是，即使唆鲁禾帖尼没干过，她依旧是一个精明强干的女子。这个女人善于寻找战机，并知道怎么抓住来之不易的机会。

就这样，在一番私下交易后，唆鲁禾帖尼和拔都的手握在了一起，他们建立了一个同盟。

拔都表示，将全力拥护蒙哥，让其登基称帝。唆鲁禾帖尼则表示，蒙哥登基后，将承认金帐汗国的地位，去掉拔都藩王的“藩”字，让其成为一个跟蒙古大汗平起平坐的国王。

达成共识后，拔都立刻告知所有蒙古首领，说要举行忽里勒台大会，选举下一任大汗。

对于拔都的倡议，失烈门、忽察、脑忽等人拒不执行，他们根本不去。后来，这些人一琢磨，说万一我们不去，拔都那老小子选出了一个新的大汗，我们岂不是连反对的机会都没有？于是，虽然失烈门、忽察、脑忽等人没有参加这个大会，但还是派遣了使者去参与。

在这次会议中，拔都建议，拥立一个能干的、我们认为合适的人登临大位。这个大汗的标准有三。

第一，此人要有丰富的人生阅历，经历过事业中的祸福和安危、尝过人生中的苦甜。一个初出茅庐、啥也不懂的人，不能当这个大汗。

第二，此人要曾率师远征近讨，并在战争中获得胜利。他必须是一个能征善战的英雄。一个毫无战功的人，不配当大汗。

第三，此人要形象好，要善于大口喝酒、大口吃肉，其酒风、酒德能令蒙古宗王、武将认可。一个吃饭用筷子，喝酒捂嘴，还吃得慢悠悠的人，不配当蒙古大汗！

《世界征服者史》记载，拔都说完这三个条件后，“群众演员们”立刻站起身来，一致同意，并表示拔都是诸王之长，由他来决定，推举一人为大汗。众人不会食言或者违背拔都的命令。

“群众演员”表态后，拔都立刻趁热打铁，对众人道：“眼下，成吉思汗的血统中只有蒙哥适合当大汗。他以机智和刚毅而知名，以贤明和英勇而著称。他是这个帝国合格的人选。汗国的政事应该由他来整治，社稷和百姓应该由他来保护，蒙哥汗也一定能让蒙古帝国富强。”

拔都说完后，“群众演员们”立刻行动了，大家冲到蒙哥面前，对其行礼，促其登基称帝。他们上演了一场劝进的大戏。

眼看大势不好，失烈门的使者站起身来，强烈反对。他要求把皇位给失烈门。失烈门使者的理由是——失烈门登基称帝，是窝阔台的遗愿，太宗有命，谁敢违之！

对于失烈门使者的说辞，拔都微微一笑，反驳道：“太宗的遗嘱确实神圣不可违犯，但乃马真皇后早就修改了遗嘱，让贵由登基称帝了。遗嘱早就不成立了，今天再谈这件事情，还有什么意义！”

拔都的这番话，说得失烈门使者无言以对。

失烈门的使者无语了，忽察、脑忽的使者接踵而至，他们阐述自己的观点，要求自己的主子登基称帝。

忽察、脑忽使者的理由很多，但归根结底就一条：“当年，贵由登基称帝时，众人都立过誓言，只要贵由家还有一块肉，这个汗位就要归他们家族所有。如今，谁也不能违背这个誓言，继承汗位的人只能是贵由的子孙，也只能是忽察、脑忽二选一。其他人都不配！”

忽察、脑忽使者的这番话，说得众人皆无语，拔都也不知道该怎么反驳他们。最终，恼羞成怒的拔都只说了四个字用来回应。

这四个字就是——事在人为！

话说到这个份儿上，这个大会再讨论下去，也就没啥意义了。最终，拔都举办的这第一次忽里勒台大会，只得到了一个众人不欢而散，毫无结果的结局。

这一次，没有结果；没事，还有下一次。

第二年，也就是1251年，拔都倡议再一次召开忽里勒台大会。这一次开会的目的，拔都也明确地告诉了诸王：“此次开会，是商量蒙哥汗继位的事情，其他事情，无须再议。违反规定、不参加这个会议的人，可以不来，但要小心掉脑袋！”

拔都这就是在赤裸裸地威胁了。当然，他有威胁诸王的资本。

翻看当时的蒙古军力，我们知道，作为诸王之长，拔都拥有强大的军事实力。如果窝阔台系不内斗，他们还有跟拔都一较高下的本钱。然而，现在窝阔台系三足鼎立了，谁都不能跟拔都较劲。

就这样，在拔都的威胁下，蒙古诸王选择了臣服，窝阔台和察合台的一些宗室们也选择了识时务。

至此，伴随着海迷失等人的大势已去，再也没有人能够阻止蒙哥登基称帝了。一个新的大汗，就此孕育而生。

在经历了十余天的“激烈讨论”后，大家一致通过，拥立蒙哥为蒙古新一任大汗。

蒙哥的登基，不仅标志着拖雷系的胜利，也标志着蒙古大位的易主。从此以后，蒙古大位从窝阔台系转到托雷系，并再也没有转移过。

一个新的时代，就此到来。

还是那句话，在这个新的时代里，“老人们”，你们准备好了吗？你们，可以迎来属于自己的结局了。

然而，这些“老人们”竟然先下手为强，展开了一场暗杀行动，准备杀了蒙哥，让蒙古帝国变天。

《世界征服者史》记载，蒙哥登基称帝后，海迷失、失烈门、忽察、脑忽等人非常不甘心。他们以祝贺为由，让失烈门带领500名勇士去蒙哥的大营，准备出其不意地杀了他。可惜的是，他们的这次暗杀行动，被蒙哥汗的部下发现了。于是，蒙哥汗在大营内准备了3000名士兵，把这500个人包围了。

要说这个失烈门，也算是一个“有勇有谋”的人。被包围后，失烈门告诉蒙哥汗：“这都是误会。我们来，真是来祝贺的。这些人，都是给您祝贺的嘉宾；他们带的刀具，都是给您的贺礼。你看，我还带了很多酒，现在就开始宴会吧。”

对于这个说法，蒙哥汗苦笑回答道：“开宴会呀，好，你们开吧。开多久，都行。”随后，蒙哥汗就走了，留下失烈门“饮酒作乐”。

失烈门整整开了三天宴会。三天后，再也喝不动的失烈门找到了蒙哥汗，说自己喝够了，请求回家。结果，蒙哥汗没有放失烈门走，而是把他关进了监狱。蒙哥汗让他好好想想，供出罪行。

刚开始，对于自己造反的罪行，失烈门拒不承认。结果，在一顿乒乒乓乓的严刑拷打下，失烈门全都招了。他承认自己打算造反，还供出了同党海迷失、忽察、脑忽等人。

得此结果，蒙哥汗大喜过望。要知道，他早就看这群人不顺眼了，只不过师出无名，一直无法动手。这下好了，天堂有路他们不走，地狱无门他们自来投，真是天助我也。

就这样，蒙哥汗以平叛为名，集结兵马，攻打这些狼狈为奸、图谋叛乱之辈。

那么，面对蒙哥汗的大军，这些人将怎么应对呢？

面对蒙哥汗的大军，年轻气盛的忽察竟然打算反抗，他调集兵马，准备跟蒙哥汗来一个鱼死网破。结果，在妻子和部下的劝说下，忽察"想明白了"，他老老实实地来到了蒙哥汗的大营负荆请罪，请求大汗治罪。

由于忽察认罪态度良好，又是第一个投降的，蒙哥汗赦免了他的罪行，只是将其软禁。

忽察投降后，脑忽也选择了投降。从此，他跟哥哥一个待遇了。脑忽的余生都在蒙哥汗的严密监视之下，也被软禁至死。

虽然忽察和脑忽的处境很惨，但是对于他们而言，能够继续活着已经是最好的结果了。毕竟，不是每一个人，都能看见第二天的太阳……

这些人，就是惨死的海迷失和失烈门。

《史集》记载，虽然贵由的皇后海迷失愚蠢，但却是一个刚烈的女子。忽察和脑忽投降后，蒙哥汗派人找到她，让其投降。结果，海迷失誓死不降，她不仅破口大骂蒙哥汗来位不正，还要咒死蒙哥汗。

海迷失此举，彻底地惹怒了蒙哥汗。蒙哥汗把她抓进了监狱，不仅对其严加酷刑，还扒光了衣服，对其进行侮辱。但是，海迷失还是宁死不降。

最终，看海迷失如此执迷不悟，蒙哥汗用"处置蒙古贵族不能流血"的刑罚，把她装进一个革囊，投入水中，将其活活淹死了。

一代皇后，就以这样的结局告终，令人唏嘘。

最后说一下失烈门的结局。

有的史料说，失烈门夫妇参与了海迷失诅咒大汗的行动，蒙哥汗大怒，把他们也扔进了水里，活活淹死了。也有史料说，失烈门因为伤势过重，死在了监狱里。还有史料说，蒙哥汗使用了一个“借刀杀人”的办法，命令失烈门跟随自己的弟弟忽必烈去攻打南宋，结果“一不小心”，就让失烈门战死沙场了。

如今，只能希望更多的史料出炉，来解开失烈门之死这个谜题。

至此，伴随着忽察和脑忽的投降，海迷失的淹死，失烈门的离奇死亡，蒙哥汗彻底地清除了所有的异己，他让这个帝国重新统一了。从此以后，蒙哥汗成为这个帝国唯一的汗，他终于可以干自己喜欢的事情了。

蒙哥汗喜欢干的事情，无须再问……

就这样，那个延迟了十年的蒙宋战争，再次拉开了大幕。

三路攻宋

1256年春，蒙哥汗举行了一场大会。会议期间，成吉思汗的女婿帖里垓建议道：“南宋离我们这么近，与我们为敌，我们为什么置之不理，不去征服呢？大汗应该马上行动，去灭了这个国家。”

对于帖里垓的建议，蒙哥汗完全同意，他回答道：“我们的兄弟们、过去的君主们，他们都建立了功业，攻占过某一个地方，提高了自己的威望。如今，我要以他们为榜样，去攻打南宋！”

一场灭宋的战役，就这样提上了蒙古的日程表。

请注意，蒙哥汗攻打南宋的理由，不是那些解决百姓、结束分裂、统一天下等冠冕堂皇的理由，他攻打南宋的理由，其实非常简单，就是要提高自己的声望。

蒙哥汗根本不知道，他的这个理由，为他未来惨死埋下了一个深深的伏笔。

1258年，在经过了两年的充足准备后，蒙哥汗正式昭告天下，他率军兵分三路，要彻底灭亡南宋。

一时间，蒙古大军倾国来袭，南宋危如累卵。

为了灭亡南宋，蒙哥汗制定了一个完美的军事行动，他分兵三路，从东路、南路、西路三面夹击南宋，要让南宋军队顾此失彼，全线崩溃。

蒙古的东路大军，由成吉思汗弟弟帖木哥斡赤斤的孙子塔察儿统率，此路大军负责攻打宋朝的荆襄一带，目的是撕毁南宋的长江防线。

蒙古的南路大军，由名将兀良合台统率，此人是蒙古开国功臣“四獒”之一速不台的长子，有勇有谋，是一位将门虎子。兀良合台的行军路线，是从被占领的大理国“借路”，经广西，路贵州，进入湖南境内。最终目的是要占领湘地的省会潭州城（今湖南长沙）。

蒙古的西路大军，由蒙哥汗亲自率领，此路大军也是蒙古此次南征的主力军。蒙哥汗的目的很明确，他要攻陷四川，随后反走“刘备入川”的路线，进入荆楚，顺江而下，攻陷临安，灭亡南宋。

蒙哥汗的进攻路线明确，兵力也多。《史集》记载，蒙哥汗此次出兵，一共出动了60万大军，当然，这是一个夸大的说法。后来的史学家经过计算，认为此次蒙哥汗的总兵力在20万至30万之间，蒙古可谓倾国而来。

然而，跟多次准备灭亡南宋的金国一样，虽然蒙古来势汹汹，但是战局却并不乐观。

简单来说，兀良合台的南路军出发后，虽然受到了南宋军民的顽强抵抗，但还是顺利地攻到了潭州城下。然而，在潭州城坚不可摧的防守下，蒙古大军损失惨重，兀良合台无法攻陷这座城池，南路军也无法继续前进。

南路军受阻，蒙古的东路军的进展也非常不顺利。

虽是名门之后、出身高贵，但蒙古东路大军统帅塔察儿却是一个标准的纨绔子弟、酒囊饭袋。此次出征，他竟然没有攻陷一座城池。在攻打郢州时，塔察儿被张世杰所阻。他不想着怎么打败张世杰、怎么攻陷郢州，反而委婉上疏蒙哥汗，请求撤兵。

看见塔察儿如此行事后，蒙哥汗大怒。他立刻派遣使者去塔察儿军营，狠狠地骂了他一顿，告诉他:“等我看见你，一定要狠狠地惩罚你，让你天天带一个烂屁股上班！”

“烂屁股”一语，是蒙哥汗痛骂塔察儿只会饮酒作乐、大吃大喝之意。

痛骂完，蒙哥汗也想明白了，让这个“猪队友”继续打仗，只能坑了自己，且让蒙古将士白白牺牲。于是，蒙哥汗让塔察儿下岗了。他命令“一个人”成为东路军的统帅。

蒙哥汗的这个举动，让那个掌握兵权的人成就了一番帝业。

这个新任的东路军统帅，就是他的四弟、未来的元朝开国皇帝、元世祖——忽必烈。

这是天意，还是人为，不得而知。一切就好像历史跟我们开了一个大玩笑。

要知道，因为窝阔台和拖雷的故事，蒙哥汗登基后，一直防着这个有勇有谋的四弟忽必烈。当时，忽必烈已经被蒙哥汗解除兵权，打入"冷宫"了。百无聊赖的忽必烈无事可做，只能玩佛道大辩论。结果，因为不中用的塔察儿，蒙哥汗只能复启忽必烈，让他掌管兵权。

后来，蒙哥汗突然离世，让这个握有雄兵的忽必烈抓住了机会，他干掉了其他竞争者，成为蒙古新一任大汗，并建立了一个崭新的王朝。

书归正传，忽必烈统率东路军后，蒙古军的攻势立刻起来了。忽必烈顺利地攻到了鄂州对岸，他收集船只、打造战舰，准备渡江，打死对面的贾似道，攻下南宋的长江防线。

就在忽必烈跃跃欲试、准备跟宋军决战时，蒙古的西路军却传来了一个惊天动地的消息。

这个消息就是："癸亥，帝崩于钓鱼山，寿五十有二，在位九年。"

原来，在钓鱼城一战中，蒙哥汗竟然战死沙场了。伴随他的死，为了帝位，蒙古只能再来一次内战了。

那么，这位雄才伟略的蒙哥汗，是怎么死的呢？

这一切，还得从蒙哥汗率军出征开始讲起。

大军入川

虽然在蒙哥汗眼中，南路军受阻，东路军无用，将士们让他愤怒，但他也并不是特别在意。

毕竟，在蒙哥汗的计划里，这两支部队都是佯攻部队，只要自己的主力部队没有受阻、能够完成既定目标，他就能灭亡南宋。

就这样，秉持着灭亡南宋的伟略，1258年十二月，蒙哥汗率军南下，攻打南宋的巴蜀一带。他的这次进军非常顺利，堪称攻无不克、战无不胜。

为什么蒙哥汗的进军会那么顺利呢？

原因很简单，因为一代名将余玠惨死，四川已经失去了保护神。

这个惨死，是这么回事。

余玠镇守四川期间，把这里治理得“边庭宁肃，人赖以安”，四川俨然成为百姓的一方乐土。百姓对余玠赞不绝口，把他当成自己的再生父母。

可悲的是，百姓越是拥护余玠，余玠的下场就越惨。最终，余玠被这些拥护自己的百姓“推”到了地狱里。

简单来说，帝王之心难测，如果余玠在四川不得民心，他还能活；一旦他得了民心，他就必死无疑。毕竟，如此得民心的将领，朝廷不得不防，万一余玠在四川拥兵自重、自立为王了呢？

就这样，为了防患于未然，朝廷颁布了一道圣旨，把余玠调离了四川，命他回朝。

在回京途中，余玠听说朝廷的奸臣给他玩儿命地穿小鞋，说他独掌大权，拥兵自重，不知事君之礼，准备自立为王后，余玠气得愤懑成疾。最终，宝祐元年（1253年）七月，余玠在四川暴卒，享年56岁。

当然，也有史料记载，余玠是服毒自尽的。因为他清楚地知道，在朝廷那些奸臣的攻击下，自己若不死，只能生不如死……

继孟珙之后，南宋的另一个擎天之柱就以这样的结局告终，真是令人唏嘘。余玠死后，史称蜀人莫不悲慕如失父母。

余玠死后，他的继任者都是酒囊饭袋，根本没有能力抵御蒙古铁骑。也正是因为这个原因，蒙哥汗才能这样肆无忌惮地攻打四川，真是欺负四川无人矣。

就这样，在蒙哥汗的攻击下，短短数月，蒙古西路军就攻下了成都、龙门、剑阁、阆州、巴州、长宁、大良等十余座城池，战绩可谓辉煌。南宋在四川的统治几乎崩溃。

蒙古军在取得惊人战果后，他们面临了一个难题——夏天来了。要知道，蒙古军不怕冷，但怕热。在夏天的高温下，蒙古军战斗力减半，且很容易染上瘟疫等疾病，自行减员。因此，是冒着酷暑，继续前进呢？还是见好就收，挥师北归呢？

这个问题，确实比较难办。

当时，对于这个问题，蒙古将士分成了两派，即“北归派”和“南下派”。“北归派”认为，南方酷热，瘴疠横行，将士水土不服，万一染上疾病，就得不偿失了，因此恳请北归，等天气凉快了再南下。而且，即使不北归，为了保证大汗的健康，也请大汗北归，另派将士统领军队南下。毕竟，大汗是“全世界的君主”，不应身临险地，不能有一点闪失。

“南下派”认为，如今宋朝的川蜀之地，我军已经三分得其二了。现在就应该继续南下，彻底占领四川，不给南宋喘息之机。同时，要水路东下，出荆楚，与鄂州渡江诸军（忽必烈大军）合势，一举平定江南。

在讨论了数天后，蒙哥汗打算以身犯险，他同意了“南下派”的请求，准备水路东下，去跟忽必烈的部队会合，一举攻陷南宋。

不得不说，蒙哥汗选择的这个战术，是一个明智可取、切实可行的战略，若蒙古依照此计策前进，真有可能灭掉南宋。

而且，忽必烈也同意这个战术。《元史》记载道，若干年后，已经登基称帝的忽必烈谈论此事时，无限感慨道：“当时若从此策，东南其足平乎？朕在鄂渚，日望上流之声势耳！”

可见，当时除非出现意外，否则南宋就岌岌可危了。

然而，意外还是出现了。因为一座坚不可摧的城池，蒙古的这个计谋最终破产。蒙哥汗没有灭掉南宋，他也在这座城池下输掉了一切。

这座城池，就是让上帝折鞭、号称“东方麦加”的——钓鱼城。

1259年二月，蒙哥汗率领大军来到钓鱼城下。在这位大汗眼中，这不过是一座无名小城，根本不入他的法眼。对于这种城池，蒙哥汗只会给一个命令——不投降，就去死。

为了招降这里的宋军，蒙哥汗派遣宋朝降将晋国宝入城。结果，蒙哥汗惊讶地发现，这个守将王坚有点不识时务，他竟然焚降书、斩来使，要顽抗到底！

很好，既然你有粉身碎骨的觉悟，我就让你得偿所愿！就这样，在蒙哥汗的怒吼中，蒙古大军开始攻城。

古代的攻城战，看着挺热闹，其实非常简单，一方架云梯、拿盾牌，玩儿命往上爬；一方扔石头、放弓箭，玩儿命地往下砸。爬上去就赢了，爬不上去就输了。

如果认为这种获胜方式太过惨烈，也可以用耗时战——把对方围起来，围一个弹尽粮绝，把对方都饿死了，自己就获胜了。

在没有火箭、大炮的时代，攻城方如果想获胜，基本只有爬城楼，耗军粮这两种办法。当然，还有一个可以用、但一般不靠谱的挖地道，也可以作为备选方案。

当时，秉持着这两种战术，蒙古军开始攻城。结果，这座城池太难攻了，根本打不下来。

先说爬城墙。

钓鱼城是一座建在陡崖上的城池，悬崖峭壁就是它的城墙。这里的悬崖峭壁斜度超过 70 度，垂直高度平均 27 米（最高处 41 米），如此城墙，焉能轻易爬上去？

27 米什么概念？去过故宫的人都觉得故宫的护城墙好高呀，然而，故宫的护城墙也就不过 12 米，钓鱼城的城墙高度，是它的两倍！

攻打这座城池时，蒙古将士心中就俩字——绝望。毕竟，钓鱼城的城墙太高了，“炮石不可及，梯冲不可接”，抛石车和弓弩打不到，云梯和攻城车（冲车）够不着……

就这样，对于这种城池，蒙古军损失惨重，也没有爬上去。

再说耗粮食。

在攻城期间，蒙古下令全军包围钓鱼城，让其变成一座孤城，不许任何人进出。有放宋军进出者，格杀勿论！

一时间，蒙古大军倾巢出动，不仅封锁了钓鱼城的八座城门，还牢牢地控制出入钓鱼城的码头，防止宋军从江上运输物资入城。

为了封锁钓鱼城，蒙古将士付出了相当惨烈的代价。当时，为了攻占钓鱼城的码头，蒙古军前锋汪德臣奋勇杀敌，夺战船数百艘，杀敌不可计，夺取了这个码头。

后来，为了抵御从重庆方向来的宋将吕文德率领的援军，蒙古大将史天泽拼死抵抗，他跟宋军大战了三场才击退了宋军，迫使吕文德退回了重庆。

经过了这些殊死的战斗，蒙古大军彻底困死了钓鱼城，他们切断了钓鱼城与外界的所有联系，就等着这座城池弹尽粮绝、不攻自破。

然而，理想和现实，根本不是一回事。

钓鱼城之战

经过一系列战斗，蒙古军彻底包围了钓鱼城，他们自信地认为，只要等里面断粮了、人都饿死了，就能胜利了。结果呢？根本不是那么回事。

原来，为了打持久战，王坚早就囤够了粮食，他们不缺粮。钓鱼城内有数个池塘和一个巨大的天池，他们也不缺水。

按照王坚的话，钓鱼城内储备的物资，足以支撑十年，他甚至分出了一些粮食给蒙古大军（后面再说），以可怜这些围城的士兵。

攻城艰难，围困无效，蒙古军面对的就是这么一座绝望之城。而且，更让他们绝望的是，钓鱼城的守将王坚有勇有谋，在他的指挥下，钓鱼城固若金汤。

王坚，邓州（今河南邓州）人，南宋抗蒙名将，是一个典型的名师出高徒的将领。

王坚是孟宗政的下属，参加过著名的枣阳之战。孟宗政病故后，王坚就跟着他儿子孟珙，成为他的得力助手。

后来，为了巩固四川防线，王坚追随余玠入蜀，在余玠的栽培下，王坚成为一员独当一面的大将。蒙古军入侵时，他奉命驻守钓鱼城，抵御敌军。

在名师的栽培下，王坚成为一名有勇有谋、精忠报国的将领。在这次钓鱼城保卫战中，王坚不仅亲临战场，奋勇杀敌，鼓舞士气，还通过自己的谋略，制定了一套完美的战术，打得蒙哥汗苦不堪言。

这套战术，就八个字——白天死守，晚上死偷！

仗着熟悉地形，王坚频繁在夜间出兵，偷袭蒙古军营。若能杀几个蒙古士兵、烧几个蒙古大营，最好不过；即使没有机会得手，王坚也吓吓那些蒙古士兵，让他们夜不能寐，白天再无精力攻城。

王坚的这套战术把蒙古军折腾得非常难受。他们晚上睡觉时，都不敢闭眼，唯恐刚刚闭眼，外面就传来“不好了，宋军来偷营了，快起来战斗”的话语。

即使是蒙古军的大汗，也被王坚这套战术折腾得不轻。

1259年五月中旬，在一个伸手不见五指的夜晚，王坚率军通过暗门，偷偷地离开钓鱼城，他们在夜色的掩护下，直奔蒙哥汗的大营而去。

蒙哥汗正在呼呼大睡呢，他万万没有想到，竟然天降宋军，杀了他一个措手不及。

当时，因为被打了偷袭，蒙古军损失惨重。有一名宋军士兵甚至杀到了蒙哥汗面前，若不是他的侍卫拼死抵抗，蒙古人就可以为其披麻戴孝了。

后来，看蒙古军源源不断地来救皇帝，自知敌众我寡且已经错过了暗杀时机，王坚就撤兵了。在夜幕的掩护下，王坚率军成功地回到了钓鱼城。

这次暗杀，把蒙哥汗吓得够呛，他下令移驾，去更安全的地方安营。每到夜里，蒙哥汗加大了巡逻的兵力，再也不想看见那些“天降宋军”了。

就这样，在王坚的防守下，钓鱼城坚不可摧，蒙古大军对此毫无办法。当然，在这次战斗中，蒙古军也不是毫无收获，他们攻陷了钓鱼城的部分外城和内城，也一度爬上了城墙（夜袭，走的最缓的地段），但他们还是被打了回来，没有攻破钓鱼城。

随着时间的推移，蒙古军的处境越来越难了。

蜀地越来越酷热了。因为水土不服，蒙古军内出现了霍乱和痢疾，他们不仅战斗力下降，还开始减员了。对于这种情况，蒙哥汗毫无办法，他让士兵们天天饮酒，妄想通过酒来杀死病毒。

军中的疾疫，让蒙哥汗焦头烂额。殊不知，就在此时，又出现了两件事情，让蒙哥汗既悲痛欲绝，又愤怒无比。

先说悲痛欲绝的事情。

为了劝降钓鱼城守军，仗着艺高人胆大，蒙古前锋大将汪德臣单骑来到城下，对守军大喊道：“王坚，我来单挑你们一城军民，快出来投降！”

当时，因为下雨，城下的汪德臣看不清楚城上的守军，城上的守军却看清楚了他。城上的宋军拉好弓、抬好石，一言不发，等汪德臣喊够了、放松警惕了，宋军一声大吼，把手里的东西都扔了出去，好好地“款待”了他一番。

事发突然，等汪德臣反应过来，他已经被打伤了。当晚，汪德臣就伤重而亡，死时 36 岁。

汪德臣的死，对蒙哥汗打击很大。因为，这是他的得力干将。每次打仗，蒙哥汗都会第一时间让其攻城略地。

再说愤怒的事情。

为了瓦解蒙古军的士气，顺便嘲讽他们，王坚下令，从天池中捞出两条 30 斤的大鱼，外加数百个香喷喷的面饼，扔到城外，用来“犒劳”围城的蒙古大军。同时，王坚还寄给蒙古军一封信：“尔北兵可烹鲜食饼，再战十年，亦不可得。”

由于史料匮乏，蒙哥汗看完这封信后是什么表情，不得而知。但如果是我，看完了这封信，要是不气得吐了血，我都对不起自己！

晚上，愤怒的蒙哥汗下令开会，让众人商量对策，必须攻破这座城池，以泄心头之恨。结果，令他意想不到的是，众人一致决定：“别打了，留小股部队牵制钓鱼城的兵力，防止他们偷袭我军后路就行了。如今，全军应该按照既定计划，继续前进，顺江而下，去攻打南宋的首都临安。”

毕竟，获胜不在于占领多少城池、吃了对手多少军队，只要干掉了对方的“帅”，一切就可尘埃落定。如今，不去临安找那个“帅”，却在钓鱼城跟这个“小兵”纠缠得没完没了，是何道理？

虽然众人的建议十分合理，但是蒙哥汗根本不听。他下令，不攻陷钓鱼城，他哪里都不去，必须踏平这座城池！

蒙哥汗如此决绝，原因很简单，他不能丢了自己的面子。毕竟，作为蒙古帝国的大汗，蒙哥汗必须是那个最能打的人，否则他如何威慑群雄、平定天下！

看看蒙古帝国当时的情况吧：不久前，蒙哥汗的弟弟忽必烈攻陷了大理国，让这个国家彻底消失了；他的另一个弟弟旭烈兀则正在西征，弯刀所向，攻无不克、战无不胜。

蒙哥汗清楚地知道，大理都城号称坚不可摧，结果被蒙古大军攻破了。建在苍穹绝顶之上的木剌夷城堡更加坚固，结果被蒙古大军夷为了平地。《一千零一夜》里的名城巴格达号称由众神庇护，无人能攻破，结果那城堡上面还是插上了蒙古大军的战旗。

无数坚不可摧的城堡，都在蒙古铁蹄下毁灭；没有任何人，能够阻止蒙古大军前进的脚步。然而，这座名不见经传的小破城、这个小小官职的王坚，竟然阻止了蒙古铁蹄，还是大汗亲自率领的蒙古铁骑……如此结果，让蒙哥汗情何以堪！

在蒙哥汗眼中，弟弟们攻陷了无数的名城，自己竟然拿不下这个小小的钓鱼城。如此结果，让蒙哥汗怎么去面对弟弟们；如此战绩，如果写入史书，蒙哥汗还怎么做大汗！

因此，为了面子，蒙哥汗必须攻克这座城池。即使为此丢了性命，他也无怨无悔。

就这样，在蒙哥汗下一次进攻中，中外文献上都记录了这样的话：“上帝的鞭子折断了，在钓鱼城。”

死亡之谜

关于蒙哥的死亡原因，历史上一直争论不休，什么样的说法都有。其中，以下列五种说法最为著名。

这五种说法分别是：病死说、中箭死说、气死说、淹死说、中炮死说。

蒙哥之所以有这么多种死法，原因非常简单，因为最权威的《元史》没有交代蒙哥的死亡原因，只是留下了一段含糊不清的话语：“是月，帝不豫。秋七月辛亥，留精兵三千守之，余悉攻重庆。癸亥，帝崩于钓鱼山，寿五十有二，在位九年。追谥桓肃皇帝，庙号宪宗。”

堂堂一代蒙古大汗，竟然只有死亡事实而没有过程。这样的结果，怎么能让大家信服呢？

现在就将蒙哥死亡的这五种说法，一一说明。

第一种说法，病死。

持这种观点的人，是伊利汗国的宰相拉施特。他在《史集》中写道，因为水土不服，蒙哥大汗得了赤痢，再加上蒙古军中霍乱、瘟疫盛行，病毒肆虐，大汗无药可治，最终病逝。

后来，明朝宋濂在编纂《元史·宪宗本纪》、清朝毕沅在编写《续资治通鉴》时，都采用了这个观点。如今，蒙哥大汗病死之说，基本成为官方认定的观点了。

第二种说法，中箭死。

持这种观点的人，是著名的旅游家马可·波罗，他在自己的《东方见闻录》中描述到：“大汗攻城不利，被飞矢射中，膝盖骨中箭而死。”

除了马可·波罗外，叙利亚编著的《世界史节本》、钓鱼山忠义祠内的《新建二公祠堂记》、当代史学家翦伯赞的《中国史纲要》等著作，也都采用了这种说法，认为蒙哥汗是中飞矢而死。

这里多说几句，根据《新建二公祠堂记》记载，射死蒙哥的人，是北宋名将杨延昭的六世孙杨过。

杨过，字改之。此人是一个少年英雄，十八岁就参军报国。由于善骑射，杨过被王坚委以重任，成为他的亲信。杨过也没有让王坚失望，他把蒙哥汗射死了。立此大功后，杨过被大家称为“飞将军”，被朝廷委以重任。后来，咸淳三年（1267年），襄阳一战中，杨过战死沙场，以死报国。

第三种说法，气死。

持这种说法的人，是南宋末年的著名学者黄震，他在《古今纪要逸编·理宗》中载道：“蒙哥败于合州，愤死军中。”他认为，蒙哥汗攻不下钓鱼城，恼羞成怒，急火攻心，最终气愤而死。

第四种说法，淹死。

根据亚美尼亚国王海屯一世（这个国家是蒙古的联盟）的《海屯行纪》记载，大汗的死因，是“坐船被凿，沉水溺毙”。就是说，蒙哥汗乘船指挥作战，被宋军的“水鬼”扎破了船底，活活淹死了。

第五种说法，中砲死。

所谓的中砲死，如果说得具体点，就是蒙哥汗中了“砲风”而死。所谓的“砲风”，就是指火器爆炸时产生的冲击波。用现代的话说，蒙哥汗是被爆炸的冲击波所伤，惨死疆场。

史学家之所以认定“砲风”之说，是因为这种说法有人证物证，证据充足，比上述那些说法更靠谱。

这个人证，叫作耶律铸；这个物证，就是他书写的随军笔记《述实录·四十韵》。

耶律铸，是蒙古帝国著名宰相耶律楚材之子。当时，他跟随蒙哥伐蜀，在军旅中，他写了《述实录·四十韵》，用来记录当时的战争。

在这首诗词中，耶律铸描写了一段不可思议的场面，“无雷东陊孤山峰，惊风西捲旂杆折”，天上没有打雷，却传来了巨响，突然之间就刮起了狂风，直接把旗杆打断了。

很显然，这是在描述宋军开炮的画面。再结合下面的“忍令飞驾鼎湖龙，持拔龙髯堕尘劫”，耶律铸显然在暗示战场上发生了重大的事件，极大可能就是大汗中砲倒地了。

就这样，因为有耶律铸这个现场目击者的第一手资料，这个蒙哥大汗中砲

（风）死的说法，就广被接受了。

后来，清朝《古今图书集成·钓鱼城记》、民国的《合川县志》、现代的《中国古代史》和《元朝史话》都采纳了这种观点，认为蒙哥在率军攻城时被宋军所发砲石击中，因伤势过重而死。

虽然中砲死说是现在最权威的一种说法，但是也疑点重重。毕竟，什么样的大炮能够掀起那样的巨风呢？以宋朝那个时代的科技水平，真的能生产出来这种震天动地的大炮吗？

答案不说自明。

如今，关于蒙哥的死亡原因，只能寄希望于更多的史料出炉，才能还原了。

现存的事实是，就在这座“东方麦加城”下（钓鱼城被各国史学家称为“东方的麦加城”），曾经横扫欧亚无敌手、让欧洲人闻之色变的“上帝之鞭”蒙哥汗，在这里折戟沉沙了。伴随他的死，全世界格局为之一振，并迎来了一个全新的时代。

蒙哥汗毙命于钓鱼城后，忽必烈立刻跟宋朝签订停战协议，率军返回漠北，开始与幼弟阿里不哥争夺帝位。同时，奉命西征的旭烈兀则也率领大军回朝，加入了帝位之争。蒙古帝国从这一刻起，停止了对外扩张，开始内战了。

经过四年的内战，虽然忽必烈打赢了阿里不哥等人，成为蒙古帝国名义上的第五任大汗，但除了他建立的大元帝国外，其他蒙古汗国都拒绝接受忽必烈的统治。从这一刻起，蒙古帝国四分五裂、不复存在了。这个曾经让全世界颤抖不安的帝国，终于安静了下来。

在这种背景下，伊斯兰势力收复了故土，重新在中东站稳了脚跟。而饱受蒙古铁骑和黑死病肆虐的欧洲，也开始慢慢地复兴，开启了一个全新的时代。

同时，在中国，汉化严重的忽必烈改变了对外政策，蒙古人在统一中国的道路上不再采用铁血政策、屠杀无辜了，而更多采用怀柔政策、安抚百姓。也就是在这种国策下，忽必烈终于统一了全中国。

可曾想过，这未来发生的一切，都源于钓鱼城上那一箭、那一石，或是那一炮、那一句嘲讽，抑或是蒙哥汗的一口怨气……

这是天意，还是命运，不得而知。唯一知道的是，伴随着蒙哥的死，潘多拉的魔盒被打开，一个全新的时代正式拉开了序幕。

这个崭新的时代，是忽必烈时代，也是南宋亡国的时代……

第十五章 亡国前夜

忽必烈的选择

元宪宗九年、宋理宗开庆元年（1259 年）八月十五日，忽必烈听到了蒙哥汗的噩耗后，下令开会商量对策。在这个会议中，将领们一致认为，不要理睬这些谣言，要继续南下攻打南宋。

忽必烈也同意众人的想法，于是，他下令砍伐树木，做成木筏，准备强行渡江，跟对面的贾似道决一死战。

如果历史这样推进的话，到底会是一个什么结果，真不好说。

也许，坐这些木筏的蒙古军会被宋军击败，忽必烈会成为下一个曹操、下一个苻坚、下一个海陵王，在这里输掉一切。

也许，忽必烈进军后，畏敌怯战的贾似道会全军撤退，导致南宋失去了长江防线，让这个王朝覆灭的时间提前十余年。

也许，忽必烈攻破长江防线后，灭亡了南宋，但他根本管理不了这里，最终，忽必烈会在“宋朝余孽”和“蒙古新君”的两面攻击下，最终彻底覆灭……

当然，这一切的也许，只是假设罢了。但有一点可以肯定，忽必烈继续攻打南宋的决定，并不是最好的选择。

好在，忽必烈手下是有明白人的，这个人把忽必烈重新拽回了正轨。

这个明白人，就是忽必烈的谋士——郝经。

如今，一提到这个汉人郝经，一些书就会痛骂道，说这个人怎么怎么的。其实，真没必要。

郝经出生在山西，是一个金国人，跟南宋没有任何关系。金国灭亡后，金国百姓就两条路，要么投南宋，要么归蒙古，郝经只是做出了自己的选择罢了，真没必要用那些大道理批评他。

郝经归顺蒙古后，忽必烈见他文采了得，有经国安民之道，就将其收入麾下。这些年，忽必烈南征北战，一直带着郝经，让其出谋划策，替自己解决难题。这一次，郝经没有让忽必烈失望。

得知忽必烈不肯回国、还要继续攻打南宋后，郝经急眼了，他立刻上疏《班师议》，请求忽必烈撤兵，去争夺汗位。

在这篇《班师议》中，郝经是这样告诉忽必烈的："大汗突然病逝后，天下不可一日无主。如今，蒙哥大汗没有指定接班人，可见，蒙古只能再一次内乱了。

"根据蒙古从亲王中推选首领的制度，有资格继承汗位的人除了大王您以外，还有您的两个兄弟。其他汗国的亲王，如塔察儿、海都等人，也有资格继承汗位。这么多人可以继承汗位，您为什么一点都不着急呢？为什么不赶紧回国，去争夺汗位呢？

"如果说，您留在这里，是为了攻打南宋，增加自己的威望，这是好的，但真没必要。一来，您南征北战多年，已经建立了足够的威望，单凭灭掉大理一事，就足有资格继承汗位。二来，您讨伐南宋一事，万一不顺利呢？君不见金世宗、海陵王之事乎？前方攻击受阻，后方新皇登基，咱们只能跟海陵王一个下场了。"

最后，为了摆脱这个"海陵王危机"，郝经给出了一个优秀的解决方案："断然班师，亟定大计，销祸于未然。先命劲兵把截江面，与宋议和，许割淮南汉上、梓夔两路，定疆界、岁币。置辎重，以轻骑归，渡淮乘驿，直造燕都，则从天而下，彼之奸谋僭志，冰释瓦解。遣一军逆蒙哥汗灵舆，收皇帝玺。遣使召旭烈、阿里不哥、摩哥及诸王驸马，会丧和林。差官于汴京、京兆、成都、西凉、东平、西京、北京，抚慰安辑，召真金太子镇燕都，示以形势。则大宝有归，而社稷安矣。”

这段话中，郝经一共给了五条对策：

第一，撤军前，“把截江面，与宋议和”，先稳住南面，防止我军撤退时被敌军追击。而且，跟宋朝议和时，“许割淮南汉上、梓夔两路，定疆界、岁币”，贼不走空，必须捞一笔。

第二，留下不好行动的辎重部队，全军全速北归，控制燕都，稳定漠南，管他未来什么样，先抢一块地盘再说。

第三，派一支轻骑部队去迎接蒙古大汗的灵柩，抢了他的大汗玉玺，为未来登基做准备（典型的汉人思维，蒙古人是靠选举登基，抢玉玺没用）。

第四，派人告知阿里不哥、旭烈兀则和其他诸王，以治丧为名，让他们来和林开会。当然，开会的目的就一个，“以正大位”。

第五，派官员去全国各地，抚慰安辑，夺位抢权。把金国皇族后代放出来，让其镇守燕都。一旦不利，就把他抬出来，建立一个“伪政权”，跟国家分庭抗礼。

郝经提出的这五条计策，招招阴险毒辣。

看完了郝经的《班师议》后，忽必烈醍醐灌顶、茅塞顿开，他立刻依计行事，下令全军北归，准备去争夺汗位。

然而，在北归前，忽必烈要解决跟宋朝议和的难题，否则，万一撤兵期间，南宋从后面追击他，自己岂不是损失惨重？

那么，怎么跟宋朝议和呢？而且，怎么以一个胜利者的身份，从南宋那里得到好处呢？

正当忽必烈等人不知如何办时，对面的贾似道却递交了降书顺表，替忽必烈解决了这个难题。

现在，就让我们有请这位元朝的功臣、宋朝的奸臣，祸国殃民、无恶不作，宋朝三百年里最著名的大臣，把南宋带入地狱的权奸贾似道闪亮登场。

四大奸臣的最后一人

贾似道，字师宪，号悦生，南宋晚期权相，台州（今浙江台州）人。京湖制置使贾涉的私生子，生母胡氏是贾涉的小妾。贾涉死时，贾似道年仅11岁。

贾涉前脚一死，贾似道母子就被贾家赶了出来（也有资料记载，贾涉活着的时候，贾似道母子就被轰出家门了）。为了生计，贾母改嫁给一个石匠为妻，给贾似道找了一个后爹。

贾似道跟这个后爹的关系很不好。贾似道成名后，他竟然以母亲改嫁为耻，把养父弄死了。

母亲有了新家，养父又不疼不爱，贾似道一个无人管的少年，变成了一个泼皮无赖，他游走于各种污秽之所，成了一个社会败类。

贾似道这种败类，运气却特别好，他的姐姐变成皇妃后，他这个国舅爷就此一步登天了。

淳祐元年（1241年），年仅29岁的贾似道被任命为湖广总管。

淳祐三年（1243年），贾似道继续升级，当了户部侍郎，成为国家最年轻的副部级官员。

淳祐五年（1245年），贾似道继续官运亨通，被任命为沿江制置副使、知江州兼江西路安抚使，成了国家的封疆大吏。

淳祐六年（1246年），贾似道升级为京湖制置使兼知江陵府。

淳祐九年（1249年），贾似道被加封为保文阁学士，兼京湖安抚制置大使。

淳祐十年（1250年），贾似道被加封端明殿学士。

宝祐二年（1254年），贾似道被加封为同知枢密院事，相当于现代的国防部副部长，位极人臣了。

如此火箭般的升迁速度，后宫有人自不必说，更重要的是，宋理宗非常信任他，对他委以重任。

原来，端平三年（1236年），宋理宗得了一场病，卧床不起。看见皇帝不理朝政，有些大臣就蠢蠢欲动了。官员汪之道打算造反。他准备另立新君，让宋理宗去当太上皇。

由于皇帝远离朝廷，他根本不知道大臣准备谋朝篡位的事情。在这个危难之际，贾似道偷偷地找到了姐姐，把这个事情告诉了她。贾妃立刻找到皇帝，告诉了他这件事情。

听说有人要逼自己退位，愤怒的宋理宗马上动身上朝去了。就此，一场政变被消除了。汪之道等人得到了应有的下场，贾似道也得到了应有的赏赐。

就是因为这件事情，宋理宗非常信任贾似道，一直对其委以重任。即使他姐姐病逝后，后宫换了一个主人，宋理宗对其的恩宠也从未减半。

此外，贾似道之所以能够平步青云，还有一个重要的原因。身为武将，他活在了一个没有战事的“太平盛世”。没有战事，自然就没有败仗；没有败仗，自然就官运亨通。

正当贾似道每天开心无比时，一场惊天巨变，已经临头。

1258 年，在蒙哥汗的怒吼中，蒙古大军分兵三路，倾国来袭。一时间，南宋危如累卵。

在这种背景下，身为国家的封疆大吏，贾似道就是不想去战场也得动身。这个时候，就看得出贾似道的本领了。

贾似道率军出征后，突然探马来报，说前面出现了一股蒙古部队。听到这个消息后，贾似道大吃一惊，直呼道：“完蛋了，完蛋了，要死在这个荒郊野岭了，不能死得光明磊落、轰轰烈烈。”

贾似道很㞞，他的士兵可不㞞。这些宋军冲上前去，跟这股蒙古军拼命。结果，大家惊讶地发现，所谓的蒙军，不过是一群押解宋朝百姓的伪军，其首领是南宋降将储在兴。

一看见这种软柿子，宋军大喜过望，一顿乒乒乓乓，生擒了储在兴，得了一场大捷。直到这个时候，贾似道才颤颤巍巍地走出来，宣布在自己的领导下，获得了一场胜利。

对于这个逃跑第一、抢功也第一的人，无话可说。

就这样，在惊慌失措下，贾似道来到了鄂州城，与忽必烈对峙。当时，贾似道根本不敢打忽必烈，他使用各种办法，不惜伪造圣旨请忽必烈撤兵。

没错，是真的伪造圣旨。

据《宋史 · 贾似道传》记载，为了让蒙古退兵，贾似道“密遣宋京诣军中，请称臣，输岁币”。贾似道给出的条件是，只要蒙古退兵，他可以以长江为界，向蒙古称臣，每年纳贡白银 20 万两、绢 20 万匹。

贾似道这么干，就是越级了。和谈这么重大的事情，他竟然瞒着朝廷，独断专行。

可想而知，面对这个“天降大礼包”，忽必烈等人高兴极了。他们本来就想跟南宋和谈，一直找不到借口。结果，宋军上门了，焉能不收？

于是，在装模作样了一会儿后，忽必烈签署了协议，同意了贾似道的请求，跟南宋议和了。

这里多说几句，关于这个议和，以前大家一致认为，贾似道是知道蒙哥汗已经死了，但还是一意孤行，最终跟蒙古议和。这个说法，也成为贾似道祸国殃民的一个罪证。

毕竟，如果贾似道知道蒙哥汗死了，他就应该清楚地知道，忽必烈比他更着急议和，他完全可以逼迫忽必烈签署更好的条件，而不是去俯首称臣。

然而，随着史料的不断出炉，有史学家认为，这个说法是错的。

当时，贾似道真不知道蒙哥汗死了，他只是想赶紧让忽必烈撤兵，才出此下策。

得知蒙古军撤退的真相后，贾似道后悔不已，他这才“用刘整计，命夏贵以舟师，攻断浮桥，进至白鹿矶，杀殿兵七百十人，遂上表以肃清闻”。

虽然这个贾似道签署协议时，到底是知道还是不知道蒙哥汗已死，史学家们还在争论，一时之间，也没法定性，但其结果是一样的——因为“打退”了敌军，贾似道成了这个国家的英雄，“帝以其有再造功，以少傅、右丞相召入朝，百官郊劳如文彦博故事”。

从此，贾似道成了这个国家的“再造之臣”，而这个国家，也在这个“再造之臣”手中，一步一步地走向了地狱……

宋理宗病逝

景定元年（1260 年）五月，贾似道以一个英雄、宋朝“再造之臣”的身份，回到了临安城。一时间，各种鲜花和掌声，都毫不吝啬地送给了贾似道。

当时，大家真的以为他获得了一场鄂州大捷，杀得敌军灰飞烟灭。就连文天祥也被他骗了。后来，贾似道兵败鲁港时，文天祥曾感慨，“已未鄂州之战何勇也，鲁港之遁何哀也”。

在群臣的欢呼中，贾似道位极人臣。当然，即使站在了舞台的中央，贾似道也非常冷静，因为他清楚地知道自己干了什么，他要赶紧善后，才能继续维护假象。

这个善后工作有二。

第一，清算宋军将领。

在贾似道眼中，那些有可能泄密的、不跟他一条心的、跟他对着干的武将，要全部轰走或罢免。只有这样，才能永绝后患。

在这种背景下，钓鱼城的英雄王坚被他排挤，郁郁而终。一代猛将高达被他雪藏，赋闲在家。宋朝的中流砥柱刘整，竟然被他迫害得投降了蒙古。

事实证明，贾似道逼迫刘整投蒙古这件事，要比“自毁长城”还要严重得多。因为这个刘整，正是南宋王朝的掘墓人。

第二件事情，扣押蒙古的使团。

忽必烈撤兵后，派人出使南宋，要求履行“请称臣，输岁币”的协议。结果，贾似道为了隐瞒真相，豁出去了。贾似道直接扣押了蒙古使者，且一扣就是十余年。

按理说，贾似道这么干，就是在用纸包火。毕竟，蒙古使者无故被扣，忽必烈肯定愤怒，进而会大军压境。

到了那个时候，两军一对垒，随便说几句，都能让此事曝光。届时，贾似道隐瞒真相、扣押使者、私自签约的事情，就会被宋理宗发现，他也一定死无葬身之地。

结果，贾似道的命呀……是真的好。

整整四年，愣是包住了这把大火。这个原因，有二。

第一，蒙古帝国正在内战，忽必烈跟自己的兄弟们打得不亦乐乎，根本没有时间和精力来处理使者被扣一事。蒙古不来申诉，贾似道就相安无事。

第二，宋理宗天天醉生梦死，只要蒙古人不来搞事，他就不管国家大事。当时，宋理宗被贾似道蒙得一愣一愣的，根本不知道此事。

就这样，贾似道愣是隐瞒了四年之久。最终，伴随宋理宗的病逝，贾似道终于得到了解脱。

景定五年（1264 年）十月十六日，这个南宋在位时间最长、统治了中国四十余年的宋理宗，终于闭上了双眼，享年 60 岁。

在中国历史上，从秦始皇称帝到清宣统退位，中国共经历二十二个王朝、一百七十多位皇帝（短时间、小地盘的不算）。这些皇帝共有五种类型：事业型、平庸型、弱智型、享受型、变态型。

在这五种类型中，宋理宗既不是事业型的雄心之主，也不是享受型、变态型、弱智型的昏君或暴君，他就是一个平庸型的君主。

这样的君主，若在一个太平盛世，会成为一个平安天子，也许会成为一个圣明之君。然而，在战争年代，宋理宗就明显无法胜任了。

身处乱世，不是宋理宗的错误，只能说他运气不佳。然而，在这种背景下，他竟然安稳地走完一生，也算是运气不错了。

一句话，这个宋理宗，就是一个不幸的幸运儿。

然而，宋理宗根本不知道，他的养子，才是南宋历史上乃至中国历史上最幸运和最不幸的皇帝。

这个皇帝，就是南宋下一任继任者——宋度宗赵禥。

新的时代

《续资治通鉴》对于宋理宗的评语是这样的："帝多嗜欲，怠于政事，经筵性命之讲，徒资虚谈。权移奸臣，史弥远、丁大全、贾似道，窃弄威福，与相终始。兵连祸结，疆土日蹙，拘留聘使，自速灭亡。"

宋理宗活着，是一个昏庸无能的皇帝；死后，被刨坟掘墓，头盖骨被当成蒙古人的酒器。在我眼中，我根本不同情他，甚至认为这就是咎由自取。

毕竟，这位皇帝在位期间，手下不是没有忧国忧民的能臣，也不是没有精忠报国的武将，结果他全都不用。不仅如此，他还选了一个"弱智"当了国家的继承人，把南宋帝国彻底地推到了地狱。

这个弱智，就是他的养子——赵禥。

这个传位故事，还得从头说起：

在生育方面，虽然宋理宗有几个儿子，但是都夭折了。最终，这个皇帝绝后了。

皇帝绝后，只能选择养子作为继承人。对于这个问题，有大臣拼死建议，立济王赵竑的后代为帝，还了那段孽债。但是，宋理宗害怕赵竑之后算旧账，他选择了弟弟赵与芮的子嗣，让其成为太子。

对比哥哥，弟弟赵与芮也就一个儿子，而且还是一个傻傻的私生子。

原来，赵与芮的这个儿子，是他跟一个陪嫁女私生的结果。婢女怀孕后，她害怕身份卑微，遭到正房太太的报复，就悄悄喝了堕胎药，想把这个孩子打下去。结果，不知道是药劲不够，还是药根本不对，她没有打下来，还是生下了这个孩子。这个孩子，就是未来的宋度宗赵禥。

由于受了堕胎药的影响，虽然赵禥活了下来，但是智力明显受到了重创。直到七岁，赵禥才会说话，很晚才会走路。

任何时代，只要皇帝有子嗣，只要皇帝的兄弟有子嗣，都不会选择这种人当皇帝。然而，宋理宗兄弟俩就这么一个儿子，不选他，选谁呢？

最终，宋理宗颁布诏书，册封赵禥为太子，准备百年后让其继位。

宋理宗此举，简直就是胡闹。要知道，国家在他的治理下，已经奸臣当道、民不聊生了。此时此刻，天下百姓希望明主现身，让这个帝国中兴。结果，宋理宗又选择了一个傻子当皇帝。

当然，宋理宗也进行了补救，只是没用罢了。

为了让赵禥当一个好皇帝，宋理宗操碎了心。他聘请天下名师（包括文天祥）来指导赵禥，还给赵禥安排了一个密密麻麻的课程表，让其好好学习。结果呢？朽木，不管怎么雕也没用。

最终，为了安抚群臣，宋理宗替赵禥编瞎话了。他告诉群臣："别看赵禥傻，但他绝对是一个明君。因为有神仙托梦了。神仙告诉我，此十年太平天子也！"

神仙……托梦……很显然，宋理宗这番话，除了傻子赵禥，不会有第二个人会相信。

然而，神奇的是，冥冥之中自有天注定。宋理宗的这番话，成了一句谶语——这个傻子皇帝，真的平安度过了十年，真是一个"十年太平天子"。然而，等十年过完后，宋朝就再也不太平了……

当时，对于这个傻子太子，很多大臣都不同意。一代贤臣吴潜更是直言不讳，希望皇帝撤换太子。为此，他曾说了一句大逆不道的话："臣没有史弥远的才能，忠王也没有陛下的福气。"

这句话的意思，是："臣，没有史弥远的才能；忠王，没有陛下的福气；所以，未必能够把国家治理得好。”

当然，这句话，还有一个危言耸听的隐语：“臣没有史弥远的才能，所以不会造反撤换皇帝！而忠王没有陛下的福气，所以保不齐会有其他的大臣造反，另换一个新帝！”

事实证明，吴潜的话完全正确。未来，虽然没有人造宋度宗的反，但是有人鸠占鹊巢，挟天子以令诸侯，成为国家的“皇帝”。

然而，虽然吴潜的话字字诛心，但可惜的是，也许宋理宗没听懂，也许他并不在意。最终，宋理宗没有理会吴潜的话，还是把国家交给了这个傻子。而吴潜，也因为跟宋理宗唱反调的这个行为被轰出了朝廷，最终客死异乡。

1264 年十月二十六日，伴随新皇登基，南宋进入了一个全新的时代。

这是一个昏君执政的时代，这是宋朝亡国前夜的时代，这也是那个人唯我独尊的时代。

那个唯我独尊的人，就是贾似道。

天下姓贾，不姓赵

根据《南宋杂事诗·通鉴辑略》记载，宋度宗最大的爱好就是开枝散叶，雨露均沾。他甚至一夜临幸三十余人。

跟宋宁宗时代一样，宋度宗的能力有限，也不喜欢处理朝政，在这种背景下，大权旁落将是不可避免的。

国家的新统帅，就是宋朝的再造之臣——贾似道。

秦桧专权，是靠投其所好；韩侂胄专权，是靠裙带关系；史弥远专权，是靠个人能力。而贾似道专权，则完全就是连蒙带骗，他欺负皇帝不懂事，能骗一次就骗一次。

原来，宋度宗登基后，贾似道认为其软弱无能，就开始频繁用“乞退”相要挟，逼迫宋度宗重用他、给予他更大的权力。

当时，咸淳三年（1267 年），刚刚过完春节，贾似道就上疏朝廷，以“乞归养”为由，请求回家去侍奉老母。当然，同一时间，贾似道还暗地指使手下上疏朝廷，说对面的蒙古有动静，很可能会大兵压境。

得知敌军入侵、首辅辞职后，宋度宗彻底慌了，他玩儿命地降下圣旨，请求贾似道“固留”，以收拾这个危局。

就这样，贾似道把皇帝玩弄于股掌之中，大肆要官、要钱、要权。

当时，为了挽留贾似道，宋度宗竟然派遣一大群侍卫堵在贾府门口，怕这位国之栋梁不辞而别。而为了挽留贾似道，宋度宗更是满足了贾似道一切的要求。

最终，这次“乞退”后，贾似道得到了一个独自处理政务的权力，还得到了一处位于西湖葛岭的豪宅，并得到了一个“五日一乘湖船入朝，不赴都堂治事，吏抱文书就第呈署”的待遇。

即使得到了这种不一般的待遇，但人的贪念又怎么可能有尽头？

这不，仅仅过了数年，贾似道又故技重施了。

咸淳六年（1270 年），贾似道继续以年老多病、想退隐山林为由，索要丰厚的赏赐。

当时，得知这位国之栋梁要辞职后，宋度宗竟然痛哭流涕，他继续强行挽留，并满足了贾似道所有的请求。

这场辞职闹剧后，贾似道得到了一个六日一朝、一月两赴经筵的待遇，他可以不用天天去上班，当一个身在体制内、却不在五行中的“闲官”了。

后来，每隔一段时间，贾似道就会上演这种辞职闹剧，而每一次他都能够得逞，得到自己想要的待遇。最终，贾似道的待遇，到了一个什么地步呢？

贾似道十日一朝，入朝不拜。而且，退朝时，宋度宗要站起来避席，目送贾似道出殿庭，才能回来落座。

这是一个什么待遇！宋朝自有记载以来，不管多么位高权重、多么深得帝意的大臣，都没有得到过这种待遇！就连皇族，甚至是皇帝，也没有享受过贾似道的待遇！

要知道，宋朝最孝顺，乃至中国最孝顺的皇帝，非宋孝宗莫属。然而，这位皇帝在送别太上皇赵构时，也没有使用过这种起立避席、目送远去的礼仪。由此可见，宋度宗与贾似道之间已经完全超出了君臣礼仪，他简直把贾似道当成自己的亲人了。

综上所述，不管是名还是利，宋度宗都没有对不起贾似道。那么，宋度宗对贾似道这么好，贾似道是不是应该肝脑涂地、誓死效忠，以报皇恩呢？

叹息一下吧，要是能这样做的话，他就不是贾似道了。

贾似道的那些事儿

对于皇帝的恩宠，贾似道并没有报恩的觉悟，他的行为就一个字——作，作到惊天地、泣鬼神。

贾似道有一个癖好，斗蟋蟀。在中国历史上，爱斗蟋蟀的人很多，比如明宣宗朱瞻基，就是一个中毒的蟋蟀爱好者，人称“蟋蟀天子”。然而，能把斗蟋蟀玩成专家级别、独立出书的，也就贾似道一人而已。

贾似道一生的最爱，就是斗蟋蟀，他白天斗，晚上斗，只要一有时间就要玩两把，不玩就浑身难受，跟得了大烟瘾一样。

斗蟋蟀之余，他还专门写了一本《蟋蟀经》（也称为《促织经》），把自己养蟋蟀和斗蟋蟀的经验，全部写了下来。

从目前的史料记载来看，贾似道的这本《蟋蟀经》，是中国乃至世界第一本关于蟋蟀的专著。于是，贾似道还得了一个雅号，被称为“蟋蟀宰相”。

同样，得此宰相，南宋也可谓欲哭无泪也。

毕竟，大宋是要靠宰相持家过日子的，不管是宰相去斗了蟋蟀，还是斗蟋蟀的变成了宰相，都算是瞎了！

对比斗蟋蟀，贾似道还干了很多祸国殃民的事情。

对比宋理宗时期，宋度宗时期的贾似道更是玩出了花样、玩出了“人神共愤”。

平时，他腐败奢靡也就算了，但在国家危难之际，襄樊二城都被蒙古军团团包围，他还腐败奢靡就真的有点过分了。

当时，在国家危难之际，主管军国大事的贾似道不调兵遣将、支援前线，反而劳民伤财、大兴土木，修了一座奢华的豪宅，史称“半闲堂”，在这里花天酒地、日夜豪赌。

豪宅落成后，有人作了一阕词，“吹捧”了一番。

天上谪星班。青牛初度关。幻出蓬莱新院宇，花外竹，竹边山。

轩冕傥来闲，人生闲最难。算真闲、不到人间。一半神仙先占取，留一半、与公闲。

——《唐多令·天上谪星班》

看完这阕词后，贾似道还很高兴，捧诗大笑。其骄傲、嘚瑟的表情，不说自明。

我一直不明白，他为什么笑得出来？

诚然，这首诗的前半部分，把贾似道比喻成了天上星宿下凡的神仙，是一个驾青牛、早度函关的道家仙人，住在蓬莱仙境内，过着神仙般闲情雅致的生活。然而，诗词的下半部分，作者却明确地指出了"算真闲、不到人间"，彻底道破了天机。

何为"算真闲、不到人间"？就是说，人间并没有真正的悠闲，你贾似道不管怎么包装，也不是天上的神仙，只是一个不理朝政、天天附庸风雅的奸臣罢了。如今，宋代江山摇摇欲坠，边境告急，国事堪忧，这些重要的事情你贾似道都不管，怎么能以"半闲"自居呢？

可见，这阕词的作者就是正话反说，对贾似道进行辛辣的讽刺和无情的鞭挞。然而，贾似道竟然没有看出来，还捧诗大笑，真不知道是怎么想的。

实际上，贾似道要是有学问的话，他就不是贾似道了。

咱们都知道，贾似道是一个胸无点墨的市井无赖，因为姐姐的关系才得以高升。成为权臣后，贾似道不思进取，不弥补自己的先天不足，反而与一群无赖文人搞在一起，终日吃喝玩乐，不务正业。

这群无赖之人在贾似道的暗示下，为其作"谀词"，歌颂贾似道。

在这些谀词中，贾似道最喜欢的，非这首《声声慢·捷书连昼》莫属了。

捷书连昼，甘洒通宵，新来喜沁尧眉。许大担当，人间佛力须弥。年年八月八日，长记他、三月三时。平生事，想祇和天语，不遣人知。

一片闲心鹤外，被乾坤系定，虹玉腰围。阊阖云边，西风万籁吹齐。归舟更归何处，是天教、家在苏堤。千千岁，比周公、多个彩衣。

贾似道喜欢这首诗词的原因，有二。

第一，这首诗词巧妙地把自己八月初八、三月初三的两次大捷记录了进去，还非常押韵，这让他倍感骄傲。

第二，这首诗词把自己比作圣贤尧帝，比作有佛法庇佑的贤臣，还把他比喻成集大德大功大治于一身、千古第一完人的周公，这太让他高兴了。

只不过，虽然贾似道喜欢这首诗词，但对最后一句“比周公、多个彩衣”不甚了解。他问作者道：“此阕词非常好，但是，好好的一个周公为什么要穿一个彩衣出门呀，不怕别人笑话他吗？”

一听这话，作者都不知道该如何吐槽了。

原来，这里的“彩衣”，指的不是衣服，而是指的一个典故，叫作“老莱娱亲”。

根据《列女传》记载，楚国有位隐士，名叫老莱子。此人非常孝顺，虽年过七十，但为了逗老父母开心，还做了一套五彩斑斓的衣服在父母面前跳舞，用自己搞笑的行为，逗父母开心。

后来，人们就用这个故事凝练成了成语“老莱娱亲”，寓意“子女想尽办法让年事已高的父母心情舒畅”。这个故事也是中国“二十四孝”之一。

《声声慢》的作者把贾似道比喻成了周公，认为贾似道比周公更孝顺，是一个忠孝兼备的完人。结果，贾似道根本没有看懂这句话，反而认为，周公穿上一件彩衣是一件非常搞笑和愚蠢的事情。对于这种不学无术的大臣，无话可说。

其实，大家还不知道吧，贾似道虽天天饮酒作乐、乖张狂妄，但其内心非常空虚。

咸淳十年（1274 年）寒食节，贾似道在祭拜先人时有感而发，曾赋诗《甲戌寒食》，以表自己的心情：

寒食家家插柳枝，留春春亦不多时。
人生有酒须当醉，青冢儿孙几个悲。

这首诗的大概意思为：春天来了，家家户户都插柳条，想留住春天。可是，人们再留也留不住短暂美好的春光，只是一厢情愿罢了。人的青春，不也是这样吗？所以说，人生在世要及时行乐。今朝有酒今朝醉，管他明天谁是谁！君不见，人死了之后，有几个子孙为他感到悲哀的，还不是各过各的。

贾似道的这首诗充满了自私自利的腐朽人生观，也是他醉生梦死和倒行逆施思想的源泉。

唉……得此宰相，南宋要是不灭亡的话，那才叫作没有天理。

就这样，在这位宰相的带领下，南宋王朝以最快的速度驶向了地狱。没有一个人，能够阻止这个王朝的陨落。即使这个王朝内，有那个宋末最著名的宰相也不行。

这个宋末最著名的宰相是谁，不说自明。

现在，有请这位创作了“人生自古谁无死”、《正气歌》等经典诗词的文天祥，闪亮登场。

第十六章 长歌正气

圣贤降生

宋理宗端平三年（1236年）五月初二，江南西路吉州庐陵（今江西省吉安市青原区富田镇）一处民房内，一个男婴呱呱坠地。

这个男婴，就是南宋末年著名的文学家、爱国诗人——文云孙，文天祥。

老规矩，在讲述文天祥前，先从他的家族开始讲起：

根据清同治年间编纂的《富田文氏族谱》记载，文天祥的祖籍是四川成都，他们是汉景帝时期蜀郡太守文翁的后裔。

除了这个祖先外，文家有记载著名的祖先是五代十国的后唐庄宗时代的帐前指挥使、轻车都尉文时。

后唐庄宗同光三年（925年），文时奉命攻打洪州（今江西南昌）。打下南昌后，他就留守在了这里。文时在江西娶妻生子，把家族的根扎在了江西。

后唐被后晋所灭，文时不愿意效忠后晋，就辞官回家，隐居了起来。

文时病逝后，文家成员结束了隐居的生活，先后“出山”了。文时的儿子文光大，是宋太祖时期的官员。文时的孙子文彦纯，则是宋太宗时期的官员。

宋太宗淳化三年（992 年），文彦纯去桂阳上任，带领家族成员路过吉州庐陵县永和镇（今属江西吉安），其子文卿见这里山清水秀、人杰地灵，就打算成名之后在这里购房置地，居住在这里。

北宋至道年间，文卿金榜题名、高中进士。在宦海生涯中，文卿如愿以偿地成为吉州知州，并在这里任满致仕。自此，文家在吉州安居了下来，并成为当地的名门望族。

虽然文卿不过是文家的五世祖，但是由于他搬家吉州的壮举，他成为“庐陵永和文氏”的始祖，也成为文天祥的太祖爷。

文卿死后，文家开始家道中落。从文家的六世祖文蒙开始，一直到文家十二代祖文天祥的父亲文仪为止，整整七代人都没有重登仕途。

虽然没有入朝为官，但文家凭借祖先的产业，还是当地的一个小康之家。文家人一直从事教育事业，开馆授课、延师教子，足以养家糊口。

文天祥，就是出生在这么一个中小地主知识分子的家庭。他出生后，父亲文仪对他寄予了厚望，希望这个孩子能够高中状元，改变家族的命运。

那么，文天祥的父亲文仪，是一个什么样的人呢？

文仪，号革斋，又号竹居，乡称“君子长者”。文仪生于宋宁宗嘉定八年（1215 年），病逝于宋理宗宝祐四年（1256 年）。著有《宝藏》三十卷，《随意录》二十卷等。

虽然出生在书香世家，但文仪一生的目标却是教书育人，他从未参加过科举，终生未仕。当然，虽然自己没有参加科举，但文仪还是希望子孙去参加考试。他希望下一代能够金榜题名，重振祖先的荣光。

宋理宗端平元年（1234 年），文仪迎娶了太和县梅溪人（今江西泰和县杨梅坑村）曾珏的女儿曾德慈为妻。曾德慈是嘉定七年（1214 年）生人，年龄稍大于文仪。

这对夫妻结婚后非常恩爱，夫妻之间举案齐眉，非常美满幸福。曾德慈为文仪生下了四子（文天祥、文璧、文霆孙、文璋）、三女（文懿孙、文淑孙、文顺孙）。

文天祥的启蒙老师以及他的教书老师，就是他的父亲文仪。当然，文仪之所以成为文天祥的启蒙老师，并不是因为自己教得好，而是因为他太穷了。

当时，文仪也曾聘请过名师端友，比如胡鉴、王国望、朱涣等人，请他们教导文天祥等人，但这个花费太大了，文家终不能持久。文仪请不起名师，只能自己上阵。

那么，历史的真相，真是这样吗？

当然不是了！

文家是穷，但之所以穷，是有客观原因的。这恐怕，要归咎于文仪太能败家。

文仪是一个典型的书生，嗜书如命，看见好书必买之。即使身上没钱，他也要变卖首饰和衣物，把书买回去。

在花费重金买了一本好书后，文仪会废寝忘食地苦读，不读完这本书，绝不休息。文仪经常点一盏孤灯，通宵苦读。天色微明，他又站在屋檐下细认蝇头小字。文仪读书的劲头，颇有董仲舒十年不窥园、范仲淹五年睡觉不脱衣的境界。

如此苦读，文仪成为一个学问渊博、经史百家无不精研的大学者。他完全有能力自己教育文天祥。

文天祥五岁时，就在父亲的教导下开始读书。过了几年，他的弟弟们也加入了进来，一起抱着书本读书。

文仪教孩子读书非常严格。他白天授课，晚上督促背书，无一日懈怠。文仪的这种教育模式，自然能够严师出高徒。为什么文天祥才华如此了得，能够写出那么多永载史册的诗词，其原因就在于此。

难能可贵的是，在教书育人的过程中，文仪并不认同一味地死记硬背，他提倡滞学守固、化学来新的教育模式，也就是反对故步自封的陈旧答案，主张在学习的过程中灵活变通、推陈出新，自己分析出一个答案。

为了坚守这种思想，文仪还在腰间的玉佩上刻了一个“革”字，以不忘自己的初心。后来，人们就称他为“革斋先生”。

要知道，文仪的这种思想，即使今天读来，依旧新见迭出、令人深省。

未来，为什么文天祥提出“法天地之不息”等思想，以及根据当时的社会形势不断改革创新，去弊求利，使民生安定、国家富强的价值观。其原因，就在于此。

父亲是孩子最好的老师……得此良父，真是文天祥之幸，更是我中华之幸。

心怀大志

在文天祥的眼中，父亲文仪不仅是一个饱读之士，一个好老师，更是一个君子。

当时，在辅导儿子功课时，文仪讲解了钱公辅写的《义田记》。文仪告诉他们：“春秋时期的齐国贤相晏婴，虽位高权重，但体恤百姓，自己宁愿乘坐瘦马拉的马车，也要把钱省下来救济穷人。

“对比晏婴，我朝范文正公的救济办法更胜一筹。要知道，范仲淹回归故里后，立刻花钱购买土地，改为‘义田’。他用‘义田’的收入供给穷人，让他们有饭吃、有衣穿，年年如此，直到这些穷人脱贫。

“不管是晏婴还是范仲淹，都是好人。在这个世界上，还有那么一群人，他们拿着万贯的俸禄，住着豪宅，坐着豪车，穿着漂亮的衣服，妻妾成群，享尽世间的美好之事。然而，这些人却不愿意救济别人，连同族的人也不愿意帮助，以致族人饿死在了沟渠里。这样的人是罪人呀！做人一定要做晏婴、范仲淹这样的人，才能被后人所铭记。”

在文天祥的眼中，文仪是一个真真正正的君子。他言行一致，所有的仁爱之举也都是发自内心，无任何作秀的成分。

在文天祥的记忆中，父亲干了很多好事，影响了他的一生。

有一次，文仪买了很多木材，准备修一座房子。结果，正要动工时，家乡突然暴发了一场瘟疫，死了很多人。当时，因无钱安葬，穷人只能用席子缠身，草草入土。见此情景，文仪悲从心来，他流泪道：“吾可无居，人不可无殓。”随后，文仪请来木匠，把木材打成棺材，无偿地送给穷人，让他们的亲人入土为安。此外，文仪还拿出自家的粮食救济百姓。自家的粮食不够了，文仪散尽家财，花钱购买粮食，继续救济百姓。

这个人，是一个真正的心怀仁义的好人。

除了救济百姓外，若有人病逝、留下幼子，文仪会毫不犹豫地领养这个孩子，并承诺将其抚养长大成人。每逢科举考试之年，文仪会自掏腰包，救济落魄才子，让他们有钱进京赶考。

文仪把家族的土地租给佃农，结果佃农霸占土地，不肯缴租。按照大宋律法，佃农这么干已经违法了，文仪完全可以告他们，让他们挨罚入狱。结果，文仪宁愿让佃农赖账，也不忍告官，以免增加他们的痛苦。

有人嘲笑文仪太窝囊软弱，文仪也不反驳。亲人管他借钱，常常是借多还少，文仪也不在乎。有人偷偷用他的资产去经商，结果亏了本，他不仅不追究，反而继续给钱。

综上所述，这个文仪，就是这么一个好人。当然，对于别人的看法，文仪毫不在意。毕竟，他一生的目标就是“使吾族、吾亲、吾乡人休休有余，至愿也”。

后来，当地百姓就亲切地称其为“有德君子”，其声名也因此远播。

在文天祥的眼中，父亲无论是治学上，还是做人上，都是当之无愧的老师。而文仪的这种善良、高尚的品质，也深深印在文天祥的脑海里，把他熏陶成为一代圣贤。

因此，若想培养出一个合格的子嗣，请先从自己做起，以圣贤为榜样，做一个优秀的人吧。司马光的父亲，是如此；文天祥的父亲，也是如此；希望全天下所有人的父亲，都是如此。

在父亲的言传身教下，文天祥的才能与日俱增，这个年轻人长好了羽翼，准备参加科举考试，步入宦海，尽忠报国。

宝祐元年（1253 年），十八岁的文天祥第一次参加庐陵县的县试，以一篇《中道狂涓，乡原如何》的文章轰动乡镇，一举夺得头名。

由于史料匮乏，文天祥的这篇应试文章已经失传了。但是看这篇文章的标题，就能清楚地知道，文天祥一定写了很多忧国忧民的见解。他也一定在这篇文章中阐述梦想与伟略。

那么，文天祥有什么梦想呢？

这里面有一个故事——文天祥游览三贤祠。

宝祐元年（1253 年），为了准备考试，文天祥前往吉州乡校，去那里学习深造。文天祥在游览乡校贤祠堂时，看见欧阳修、杨邦乂、胡铨三人的遗像，他肃然起敬，热血也为之沸腾。

儿时爱读忠臣传的文天祥清楚地知道，这三位圣贤都是什么样的人。

欧阳修，“宋六家”之首，品德高尚，嫉恶如仇，堪称一代贤臣。

杨邦乂，一代忠臣，被金人俘虏后誓死不降，最终被剖心而死。

胡铨，反对向金人投降的忠臣烈士。他强烈反对议和，建议诛杀了主张议和的秦桧、把他的脑袋挑在竹竿上游街，以激励将士北伐。

乡贤祠供奉的这三个人都是一身正气、风骨凛然的忠义烈士，他们都无愧自己“忠”的谥号。

看着这三位忠贞义士的雕塑，回忆着他们的事迹，文天祥的内心无比激动。他决心以这三位圣贤为榜样，做出一番为国尽忠的伟业。文天祥仰天大喊，说出了一句贯彻一生的豪言壮志：“殁不俎豆其间，非夫也！”

文天祥是这么说的，也这样做的。

于是，在这一年的科举考试中，文天祥作了那篇《中道狂涓，乡原如何》的文章，向世人展现了一个为天地立心、为生民立命、为往圣继绝学、为万世开太平的文天祥！

就这样，秉持着忧国忧民、立志报国的志向，宝祐三年（1255 年），携县学考试第一之威，文天祥进入了庐陵白鹭洲书院，在这里读书深造，为下一级考试做准备。

这一年，文天祥 20 岁。

名师出高徒

白鹭洲书院周围的风景非常优美，群山围绕，碧水环溪，是一处绝好的治学之所。白鹭洲这个名字有两种说法，一是来自白鹭仙女和年轻渔夫的爱情故事；二是来自李白的经典诗句“三山半落青天外，二水中分白鹭洲”。

白鹭洲书院由朱熹的三传弟子江万里（此人是朱熹门人林夔孙的弟子）所创。嘉熙四年（1240 年），江万里出任吉州知州，见白鹭洲白鹭成群、环境优美、风景宜人，是一个读书讲课和修身养性的好地方，就调拨钱物，在这里修建了白鹭洲书院。白鹭洲书院修完后，江万里担任校长兼授课人，亲自为诸生讲学，传授自己的理学理论。

淳祐二年（1242 年），江万里因工作调离江西，他把白鹭洲书院院长的位置交给了与自己志同道合的好友欧阳守道。

欧阳守道，字公权，初名巽，改名守道，吉州庐陵（今江西吉安）人，南宋著名的教育家。欧阳守道是一个非常了不起的人，非常孝顺，也非常有志气。

先说欧阳守道的孝。

欧阳守道生长在一个单亲家庭里。在他很小的时候，父亲就病逝了，是他的母亲含辛茹苦，把他拉扯成人。欧阳守道成年后，对母亲“至孝”。欧阳守道给富贵子弟教书时，只要主人家供应的“工作餐”内有肉，他就会偷偷地藏起来，拿回去给母亲吃，以尽孝道。为此，他甚至数年没有吃过肉。

再说欧阳守道的志气。

江万里听说欧阳守道博学多才后，想聘请他为白鹭洲书院的老师。面试时，为了考察欧阳守道的人品，江万里问了这么一个问题：“吉州里欧阳文忠公（欧阳修）的后裔甚多，这里也被称为‘欧乡’，阁下也姓‘欧阳’，不知是欧阳文忠公的哪个旁系的子孙？”

当时的环境，认祖之风盛行，如果欧阳守道胡说一个出身，认了欧阳修这个祖先也未尝不可。然而，听完这个问题后，欧阳守道毫不犹豫道：“我不是欧阳文忠公的后人，我的祖上也跟欧阳文忠公没有任何关系，我们只是同姓罢了。”

听完这个回答，江万里肃然起敬——眼前的这个人，是一个有自尊、有骨气、有志向的人。这样的人，值得尊敬。

后来，就是因为欣赏欧阳守道这种志向，江万里在离开江西时，把白鹭洲书院交给欧阳守道，让他成为这个书院的第二任校长。

欧阳守道，后来成为文天祥的老师。而在这个名师的教导下，文天祥出落为一个高徒。

名师出高徒，这绝对是一句大实话。

现在，明白为什么秦朝的第二代掌门人秦二世那么腐败奢靡、昏庸无能了吧。因为他的老师，就是那个大名鼎鼎的赵高。拜了这么一个人品低贱的人为师，秦二世胡亥如果能够“修成正果”，那才叫见了鬼！

家教决定孩子，人性决定老师。有什么样的老师，就能教育出什么人性的学生。

综上所述，文天祥在成长的过程中，是非常幸运的。他有一个好父亲，还有一个好老师。未来，为什么文天祥永远有一颗圣贤之心，并无时无刻不散发着圣贤的光芒，就因为在他的身上，有其父亲和老师的影子。这些人指引着文天祥，给文天祥确定了一个圣贤目标。

就这样，在欧阳守道的教导下，文天祥的学问突飞猛进。与此同时，他为自己立下了一个崇高的理想——修身，齐家，治国，平天下。

文天祥在白鹭洲书院学习了一年后，跟大弟文壁一起参加了乡试。考试结束，兄弟双双中举，都成为贡士（又称举人），有了去京城参加省试的资格。

兄弟两人同时考试，又同时中举，为了庆祝这个喜事，文家大摆宴席，地方上的富豪乡绅也都登门拜访庆祝。一时间，文家贺客盈门，络绎不绝。

当时，意气风发的文天祥在宴会中赋诗《次鹿鸣宴诗》，以表自己的心情：

礼乐皇皇使者行，光华分似及乡英。
贞元虎榜虽联捷，司隶龙门幸缀名。
二宋高科犹易事，两苏清节乃真荣。
囊书自负应如此，肯逊当年祢正平。

《次鹿鸣宴诗》是《文天祥全集》中的第一首诗，也是文天祥现存的第一首诗，更是他表明自己决心的第一首诗。

在这首诗中，文天祥向世人表明了自己的理想，立志做一个清正刚直的人。

在这首诗中，文天祥认为兄弟两人同时中举，也有很多前人的例子，比如北宋的宋庠、宋祁兄弟和苏轼、苏辙兄弟。但是，对比宋氏兄弟、苏氏兄弟入朝为官，还能保持自己清高的节操，这才是真正的荣耀。我们要以这对兄弟为榜样，成为一个造福国家的人。

同时，文天祥还表达他考取功名后，要做一个祢衡似的人，藐视权贵，宁鸣而死、不默而生！要做一个尽忠报国的人才，不做碌碌无为之人！

虽然文天祥的这个偶像还需再议（毕竟在中国历史上，我们对祢衡的评价并不高），但不可否认的是，文天祥的志气，在当时士风颓靡的南宋末年，实属难能可贵。

就这样，秉持着自己的信仰，文天祥将带着自己的弟弟前往京城赴考，去完成自己心中的伟业。

此次文天祥进京考试，不是兄弟两人，而是父子三人，他带上了悲痛欲绝的父亲，一起进京赴考。

没错，就是一个悲痛欲绝的父亲。

原来，就在文天祥参加乡试前的一个月，他的二弟文霆孙突染重病，不幸病逝了。

爱子早逝，文仪泪如雨下，不能自抑，他哭坏了身体。后来，即使文家有一个双喜临门的好事，文仪依旧郁郁寡欢，身体也一日不如一日了。

文天祥兄弟出发时，见父亲如此境况，焉能放心？于是，文天祥请求父亲同他们一起赴京赶考。

一来，兄弟二人陪伴在父亲身边，可以日夜侍奉父亲。二来，化解悲痛的办法，就有出去旅游。兄弟二人可以借赴京赶考的机会，跟父亲一起出游，让父亲放松一下，排遣心中的郁结。

对于文天祥的请求，文仪欣然接受了。就这样，父子三人上路了。

宝祐三年（1255 年）十二月，父子三人从庐陵出发，取道信州，直奔京城临安。

进京赶考

宝祐四年（1256 年）正月，文天祥等人来到临安，准备参加礼部主持的省试。

此次考试，文天祥发挥优异，礼部考官对他的文章赞不绝口，把他列为第一。文璧的发挥也非常稳定，他也不负众望，金榜题名。

文家又一次“双喜临门”了。然而，跟上一次一样，文仪没有丝毫的好转，反而状况越来越差了。

也许，是因为水土不服；也许，是因为思子心切；也许，是因为劳累过度；也许，是因为积劳成疾。总之，来到京城后，文仪的病越来越严重，严重到了高烧不退、卧床不起的地步。

当时，省试合格者，要参加皇帝亲自出题的殿试，以决定最终名次，授予官职。结果，在殿试的前几天，文仪高烧不退，气若悬丝，急需人照顾。

一边，是需要照顾的父亲；一边，是即将迎来的殿试。兄弟两人不知道该如何取舍。最终，反复协商、权衡了利弊后，文仪做出了一个痛苦的决定——把文璧留在身边，让文天祥一个人去参加考试。

这是当时最好的一个决定。毕竟，父亲重病在床，必须有人留下照顾。若文天祥兄弟都留下来，就耽误了他们的前程。若雇人照顾文仪，文天祥兄弟也不会安心，也会影响他们的考试成绩。因此，长子去考试，幼子留下来照顾父亲。

文仪的这个决定，改变了两个孩子的命运。

后来，文天祥没有给父亲“尽孝”，但给国家“尽忠”了。相反，文壁给父亲“尽孝”了，却没有给国家“尽忠”。

一道小小的选择题，竟然预告了文天祥和文壁的未来。

这是天意，还是人为……无人可知。

书归正传，决定由弟弟照顾父亲后，文天祥抖擞精神，收拾好笔墨纸砚出发了。

文天祥的这次殿试，堪称一波三折。

根据《文天祥全集》记载，因为熬夜照顾父亲，文天祥的状态非常差。更惨的是，考试前两日，文天祥竟然得了腹泻，一天要去好几趟厕所，且不能进食。

就这样，身体虚弱、头昏脑涨的文天祥来到了考试集结门前，准备进入考场，参加考试。

按照文天祥自己的说辞，当时他脑袋晕晕沉沉，不知道自己在干什么。这种状态参加考试，只能落选。结果，在通过大门时，因为门小人多，考生们害怕进不去，互相推搡了起来，争着往里挤。

拼尽全力进门后，文天祥这才惊讶地发现，由于挤得太用力了，自己大汗淋漓，内衣都湿透了。然而，出了一身汗后，文天祥突然发现自己头不晕了、身体也不痛了。好像这一挤，把自己浑身的经脉都打通了。他神清气爽、浑身通透，以最佳状态参加了考试。

真是因祸得福……

就这样，恢复状态的文天祥大步进入考场，在“服务人员”（殿直）的指引下，准备御试策对。

宋理宗亲拟的考题很长，一共有六百多个字，但归纳总结后，就是下面的一段话：天变洊臻，民生寡遂。人才乏而士习浮，国计殚而兵力弱。符泽未清，边备孔棘，岂道不足以御世欤？抑化裁推行有未至欤？

意思是，皇帝问这些考生：“国家现在天灾不断，百姓生活贫苦；人才匮乏，士风浮华；国家财政捉襟见肘，军事力量非常薄弱；国内盗贼四起，国外边防告急。这一切的一切，到底是什么原因？是天道失去了作用，还是教化没有普及到位？”

宋理宗皇帝表示，希望各位考生畅所欲言地回答这个问题，自己将“虚己以听”。同时，也请各位考生的回答不要太过激，做到“勿激勿泛”。

看完这道试题，文天祥略加思索，就运笔如飞，对皇帝提出的四个问题一一作答。

第一个问题，天灾与安民。

文天祥认为，天灾就是民怨聚集在一起的产物！如果官员不巧取豪夺、敲骨吸髓地压榨百姓，百姓就没有民怨。没有民怨，也就没有天灾。因此，文天祥建议，如果皇帝想国泰民安，就请整顿官场，实行休养生息之道，不要让官员折腾了。这样一来，老百姓不痛苦，民怨就没有了，天灾也就消失了。

第二个问题，人才与士风。

文天祥告诉皇帝，为什么现在人才短缺和士风败坏呢？其实，这个问题很好解答。请陛下看看现在的朝廷吧！如今的朝堂之上，全是依附权贵、蝇营狗苟，患得患失的“无所不至者”！这样的势利之徒，怎么能成为治理国家的人才呢？这样的势利之徒，又怎么不会驱除正直的大臣呢？因此，文天祥建议，如果皇帝想挖掘有用的人才，让士风变得纯朴，那就要清除掉这些败类，重振朝纲。这样一来，人才就会源源不断地出现，国家的士族之风也会焕然一新。

第三个问题，财政和军事。

文天祥认为，宋朝的军事力量之所以弱，是因为没有足够的钱招募、训练士兵。而这不是因为国家没钱，而是因为钱都被乱花了！国家的钱都乱花到哪去了？文天祥直言不讳道：“看那琳宫梵宇、照耀湖山，需要多少钱？看那霓裳羽衣、靡金饰翠，需要多少钱？看那皇亲国戚的量珠辇玉、戚畹之费，又需要多少钱！把这些钱用在军队上，军力怎么可能不强大，国家又何来积贫积弱之说！”因此，文天祥建议，请理宗皇帝“持不息之心，急求所以为节财之道”。这样一来，则“财计一充，兵力或于是而可强矣”。

第四个问题，盗贼和边防。

文天祥认为，外敌之所以频繁入侵，是因为宋朝的军队太弱。而宋朝军队软弱的原因，他在前面已经阐述了。而所谓的“盗贼”，就是一群被自己国家官员残忍压迫而造反的难民！如果皇帝勤政爱民、各级官员爱民如子，百姓何来造反之说？先把自己的百姓逼反了，再寻求平叛之道，这是本末倒置。文天祥还举了一个例子，南宋建国时期，因为一些官员的残酷压迫，杨幺造反了。本来，杨幺并不打算造反，他是官逼民反的结果。他被迫起义后，还拒绝了伪齐的劝降，斩杀了伪齐的使者，主动示好宋朝，请求朝廷招安，又主动要求参与抗金战争。结果，朝廷在假情报的蒙蔽下，就认为杨幺跟伪齐联合了，派兵把他给灭了。朝廷的这种行为看似一劳永逸，实际治标不治本。要知道，只要官员还残忍地剥削百姓，百姓就一定会铤而走险。届时，如果这些叛军与蒙古军勾结，成为蒙古军的向导，这个国家就彻底危险了。因此，文天祥认为，为了这个国家的长治久安，请善待百姓，严惩剥削百姓的贪官污吏。

论述完上面四个问题后，文天祥继续畅谈，他希望皇帝依照“天行健”的法则，力行不息之道，改革创新，去弊求利，重宰相以开公道之门，收君子以寿直道之脉，重振朝廷，以图振兴。

文天祥还就理宗对考生答题时“勿激勿泛”的要求，给出了自己的见解。

文天祥告诉皇帝，所谓的“泛”，是不着边际的话，皇帝不喜欢，无可厚非。但是所谓的“激”，是忠言逆耳，是直臣对皇帝忠心的表现！陛下为何讨厌这种激愤之言呢？如果皇帝讨厌这种“激”的话，那就不用看臣写的文章了。

考试是五月初八早上寅时开始的，经过了五个时辰的奋斗，到下午未时，文天祥完成了这篇《御试策一道》。

当时，考试有规定，文章要求在千字以上，虽上无封顶，但考生也不会超出太多。然而，文天祥的这篇文章却洋洋洒洒写了万余字，而且还不改稿，一挥而就。

要知道，大才子苏轼当年在殿试时还打了二十多遍草稿，最终才交出一份满意的答卷。

文天祥的本领，不说自明。

文天祥写完了文章后，修改了几个字，就满意地交卷了。他如释重负地返回旅店伺候父亲，同时心情忐忑地等待最终的成绩。

那么，在上交了这么一篇“离经叛道”的文章后，那位号称能够“虚己以听”的宋理宗，真的会喜欢这篇文章吗？文天祥的言辞如此直截了当，宋理宗真的能够容忍吗？

让我们拭目以待。

大魁之谜

文天祥出了考场，回到住所后，见父亲依旧高烧不退、一直处于昏迷状态，他很是着急。

待文仪稍微恢复后，父子一番交流，文天祥决定搬家。他把父亲搬到了一个清静的地方，给父亲一个良好的养病环境。

宝祐四年（1256年）五月廿四日，放榜的日子，终于到了。

这一天，考生蜂拥到殿前，静候放榜唱名。当时，文天祥也在这群考生中，他迫不及待地想知道自己的名次。

虽然宋朝有录取直言进谏考生的传统，但问题是，不是每一个皇帝都能喜欢这样的考生。看看宋理宗，这可是一个亲小人、远贤臣的昏君，从他的用人原则上，就能看出他的品位了。

文天祥在考卷中把这位皇帝批评了一番，还狠狠地痛骂了一顿当今朝廷，这样的文章，会有好结果吗？

文天祥屏住呼吸，不知道将在何时，自己的名字会被报出来。也许，是第十个被叫出来；也许，是第五十个被叫出来；也许，是第一百个被叫出来；也许，永远不会被叫出来……

然而，等宣读官员开始唱名时，文天祥惊讶地发现，自己的成绩要比想象的好得多！

因为，他的名字，是第一个被唱出来的。

换句话说，文天祥是这一期考试的第一名，是本届的新科状元！

惊不惊喜？意不意外！

原来，文天祥的这篇“不合时宜”的文章，恰恰碰上了一位正直的主考官。在这位主考官的眷顾下，文天祥金榜题名就是一件顺理成章的事情了。

这个主考官，就是当时硕果仅存的贤臣——王应麟。

王应麟，南宋官员、经史学者，字伯厚，号深宁居士，又号厚斋，庆元府鄞县（今浙江省宁波市鄞州区）人。王应麟博学多才、学富五车，为世人传下来很多的经典著作。据说，千古第一儿童启蒙读物《三字经》，就出自他之手。

除了博学多才外，王应麟还为人正直、嫉恶如仇。在执政期间，他曾上疏朝廷，痛阵南宋有“三病”，一是民穷，二是兵弱，三是财匮。这三个病症都是一个原因——士大夫无耻！王应麟恳请皇帝选贤任能，清除小人，重振朝纲。

可见，就秉性而言，文天祥与王应麟堪称志同道合。

因此，当王应麟看见文天祥的“万言策”后，立刻被这篇文章感动了。读完后，他更是拍案叫好。虽然王应麟喜欢这篇文章，但他也害怕这篇文章刺激到皇帝，于是，他把文天祥的卷子列为第七名，呈给了皇帝，等待皇帝的终审。

宋朝科举规定，考官选定的前十名的卷子，都要交给皇帝，由皇帝最终排列名次。可见，虽然有王应麟的保举，文天祥不至于落选，但他的名次与三甲无缘，更与状元无缘。

那么，到底是一个什么原因，让文天祥直接跳了六级，从第七名被擢升为第一的呢？要知道，当时的宋理宗可是一个沉溺享乐、喜狎佞人的昏君。他的朝廷，也都是“阎马丁当”这样的奸臣。

对于这个问题，史书给出了一个答案。但是，这个答案又有点太肤浅了，导致很多史学家并不相信。

《文天祥全集》记载，官员评选名次后，根据惯例，要由皇帝钦定名次。结果，宋理宗看见“文天祥”这个名字后大喜，大悦道：“此天之祥，乃宋之瑞也！”于是，宋理宗大笔一挥，就让文天祥当状元了。

虽然在中国历史上，因为名字中举者比比皆是，文天祥凭借名字中举也不是不可能。然而，因为答案实在太肤浅了。

如今，在史学家的考证下，一共有三种说法，用来解释为什么宋理宗把文天祥的卷子列为第一。

第一种说法，替换。

部分史学家认为，宋理宗之所以让文天祥当第一，是一个替换的结果。

因为，当时的第一名谢枋得的文章更加偏激，他指名道姓地痛骂理宗的宠臣董宋臣和丁大全，为理宗所不容。最终，理宗一生气，把他从第一名降为二甲第一名，让文天祥顶替他的位置，成为一甲状元。

这种说辞，有几分道理。毕竟，谢枋得这个人，确实激进。谢枋得激进到了什么程度呢？史书上称其“性好直言，一与人论古今治乱国家事，必掀髯抵几，跳跃自奋，以忠义自任”。

谢枋得的秉性，宋理宗是肯定不喜欢的。

但这里的问题是，让文天祥顶替他的位置，就有点不合理了。

毕竟，文天祥是第七名，他前面还有五个人呢，让他一口气挤掉那五个人得到这个状元头衔，似乎不符合常理。

第二种说法，文天祥的论点新颖，深得理宗心意，所以被破格提拔为第一。

部分史学家相信，宋理宗看见文天祥的文章后，肯定会眼前一亮。毕竟，文天祥的论点新颖，特别是那段“蒙古入侵是由内部农民起义引起的，只要不让百姓造反，蒙古军就没有任何南侵的机会”，宋理宗定会被文天祥的才华深深折服，相应也就让他当今科状元了。

这样的说辞，真的需要商榷一下。毕竟，文天祥说的这些，也算老生常谈了，并不是他成为状元的关键原因。

第三种说法，文天祥是理学弟子，宋理宗是一个坚定的理学拥护者，所以他青睐文天祥，就让文天祥成为状元。

这种说法，有点道理。

文天祥是江万里的门生，他是一个理学门人。而这个宋理宗，因为从小耳濡目染理学（不管是帝师郑清之，还是宰相史弥远，都是理学的拥护者），所以长大成人后，他独尊理学，十足一个理学的门人。后来，为了获得士大夫的支持和维护自身的统治，宋理宗更是大倡理学，把理学作为国家的“道统”。

在当时，理学就是宋理宗的精神支柱和统治法宝，因此，宋理宗录用了理学门人的文天祥，把他树立成一个标杆。

然而，这种说辞，也需要商榷一下。

毕竟，在当时的氛围下，但凡一个读书人，都以理学门人自居。理学门人成千上万，文天祥只不过是其中之一罢了。在这种背景下，如果宋理宗因为是理学门人所以特别关注、进而录取，只会让其他学子不服。所以，这种说辞值得商榷。

也许，这个事情的真相，真就如历史记载的那样，因为文天祥的名字好听。也许，这个事情的真相，永远是一个未解之谜。

不管真相如何，事实无法改变，文天祥成了第一名。

在这次科举考试中还有一个人不得不提，他就是本次科举二甲二十七名。这个人的名字，叫作陆秀夫。

回家丁忧

可想而知，看见自己金榜题名、还是第一名后，文天祥有多惊喜。结果，文天祥正在手舞足蹈，仆人找到了他，告诉了文天祥一个惊天噩耗。

这个噩耗就是——父亲文仪不行了。

在大限前，借着回光返照的力气，文仪找来文天祥兄弟交代后事。

对文天祥，文仪道："朝廷策士，擢汝为状元，天下人物可知矣。我死，汝惟尽心报国。"

对文璧，文仪道："度吾不能起此疾，汝兄弟勉之。"

说完，文仪闭上了双眼，病逝于文天祥高中状元的第五天夜里，死时年仅41岁。

父亲病逝后，文天祥悲痛不已，他上疏朝廷，请求拒绝参加所有的庆祝活动，带父亲的棺椁回老家安葬并丁忧。

朝廷同意了文天祥的请求还赏赐了他一些银两，作为安葬之用。朝廷告诉他，他的功名和官职全部保留，三年后，即文天祥丁忧结束之日再全额兑现。

就这样，文天祥兄弟回家了，他们带着父亲的棺椁回到了老家庐陵。

斗转星移，很快，三年的丁忧结束了。开庆元年（1259年）五月，文天祥重新出山了。朝廷补授了他丞事郎、签书宁海军节度判官厅公事的官职。

同年九月，文天祥离开老家，他从鄱阳湖入江，随后顺江前往临安，准备任职。在去临安途中，文天祥的心情是既激动又悲愤。

为何激动？

文天祥清楚地知道，他是状元，是国家重点培养的对象。当时，根据一般规律第名前列者，不出十年而至公辅，只要自己努力奋斗，没准就能当上宰相。

为何悲愤？

原来，文天祥进京期间，正是蒙哥汗大军压境之日。当时，蒙古军兵分三路，对南宋发动了全面进攻。面对蒙古人的入侵，南宋毫无办法，军队节节败退，国家危在旦夕。

虽然在蒙古军的进攻下，南宋岌岌可危，但是文天祥却毫不惧怕，他坚信，最终获胜的一定是南宋。南宋军民也一定能够北伐中原，让这个国家再次统一。为此，文天祥曾赋诗《题黄冈寺次吴履斋韵》：

长江几千里，万折必归东。南浦惊新雁，庐山隔晚风。
人行荒树外，秋在断芜中。何日洗兵马，车书四海同。

就这样，带着自己“万折必归东，车书四海同”的信念，文天祥来到了临安城，准备为这个国家开创一个太平盛世。结果文天祥惊讶地发现，朝中之混乱、君臣之昏庸，要比他想象的还要严重。当时，面对蒙古大军的入侵，宦官董宋臣建议宋理宗迁都至四明。这是仿效当年宋高宗之事，一旦战局不利，就乘船出海，以避敌军。

得知此事后，文天祥都快气炸了，他清楚地知道，“銮舆一动，则三边将士必瓦解，四方盗贼必蜂起”，这个国家就完了。文天祥同意迁都，但前提是，国家真正到了危亡之际，可如今敌人还未攻破长江防线，根本没有进入宋朝的腹地，宋理宗竟然就要逃跑了，如此畏敌怯战的皇帝，让文天祥情何以堪？

为了劝说皇帝不迁都，文天祥豁出去了，他以敕赐进士及第的身份，上疏朝廷，阐述自己的看法。

要知道，文天祥此举，可谓命悬一线。因为，当时按照国家规定，不是谁都有资格上疏朝廷的。除非皇帝特别下令，允许大家畅所欲言，身份卑微者才有上疏朝廷的机会（比如王安石时期的郑侠），否则就要承担轻则罢免、重则流放的后果。毕竟，朝廷有法度在。

可见，文天祥此举，可谓是越级告状、冒死一谏，完全不顾个人的前途。当然，即使危险再大，文天祥也不会退缩。

史料记载，文天祥来到临安后，立刻上疏了又一篇万字文《己未上皇帝书》。在文中，首先，文天祥告诉宋理宗绝不能迁都，“陛下为中国王，则当守中国；为百姓父母，则当卫百姓！”如今，大敌当前，宋理宗不去想着如何保护江山社稷和黎民百姓，却要抛弃他们，如此行事十分不妥。

其次，文天祥告诉宋理宗，理宗您绝不是一个昏君，您之所以有迁都的想法，完全是被小人蒙蔽了。臣建议，斩杀了这些小人，以安抚民心。

最后，对于这些小人，文天祥也豁出去了，他直接点其姓名，要杀了董宋臣，以安天下：“不斩董宋臣，以谢宗庙神灵，以解中外怨怒，以明陛下悔悟之实，则中书之政必有所挠而不得行，贤者之车必有所忌而不敢至！”

指名道姓，杀气腾腾，文天祥如此上疏，可谓豁出去了，不成功便成仁。

这不是危言耸听，毕竟，如果文天祥弹劾失败的话，必会遭到董宋臣的全力反击，最终的下场也可想而知。君不见昔日的范仲淹，在弹劾吕夷简未果后是一个什么样的下场……

第十七章 官场荆棘路

下岗和上岗

在上疏了《己未上皇帝书》后，文天祥就焦急地等待着。在文天祥的眼中，自己无非就是两种结果。第一，弹劾成功，董宋臣滚蛋，他成为南宋“锄奸”的英雄。第二，弹劾失败，文天祥被冠以诽谤朝堂、戒百官越职言的罪名，罢黜地方，甚至是驱逐出官场。

孰料，文天祥惊讶地发现，自己竟然迎来了第三种结果。

原来，宋理宗既没有同意董宋臣的迁都建议，也没有同意文天祥诛杀他的建议，他选择了“装傻充愣”，权当没有发生过这件事。

宋理宗如此处理也算是一个明智之举。毕竟，虽然这个皇帝怕死，但是也不想迁都，所以没有文天祥的谏言，他也不会迁都。同样，宋理宗也离不开董宋臣，即使他知道董宋臣是一个挨千刀的奸臣，也不忍心杀了这个忠心耿耿、深得其心的人。

就这样，宋理宗权当没有发生过这件事，还是按照既定计划，颁布了圣旨，授予了承诺给文天祥的官职。然而，颁布圣旨后，宋理宗惊讶地发现，文天祥竟然抗旨，辞官回家了。

原来，得知皇帝无视自己的建议后，文天祥伤透了心。在他的眼中，给如此昏庸的皇帝打工，又能有什么前途？于是，一怒之下的文天祥宁愿归隐山林，也不给这种朝廷卖命。

就这样，开庆元年（1259 年）闰十一月，文天祥回到了老家。他刚刚到老家，就听到贾似道取得了“鄂州大捷”的消息。为此，文天祥高兴了好一阵子。当然，文天祥也跟所有人一样，根本不知道这就是一个骗局。

“鄂州大捷”后，朝廷解除了外患，开始处理内政了。处理内政时，朝廷颁布圣旨，让文天祥出山。

对于朝廷的任命，文天祥以自己没有晏殊的学问、没有杨亿的文采、没有范仲淹的名声，恐难担此重任为由，拒绝出山。结果，文天祥越拒绝，朝廷越要求。

朝廷之所以逼迫文天祥出山，原因有二。

第一，文天祥是宋理宗钦点的状元，他的身份特殊，他不当官，说不过去。

第二，新任宰相贾似道想构筑自己的势力，他看中了文天祥，想让其为自己所用。

最终，在朝廷的诚意下、在新任宰相贾似道的盛情邀请下，文天祥心动出山了。

在文天祥的眼中，这个新任宰相贾似道还不错，他是获得“鄂州大捷”的救国英雄，还是驱逐了董宋臣（后面再说）的贤明大臣，在他手底下办公应该不错。

就这样，文天祥正式接受了朝廷的任命，重新回到了临安。

文天祥是个“新人”，他干了很多“杂活”，担任的官职也很多。文天祥当过科举考试的覆考官，当过太子的老师，还在刑部判过案。当然，不管干什么，他都是兢兢业业，所有岗位皆政绩斐然。

在担任太子老师时（任景献府教授），文天祥倾囊相授，把所有的知识都传授给了这位太子爷。但赵禥是一个傻子，根本没有听懂文天祥讲的东西，这让文天祥痛苦不已。然而，宋理宗却对文天祥讲的内容颇为欣赏，他特意赏赐了文天祥一个金碗，以肯定其水平。

在刑部判案时（任刑部郎官），文天祥为了不出现冤假错案，昼夜不倦地学习法律知识，愣是从一个门外汉，学成一个资深的法律专家。最后，官吏再痛恨这个不肯同流合污的文天祥，也只能对其臣服。

在担任科举考试复审官时（覆考官）时，文天祥仔细地查阅每一篇文章，为朝廷发现了不少栋梁之材。文天祥在查阅文章还传出了一段佳话。

原来，文天祥在查阅文章时发现一篇文章甚好，立论新颖，文采一流，始终贯穿着救国救民的思想，这篇文章的作者理应中举。然而，这篇文章的作者因为一不小心，写了一个触犯皇帝名讳的字。按照规定，文章写得再好，作者也不能被录用。

当时，如果文天祥不录取这个考生，无可厚非。反而如果录取了这个考生，则会引来无数的麻烦。结果，文天祥认为人才难得，他据理力争，冒着被治罪的危险，还是录取了这名考生。

后来，等拆去卷头封印、公布考生名字后，文天祥大吃一惊。原来，这个考生不是别人，竟然是他少年时期的老师。

就这样，这个老师教授学生、学生录用老师的故事，成就了一段千古佳话。

至此，因为工作兢兢业业，且成绩斐然，文天祥进入了朝廷的眼帘，朝廷准备对其委以重任。然而，因为两件事情的爆发，愤怒的文天祥竟自毁前程，再一次辞官回家了。

这两件事情，就是贤臣吴潜遇害事件和小人董宋臣“王者归来”事件。

第二次下岗

先说这第一件事，贤臣吴潜遇害。

文天祥之所以入朝为官，有很多的原因，其中一个就是他认为新宰相贾似道非常好。在这个救国之臣手底下干活，他心情痛快。结果，文天祥惊讶地发现，自己错了，这个贾似道根本就是一个小人。

贾似道当宰相后，为了大权独揽，开始清除异己了。当时，为了清除宰相吴潜，贾似道找到宋理宗，对其谗言道，吴潜不是一个好东西，所有人都希望赵祺登基称帝，唯独吴潜不希望立他为太子，这说明什么，说明吴潜瞧不上赵祺，认为其不配当皇帝。吴潜此举，明显就是看不上皇帝选的继承人，不仅如此，他还有图谋不轨，另立中央之嫌……

本来，因为吴潜跟宋理宗唱反调，皇帝就恨着吴潜，听完贾似道的谗言后，宋理宗一拍脑壳："爱卿所言甚是，咱俩想一块去了。"于是，宋理宗颁布了一道圣旨，把吴潜贬黜到了循州（今广东龙川）。

被贬黜到循州后，虽然吴潜心中充满了不甘，但是没有自甘堕落。在循州，吴潜发展经济，治理水患，惩治贪官，短短几年就把循州治理得井井有条，成为百姓安居乐业的乐土。

目睹了吴潜的作为后，贾似道惊恐不已，害怕吴潜通过这个政绩东山再起。于是，他派遣一个官员去循州给吴潜捣乱。这个官员到了循州后，没过多久，吴潜就离奇地病逝了。

吴潜之死，虽然官方解释是寿终正寝，但是包括文天祥在内的人都坚信，吴潜是被贾似道害死的，为了保护家人，他才守口如瓶、含恨而终。

而且，吴潜临终前曾告诉家人，"吾将病逝，夜必雷风大作"。结果，吴潜病逝当夜，循州电闪雷鸣、风雨交加，过了数日，才渐渐消散。在古人眼中，如果不是有天大的冤屈，上天是不会这样的。

因为志同道合，文天祥跟吴潜私交甚密。文天祥一度认为，吴潜就是他的榜样和骄傲，他也希望有朝一日，能够继承吴潜的衣钵。结果，榜样被贾似道活活害死了。这让文天祥心中怎能释怀，他曾赋诗《挽湖守吴西林》，以表心情：

倾盖岁年晚，相知江海深。春天思北树，夜雨话西林。
五岭生前梦，中原地下心。英雄凋落尽，慷慨一沾襟。

要知道，文天祥要求颇高，在他的心中，若不是一流贤臣，是不会得到他的赞誉的。未来，即使是以死报国的李庭芝，同为"宋末三杰"之一的张世杰，也不入文天祥的法眼。可对于这个吴潜，文天祥却为其发出了"慷慨一沾襟"的诗句，可见文天祥对其的重视，也能看出文天祥对贾似道的痛恨。

吴潜无故身亡后，文天祥对这个朝廷伤透了心。小人董宋臣"王者归来"，更加坚定了文天祥的想法，他决定辞官回家了。

再说第二件事情，小人董宋臣王者归来。

前面讲过，文天祥最痛恨这个小人董宋臣了，为此，他曾上奏朝廷，要求驱除这个小人。在没有得到满意的答复后，文天祥宁可辞官，也不跟这个小人为伍。

文天祥在家乡“待业”期间，他听到了一个振奋人心的消息，贾似道上疏弹劾董宋臣，已经把这个小人驱除出了京城。这个消息，让文天祥兴奋不已；这个消息，也是其投奔贾似道的主要原因之一。

结果，随着时间的推移，文天祥发现，自己完全想错了。

贾似道之所以驱除董宋臣，不是为了“锄奸”，而是为了“滥权”。贾似道根本没有什么是非之分，他就是嫌董宋臣挡着自己了，这才痛下杀手，把他轰出了朝廷。

正当文天祥看透贾似道时，宋理宗竟又把董宋臣召回朝廷，这更让文天祥看透了皇帝、看透了朝廷。

景定四年（1263 年），在驱逐了董宋臣三年后，宋理宗终于忍不住了，他颁布了一道圣旨，让这个小人重回朝廷了。

宋理宗之所以召回董宋臣，也是有“苦衷”的。毕竟，在他的眼中，驱逐了董宋臣，谁能在他赏花看叶时，为其盖舒适的凉亭呢？驱逐了董宋臣，谁能在他“寂寞”时，为其介绍唐安安这种名妓呢？驱逐了董宋臣，谁能为其背下这劳民伤财、腐败奢靡的骂名呢？

可见，宋理宗离不开董宋臣这种“能臣”。

就这样，在文天祥的愤怒中，董宋臣归来了。而等听到董宋臣的官职后，文天祥更加愤怒不已了。

原来，宋理宗命他主管景献府，让董宋臣全力伺候他们父子俩，而文天祥的官职其中之一就是景献府教授，即太子的老师。

换句话说，这个被文天祥痛骂的小人，不仅重回了朝廷，还成为文天祥的顶头上司，这让文天祥情何以堪？

于是，第二轮进攻，正式开始。

自古忠奸不并立，水火不相容，愤怒的文天祥上呈《癸亥上皇帝书》，要求皇帝严惩董宋臣，把他驱除出朝廷。

在这篇奏折中，文天祥告诉皇帝，董宋臣这个人“凶鸷残毒，不可向迩，倚恃权势，无所不至”，这就是一个祸国殃民的小人。这么一个民间百姓称为

“董阎王”的人，怎么能够回归朝廷，还被委以重任呢？伏望陛下稍仰圣情，俯从公议，收回成命，把这个小人驱逐出去，以安百姓。

三年前，文天祥第一次上疏弹劾董宋臣时怀着一颗不安的心，等待着圣裁。三年后，文天祥第二次上疏弹劾董宋臣时反而安心了很多，因为文天祥仿佛预料到了，他这一次的弹劾，也会不了了之。

事实，正是如此。

对于文天祥的这一次弹劾，宋理宗自知理亏，依旧选择了装傻充愣，就当没有发生过这件事。他既不惩罚文天祥，也不同意文天祥的说法，宋理宗一直宠爱着董宋臣。

就这样，看见宋理宗再一次无视自己的意见后，文天祥大怒，他直接请辞，要求回家。后来，在朝廷的“挽留”中，文天祥退而求其次，自请发配地方，去造福一方百姓。

那么，出任地方官员后，文天祥又干了什么事情呢？

江西判案

宋理宗景定四年（1263 年），文天祥来到了端州（今江西高安），成为这里的地方官。

这一年，文天祥 28 岁。

一年后，因政绩不错，朝廷把他召了回来。宋理宗任命其为礼部郎官，让其成为一名中央官员。结果，文天祥仅仅干了一个月，就又被轰到了地方，改任为江西提刑了。

对于文天祥的这次任命，到底是朝廷打算在提拔他前把他发配地方历练（参考辛弃疾）；还是如史学家们公认的那样，因为宋理宗病逝了，朝廷需要重组，就把文天祥这个格格不入的官员轰走，好腾地方……我才疏学浅，就不讨论了。

我唯一知道的是，对于这个官职，文天祥兢兢业业，不敢怠慢。

文天祥的这个官职叫江西西路提点刑狱，主要职能是掌管江西西路的狱讼和纠察不法等事。

文天祥上任时，正逢宋度宗继位、大赦天下之时。借着这种形势，文天祥认真推广朝廷仁德，大赦江西百姓。同时，文天祥认真地审理冤假错案，把那些受到不白之冤的百姓给释放了，也把那些祸害百姓的官员绳之以法。

正所谓几家欢喜几家忧，百姓们高兴，自然就有愁眉不展的人。

发愁的人，就是那些贪官污吏。

这个文天祥，必须轰出官场。

于是，奸臣们打算用那个经久不衰的老办法，逼迫文天祥下岗了。

这个老办法就是——从文天祥的生活作风入手，栽赃陷害。先把他搞臭，再把他搞倒，最终把他搞死。

继续下岗

咸淳元年（1265 年）四月，搞臭文天祥的行动，正式开始。

当时，文天祥正在吉州一带巡视，政绩斐然，深受百姓爱戴。按照他自己的话就是："推广德意，全宥居多，惟平寇扶楮，稍振风采。"

结果，在巡视期间，贾似道的亲信，品质恶劣、卑鄙无耻的小人黄万石竟参了他一本。

黄万石给文天祥的罪名是——文天祥是一个不孝的人。他的亲祖母去世了，文天祥却不去守孝，也没有任何表示，真乃禽兽不如！如此大奸大恶不孝之人，不配当官，希望朝廷罢免他的官职。

此奏折一出，举朝哗然。

这个罪名，太劲爆了！

在儒家的思想中，孝是中国基本的伦理准则。

苏轼就曾骂李定"如此禽兽不如之人，古今罕闻；罔顾母亲丧事，追求名利的奸佞小人"。

那么，文天祥真是一个不孝之人吗？

当然不可能了。

诚然，就在不久前，文天祥的祖母去世了，文天祥也确实没有给她丁忧守孝。但这个祖母是文天祥的伯祖母。

原来，文天祥的亲祖母姓梁，史称梁氏。梁氏生下文天祥的父亲文仪后，因丈夫的兄弟无后，就把文仪过继给了叔父。就这样，虽然从血缘上讲，梁氏是文天祥的亲祖母，但是从宗法关系上讲，梁氏就成为文天祥的伯祖母了。

后来，嘉定十二年（1219年），因为丈夫文时习去世，梁氏孤苦无依，就改嫁到一个刘姓家族。

梁氏嫁入刘家后，为刘家生了二男一女，在刘家一共生活了46年，于咸淳元年（1265年）病逝。

当时，得知祖母去世后，文天祥曾第一时间上奏朝廷，请求“承心制”，为祖母守孝。

所谓“承心制”，即只在心里守孝，不回家丁忧，也不用穿丧服、行丧礼。毕竟，在礼法制度中，虽然梁氏是文天祥的亲祖母，但她已经变成伯祖母且已经改嫁了，这种情况下，应该由那些直系子孙去守孝，文天祥这个“外人”是没有必要为其守孝的。而且，这种“承心制”的礼法，符合当时的封建礼制。所以平心而论，文天祥没有错。然而，他架不住那些颠倒黑白的小人造谣呀。

这些小人不顾事实，就抓住梁氏是文天祥亲祖母这一点不放，玩儿命地造谣生事，痛骂文天祥不守礼制。

后来，为了增加舆论效果，这些小人竟然出版了一本《龙溪友议》的小册子。

这些小人把书送到江西、福建、广东等地，到处散发，诬陷文天祥不守孝道，说他就是一个当有重服却匿而不行的小人。

至此，文天祥终于明白了当年欧阳修的苦，也终于明白了欧阳修无比愤怒的原因（当年欧阳修被诬陷时，愤怒的他宁可辞官，也不回朝）。于是，愤怒的文天祥上疏朝廷，希望审理此事，严惩小人，还自己一个清白。

当时，得知文天祥被人诬告后，他的好友们皆为其打抱不平，他的老师欧阳守道更是写文章声援他，全力支持他。

欧阳守道告诉世人：“梁氏已经改嫁了，现在她是刘家的祖母，所以死后守孝的只能是刘家人，文天祥根本不用去守孝。他用‘承心制’守孝，是完全正确的。可恨那些不学无术的小人，存心于无过中求有过，欲加之罪，何患无辞！”

虽然友人的声援让文天祥欣慰不已，但是另一面，朝廷的敷衍了事，又让文天祥愤怒无比。

礼部官员明明知道文天祥是对的，但碍于贾似道的淫威，不敢处理黄万石这个小人。礼部官员采用了一个最好也最简单的办法——拖，拖到舆论消退，拖到热度消失。

结果，这一拖就拖了整整一年。可怜那文天祥，整整打了一年的嘴仗，整整蒙受了一年的不白之冤，真是心力交瘁……

然而，文天祥惊讶地发现，竟然还有更惨的事情在等着他。

原来，虽然朝廷查明了真相，却不分青红皂白，接受了黄万石的“不称职论”，认为文天祥是一个“不称职”的官员，让他回家了。

得此结果，文天祥也不想再申诉了。文天祥收拾了行囊，回庐陵老家了。

文山的逍遥岁月

咸淳元年（1265 年）四月，被罢官的文天祥回到了庐陵老家，愤怒的他决定再也不从政了。

文天祥在给朋友书写的信中，流露出他已经看透了这个世界，彻底绝望了的情绪。

荣悴纷纷未可期，夕多未振已朝披。得刚难免于今世，行好须看有验时。
萱昼堂前惟有母，槐阴庭下岂无儿。好官要做无难做，身后生前是两岐。

按照文天祥的话说，在这个混蛋的世界当官，当好官，就一定没有好报。若想在身后留下清名，就一定要做好生前遭罪的准备。文天祥心力交瘁，真的不想在这种官场混了。

就这样，跟当年的辛弃疾一样，文天祥打算与嬉鸟花草为伴，平静地度过余生。

文天祥在归隐期间，发现家门前有一座风景秀美的山，那里“溪山泉石，四妙毕具，委曲周遭，可十余里。盖其景趣，兼盘谷、环滁而有之。而其旷远缥缈，或谓南楼劣焉”，是一个修身养性的好去处。

文天祥把这座山命名为“文山”，并在这里修筑了一个别墅，准备在这里颐养天年。

文天祥在文山隐居期间，生活非常惬意。白天，文天祥带着酒饭、骑着马，到处欣赏美景，直到月亮上升了，才尽兴而归。他很多歌颂美景、看破红尘的诗句，就是在这个时期创作的。

一笠一蓑三钓矶，归来不费买山赀。洞天福地深数里，石壁湍流清四时。
樵牧旧蹊今可马，鬼神天巧不容诗。先生曾有空同约，那里江山未是奇。

——《辟山寄朱约山》

除了欣赏美景外，文天祥把传宗接代的终身事也完成了。

由于史料匮乏，文天祥是何时结婚的，不得而知，但他的结发妻子叫欧阳氏，却是不争的事实。

如今，很多资料都认为，欧阳氏是文天祥老师欧阳守道的亲属，其实不然。欧阳氏的父亲叫欧阳汉老，此人与欧阳守道没有任何关系，跟欧阳修也没有任何关系。

历史上的欧阳汉老，是一个没有功名的读书人，他参加过两次科举考试，结果都落榜了，终其一生也没有任何功名。虽然毫无功名，但欧阳汉老却是一个饱读诗书的人，在他的悉心教育下，欧阳氏长成了一个饱读诗书、颇有学问的女子。

在历史中，因为志同道合，文天祥跟欧阳氏非常恩爱，堪称一对模范夫妻。“空坑之难”时，文天祥以为欧阳氏死于乱军（其实没死），为此还赋诗一首，以表自己丧偶之痛：

结发为夫妻，仓皇避乱兵。
生死与别离，回首泪纵横。

虽然文天祥的这首诗，不如苏轼的“十年生死两茫茫，不思量，自难忘”，也不如陆游的《钗头凤》，但是也表现了文天祥对夫人的爱。

虽然对夫人的爱矢志不渝，但在那个时代里，文天祥也是要娶妻纳妾的。毕竟，男人三妻四妾是那个时代的传统。

除了正室夫人欧阳氏外，文天祥还有两个次夫人，颜氏和黄氏。这三位夫人和睦共处，没有闹出什么家庭矛盾，她们一共为文天祥生育了两子五女，即长子道生、次子佛生，五女依次是柳娘、环娘、监娘、奉娘和寿娘。

就这样，在家人的陪伴下，文天祥在文山尽享天伦之乐。然而，文天祥如此年轻，他怎么可能安抚住自己那颗躁动的心呢？

簸扬且听箕张口，丈夫壮气须冲斗。
夜阑拂剑碧光寒，握手相期出云表。

——《生日和谢爱山长句》节选

从诗中可见，文天祥当时的心态是什么。区区小人的诽谤，根本不算事儿。大丈夫真正要干的事情，就是积攒斗志，磨砺手中的宝剑，做好充分的准备，第一时间冲出去奋勇杀敌，报效国家。这，才是一个大丈夫所为。

就这样，秉持着这种信仰，死不悔改的文天祥响应国家的号召再一次出山了。结果，这次出山则是另一个悲剧的开始。

咸淳三年（1267 年）九月，朝廷颁布一道圣旨，任命文天祥为吏部尚书左司郎官。对于这个任命，文天祥同意了。孰料，文天祥仅仅干了一个月，就在御史的弹劾下再次下岗了。

这是文天祥第二次被罢官。

文天祥愤怒不已，却无处发泄……殊不知，后面还有更加让其愤怒的事情。

这一年冬，朝廷又颁布一道圣旨，任命文天祥为福建提刑。对于这个任命，文天祥又一次同意了。孰料，这次更惨，文天祥尚未到任，就在御史的弹劾下再一次下岗了。

这是文天祥第三次被罢官。

史学家分析，如此折腾文天祥，完全是贾似道故意为之的结果。贾似道就是通过这件事情“杀鸡立威”。

在贾似道眼中，文天祥确实是一个合格的人选，贾似道就是通过他来告诉群臣：“告诉你们，都给我老老实实的，否则，这个文天祥就是你们的下场。即使他是状元又能怎样？还不是一样吊打！”

就这样，在贾似道的折腾中，文天祥痛苦极了，愤怒的他再一次回到文山。

没过多久，朝廷又颁布了圣旨，让文天祥出山。大家是不是以为已经被“玩坏”的文天祥必会选择抗命？

岂知，就在这个时候，文天祥决定再次出山了。

因为，此时此刻，朝廷已经变天，文天祥的恩师江万里当上了宰相。在他的召唤下，文天祥再一次进入权力中心。

继续下岗

咸淳五年（1269 年）三月，正当文天祥在文山下棋、看景、饮酒、赋诗、作乐时，朝廷传出了一个消息，让其振奋不已。

原来，文天祥的老师江万里重新回到了朝廷，当了宰相。

作为江万里的再传弟子，文天祥太了解这个老师的秉性了。这个老师以嫉恶如仇、忧国忧民而著名。昔日，宋理宗时期，这个老师就直言进谏，希望皇帝驱除小人、重用贤臣，结果在小人的诽谤下下岗了。

如今，老师归来，很明显，这是新皇帝打算重用贤臣。如此结果，焉能不让文天祥欣喜若狂？

果然，没过多久，文天祥期待的任命状就如期而至了。

在江万里的推荐下，朝廷任命文天祥为知宁国府，命他走马上任。结果，对于这个任命状，文天祥选择了抗命。

文天祥不是嫌这个官职小，而是他要一个说法。按照他自己的话说，“昔日忧国，冒当事任之”，结果被两次罢黜下岗，“虽公论至久而愈明”，但直到今日朝廷也没有给一个说法。

文天祥要说法，这无可厚非。但问题是，朝廷怎么可能给他说法呀（若朝廷给了他说法，就打了贾似道的脸了）。朝廷只能选择装傻充愣，希望文天祥自己消气。江万里也劝文天祥，希望他既往不咎，以大局为重。

最终，劝了整整半年，咸淳五年（1269 年）十月，文天祥才去宁国府走马上任。在宁国府仅仅上任了一个月，朝廷就迫不及待地颁布圣旨，让文天祥回归朝廷，去中央任职。

虽然朝廷任命文天祥的官职，仅仅是一个毫无实权的崇政殿说书，但不可否认的是，这是一个肥缺。因为这个官职的任务，是给皇帝讲课。这天天跟皇帝面对面的，万一哪天皇帝高兴了，自己飞黄腾达之日就指日可待了。

文天祥清楚地知道，若没有老师江万里，他不可能得到这个官职。他也打算好好干，不辜负老师的厚望。

虽然对于这个皇帝，文天祥清楚地知道，这就是一个傻瓜，根本教不会（宋度宗当太子时，文天祥教过他）。但是，文天祥也有信心让这个皇帝对自己委以重任，从此报效朝廷，安抚社稷，不负所学之道。

就这样，文天祥高高兴兴地入京了。谁知，文天祥刚刚进入京城，又被现实狠狠地揍了一顿。

这个现实就是——因为跟贾似道不是一路人，江万里被排挤出了朝廷。不，准确地说，因为看不过贾似道和宋度宗的所作所为，愤怒的江万里辞职了。

原来按照文天祥的想法，朝廷之所以任命江万里为相，是打算重用贤臣。结果呢，根本不是那么回事。任命江万里为相，完全是贾似道的主意。而贾似道之所以任命江万里，无非就是知道此人官声好、威望高，把他硬拽回来，以充自己的门面。

得知了贾似道的真实目的后，江万里愤怒不已。再后来，目睹了宋度宗跟贾似道上演的闹剧后，江万里更加不愿在朝中为官了。

之前曾说过，贾似道有一个爱好，他常以辞职相要挟，以获得更大的权力。咸淳六年（1270 年）初，贾似道故技重施，再次以辞职相要挟，请求更大的权力。

宋度宗就是一个傻子，焉能知道贾似道的心思？得知这个师相要辞职，宋度宗吓得涕泣，不惜给贾似道下拜，也请他不要辞职。

看见皇帝要给大臣跪拜，江万里用身体挡住皇帝，大声道："自古无此君臣礼，陛下不可拜，似道不可复言去！"一听这话，贾似道才知道自己做得有点过，他赶紧跪拜，并表示不再辞职了。

虽然事后贾似道貌似愧疚地对江万里道："没有您的当头棒喝，我就成千古罪人了（微公，似道几为千古罪人）"。但是，从心里，贾似道恨死了江万里，他玩儿命地给江万里穿小鞋，让其苦不堪言。

就这样，江万里上疏朝廷，自请下放，远离这个是非之地。江万里在离京的路上，正好遇到了上京的文天祥。

师徒在这种情况下见面，真是有说不尽的心酸苦楚。当时，文天祥还劝老师，希望老师以大局为重，不要斤斤计较。文天祥告诉老师，如今正值国家危难，忽必烈率军猛攻襄阳城，一旦襄阳失守，后果不堪设想。他希望老师参与朝政，拯救国家。

对于文天祥的劝说，江万里苦笑不已。事已至此，摊上那么一对昏庸君臣，还能怎么办呢？最终，江万里只能劝说文天祥不要步自己的后尘，随后就跟文天祥分道扬镳了。

拜别了老师后，文天祥进入了朝廷。那么，在任职期间，文天祥会听从老师的劝慰，忍辱负重呢？还是继续奋勇向前，跟黑恶势力顽抗到底呢？

答案，不说自明。

这不，仅仅过了半年，文天祥就步了老师的后尘，跟老师同样的待遇，被贾似道轰出朝廷了。

咸淳六年（1270 年）六月，在消停了半年后，贾似道故技重施，他以身体有病为由，再次以辞职相要挟，请求更大的权力。

这一次，他的计谋还是得逞了。宋度宗下令授予贾似道更大的官职，以挽留这位“师相”。同时，宋度宗拟颁布一道诏书，以挽留贾似道。

群臣清楚地知道，所谓的好言相劝，不过是书写一篇歌功颂德的文章，拍拍贾似道的马屁。结果，该着贾似道倒霉，写这篇文章的任务竟然落在了文天祥的头上。

文天祥挥毫洒墨，好好地对贾似道“歌功颂德”了一番:“周公相成王，终身未尝归国。孟子当齐世不合，故致为臣。盖常情以去就为轻，惟大臣以安危为重。苟利诸国，皇恤其身？若时元勋，为我师相；先帝付托，大义所存；太母留行，前言可覆。胡为以疾，而欲告休？惟医药所以辅精神，惟安身所以保家国。古者之赐几杖，虽当七十，而不得引年；我朝之重辩章，虽过九旬，而尚使为政。勉厘重务，勿困眇怀！所请宜不允。”

这段话的意思是说：像周公、孟子这样的贤人，都以国家安危为重，不轻言退归。你贾似道是本朝的师相，先帝托孤的大臣，太后委以重任的国之脊梁，怎么能够以“身体有病”为由辞职呢？若真的身体有病，那就好好吃药休息，等身体好了继续为国效力。

虽然本朝有规定，70 岁的大臣可以退休，但为了这个国家，90 岁还在为国效力者比比皆是。你贾似道也就50多岁。这个年龄，你好意思嚷嚷退休吗？还是请继续努力，为国家效力吧。因此，你的退休请求，宜不允！

可想而知，贾似道看完这篇文章有多生气，他气得咬牙切齿：好你个文天祥，你给我等着，咱俩没完！

就这样，贾似道开始安排党羽弹劾文天祥了。在这些人的群起而攻下，文天祥很识时务，他递交了辞职信回家了。

咸淳六年（1270年）九月，文天祥再一次回到了文山。这一次，是他第四次被罢官。这一年，文天祥35岁。

文天祥这一次归隐整整持续了两年半，直到咸淳九年（1273年）三月，才响应国家的号召，去临危受命，解救这个国家。

之所以用上“临危受命，解救这个国家”，并不是危言耸听。因为文天祥出山时，那场持续了6年的襄阳之战已经结束。当时，襄阳城已经易主，南宋门户尽失，这个国家已经快灭亡了。

第十八章 襄阳之战

大战重开

经过了浴血奋战后，忽必烈终于干掉了所有竞争者，成为元朝新的大汗。伴随着北部疆域的统一，忽必烈再次把目光投向了南方，准备统一这片中华大地了。

然而，等真正想攻打时，忽必烈无奈地发现——这个任务，真不好办。

从 1235 年开始，蒙古就讨伐宋朝，结果，打了 40 多年，打得蒙古“改朝换代”了 6 代（元太宗窝阔台、元太宗后乃马真氏、元定宗贵由、元定宗后海迷失氏、元宪宗蒙哥、元世祖忽必烈），还战死了一个蒙古大汗，也没有把这个国家打下来。

对于这个问题，蒙古困惑不已，他们也不知道是哪里出现了问题。

痛定思痛后，蒙古得到一个结论，应该是战术出了问题，是他们没有找到灭宋的关键点，所以无法灭掉这个国家。

要知道，从金国开始，灭掉宋朝的战术就三条路。第一条路，攻陷巴蜀，沿着长江顺流直下灭宋。第二条路，突破宋军的长江防线，直捣黄龙府。第三条路，占领两淮，从侧翼攻打宋朝。

这三条路都可行，但实施起来，却难如登天。因为，虽然两淮一带多为平原，但是水网密集，骑兵很难前进。而且，南宋知道这里地形不利，所以在这里投入了重兵。忽必烈若想攻陷两淮，必要付出难以想象的代价，否则这就是一个梦想！

相对于重兵云集的两淮，虽然宋朝长江防线的兵力少，但是更加难以突破。忽必烈在没有绝对把握前，也不敢对这条河下手，以免重蹈覆辙。

不能打两淮，不能打长江，就只能沿着巴蜀之地进攻了。然而，这一条路，忽必烈也不想选。毕竟，蒙古上一任大汗就是在这里折戟沉沙、命丧黄泉。如今，蒙哥尸骨未寒，忽必烈可不想跟他在另一个世界“把酒言欢”。

至此，在忽必烈眼中，宋朝沿着长江修筑的这条东起淮东、中至荆襄、西至巴蜀的防线，堪称固若金汤。忽必烈不知道该从哪里下手！

忽必烈把宋朝的长江防线比作一条蛇，他清楚地知道，只有找到这条蛇的七寸在哪里，才能彻底击杀。

那么，这条蛇的七寸在哪里呢？

没有一个人知道这个答案。

是的，从金国开始，金国的九代统治者都没有找到这个答案。而忽必烈前的六任蒙古统治者也是如此。

任何防线，都有它致命的软肋。但是，到底什么地方，才是宋朝的软肋？

咸淳三年（1267 年）十一月，忽必烈终于知道了那个问题的答案。

准确地说，是有人告诉了他答案。

更准确地说，是宋朝人主动地告诉了他答案。

这个宋朝人，就是降将刘整。

刘整，字武仲，邓州穰城（今河南邓州市）人，宋末元初著名将领，元朝水军的创始人之一。金末时投奔南宋，隶属于南宋名臣赵方麾下。

虽然是降将出身（他是金国的将领），但刘整深爱着南宋。毕竟，这是他祖先曾经生活的国度，他的骨子里还流淌着汉人的血液。然而，刘整热爱着南宋，南宋却并不爱他，特别是贾似道当权后，更是对他各种迫害。

前面讲过，贾似道上台后，用人一个标准“唯亲是举”，谁听他话，谁跟他一条心，他就用谁。

当时，刘整就被贾似道收拾了。被收拾后的刘整告了御状，要求为自己平反。结果，在皇帝不理政，全由贾似道说了算的局面下，刘整的这封御状不仅没有为其平反，还招来了杀身之祸。

最终，因申冤无望、报国无门，也怕身首异处，万般无奈的刘整索性投降了蒙古，叛离了南宋，与这个国家恩断义绝了。

刘整献计

投降了蒙古后，刘整二话不说，开始制定灭宋方案。他更是告诉了忽必烈，长江防线的“七寸”就是襄阳城：“攻宋方略，宜先攻襄阳，若得襄阳，则浮汉入江，宋国可平！”

刘整的这番话，说得忽必烈醍醐灌顶、茅塞顿开。他终于找到了胜利的钥匙。

要知道，刘整此计，堪称“釜底抽薪”！自古以来，襄阳都是兵家必争之地（三国时，关羽水淹七军就是发生在这里），如果元军攻下襄阳，长江中流的重镇鄂州就失去屏障，彻底不保，长江防线也就形同虚设了。

若南宋丢失了襄阳，则南宋的长江防线就会被元军从中心突破、被截成首尾两段，届时，元军向西，可以切断巴蜀之地与朝廷的联系；向东，则可以顺江而下，直捣南宋的国都临安城。到了那个时候，南宋就真的亡国了。

因此，在宋朝的整个防线布局中，襄阳的战略地位十分重要。对此，《钱塘遗事》的作者刘一清就直言不讳道：“襄者，东南之脊，无襄则不可立国！”

就这样，在刘整的帮助下，忽必烈准备投入重兵，攻陷襄阳。

当然，南宋也不是傻子，他们也知道襄阳城的价值。

孟珙在 1239 年收复襄阳、樊城后，便指出这两座城池的重要性：“襄、樊为朝廷根本，今百战而得之，当加经理，加护元气，非甲兵十万，不足守分。”

孟珙精心经营，在襄阳建立了一套无懈可击的防御工事。按照继任者吕文德的说法：“襄、樊城池坚深，储粟可支十年。”这根本就是一座不破之城，堪比蜀地那座坚不可摧的钓鱼城。

作为曾经的宋朝前沿防线的主要将领之一，刘整太清楚南宋防线的软肋和漏洞了，他只用了两个计谋，就帮助忽必烈打开了南宋的防线。

第一个计谋，组建水军。

作为宋朝的降将，刘整深知水军的重要性。在投降了蒙古后，他立刻上疏忽必烈，请求组建水军。

刘整认为："我们的金戈铁骑，在陆地上所向无敌，但在水中就百无一用了。要想灭掉南宋、踏平江南之地，还得组建一支强大的水军。希望大汗给我权力，让我招兵买船，训练水兵。只要有了水军，则敌必失所长，只能被我所擒了。"

听了刘整的谏言，忽必烈立刻拨钱物给刘整，让他组建水军。

刘整的这个工作，干得非常好！仅仅用了数年，他就组建了一个有五千艘战舰，七万余名精壮士兵的部队，为蒙古打造了一支强大的水军。后来，这支蒙古的水军部队成为灭宋的主力军，他们不仅攻陷了襄阳城，还攻陷了临安，并在崖山一战，击溃了南宋最后的部队，给这个王朝完成了最后的"送行"。

第二个计谋，安插"钉子"。

刘整清楚地知道，襄阳城固若金汤，要想攻陷这座不破之城就必须在这座城池的边上建立一个根据地，给它钉上一颗要命的钉子。

话虽如此，但在人眼皮底下修建要塞，这怎么可能呢？

这就要看刘整的本事了。

身为降将，刘整太了解南宋将领的秉性了。宋朝襄阳守将吕文德骁勇善战、有勇有谋，不怕死，确实是一位不可多得的将领，但是，此人有一个致命的缺点——贪财。

这，就好办了。

就这样，在刘整的建议下，忽必烈仅用了一条精美的玉带，就换来了一个可以让南宋亡国的交易——在襄阳城外修建一座集市（榷场），允许蒙古人与宋人做生意。

至此，就在不动声色之间，这座榷场就成为蒙古人瞒天过海的一个军事要塞，它变成了一颗钉子，狠狠地扎在了襄阳城上。而对于这一切，吕文德浑然不觉，他反而兴高采烈地跟蒙古人做起了生意，从交易中牟取暴利。

贪小便宜忘大义，南宋竟然重用这样的将士，去镇守一座绝不能失的城池……

当然，不是每一个宋朝将领都贪小失大，他们之中，也有清醒者。吕文德的弟弟吕文焕就是其中的一员。

当时，看见襄阳城外的蒙古大军有恃无恐地修筑城池（榷场）、调兵遣将（商人）后，吕文焕立刻给哥哥写了一封信，请他立刻停止这种开门揖盗的愚蠢行为，并让他赶紧派遣士兵出城，拆毁榷场。

看完弟弟的书信后，吕文德竟然怒了，他回信一封，把弟弟痛骂了一顿。

吕文德告诉他："你如此执意出兵，是不是想建立功勋呀？我告诉你，没有你这么干的！如今，蒙古人修的是榷场，怕甚！我镇守的襄、樊二地固若金汤、兵强粮足，足以支撑十年之久，有何惧哉！你就安心防守吧，即使那刘整来了，我也不惧。敌军若来，我等防守即可。等春水一来，就可以乘舰攻之，一战可破，刘整也肯定跑不了。当然，恐怕那个时候，我也见不到刘整，因为他早就逃跑了。"

这个人，就是这样的自信。当然，这"自信"二字的前面，还要加上盲目二字。

得此将领，真是南宋之不幸、蒙古之万幸。

至此，我仿佛看见一场大戏即将上演，只不过，对于南宋而言，这注定是一个悲剧……

误国奸臣

作为元朝将领，刘整可谓兢兢业业、成绩斐然。

当时，仅仅过了数年，刘整就组建了一支无敌的水军，还在襄阳城外修建了一个"大钉子"。

同时，刘整还超额地完成工作任务，他跟元朝将领阿术在白河口、鹿门山两个地方也修建了城池，完成了对襄阳城的合围。

至此，面对自己先前的所作所为，吕文德后悔不已，他悔恨道："误国家者，我也！"

虽然吕文德悔恨不已，但事已至此，就是悔恨又有什么用呢？吕文德毫无办法，把这个烂摊子留给了弟弟（因为年迈，吕文德入京为官，弟弟吕文焕接替了他的职位)。

就这样，咸淳五年（1269 年）春，忽必烈不宣而战，开启了这场灭亡南宋最重要的一战——襄阳之战。

因为有强大的水军，蒙古军不费吹灰之力就击破了京湖都统制张世杰的水军（敌众我寡）。随后，蒙古军完成了对襄阳城的包围，把它变成了一座孤城。

当时的襄阳城最高统帅是吕文焕，吕文焕惊恐无比，立刻上疏朝廷，请求援军。

得知蒙古军包围襄阳城后，在京城的吕文德也是惊恐无比，他也立刻请求援军。京城官员纷纷如此。

然而，大家再着急也没用。因为只要那个人不着急，这件事情就没法办。

那个不着急的人，就是贾似道。

贾似道认为襄阳坚固，且距临安甚远，着什么急呀？

当时，他关心的事情也许只有三件：一是斗蟋蟀；二是玩女人；三是自己西湖上的那艘游轮！

这个让人无话可说的奸臣……

但是，大臣急！群臣清楚地知道，若襄阳失守意味着什么！于是，大家接连上疏，请求出兵。

当时，朱熹的弟子金履祥提交了一份切实可行的“围魏救赵”之计。他认为，蒙古重军围困襄阳，后方必然空虚，我们可以从海路出兵，直接攻打蒙古的燕州、蓟州一带。这样一来，元军得知后院着火、归路有被切断的危险后，一定会全线撤兵。届时，襄阳城之围就可不战而解了。

试想，若南宋真的按照这个计划去实施，去出兵中原的话，鹿死谁手真不可知，也许中国的历史就有可能改写了。最不济，也能为这个王朝延续不少寿命。

然而，这条完全可行的办法，却被贾似道弃之不顾，原因很简单——怕麻烦。

对于贾似道而言，打仗要调兵遣将，运送粮草，商量对策，这些都是要耗费无数时间和精力的。为什么要干这些事情呢？生命不易，人生苦短，且行且珍惜……

就这样，群臣只能再想办法，以解襄阳之围。

于是，群臣再次提交了一个可行的方案，让大将高达领兵出征，去解襄阳之围。

要知道，这也是一个可行的方案。这个高达有勇有谋，绝对是一个合格的人选。高达能力强到什么程度呢？后来，他投降元朝后，忽必烈给了他一个参知政事的官职！

一个宋朝的降将，竟然能当上元朝的副宰相！高达的能力水平可想而知。当然，让这样的人才不得志，也只能说是南宋的悲哀了。

听完群臣的建议，贾似道想了一会儿，问道："让高达去，可以。但高达去了，吕文焕怎么办呢？"

群臣清楚地知道，吕文焕兄弟是贾似道的人，高达却不是。若高达去了，万一击退了敌军，只能显示吕文焕兄弟无能。到时候，吕文焕兄弟丢不丢人倒两说，但作为他们"推荐人"的贾似道可就丢了这张老脸！毕竟，其他人的面子都能丢，唯独这位的面子，不能有一丝一毫的破损！

这一下子，一个简单的军事问题，竟然变成一个复杂的官场问题。在没有解决这个问题之前，群臣也只能沉默地离开了。

后来，过了几天，御史李旺旧事重提，请求派高达去援助襄阳。结果，对于这个请求，贾似道还是那个老问题："吾用达，如吕氏何？"

结果，李旺豁出去了，他大喊道："吕氏安，则赵氏危矣！"

怎么样？话说到这个份儿上了，贾似道应该派高达出发了吧。结果呢？贾似道就跟没听见一样，他就是不同意这件事。

在这种危急关头，南宋竟然得此奸臣，活该倒霉了。

不，不是一个奸臣，而是两个。

这另外一个奸臣，就是襄阳城的守将——吕文焕。

另一个误国的奸臣

原来，得知群臣上奏朝廷、要高达来援后，吕文焕害怕高达击退敌军，建功立业，取代自己。于是，吕文焕打算先下手为强。

当时，吕文焕在被围困的情况下，居然上奏朝廷，说自己获得了一场大捷，击退了蒙古大军，不出数日，襄阳城就能“转危为安”了。

吕文焕这样上奏，目的有三：第一，建立军功，增加升级的筹码。第二，阻止高达救援。我都打了胜仗了，你还来干啥？第三，让贾似道对自己刮目相看，对自己委以重任。

从官场的角度看，吕文焕这么干，是挺有心眼的。但是，从国家的角度看，吕文焕这是在玩火！他置江山社稷、国家安危于不顾，用整个国家做筹码进行一场豪赌！

这个豪赌一旦赌输了……后果不堪设想！

不管出于什么目的、什么动机，吕文焕都不能这样做，他也不配去赌！然而，吕文焕还是用这个国家，当作自己一己私欲的筹码。

这个奸臣……未来，文天祥痛骂他时，吕文焕还觉得自己很冤。他一点也不冤！

当然，吕文焕之所以敢开这个赌局，敢这样肆无忌惮地铤而走险，阻止高达入援，是因为在他的眼中，他有哥哥吕文德和宰相贾似道这两张王牌，他不相信这两人会让襄阳城被攻陷，他不相信这两人会拿国家的生死存亡开玩笑，让蒙古军斩杀了自己！

然而，吕文焕完全想错了。毕竟，这两个人，一个是有心无力，一个是有力无心，能指望他们什么呢？

先说这个有心无力的人，他的哥哥——吕文德。

给弟弟留下了这么一个烂摊子，吕文德懊恼不已，他都快成为一个“复读机”了，天天只会说一句话：“误国家者，我也。”后来，他背上疽发，早早地离世了。

就这样，这个见利忘义，贪小便宜吃大亏的人，终于结束了自己的一生。而他也被永远地钉在了耻辱柱上，成为一个警示后人的经典案例。

当然，吕文德还是幸运的。毕竟，他死在了亡国前，不用体会国破家亡的苦楚，也不用无奈地效忠两朝，也算是“祸中有福”了。

再说这个有力无心的人——“蟋蟀宰相”贾似道。

吕文焕敢拿国家的未来开玩笑，贾似道为什么不呢？何况，帝国本来就不是他的，是那个白痴宋度宗的，国家的生死存亡与他何干？

当时，襄阳城已经被围困了三年，三百年的江山社稷已经到了生死存亡之际了，我们的这位贾似道大人，竟然还跟没事人似的，天天办酒宴、斗蟋蟀。

这真是应了唐代诗人高适的那句名言了——战士军前半死生，美人帐下犹歌舞。

对于这种情况，除了无语，只能无语……

当时，满朝文武、天下百姓皆愤怒。一个姓杨的佥判（幕职官）更是愤怒拍案而起，他赋词《一剪梅·襄樊四载弄干戈》一阕，以表心情。

襄樊四载弄干戈，不见渔歌，不见樵歌。试问如今事若何？金也消磨，榖也消磨。

柘枝不用舞婆娑，丑也能多，恶也能多。朱门日日贯朱娥。军事如何？民事如何？

这首词，真是说尽了贾似道的丑恶嘴脸。

除了不发兵援助襄阳外，贾似道还不许别人谈论前线的事情。

有一天，贾似道在给皇帝请安时，宋度宗突然问道："听说襄阳被围困了，已经长达3年了，可有此事？"

一听这话，贾似道大吃一惊，随后马上撒谎道："启奏陛下，蒙古早就退兵了。这个消息，您是怎么得知的呢？"

宋度宗就是一个傻子，他实话实说道："是一个宫女告诉我的。"

贾似道道："一介宫女，焉能知道真相，陛下莫要听她胡说，天下太平着呢！"说完，贾似道就以有事为由，跪拜出宫了。

贾似道出宫后，立刻派人调查、缉捕了那个多嘴的宫女，让她永远地消失了。同时，他派了很多密探入宫，监视后宫所有人的一举一动。此后，朝中人人自危，再也没有人敢乱嚼舌根了。即使前线的战局越来越危急，也没人敢把真相告诉宋度宗。

然而，在襄阳城最危难的时刻，贾似道还是派兵支援了。那么，到底是什么原因，让贾似道出兵了呢？

宋朝的援军

咸淳八年（1272 年），在襄阳城被围困了整整 3 年后，贾似道终于同意出兵支援了。

贾似道之所以同意出兵，不是他良心发现了，而是因为他知道了襄阳城的根底了，这才狼狈地任命李庭芝为京湖制置使，出兵增援襄阳城。

原来，吕文德死后，群臣开始秋后算账，大家算来算去，就把当年吕文德开门揖盗、与虎谋皮的丑事给抖了出来。

得知襄阳城有这么一个巨大的漏洞后，贾似道慌了，这才同意出兵，命李庭芝去援助襄阳城。

李庭芝，字祥甫，随州（今湖北随州）人，淳祐元年（1241 年）中进士。李庭芝出自名门，他的老师就是宋朝一代名将孟珙。

在孟珙的教导下，李庭芝成为一员有勇有谋的猛将，宋理宗更是对其赞不绝口，说在朝中所有的将领里，没有一个人能与之匹敌的。

这么一个正直的大臣，是肯定进不了贾似道的法眼的。贾似道当朝时，虽然没有刻意打压李庭芝，但他也没给机会。若不是这回襄阳城岌岌可危，贾似道是无论如何也不会命他为将，派他出兵。

贾似道派遣李庭芝去支援襄阳，本是一手妙棋。以李庭芝的能力，他一定能够击退敌军，解救襄阳城。然而，这一手妙棋，却让一个人给搅黄了，最终全盘皆输。

这个就是李庭芝的监军——范文虎。

由于史料匮乏，我们只知道范文虎祖籍山东。也有史料说，他是贾似道的女婿；还有史料说，他是吕文德的女婿，到底他妻子是谁家的闺女，已经不得而知了。但有一点不可否认的是，范文虎是贾似道的亲信。这个人也是一个酒囊饭袋，且跟贾似道一个德行。

当时，贾似道的亲信吕文德死后，贾似道让范文虎接替了他的职务，成为新一任的殿前副都指挥使。

在贾似道的眼中，这个职务至关重要，他需要一个合格、可靠、忠诚的人来管理皇宫，看住宋度宗，以免发生不可预知的突发事件。

虽然贾似道信任范文虎，让他担任这个重要的职务，但是范文虎却不甘心当一只“看门犬”，他打算建功立业，升更大的官、得更大的权、捞更多的钱！就这样，范文虎主动地找到贾似道，希望带兵去襄阳，击退敌军，建功立业。

范文虎的一番话打动了贾似道，原来，范文虎是这样告诉贾似道的：“我带兵出征，好处有二：第一，可以节制李庭芝，不让这个人为所欲为。第二，即使李庭芝建功立业了，也是在我的指挥下打胜仗的。这所有的功劳，全归恩公您一人所有。”

就这样，在范文虎的忽悠下，贾似道同意他带兵出征了。贾似道授予了范文虎一个福州观察使（相当于副部级巡视员）的官职，就让其节制李庭芝。

范文虎愉快地出征了，李庭芝、吕文焕以及南宋所有的子民们，也只能痛哭流涕了。

率军来到襄阳城后，李庭芝恨不得马上出兵，一举解了襄阳之围。然而，他的那个顶头上司范文虎，却以圣旨未到为借口，故意拖延。在不打仗的岁月里，范文虎天天与小妾们饮酒高歌，寻欢作乐，不亦乐乎（日携美妾走马击毬军中为乐）。

这哪里是范文虎呀，这根本就是李庭芝的“拦路虎”！李庭芝也终于知道岳飞当年的苦楚了，壮志难酬，有心杀贼，无力回天……这真是让李庭芝无处释怀。

就这样，备受瞩目的两支援军，在两个不同的地方互相遥望，不知道下一步该怎么办。而望眼欲穿的襄阳城军民们，看着他们就在不远处安营扎寨，却根本没有过来援助的意思。

得知范文虎不思进取、不去解救襄阳城后，满朝文武全都怒了，大家接连上疏，要求严惩这个畏敌怯战的奸臣。然而，范文虎是贾似道的亲信，敢弹劾他，这让贾似道情何以堪？

为了自己的脸皮，贾似道玩儿命地严惩这些上疏弹劾的官员，把他们都轰出了朝廷。

虽然贾似道可以用自己的高压手段暂时掌控南宋的政局，但是，对于那些蒙古大军，贾似道又能怎么办呢？他只能看着对方夜以继日地攻城，看着襄阳城继续岌岌可危。

第十九章 分出胜负

元朝的援军

得知南宋来了援军，忽必烈急了，为了不让到嘴的鸭子飞走，忽必烈下了死命令，调集全国的部队攻打襄阳城。不攻下襄阳城，绝不北归。

至此，蒙古军队开始玩儿命地攻城，前仆后继地奔赴战场。

这是真真正正的玩儿命。当然，玩儿命归玩儿命，忽必烈还是得面对一个难解的问题——为什么这个小小的襄阳城，在外无救兵、内无粮草的情况下，还能坚持整整 3 年之久？

难道说，是天意使然，上天可怜这个弱小平庸的王朝，不让这个国家灭亡吗？还是说，襄阳城内有什么秘密，没有被蒙古人察觉出来，这才让其久攻不破。

当时，包括刘整在内的文臣武将，没有一个人知道答案。这也成为困扰忽必烈的最大的一个疑问。

最终，一个叫张弘范的汉人将领，解开了这个谜。

张弘范（1238—1280年），元初大将，字仲畴，今保定市定兴县河内村人。虽然张弘范的祖籍是金国，但他出生时，金国已经灭亡四年了，所以他就是一个元朝的百姓。

张弘范长大成人后，因擅长骑射，又善于马上舞槊（古代的武器长矛），所以在蒙古帐下效力。

因为战功显赫，张弘范步入忽必烈的眼帘，成为他的一个"从龙之臣"。

当襄阳城战役进入胶着阶段后，忽必烈把张弘范派到了前线，希望这个人能够出奇谋、建奇功，为自己排忧解难。事实证明，张弘范确实没有辜负忽必烈的厚望。

张弘范来到前线后，他围着襄阳城好好地考察了一番。然后，他上疏忽必烈，解开了困惑忽必烈三年之久的问题。

张弘范告诉忽必烈，襄阳城之所以被围困数年还能坚守，原因有二：

第一，襄阳城的西面有一条秘密的粮道。三年来，这条粮道一直悄无声息地给襄阳城供应粮食，所以此城一直没有弹尽粮绝。

第二，虽然宋军统帅范文虎是一个酒囊饭袋、不足为惧，但他毕竟在襄阳城外面驻扎，有这支援军，襄阳守军就会看见希望，也就不可能投降。

综上所述，张弘范建议，立刻开辟第二战场，堵住襄阳城的粮道，击退范文虎带领的援军，彻底堵死襄阳城与外界的联系，让守军彻底绝望。

至此，在张弘范的建议下，忽必烈在经过了数年的混乱进攻后，终于找到了正确的方法，走上了克敌制胜的道路。

虽然此时此刻，距离南宋亡国还尚有时日，但是从这一刻起，南宋亡国的结局已经无法翻盘了。

张弘范，真乃元朝功臣、宋之厉阶也。

书归正传，忽必烈接受了张弘范的建议，命蒙古军开辟第二战场。

一时间，蒙古军倾巢而出，张弘范奉命去堵住襄阳城的粮道，而阿术、刘整等人则率领各自兵马，直奔范文虎而来。

当时，在阿术、刘整的眼中，这个仗不好打。毕竟，虽然范文虎废物，但是他手下有10万大军，且精兵猛将无数（比如李庭芝）。而且，宋军是背水一战，这必将是一场鱼死网破的血战。

话虽如此，等真正一开战，阿术和刘整惊讶地发现，早知道宋军如此不堪一击，他们早就进攻了，何必留待至今？

原来，作为一个合格的酒囊饭袋，范文虎用实际行动诠释了，什么叫作一群强悍勇猛的狮子，在一只绵羊的率领下会被活生生憋死。战事稍有不利，他就尽现饭桶本色，弃旗鼓、铠仗，乘夜遁逃。而伴随着主将的临阵脱逃，宋军群龙无首，只能任由蒙古军肆意斩杀。

此战过后，十万襄阳城援军全军覆没。蒙古军大获全胜，获兵卒、战船、甲仗无数。宋军的战略物资，都成为蒙古军的战利品。范文虎的那些歌伎，也都落入了蒙古人的手中。

就这样，击退了范文虎的援军，堵塞了襄阳城最后的粮道后，蒙古军重新包围这座孤城。

击退了范文虎的宋军后，同年年底，忽必烈正式昭告天下，取《易经》"大哉乾元"之意，改国号为"大元"。

从此，强大无比的大元帝国崛起！

英雄陨落

咸淳八年（1272 年），这时的襄阳城已经被围困了五年之久。虽然在主将吕文焕的防守下，襄阳城还没有易手，但是襄阳城已经变成一座物资极度匮乏的孤城了。虽然城中还有一些粮食，但是食盐、木薪、布匹等日常用品，已经全部用光了（幸城中稍有积粟，所乏者盐薪布帛耳）。

对于这样的结果，元朝人高兴地跳舞，宋朝人在愤怒地咆哮！

其中，最愤怒的那个人，非李庭芝莫属。

李庭芝无法理解这个国家的决定，贾似道派遣一个酒囊饭袋到前线，根本就是置江山社稷、国家安危于不顾。范文虎兵败后，理应被严惩，结果啥事没有，依旧是李庭芝的顶头上司！

顶头上司也就算了，可笑那范文虎已经被元军吓破了胆，他率军驻扎在郢州（今湖北钟祥），躲在那里不敢出来，更不敢来前线指挥作战。

最终，李庭芝算是看明白了，这个解救襄阳城的重任，还得自己来。话虽如此，如今的襄阳城已经被元军围困得如铁桶一般，连一根针都插不进去，李庭芝要怎么救援呢？

且看李庭芝高超的救援办法。

为了救援襄阳城，李庭芝把襄阳城周围转了一个遍。最终，他在襄阳城西面发现了一条清泥河，找到了救援的突破口。

找到合适的通道后，李庭芝立刻找来了数百艘轻便型的战舟，三艘战舟连在一起，作为一舫。左右两艘战舟上装载货物，中间的战舟上装载士兵，李庭芝要用这种轻便型战舫出其不意，躲开元军，支援襄阳城。

办法有了，船也有了，派谁去呢？

这个问题，确实比较难办。毕竟，如此重任指望那些庸将招募的士兵……还是拉倒吧。

最终，李庭芝花费重金，招募了三千勇士，让他们在武功高强、水性一流的张顺、张贵兄弟的带领下，组成敢死队，去支援襄阳城。

张顺、张贵都是本地农民，他们有勇有谋，在当地名头很响，深得民心。大家还给张氏兄弟起了外号，张贵叫“矮张”，张顺为“竹园张”。

准备好一切后，张氏兄弟把大家聚集在一起作最后的动员。张顺大声道：“此行有死而已。如非本心，即可退去，别坏了大事！”

众人大喊道：“宁可战死沙场，绝不后退！”

很好，要的就是这种斗志。张氏兄弟命令大家出发，张贵带头，张顺殿后，乘风破浪，直奔襄阳城而去。

当时，江面上布满了蒙古的战舰，根本没有缝隙可以通过。见此情景，张氏兄弟义无反顾地选择了强行突破，他们乘风破浪，径犯重围，先用强弩射杀敌船，再用巨斧砍断元军封锁江面的巨链，奋勇向前。

最终，张氏兄弟转战一百二十里，杀出一条血路，突破到了襄阳城下。看见这支援军后，襄阳守军欢呼雀跃、士气倍增。毕竟，在被整整围困了五年后，他们终于盼来了援军，哪怕这是一支装备简陋的民兵队伍，也足以让他们振奋。

这里，要重申一遍。支援襄阳城的部队，是一支装备简陋、没有经过正规训练的民兵队伍！而就是这支队伍，竟然突破了数万蒙古大军的围追堵截，最终冲到了襄阳城下，圆满地完成了救援任务。

对比这些民兵，拥有十万大军装备精良却不堪一击的范文虎，真是丢人现眼。

若南宋少一些范文虎这种贪生怕死、胆小如鼠之辈，多一些张顺这种视死如归、铮铮铁骨的好男儿，这个王朝又怎么可能会灭亡……

虽然这次救援襄阳城的行动是成功的，但是也有令人痛心之处。

原来救援部队进城后开始清点人数，结果负责殿后的张顺不见了。大家痛哭流涕，认为张顺凶多吉少，果然，数日后，江面上浮来一具尸体，经辨认，就是失踪的张顺。

据说，张顺的尸体是逆流而上、漂到襄阳城下的。即使战死，张顺也怒目圆睁，保持着战斗的姿势，跟活着时一模一样。

浮尸逆流、保持活着的姿态，虽然这些记录可能是后人杜撰的结果，但是充分表现了人们对这位英雄的缅怀。当时，吕文焕见到张顺的尸体后立刻下令，以隆重礼仪安葬，以告慰张顺的在天之灵。

后来，施耐庵在写《水浒传》时，也创作了一个张顺，人送绰号“浪里白条”。再后来，随着《水浒传》的普及，这个“天损星”的名气越来越大，盖过了那位抗击蒙古的大英雄了。

对此，很多文人义士为张顺打抱不平，后人还有诗赞曰：“忠臣张顺救襄阳，力战身亡庙祀双。此是忠臣非盗贼，休将《水浒》论行藏。”

此张非彼张，这两个张顺，一个是梁山好汉，一个是千古忠臣，还请区别对待，以告慰英雄的千古英灵。

襄阳殊死战

虽然张贵率军成功地进入襄阳城，给襄阳城带来了需要的物资和希望，但是战局依旧严峻。毕竟，不打退驻守在外围的蒙古大军，不打通襄阳城与外界的联系通道，这座城池还是随时可能会覆灭。

鉴于此，张贵找来两个可以伏水中数日不食的高手，命他们突出重围，前往郢州联络范文虎，请求出兵，双方内外夹攻，一举击溃元军，打通襄阳城的补给线。

这两位勇士不愧为高手，他们不辱使命，圆满地完成了张贵交代的任务，并且带回了范文虎的回信——数日之后，他将率领5000名士兵驻扎在龙尾洲，以接应从襄阳城杀出的民兵。

得此回信，张贵满意地开始准备船只。到了约定的日期，张贵辞别吕文焕，率领自己的部队出发。结果，张贵登船清点人数时大吃一惊，他发现一个亲兵不见了。

张贵惊恐不已，认为此人定是叛国投敌了。因为不久前，这个亲兵违反了军纪，挨了一顿鞭子。不用说，此人一定怀恨在心，趁人不备，偷偷出城，叛国投敌了。

张贵立刻叫来众人，对大家道："那个亲兵无故失踪，肯定是叛国投敌，咱们的计划已经败露了。为今之计，只有快速出击，趁敌人还没有获得情报前杀出重围。"说罢，张贵立刻组织众人上船，开始突围。

看见一支强行突围的部队，元军大吃一惊，他们立刻派遣了数万人赶来阻截。张贵等人且战且退，又转战了一百余里，这才突破重围，来到了接应地点——龙尾洲。

当来到龙尾洲后，张贵看见一支部队已经在这里严阵以待了，他非常高兴，认为范文虎真是一个守诚信的君子，果真来这里接应他们了。结果，等靠近后，张贵这才发现，这支部队并不是宋军，而是元军。

原来，得到叛徒的情报后，阿术和刘整当机立断，立刻率领部队急行，抢在范文虎之前来到了龙尾洲，并在这里设下了埋伏。而那个范文虎呢？看见龙尾洲被元军占领后，他畏敌怯战，竟然不顾约定，率军逃跑了。

就这样，张贵千辛万苦地逃到这里，等待他们的却不是自己接应的部队，而是以逸待劳的敌军以及对人心赤裸裸的背叛……

看见此情此景，张贵当时的表现，史无记载，不得而知。但我相信，他一定悲从心来，不能自抑。

看看张贵当时的处境吧，孤军深入、寡不敌众、深陷重围，这样的战斗结果只有一种。

在一番血战后，张贵全军覆没、无一生还。张贵力不能支，被敌军捕获。元军劝他投降，张贵骂敌不止，不屈被害，慷慨赴义。

张贵死后，元军把他的尸体抬到襄阳城下，对城楼大喊道："可认得这个矮张乎？速速投降还能饶你们一命。"

襄阳城的守军看见张贵的尸体后哭声一片，吕文焕下令出城收尸，把张贵安葬在了张顺旁边，立下双庙，祭祀这两位忠臣。随后，他发下毒誓，要以这两位英雄为榜样，誓死守住襄阳城。

至此，伴随着张贵、张顺的战死，宋军再也没有战将去解救襄阳城了。从此以后，软弱无能的宋军远远地望着襄阳城，望着它城破的那一刻，并接受自己的最终命运。

就这样，时间的车轮继续前进，终于到了那分出胜负的一刻……

南宋的对策

咸淳九年（1273 年），此时的襄阳城已经被围困了六年之久。

当时，襄阳城已经到了穷途末路的时刻，早就弹尽粮绝了，城内居民已经到了易子相食、以骨为薪的悲惨地步，社会秩序也早就崩溃了。

对于这种现象，吕文焕也无计可施。他每次巡城都急不可耐地向南而望，希望盼到援军。然而，每一次希望都以绝望告终。吕文焕只能用恸哭来表达心中的愤怒。

是的，就在他的南面，在那个郢州的宋军大营内，范文虎不去想办法解决襄阳之围，却日日笙歌、不亦乐乎。同时，在他的南面，在那个更远的京城内，贾似道也同样日日笙歌、不亦乐乎。

当然，贾似道也没闲着，还是干了很多事情。

只不过，贾似道干的这些事情，与前线无关，更与国家无关，他只是玩弄权术，好大权独揽。

咸淳八年（1272 年），在襄阳城危在旦夕之际，临安城歌舞升平，宋度宗还饶有兴趣地举行了祭天仪式，来感谢上苍，让宋朝继续风调雨顺、国泰民安。

可能是老天爷都看不下去了，典礼期间，突然天降大雨，把这些君臣淋成落汤鸡，他们只能找一个地方先避雨。

避雨期间，贾似道因为有事就提前走了。出发前，他告诉皇帝，等雨停了，您再出发，且要乘辂（古代的一种大车）回宫。对于这个建议，宋度宗同意了。

贾似道走后，雨一直稀稀拉拉地下，没有一点停止的意思。胡贵妃的父亲胡显忠怕皇帝感冒了，就恳请皇帝冒雨出发，让他乘坐辇（古代用人拉着走的车，天子专用）回宫。之所以用辇，是因为辂太慢，辇比较快，可以快速地跑回去。

宋度宗犹豫不决，道："爱卿的建议很好……不过，恐怕贾爱卿不会同意。"

这叫什么话？皇帝回宫，还得经过大臣同意。胡显忠哭笑不得，他欺骗皇帝说"贾似道已经同意"了，宋度宗这才同意乘辇回宫。

本来这就是一件小事，结果，贾似道得知此事后，怒气冲冲地找到皇帝，大喊道："臣身为国家大臣，有知情权和商议权。如今，皇帝竟然背着臣办事，那要臣何用？臣现在恳请辞职回家。"说完，贾似道摘掉官帽，放在地上，转身离开了。

一见这位国之"栋梁"要走，宋度宗吓得惊慌失措，他立刻派人挽留贾似道，并亲自登门拜访。结果，贾似道依旧不依不饶，就是不上朝。

最终，无可奈何的宋度宗只能接受了群臣的建议，他颁布了一道圣旨，把胡显忠轰出了京城，发配到饶州；胡贵妃也受到波及，她被迫削发，去妙净寺当尼姑了。其他的人员，也受到了相应的惩罚。

见这些"恶人"都罪有应得了，贾似道这才高高兴兴地回朝上任。

那么，贾似道这么做，是不是有点小题大做？

小题大做？非也，贾似道这样做，就是在维护自己的权力，他要告诉天下人，敢背着我办事，就是这种下场。唯有我，才是这个国家的主人。

亡国在即，得此昏君、得此奸臣，真乃敌国之幸、本国之悲……大宋王朝的国运，就到此为止了。

就在此时，张弘范进献了一个釜底抽薪之计，一举攻破襄阳城。

分出胜负

在实地考察一年后，张弘范拿出了一套切实可行的方案。他告诉忽必烈："我们大军包围襄阳城，一直围而不攻，本意是耗尽襄阳城的粮草，让其不攻自破。但是，我们忽略了一个问题。每年有一段时间，江水是会上涨的。届时，宋军可以派遣船只从樊城调物资进入襄阳城。因此，所谓的困毙之策，已经行不通了。

“为今之计，可先攻破樊城，再孤立襄阳城。毕竟，襄、樊二城隔汉水相望，唇齿相依，互为声援，共同坚守。若攻陷了樊城，可彻底孤立襄阳，到时候襄阳内无粮草、外无救兵，攻破此城就指日可待了。”

张弘范提交了一份攻破襄阳城的三步计划书。第一步，烧毁连接襄阳、樊城的军事浮桥；第二步，攻下樊城；第三步，劝降襄阳。

看完这封计划书后，忽必烈表示同意！在大汗的号召下，元军倾巢而出，开始攻打连接襄、樊二城的浮桥。

这场战役打得非常激烈，元军精锐尽出，派遣陆军烧毁浮桥，又派遣所有的水军出战，遍布江上，阻挡宋朝的水上援军。

当时，双方绞杀在一起，浮尸遍地，江水为之变色。这一战中，双方皆死伤无数，元军主将之一的张弘范都挂了彩。

在一番殊死搏杀后，元军获得了胜利，他们烧毁了浮桥，彻底地断绝了襄、樊二城的联系。

烧毁浮桥后，元军乘胜追击，他们调集了所有的兵马猛攻樊城。在这场战役中，元军还调来了当时世界上最先进的武器、回族人亦思马因发明的巨炮，用来攻城。

这种巨炮，就是后人所称的西域巨炮（也称回回巨石炮或襄阳炮）。这是一种加强版的投石车，可投一百五十斤的巨石，发射之声震天动地，所击无不摧陷，（炮弹）入地七尺，没有任何一座城池能够经得住这种巨石的攻击。

就这样，在巨炮的攻击下，元军攻破樊城的城墙，杀入内城。樊城守将范天顺奋勇杀敌，但终寡不敌众，无力回天。

大势已去，范天顺仰天大喊：“生为宋臣，死为宋鬼！”随后，他斩杀了数个元军，跑到城楼上纵身一跃，自杀殉国。

樊城副将牛富，也奋勇杀敌、誓死不降。樊城城破后，他仍然指挥士兵与敌人作战，直杀得“渴饮血水，转战而进”，也绝不投降。

最终，因身负重伤，牛富不能再战，为了不被敌人活捉，他以头触柱，赴火而死。

至此，伴随着范天顺、牛富战死沙场，樊城终于落入元军之手。而失去了掎角之势的襄阳城，已经到了生死的边缘。

没过多久，元军调集了所有的兵马，开始攻打襄阳城。

咸淳九年（1273 年）二月，忽必烈调集了兵力、架好了西域巨炮，开始攻城。在西域巨炮“一炮中其谯楼，声如震雷，城中汹汹诸将多逾城降者”的攻击下，襄阳守军士气崩溃，宋军被吓得肝胆俱碎，无力战斗。

为了减少损失，忽必烈命大将阿尔哈雅去劝降。本来，吕文焕是不打算投降的，然而，在本方士兵的苦苦哀求和元将阿尔哈雅“折箭为盟”的诚意下，吕文焕仰天长叹了一声，对临安方向跪拜磕头，随后，他下令打开城门，正式投降元朝。

至此，这场历时六年的襄阳之战，以宋朝惨败、元朝胜利告终。

伴随着襄、樊的易手，南宋门户洞开，这个王朝将不可避免地迎来最后的结局。

虽然吕文焕没有跟范天顺、牛富一样战死沙场、以报皇恩，而是选择了耻辱的投降，这样的结局颇为遗憾，但在百姓的眼中，大家却没有太怪罪吕文焕。

毕竟，吕文焕在得不到朝廷支援的情况下，独守襄阳六年之久，其间血战无数，最终在万般无奈之下才选择了投降。对于这样的将领，还能说什么呢？当时，南宋诗人汪元量就赋诗《醉歌》，以表自己的心情：

吕将军在守襄阳，十载襄阳铁脊梁。
望断援兵无信息，声声骂杀贾平章！

吕文焕自从投降后，就彻底变了样，变成灭亡宋朝的刽子手。

吕文焕面见了忽必烈后，宣誓效忠元朝，提出了一个攻打郢州的计策，并自愿做前锋。

吕文焕之所以要攻打郢州，有自己的私心作祟，他要打死范文虎这个畜生，以报他不救自己之仇。

可想而知，吕文焕此举，对于南宋而言，无疑是一个大悲剧。

墙倒众人推，鼓破万人捶……这个国家，已经彻底没救了。

至此，在刘整、吕文焕这些前宋朝将领的带领下，忽必烈带领自己的铁骑踏入江南，并准备亲自结束这个腐朽、没落的王朝。

此时，是咸淳九年（1273 年），距离南宋的亡国时间还有……三年。

第二十章 亡国在即

南宋的对策

襄阳城失陷的消息传到国都后，不管是百姓，还是文武百官，大家的心都沉了——天塌了。

看看现在的局面吧，丢失了襄阳城后，南宋的长江防线尽失。从此以后，忽必烈的铁骑将在这里纵横驰骋、所向披靡，再也没有什么天堑能阻止他们前进的脚步。

此时此刻，已经有部分人的心中出现了那四个字——江山易主。

当时，得知襄阳城被攻陷后，宋度宗吓得惊慌失措，他除了痛哭流涕外，心中也充满了愤怒。因为，他被贾似道耍了！

曾几何时，这个该死的大臣曾信誓旦旦地告诉自己，“蒙古人已经退兵了，襄阳什么事情也没有。”这才刚过多久呀，襄阳城上就变换大王旗了。一想到襄阳落入敌手，临安已经无险可守的局面，宋度宗都快哭死了。

皇帝恨贾似道，群臣也对其恨得咬牙切齿，一时间，各种弹劾奏章满天飞，正义之士要诛杀了这个奸臣以解心头之恨。

然而，不管大家怎么弹劾，贾似道依旧屹立不倒，原因有二：

第一，贾似道很会推卸责任。

得知襄阳城失陷后，贾似道立刻上奏朝廷，以“其屡次请兵出战，陛下都不许；如早依臣所谏，让臣带兵出征，何至今日”为由，把自己择得干干净净。

当然，谁会相信他的鬼话呢？

第二，贾似道很会做人。

被政敌攻击后，贾似道根本不慌，他反而满足了政敌的要求，请辞回家了。当然，贾似道可不是真的想下岗，回家后，他立刻安排亲信上疏朝廷，逼迫宋度宗请他重新出山。

综上所述，贾似道不费吹灰之力就平息了这场危机，他重新回归了朝廷，继续独揽大权。

当然，朝廷之所以挽留贾似道，终其原因，还是宋度宗需要贾似道。

因为，看看当时朝廷的局面吧——多年来，贾似道把持政权，亲信遍布天下，门客在各地为官，所有的军队将领都是贾似道的人。在这种背景下，这个帝国可以没有皇帝，但绝不能没有贾似道。

换句话说，打工仔和雇佣者已经换了身份了。贾似道可以换掉宋度宗，宋度宗却不能换掉贾似道。这虽然悲哀，但却是事实。

此外，在宋度宗眼中，还有一个重要的原因不能让贾似道走。这个原因就是——敌国马上就要进攻了，帝国的防守战还需要贾似道去指挥。毕竟，对于军事，宋度宗根本就是两眼一抹黑。

就这样，在宋度宗的全力庇护下，不管外面如何枪林弹雨，御史如何拿奏折玩儿命，贾似道依旧能稳坐钓鱼台。

当然，贾似道也必须行动了。因为，现在的局面已经岌岌可危，元军随时会大军入侵，贾似道必须拿出一个切实可行的防守策略，才能保住自己的一切。

于是，基本上不管国事的贾似道少有地办公了，他让皇帝颁布了一道圣旨，请天下才子谏言，阐述对敌人的防守战术。虽然天下人痛恨贾似道，但是他们也不希望亡国。于是，官员接连上疏，阐述对敌政策。

在这些对敌奏折中，最著名的就是京湖制置使汪立信的“应急三策”。

在这封奏折中，汪立信是这样写的：

“在元军的进攻下，南宋天下已失去十之八九了，朝廷已经到了生死存亡的时刻。可惜的是，到了这个时候，君臣还是照样饮酒作乐、不思对策。若这样下去，就真的亡国了。为今之计，君臣要重振朝纲、举贤任能、调兵遣将、收揽民心，制定合理的防守政策。

“如今，在对敌政策上，有‘上中下’三策可用。上策是，征调全国之兵，开赴前线，相距百里而屯，重新构造一条防线。派水军在江淮日夜巡逻，联系、支援各地守军，抵御元朝的进攻。如此，临安无虞。我们再抓住机会，收复失地，重新构建长江防线。

“中策是，归还长期扣押在我国的元使，不给对方攻打我国的借口。同时，仿效辽、金，称臣纳贡，许以纳币。这样虽然耻辱，但是可以求一时平安，以图东山再起。等个两三年，等我们训练好了士兵，加固好了防御工事，再反击不迟。

“若上策、中策皆不行，就只能使用下策了。下策就是等死或投降，最好是以死殉国。”

看完汪立信的这份奏章，特别是看完“下策”后，贾似道大怒，他怒不可遏地把这封奏章掷之于地，大骂道：“瞎贼，竟然敢如此狂言乱语！”

原来，汪立信一只眼睛“微眇”，接近于失明，故贾似道以“瞎贼”辱之。当然，赤裸裸的人身攻击，不足以让贾似道解气。他罢免了汪立信的官职，让他下岗了。

由此，朝中正义之士人人自危，大家再也不敢谏言、阐述自己的救国理念了。

此时此刻，对于贾似道而言，眼前，他需要办一件比战争重要得多的大事。

这件大事就是他的母亲病逝了。

咱们都知道，贾似道是单亲家庭长大的孩子，对母亲的感情特别深。在他的眼中，母亲的死是一等一的大事。相应在朝廷，贾母的死也是一等一的大事！

得知贾母去世后，宋度宗亲自下令，以“天子仪仗”送葬，修建的陵墓也要与皇陵看齐。各种赏赐和封号更是数不胜数。

贾母出殡那天，更是惊天动地。当时，文武百官集体出动，还家家修筑了一个祭台用来祭祀贾母。为了讨好贾似道，大家修筑的祭台是一家比一家高、一家比一家装饰得精美。

祭祀那天，天公不作美，祭祀刚刚开始就突然下起了倾盆大雨。当时，为了不让贾似道生气，参加出殡的文武百官、达官显宦皆驻足雨水中，任由雨水淋透也不敢移动一步。这些人的脸上，也不敢流露出一丝一毫的不满。

单凭此举，文武百官对贾似道的畏惧之情，就可想而知。

我想，这场大雨，与其说是上天的惩罚，不如说是贾母的眼泪。

因为，对比自己的儿子，这个贾母可是一个好人。

贾母虽是一个没有读过书的女子，但却比儿子有良知得多。当时，南宋一代名臣叶梦鼎因年事已高，准备告老还乡。贾似道知道此人官声好、威望高，就把他硬拽了回来，让其当右宰相。

叶梦鼎回归朝廷后，本来想干几件实事，发挥一下余热。结果，他惊讶地发现，贾似道把他找回来，只是为了增加自己的威望，根本不打算让自己办事。叶梦鼎义愤填膺，他就跟贾似道打了一架，随后引咎辞职了。

见叶梦鼎不给自己面子，贾似道大怒，想给他小鞋穿。贾母得知此事后说道："叶宰相本来已经赋闲在家，是给你面子才重新出山的。可你只看重他的声望，却什么都不让他干，还处处跟他作对，这怎么行呢？现在，你还要惩治叶宰相，有你这么办事的吗？你若敢严惩叶宰相，我就绝食而死。我宁愿饿死，也不愿意被你牵连遭祸！"

看看，贾母的觉悟，就是这么高。

书归正传，处理完了母亲的葬礼后，贾似道应该遵守祖制，守孝三年。然而，贾似道三天都没有守成，就匆匆忙忙地起复入朝了。

那么，朝廷到底出现了什么事情，让贾似道如此着急，都不给母亲守孝了，就这么风尘仆仆地回京呢？

是对面的元军打过来了？还是朝廷出现了什么大事呢？

这件事情跟元军无关，是南宋内部的事情。

这件大事就是——在无任何征兆的情况下，宋度宗突然因病逝世，享年仅34岁。

伴随着这位皇帝的死，南宋王朝又将进入一个新的时代。包括贾似道在内的所有人，都在这个新时代，迎来属于自己的结局。

宋度宗病逝，忽必烈出兵

咸淳十年（1274 年）七月，因酒色过度，宋度宗病倒了。没过多久，这位皇帝就一命呜呼，驾崩于福宁殿，享年仅仅 34 岁。

至此，这位统治了南宋王朝十年的宋度宗赵禥，就这样结束了一生，也算是履行了“十年太平天子”的预言。

对这位皇帝，盖棺定论一下吧：无论是作为一个个体，还是作为一个皇帝，赵禥都是一个“不幸与幸运”的复合体。作为一个个体，其母亲地位低下，为了不让他出生，不惜服用堕胎药，导致他先天缺陷，这是赵禥的不幸。但是，就是这么一个先天缺陷的人，却凭借自己的出身和各种机缘巧合，坐上了那座无数人梦寐以求、可望而不可即的龙椅，成为九五之尊，这又是赵禥的幸运。

作为一个皇帝，因为先天能力不足，赵禥无法处理朝政，只能受制于权臣贾似道，被他玩弄于股掌之中，成为一个无能的傀儡皇帝，这是赵禥的不幸。然而，虽然在他的荒淫无度、昏庸无能的统治下，南宋王朝已经到了亡国的前夜，但他却及时地撒手人寰了。既没有成为一个亡国之君，又没有“享受”那些亡国之君的待遇，这又是赵禥的幸运。

综上所述，赵禥都是这样的不幸与幸运，真是神奇。

好吧，俱往矣，还是让这位一日谢恩者三十余人的皇帝，好好地休息吧。

还是看一看这个人间吧，看看这位皇帝死后，活着的人如何收拾这个烂摊子。

这个烂摊子，分成两个部分，选出一个新君和抵御对面的敌军。

选出一个新君。虽然宋度宗治理国家不行，但他成功地留下了三个皇子，即长子赵昰、次子赵㬎、三子赵昺。

三个孩子中，赵㬎是嫡子，另外两个是庶出，于是大家拥立赵㬎为皇帝，即为宋恭宗。

解决完内忧，该外患了。

实话实说，这个烂摊子，真不是一般难办。因为，对面的忽必烈，真的不会给他们机会了。

该来的，终于来了……

至元十一年（1274年）正月，元世祖坐在刚刚建好的大明殿接受了太子、诸王、文武百官的朝拜。

仪式结束后，众人马上开会，就如何灭亡南宋这个问题展开激烈谈论。

众人一致决定，赶紧出兵灭了这个南宋。毕竟，南宋现在是昏君、奸臣执政，且“防盗门”都被咱们拆了，现在不赶紧灭了他，等他恢复了元气就不好办了。

虽然决定出兵，但众人也一致认为，南宋毕竟是一个建国三百余年的国家，根基深厚，且南宋尚有水陆大军七八十万，不好对付。因此，为了防止意外，大汗绝不可亲自出征，不可重蹈苻坚、海陵王的覆辙，可选派一良将出征，灭亡南宋。

其实，众人不说，忽必烈也不会御驾亲征。毕竟，忽必烈刚刚当上皇帝，可不想英年早逝。

话虽如此，如果皇帝不御驾亲征的话，灭亡南宋这么大的事情，又将委派给谁呢？

在巡视了一圈后，忽必烈把目光投给了那个人。

那个人，就是元军著名的将领、灭亡南宋的功臣——伯颜。

伯颜，蒙古八邻部人，此人是成吉思汗时期大将阿剌黑（小说中成吉思汗八十八功臣之一）的孙子。伯颜出生将门，虎父无犬子，史称他“深略善断”，说他是一个文武双全的战将。

忽必烈之所以选择伯颜，除了其文武双全、能征善战外，更重要的原因有两点。第一，伯颜深略善断，能完成此重任。第二，伯颜仁义，能安抚江南，不让宋民造反。

先说第一个，深略善断。

《元史·伯颜传》记载，伯颜出兵后非常顺利，结果在郢州，他碰上了一个硬钉子。当时，镇守郢州的是“宋末三杰”之一的张世杰，他在这里誓死抵抗，让元军损失惨重。

几次攻城未果后，伯颜下令开会，商量对策。会议中，众人一致认为：“郢城，我之喉襟，不取，恐为后患。”众人建议打下来，以防止他从背后偷袭元军。

结果，伯颜力排众议，告诉大家：“大军之出，岂为此一城哉？”意思是，别忘了咱们的目的，咱们此行是要去临安找那个“帅”，犯不着跟这个“兵”纠缠不清。就这样，伯颜下令绕过郢州，继续南下。

可见伯颜就是这样深略善断，懂得运用规则。见此，不知蒙哥汗在天有灵，会做何感想。

再说第二个，仁义。

由于元朝刚刚建立，“汉化”还不够（好像这个王朝一生都不够），所以忽必烈手下的那群战将，基本上都只会抢抢抢、杀杀杀。为此，忽必烈操碎了心。

在这些鲁莽的将领中，饱读诗书的伯颜就显得鹤立鸡群了。从很早的时候，伯颜就深知“可以马上打天下，不能马上治天下”的道理。他多次上疏，希望改变过去烧杀抢掠的战术，要整饬成一支秋毫无犯、纪律严明的仁义之师。只有这样，才能收服敌国军民的心，真正成为他们的主人。

拥有这种想法的伯颜，要是在蒙哥时期就永无出头之日了。然而，现在是忽必烈时期，伯颜的思想跟忽必烈不谋而合，也因此伯颜获得了重用。

伯颜出征时，忽必烈对其语重心长道：“昔曹彬以不嗜杀平江南，汝其体朕心，为吾曹彬可也。”在他的心中，他已经把伯颜当成那个不滥杀无辜、爱护百姓的曹彬。

事实证明，伯颜没有让忽必烈失望。

伯颜出兵后，一改蒙古大军一路大砍、大杀的战术。他下令，大军务必秋毫无犯，滥杀无辜者斩立决。

蒙古惯例，若城池抵抗，破城之后，军民全部杀之。伯颜下令改变这种陋习，只要攻破了城池，就不许再滥杀无辜。即便此城一直负隅顽抗、誓死不降（比如那个悲壮的长沙城），城破之后，也不许继续杀戮，违者斩立决。

除了不许滥杀无辜外，对于那些誓死反抗之人的后代，伯颜也给予了相应的厚恤。

《宋史・汪立信》记载，忧国忧民的汪立信自杀后，元军攻破了他的家乡、俘虏了他的族人。当时，有人就建议，说这个姓汪的不是好东西，他誓死不降，与本朝势不两立。此人还进献了上中下三策，阻挠我军统一天下，对于这种人，必须戮其全家，以儆效尤！

结果，伯颜告知三军，此乃忠臣之家，不可扰其家人、夺其财物，违者军法伺候。伯颜还厚恤了其家人，以安民心。

说实话，我中华民族不怕“杀人”的敌人，就怕这种“诛心”的敌人。一旦敌人掌握了这种制胜的法宝，且本方又是一个腐败透顶的朝廷，那也只能迎来改朝换代的结局。

至此，在伯颜大踏步的进攻下，南宋越来越岌岌可危了。

进击的元军

至元十一年（1274 年）十月，伯颜继续南下，先后攻取了蕲州、黄州、汉口等地，其后，他大军压境，一举攻陷了南宋的军事重镇鄂州城。

与其说是攻陷，不如说是接管更合适。毕竟，南宋没有几个张世杰，看见元军兵临城下后誓死抵抗，鄂州城守军就选择了投降。伯颜没有受到任何损失，就接管了这座雄伟的城池。

对于南宋而言，鄂州城的丢失，标志着一场灭顶之灾已经临头。

如果用房子来比喻的话，襄阳城的失陷，是南宋丢掉了“防盗门”，而鄂州城的易主，则标志着元军已经进入了“客厅”。从此，元军可以随便地进出南宋的“卧室、餐厅、厨房”了，南宋已经无法阻止这个强盗了……

当然，为了不亡国，宋朝还是打算拼死一战，做最后一搏。然而，南宋的这最后一搏，根本就是一场闹剧。

原因很简单，因为宋朝的最高统帅是贾似道。

得知鄂州易主后，宋廷大惧。大家一致认为，国家到了如此危难之际，只能让那个师相出师了。大家希望贾似道扶大厦于将倾，再一次成为民族英雄，杀退元军，保护社稷黎民。

贾似道当然知道当年发生了什么。于是，贾似道找各种理由拒绝出兵，他能拖一天就拖一天。

后来，当得知自己最害怕的刘整病故了，贾似道才亲赴前线，抵御敌军。

至元十二年（1275 年）正月，刘整病故，享年 64 岁。刘整是愤惋而死的，因为他一直想灭掉宋朝，却无偿所愿。

《宋史·伯颜传》记载，得知伯颜要出兵后，刘整曾毛遂自荐，来伯颜麾下请求当前锋。为了灭宋，刘整还提供了一个切实可行的路线。

刘整认为，从西面顺江而下灭宋，可行，但太慢，阻力也大。如今，宋军为了抵抗元军，兵力都在向西面移动，“东方虚弱”，若给他一支部队，他可以攻陷南宋的扬州城，随后直取临安，“一鼓而捷也”。

刘整的这条计谋，到底有多少成功率（镇守扬州城的是宋朝名将李庭芝，刘整未必攻得下来），不得而知。唯一知道的是，伯颜一直谨慎行军，不愿意冒险。最终，伯颜拒绝了刘整。

拒绝刘整后，为了防止刘整有怨言，也因为他太老了，伯颜就欺骗刘整，让他以预备队的身份准备出征。结果，自始至终伯颜也没有征调过刘整。

在后方苦苦等待的刘整终于油尽灯枯了，他临死前竟然大声疾呼道：“首帅止我，顾使我成功后人，善作者不必善成，果然！”

这句话除了字面解释外，其潜台词是——灭亡宋朝的功劳，我是首功。因为，我是“种树”的，你们不过是“后人乘凉”罢了。

此人心中到底有多大的恨才能说出这样的话，遗憾自己没有亲手灭掉曾经的“祖国”呢？

书归正传，得知自己最怕的刘整郁郁而终了，贾似道认为元朝无人了，这才肯出兵。他率领 13 万宋军开赴前线，在芜湖一带布防，准备跟元军决一死战。

在出征时，贾似道遇到了两个人，让其心里难受极了。因为，其中的一个人痛骂了他一顿，另外一个人则给他心头蒙上了一层阴影。

先说痛骂贾似道的人——“瞎眼贼”汪立信。

虽然在贾似道的怒火中，朝廷罢免了汪立信的官职，但是没过多久，就将其复启了。毕竟，大敌当前，朝中无人可用，只能重新录用了汪立信。

朝廷任命汪立信为江淮招讨使，去江淮一带募兵，并负责援助江上州郡。结果，汪立信来到了芜湖，遇到了在这里布置防线的贾似道。

仇人见面，贾似道很不好意思，他拍着汪立信的后背痛哭道（拊立信背哭曰）：“不用公言，以至于此。”

汪立信无奈地回答道：“平章、平章，‘瞎贼’今日更说一句不得（事已至此，我还能说什么）。”

贾似道问他未来的打算，汪立信无奈道：“今江南无一寸干净地，某去寻一片赵家地上死，第要死得分明尔。”说完后，汪立信摆摆手，头也不回地走了。

这里说一下汪立信的结局。

拜别了贾似道后，汪立信来到了南京，在这里训练兵马。看见大军压境的元军后，汪立信自知无法获胜，无奈道："吾生为宋臣，死为宋鬼，终为国一死，但徒死无益耳，以此负国。"于是，汪立信率军撤出南京，屯兵至高邮，"欲控淮汉，以为后图"。

后来，得知贾似道大败、宋军全军覆没、沿途宋军皆望风降遁后，汪立信自知大势已去，他痛苦道："吾今日犹得死于宋土也。"

汪立信叫来所有亲属、部将、幕僚和宾客，大家开开心心地吃了一桌散伙饭，以作诀别。汪立信写了三封信，让他们交给皇帝和两宫太后（谢太皇太后和全太后），以表自己的决心。

送走了亲人、递交了绝笔书信后，汪立信大声痛哭了三天，"扼吭而卒"，把自己活活掐死了。

"握拳抚案者三，以是失声，三日扼吭而卒"……汪立信走的时候，是何等绝望……

英雄，走好，愿天堂只有欢歌笑语，再无刻骨铭心的亡国之痛。

再说给贾似道心头蒙上阴影的人——淮西制置使夏贵。

至元十二年（1275 年）正月，夏贵率军来跟贾似道会合。会合后，夏贵面见贾似道，汇报了自己的情况就离开了。离开前，夏贵趁周围不注意，偷偷地塞给了贾似道一张纸条。

贾似道回到了营地，见四下无人后打开看。

谁知，这张纸条上赫然写着这么一句话——宋历三百二十年。夏贵这么写，就是告诉贾似道，天意如此，无奈何也。南宋已经大势已去了，咱们还是早作打算吧。

可见，尚未开战，手下人竟已丧失斗志。

虽然这个故事说得有鼻子有眼的，但我可以很负责地告诉您，这就是一个胡说八道的传说罢了。

理由很简单，第一，虽然最终夏贵投降了，但在当时他还是打算保家卫国的。夏贵当时并没有投降的意思，焉能写这种"劝人投降"的话。第二，夏贵写的时间不对。如果按照他的说法，"宋历三百二十年"，那么宋朝亡国的时间应该是 1279 年（960 年建国），然而当时是 1275 年，时间根本不对。

尚未打算投降，时间也不对，可见，这个所谓的投降故事，就是一个野史传说罢了。

综上所述，贾似道忧心忡忡地来到了芜湖，在这里布置防线、抵御元军。当然，对于贾似道来说，通过不开战的方式送走这些元军，那才是极好的事情。为此，他一直努力。

贾似道得知元军逼近后，立刻使出了当年的老办法，派使者入元营，送给伯颜荔枝、黄柑，以示友好。贾似道请求伯颜跟自己议和，他愿履行当年约定的称臣、奉币条件。

伯颜根本就不搭理他，伯颜提出："当年，我们没有渡江，你们要议和，还可以谈。如今，你长江防线都没有了，还有什么资本议和？要议和也行，让贾似道亲自过来谈。"

贾似道是绝对不可能去元营的。他见议和无望，转而死心地排兵布阵，抵御元军。

就这样，在贾似道和伯颜的调兵遣将下，这场改变南宋国运的丁家洲之战，就此拉开了序幕……也在一瞬间，就分出了胜负。

毕竟，在伯颜志在必得、贾似道等人畏敌怯战的心理下，这场战争对于南宋朝不会有胜利，也不会有惊喜。

丁家洲之战

当时，贾似道将 7 万精锐将士交给泰州观察使孙虎臣，命他驻守在池州下游的丁家湾（今安徽省铜陵市铜陵县，一个江中小岛）。

贾似道又命令淮西制置使夏贵率领 2500 艘战舰在江中布阵，支援孙虎臣。他自己则率领其余部队驻守芜湖以南的鲁港（今安徽省芜湖市西南的鲁港），在这里调度指挥。

没过多久，伯颜率军抵达丁家洲附近，他在宋军数里外安营扎寨，准备跟宋军决一死战。

一场决定南宋国运的大战，就此展开。

伯颜本以为，宋朝已经到了亡国的地步，此时的宋军肯定做好了破釜沉舟的准备，势必要跟自己玩儿命。所以，在开战前，伯颜三令五申，下令士兵要舍生忘死、奋勇向前，害怕本方的士气会输给宋军，最终导致惨败。

结果，开战后，伯颜惊讶地发现，这支宋军根本就不堪一击。

没有办法，即使宋军是一群骁勇善战的狮子，也会被自己的绵羊统帅害死。更何况，这支宋军压根不是狮子……

看见元军左右翼万户率骑兵夹岸而进，炮声镇百里的场面后，孙虎臣畏敌怯战了。这哥儿们只是象征性地抵抗了一下，就跳上爱妾的小船，逃跑了。

将有必死之心，士无贪生之念，反之亦然。看见主将逃跑了，宋军立刻军心大乱，大家一边嚷嚷着“步帅逃跑了、步帅逃跑了”，一边丢盔卸甲，各自逃难去了。

就这样，在众将士的夺路奔逃下，宋军全线溃败。夏贵等人阻止时，大势已去，无力回天。

看见胜败已定，夏贵也只能率军逃跑。途中，他路过贾似道的大营，对其大喊道：“彼众我寡，势不支矣。”劝贾似道赶紧逃跑。

看见众将都逃跑了，贾似道大吃一惊，也逃跑了。就这样，在到处嚷嚷“宋军败矣、宋军败矣”的声音中，宋军全线溃败，元军则全线追杀。

最终，元军全线追杀了 150 余里，宋军 13 万大军全军覆没。元军得战舰 2000 余艘，军资器械不计其数，宋军被杀、溺死者不可胜计。

贾似道等人逃跑后，在珠金沙（今安徽省繁昌县外）会合。为了推卸责任，孙虎臣竟然自捶胸口大哭道：“吾兵无一人用命者！”他把责任都推给了士兵。

看着这个跳梁小丑，夏贵嘲笑道：“你应该血战到底，在这里说什么胡话！”

贾似道没精力追究责任问题，他问道：“计将安出？”

夏贵道：“诸军已经被敌人杀破了胆，已经不能战斗了，还有什么办法？现在唯一可行的是，请您马上动身去扬州，在那里召集溃兵，布置防线，抵御敌军。随后，您回京城，请皇帝移驾海上，以躲敌军，吾等以死守淮西！”

贾似道见没有更好的主意，就同意了夏贵的办法。第二天，众人散去，夏贵回淮西，在那里抵御敌军；孙虎臣和贾似道则一路收集溃兵，奔扬州而去。

收溃兵期间，贾似道曾发现长江上有一支溃败的宋军，就扬旗招之。结果，这支宋军听说统帅是贾似道后，竟然誓死不听贾似道的号令，还恶语辱骂。最终，贾似道只能灰溜溜地走了。

可见，此时此刻，贾似道的威望已经跌到了谷底。他再也不是那个南宋的再造之臣了，他俨然成了南宋亡国的罪魁祸首。在这种“打死过街老鼠”的心理下，贾似道的结局，也终于来到。

到了扬州后，贾似道把部将和兵马交给李庭芝，就动身回京了。结果，在途中，贾似道收到了一封“开除”的通知，没过多久，他又得到了一个发配边疆的圣旨。

最终，就是在这个发配途中，贾似道完了。

第二十一章 垂死挣扎

贾似道的下场

贾似道战败后，群臣立刻开启了痛打落水狗模式，大家上疏朝廷，要求严惩这个祸国殃民的奸臣，以谢天下、以安社稷。

后来，随着不断的“挖掘”，贾似道干的那些私签协议、伪造战绩、扣留使者的事情，全都大白于天下。群臣得知他的所作所为后，皆愤怒不已。大家强烈要求，必须严惩此贼，给天下一个交代。

在这种背景下，原来依附贾似道的党羽见主子气数已尽，也纷纷倒戈相向。他们也要求严惩这个朝廷败类。一些人更是蠢蠢欲动，准备取而代之。

这个想取而代之的人，就是贾似道的党羽、祸国殃民的小人——陈宜中。

陈宜中，字与权，浙江省温州市永嘉县人，南宋末年宰相。陈宜中出生在一个贫苦的家庭，他凭借自己的努力，高中进士，步入朝堂。

年轻的陈宜中也曾是一个为人正直的人。当时，他见奸臣丁大全把持朝政，就与五个志同道合的人一起弹劾他，誓要诛杀这个奸臣。

虽然事后陈宜中被取消了太学生资格，还被罢黜出京，但是他的这个壮举却得到了天下人的赞誉，人们送给他一个雅号，列其为“六君子”。

丁大全倒台后，贾似道上位，见陈宜中是一个人才，就想笼络他为自己所用。陈宜中明明知道贾似道是一个小人，却为了自己的荣华富贵，还是屈从于他。从此以后，他成了贾似道的心腹。

就这样，这个人也终于堕落了。

陈宜中深知小人那套左右逢源、趋利避害之道，看见贾似道失势后，二话不说，玩儿命地攻击贾似道，准备以他的头颅为基石，建功立业，最好取而代之。

亲信反水，效果就是不一般。在陈宜中的进攻下，贾似道无力反击，只能致仕。

虽然群臣最初的打算是杀了贾似道，但垂帘听政的谢太皇太后对贾似道还是有感情的。谢道清甚至还为贾似道辩解：“贾似道三朝以来勤劳从政，哪能因为一旦获罪而失去优遇大臣之礼？”

最终，在谢太皇太后的护佑下，在没有功劳也有苦劳的借口下，贾似道仅被罢免了官职。

贾似道全身而退了，然而，江湖虽大，已没有他容身之处了。

原来，贾似道致仕后，准备在台州（今浙江台州）老家养老。结果，当地官员紧闭城门，根本不让他进，官员还放出了一句狠话：“我们台州人正直善良，没有你这个姓贾的人！”

在台州吃了一个闭门羹后，贾似道只能移至婺州（今浙江金华），希望在那里养老。结果，婺州人也让贾似道吃了一个闭门羹。

见婺州人死活不让贾似道回家，朝廷只能颁布了一道圣旨，把贾似道安置在了建宁（今福建建瓯）。结果，诏书刚刚公布，信奉理学的大臣就怒了。他们接连上疏，逼迫朝廷收回成命。

理学大臣告诉朝廷：“建宁是什么地方？那里是先贤朱熹讲课的地方！这么一个神圣的地方，怎么能让贾似道去玷污！如今，建宁人听到贾似道的名字都会呕吐不已，更别说看见他了。如果朝廷执意让贾似道去建宁，那么请先赦免了当地百姓的罪名。因为，臣怕当地百姓看见他后会控制不住自己，把贾似道活活打死！”

话说到这个份儿上了，朝廷只能收回成命，不让贾似道去建宁了（贾似道也不敢去了）。而吃了这么多闭门羹后，贾似道也终于到了上天无路、下地无门的处境了，他如同一个过街的老鼠惶惶不可终日。

德祐元年（1275 年），在群起而攻之的局面下，谢太皇太后敌不过群臣的意见，只能颁布了一道旨意，把贾似道贬到了岭南，发配到循州安置。

在那个不杀士大夫的宋朝，把官员发配到岭南已经是最大的惩罚了。苏东坡时我们讲过，当时朝廷有一副对联，用来评价宋朝最险恶的八个州县，“春、循、梅、新，与死为邻；高、窦、雷、化，说着也怕”。如今，把贾似道发配到了这八州之一的循州，就是让其自生自灭，甚至让他去死。毕竟，去了那个地方的人，即使侥幸不死，也会被扒一层皮，少活数十年。

然而，对于这个结果，群臣并不满意，他们要贾似道“十死无生”！

于是，陈宜中准备借刀杀人了，他准备借押运官吏的手，逼迫贾似道去死。而且，在当时，就有这么一把合格的“刀”，可以完成这个重任。

这把合格的刀，就是跟贾似道有杀父之仇的——郑虎臣。

郑虎臣，字廷翰，又字景兆，祖籍福建，南宋爱国大臣郑埙之子。

郑埙曾在贾似道手下当差（在贾府当过文员），算是贾似道的人。但是，郑埙看不惯贾似道腐败奢靡、主和怯战的做法，和他分道扬镳了。不仅如此，郑埙还频繁地上疏朝廷，要求严惩贾似道。

在这种背景下，贾似道恨死郑埙了。他用当年秦桧害岳飞的办法，编制了一个“莫须有”的罪名，把郑埙杀害了。同时，贾似道也把郑埙的一家人发配边疆。郑虎臣就被发配充军，来边疆站岗。

后来，宋理宗大赦天下，郑虎臣这才被放归。他回归朝廷，成为一个候选官员。

宝祐三年（1255 年），有一些忠臣建议，郑虎臣是一个有功名在身的人（他 16 岁时中了一个武举人），按照祖训制度，必须给予其一个官职，这才像话。

由于有祖训这个必须遵守的制度，虽然贾似道不想干，但是也毫无办法。最终，他把郑虎臣安排到了偏远的浙江会稽（今浙江绍兴），去当了一个小小的县尉。

虽然远离了朝廷，但是郑虎臣不忘杀父之仇，他经常对外宣布自己与贾似道有不共戴天之仇，不杀此贼，誓不为人。

就是因为有这样的决心，所以陈宜中在安排押运人员时，毫不犹豫地选择了他。

就这样，在卧薪尝胆了20余年后，郑虎臣终于可以报仇雪恨了。

当然，在郑虎臣眼中，一刀斩杀的死法，太便宜这个老贼了。

那么，郑虎臣是怎么慢慢地折磨死贾似道的呢？

死得其所

郑虎臣当上贾似道的押运官后，立刻付之于行动，玩儿命地侮辱、折磨这个奸臣。

当时，贾似道知道这趟岭南之旅必艰苦无比，所以他未雨绸缪，准备了十几个随从，还有无数金银财宝，以备不时之需。郑虎臣看见这些东西后，瞬间怒了，他把这些随从都遣散了，珠宝也分给百姓后才动身。

按理来说，郑虎臣这样做已经违法了。毕竟，这些都是贾似道的私人财物，郑虎臣无权支配，他这么干与强盗无异了。但是，话虽如此，人在矮檐下，怎敢不低头，贾似道只能含泪告别了随从，跟随郑虎臣上路。

押解期间，正值农历七月的三伏天，阳光暴晒大地，路上酷热无比。当时，朝廷怕贾似道死在路上，就给他配了一个小轿，由四个轿夫抬着他去岭南。郑虎臣看见轿夫累得满头是汗，贾似道却在轿中纳凉，不由得大怒。

郑虎臣下令，把轿子拆了，只留一个座位。就这样，贾似道虽然还是坐轿，但是也暴晒在了阳光里。

这一路，贾似道被晒得满头是汗、口干舌燥，还差点中暑，他只能暗暗叫苦，渴望早点到目的地。

后来，单让贾似道身体受苦，郑虎臣还觉得不够，他要让贾似道的精神也受苦。

在押解途中，郑虎臣编了好几个段子，痛骂贾似道的所作所为，骂得贾似道面红耳赤，无言以对。郑虎臣一个人骂还不过瘾，他还教轿夫们唱这些段子，大家一起唱，一起冷嘲热讽、嬉笑辱骂贾似道。

就这样，德祐元年（1275年）八月，郑虎臣押解贾似道来到了漳州。

当时，漳州的知府叫赵介如，此人曾是贾似道的门客，若没有贾似道的提携，此人也不会有今日的位置。

得知恩公驾到后，赵介如哪里敢怠慢，他赶忙设宴款待众人，为他们接风洗尘。见到贾似道后，赵介如更是一口一个恩公地叫。同时，赵介如还请贾似道上座，以尽地主之谊。

得知赵介如让自己上座，贾似道着实不敢，毕竟他被郑虎臣教训了一路。

贾似道委婉道："如今'天使'（宋朝管监督的大臣叫'天使'，寓意'天子的使者'）在此，我一个罪臣怎么能够上座呢？还是请'天使'上座吧。"

一听这话，郑虎臣也毫不客气，他上前一步，一把推开赵介如，声色俱厉道："一边去，别挡路。赶紧上菜，聊什么聊！"

宴会就在这种气氛下开了个头，至于这个宴会的过程就可想而知了。

当时，郑虎臣根本不给这对奸臣好脸，他指桑骂槐，说了贾似道不少坏话，捎带脚地，也把赵介如痛骂了一顿。最终，好好的一顿饭，闹了一个不欢而散。

见郑虎臣如此对自己的恩公，赵介如就有点警觉了，他害怕郑虎臣对自己恩公下手，就千方百计地把郑虎臣留了下来。他用财宝、美人等物，想收买郑虎臣，让他善待自己的恩公。结果，郑虎臣根本不为所动，他财宝无所取、妇女无所幸，根本看不上这些东西。

强留了郑虎臣三日后，赵介如毫无办法，只能送行。临行前，赵介如送给贾似道很多的衣服细软，以备不时之需。结果，郑虎臣以行囊过重、无法搬运为由，把这些东西全留下了。

出了漳州城后，郑虎臣就开始琢磨一件事情。他心里盘算着，贾似道权倾朝野十余年，门生旧吏遍布天下。虽然朝廷把他发配到了岭南，但岭南未必没有贾府旧部，万一那里出现了一个赵介如这样的狗官，贾似道岂不是继续享福。

最终，郑虎臣想明白了——必须在路上干掉贾似道，要不然，就没有机会除掉这个奸贼了！

说干就干，郑虎臣玩儿命地辱骂贾似道，不给他饭吃、不给他水喝，让他步行上路。然而，贾似道什么本事没有，却有一颗大心脏。不管郑虎臣如何侮辱他，他就是不自杀，不让郑虎臣得偿所愿。

一行人来到南剑州（今福建南平）时，郑虎臣见这里的"黯淡滩"水质清澈、水流湍急，就不怀好意地对贾似道道:“这里的水，真是清澈呀！这里真是一个投河自尽、以死谢罪的好地方！”

郑虎臣的这番话，就是暗示贾似道自杀谢罪。孰料，贾似道连连摇头，委屈地回答道:“谢太皇太后许我不死。”

后来，众人来到漳州木棉庵后，身心俱疲的贾似道得了痢疾，他再也走不了了，只能在这里暂时养病。

关于贾似道得痢疾的原因，还有另一种解释——贾似道在郑虎臣的逼迫下，自知难逃一死，服冰片自杀。结果，这个冰片可能过期了，贾似道吃完后只是腹泻，却死不了。

当然，不管贾似道是如何得病的，有一点毋庸置疑。当时，贾似道的病很严重，史称“一日大泻数十次”。但是，都病成这样了，他也依旧不死！

看见不管用什么办法，也无法让贾似道去死，郑虎臣再也忍不了了。虽然他清楚地知道，擅自诛杀朝廷官员是十恶不赦的死罪，但是他也不管不顾了。

郑虎臣叫来部下，对他们道:“今日，吾为天下杀此贼，虽死无憾！”说完，怒气冲冲的郑虎臣提起一把刀（也说是一把铁锤），捂住自己的鼻子，直奔厕所、直奔正在如厕的贾似道而去。

就这样，伴随着一声惨叫，一切都结束了……

1275年十月中旬，一代奸臣贾似道被郑虎臣击杀在厕所里，死在了出恭的途中，享年63岁。

曾经权倾朝野、显赫一时的权臣，竟然以这种惨死厕所的方式，结束了自己的一生，真是让人唏嘘。但也算是咎由自取、恶有恶报。

据说，贾似道死后，有好事者参观了贾似道惨死的厕所，曾在上面题了一幅哀辞——死得其所！

没错，真是死得其所。

好吧，俱往矣，对这个奸臣，盖棺定论一下吧……然而，有什么好盖棺定论的呢？

以铜为鉴，可以正衣冠；以古为鉴，可以知兴替；以人为鉴，可以明得失——贾似道的一生，无非就是一本反面的人生教科书罢了。

至此，这位南宋历史上不可一世的权臣、小人贾似道，就以这样的结局退出了历史的舞台。他的死，并不意味着南宋奸臣历史的结束，他是一位奸臣，却不是最后一位！

南宋历史上的最后一位奸臣，就是接替了贾似道的位置、指派郑虎臣去诛杀他的——陈宜中。

得此结果，真是让人无语。然而，还有更加让人无语的事情……

原来，陈宜中上台后干的第一件事情，就是诛杀了郑虎臣。

郑虎臣诛杀了贾似道后，天下拍手称快，部分大臣上疏朝廷，要求重赏这个有功之臣。然而，陈宜中竟然上疏朝廷，以擅杀大臣的罪名，把郑虎臣缉捕入狱了。不久，他就以国法的名义，把郑虎臣斩首示众了。

伴随着郑虎臣的惨死，天下百姓对于这个朝廷，也越来越离心离德了。

是的，将心比心，当一个国家已经变得是非不分、混乱不堪、不可理喻时，我若是一个正直的百姓，也会不愿与之共存亡。

伴随着郑虎臣的惨死，伴随着元军的继续大军压境……南宋亡国的时间，已经越来越近了。

起兵勤王

虽然贾似道的惨死，让朝廷为之一振，但是这没什么用。毕竟，南宋可以斩杀这个祸国殃民的大臣，却无法击退节节逼近的元军。如今，元军即将兵临城下，南宋君臣如何是好？

后来，在目睹了文天祥的军队不行、张世杰惨败后，宋廷彻底慌了，他们不知道该何去何从了。

《文天祥全集》记载，在元军节节胜利、南宋帝国日渐危机下，谢太皇太后急得不行，她颁布了一道《哀痛诏》，让四方军队入京，勤王护驾。

虽然谢太皇太后的这份诏书情真意切，然而，真正肯为国捐躯的人，除了文天祥、张世杰、李庭芝等外，就没有几个了。

疾风知劲草，板荡识诚臣……此言不虚。

令我们欣慰的是，文天祥没有让我们失望，他不愧是中国的圣贤。

咸淳六年（1270 年），第四次罢官后，文天祥回到了文山，准备在这里颐养天年。结果，得知国家危在旦夕了，文天祥抛开了所有成见，接受了朝廷的任命。

咸淳九年（1273年），文天祥接受了朝廷任命的湖南提刑一职，远赴湖南上任。

当时，因为战乱，湖南一带社会矛盾尖锐，盗贼四起，朝廷把文天祥派到湖南，就是希望他去“镇压”盗贼。

虽然任务艰巨，但文天祥还是完成了任务。在他的治理下，湖南的社会矛盾得到了缓解。

这里说一段题外话，在湖南当官期间，是文天祥一生最痛快的一段岁月。

因为，这里有文天祥的老师、正在发挥余热的湖南安抚使江万里；这里，有文天祥最欣赏的上司汪立信；这里，还有他最敬佩的同僚，为人刚介、不畏强御的李芾。跟这些志同道合的人共事，文天祥曾经郁闷的心情也痛快了很多。

咸淳九年（1273年）十月二十七日，这一天是江万里76岁的寿辰，在那个人生七十古来稀的时代，老爷子活到这个岁数也算是高寿了。为此，大家举办了一场寿宴，以作庆祝。文天祥赋了“君子保金石，所以永国成”的诗词，送给老师当寿礼。

在寿宴中，看着自己76岁的老师，想到家中86岁的祖母和59岁的母亲，文天祥感慨颇深。于是，寿宴结束后，文天祥上疏朝廷，请求调任，去家乡附近就职，以便孝敬亲人。朝廷同意了文天祥的请求，改任其为知赣州，让其回老家了。

咸淳十年（1274年）正月，在交接了所有工作后，文天祥在祝福中离开了湖南，回江西去了。

文天祥根本不知道，他和朋友们的这次分别，将是永别。在不久的将来，他和这些朋友都将迎来属于自己的结局。

咸淳十年（1274年）三月初二，文天祥抵达赣州。就在赣州当官期间，文天祥看到了太后颁布的诏书。

看见这篇《哀痛诏》后，在赣州的文天祥立刻响应太后的号召，他散尽家财（还借了不少钱），组建了一支5万人的部队，率领他们奔赴临安，勤王救驾。

出征前，文天祥的一个友人来劝他：“今元兵三道鼓行，破郊畿，薄内地。君以乌合万余赴之，是何异驱群羊而搏猛虎？”

对于友人这段话，文天祥坚定不移道：

“固然国家养士三百余年，一旦急征天下兵，无一人一骑入关者，吾深恨于此，故不自量力而前，庶忠义之士闻风而起，义胜者谋立，人众者功立，社稷犹可保也！”

这，就是文天祥，他用自己的精神，感召所有人。

要知道，在民族危难之际，如果我们每个人都像文天祥一样舍生忘死，奋勇向前，面对崩溃的大堤，即使手里只有一抔土也要去堵；面对熊熊燃烧的大火，即使手里只有一杯水也要去救。那么，这无数的水和土就会构筑一道坚不可摧的万里长城，足以让入侵者付出惨烈的代价，有来无回。

明知不可为而为之，即使飞蛾扑火，也要全力以赴！

就这样，秉持着舍身救国的思想，文天祥雄赳赳、气昂昂地开赴临安。

殊不知，理想和现实，竟然不是一回事！

原来，得知文天祥率军进京后，朝廷并不高兴。在右丞相陈宜中、左丞相留梦炎的谗言下，朝廷竟然认为，文天祥的部队就是一群乌合之众，让他们来京城只会添乱。最终，朝廷颁布了一道圣旨，命文天祥屯兵吉安，不许进京。

文天祥这颗炽热的心，竟然贴上朝廷的冷屁股，这让文天祥情何以堪！

得知自己不能进京后，文天祥大怒，他接连上疏朝廷，请求进入京城去拯救江山社稷。

文天祥告诉朝廷，你们说我这支部队，一旦交战必溃，一旦守城必散。你让我试试，等我一战，再议不迟！

然而，不管文天祥怎么上疏，朝廷就是不让其麾下的这群“乌合之众”入京，文天祥在吉安苦苦地等待了 3 个月。然而，3 个月后，朝廷终于命令文天祥入京了。

原来，在不久前，他们又经历了一场大败。张世杰在焦山一带被元军击败，如今的南宋王朝是真的没有兵马了。

焦山之败

前面讲过，张世杰镇守的郢州城坚不可摧，让伯颜毫无办法。最终，伯颜选择了绕道，躲开了张世杰的部队，从其他地方南下。

由于并未与元军硬碰硬，所以张世杰的兵力完整，还有一战之力。后来，收到谢太皇太后的《哀痛诏》后，张世杰立刻挥师南下，来京城勤王。

由于他的部队是职业军人，所以朝廷非常高兴，谢太皇太后马上加封了张世杰的官职，命他去镇江一带布防，抵御元军。

至元十二年（1275 年）七月，张世杰率领 10 万大军来到了镇江，他在镇江三山之一的焦山周围布置防线，抵御元军。没过多久，元军统帅阿术来到这里。当得知张世杰在镇江布防后，阿术面露难色。因为他清楚地知道，镇江这里不好打，他们容易“阴沟翻船”。

毕竟，昔日韩世忠在这里抵御金军，得了一场“黄天荡大捷”，南宋从此一战而建国。如今，张世杰兵强马壮，他又是一个精忠报国、有勇有谋的将领。因此，在元军眼中，这场战斗真不好打。

虽然阿术忧心忡忡，但是当他考察完地形、看完宋军的排兵布阵后，他又笑了，也认为此战必胜了。

原来，张世杰竟然下令，让所有的战舰在湖面上排列，以 10 艘战舰为一个单位（一方），用铁链锁在一起，以此抵御敌军。同时，张世杰还下令，所有战舰抛锚，没有主将命令，不得起锚。擅自起锚者，斩！

张世杰这样的排兵布阵，看似是用战舰筑造了一条钢铁防线，但实际上犯了兵家之大忌。如此阵型，只能让战舰失去机动力，一味地被动挨打了。而且，这种连接在一起的战舰，也很容易被一举歼灭。

其实，张世杰之所以如此排兵布阵，也是无奈之举。毕竟，他手底下的宋军，已经畏敌如虎了，一旦开战，若战局稍微不利，这些宋军就可能鸟兽散了。为了保险起见，张世杰只能用这种捆绑的方式，把所有战舰锁在一起，让这些人无法临阵脱逃，让他们跟自己一样避无可退，只能奋勇杀敌。

张世杰的这种做法颇有昔日项羽破釜沉舟、韩信背水一战之势。但可惜的是，背水一战是没有的；面火一战，这个倒是有……

就这样，在阿术一句“可烧而走也”下，元军放火烧船，让赤壁之战重新上演了。

在元军的火攻下，被铁链锁在一起的宋船欲攻难进，欲走不能，只能“帆蓬俱焚，烟焰蔽江”。宋军被烧得尸横遍野、损失惨重。最终，张世杰统率的

10 万大军全线溃败，他率领残兵败将离开战场，逃难去了。

此战过后，宋朝再也无法组建大规模的军队了，宋军水军也无法进入长江了。

宋朝无兵可用，谢太皇太后这才颁布圣旨，“促文天祥入卫”。

至元十二年（1275 年）八月，文天祥率军来到了临安，驻军在西湖之滨。同年十二月，张世杰率领败军，回到了临安城。

这两位英雄见面后，立刻就如何保护国家、杀退敌兵这个问题展开了激烈的讨论。最终，他们达成一个共识——虽然此时此刻，国家已经到了生死存亡之际，但是南宋还有力量抵御敌军。如今，李庭芝、夏贵、苗再成等人镇守的两淮尚未沦陷。湖南、江西、福建、广东、广西、贵州等地也还归南宋统治，南宋还有足够的人力、物力跟敌军血战到底。此外，虽然敌军即将兵临城下，但是杭州城内有文天祥的 5 万大军、张世杰的 3 万败军（也说 5 万）以及 20 万皇家禁军，用这些兵力抵挡元军，鹿死谁手，尚未可知。因此，为今之计，就是请太皇太后、皇帝等人出城避难，我等留下来与朝廷共存亡。

就这样，达成共识后，文天祥和张世杰马上进宫面圣，向谢太皇太后等人阐述了这个计划。

请记住这些忠贞义士

文天祥和张世杰达成共识后，马上进宫面圣，提出了两宫太后和皇帝迁到海上避难，他们留下来抵御敌军的计划。结果，谢太皇太后和陈宜中商量后，他们认为文天祥等人的做法太冒险，否决了这个提议。

谢太皇太后也是有自己的苦衷。

在这个老太太眼中，南宋已经民心尽失了，到处都是逃难的官员和不听指挥的将领，自己一旦出城，就成一个难民了。届时，她吃尽苦头不说，万一护驾的军队鸟兽散了……谢太皇太后都不敢继续去想。

因为，谢太皇太后发现，随着元军距离临安越来越近，她身边的官员也越来越少了。每一次上朝，就会有几个官员不辞而别。最高峰时，竟然只有六个官员来上朝。为此，老太太颁布了一道诏书，要严惩这种逃难的官员。

然而，不管谢太皇太后如何劝说、如何痛骂，这些无耻的士大夫们还是该逃逃、该跑跑。最终，左丞相留梦炎也不辞而别。

至此，面对此情此景，我要是谢太皇太后，也不敢出城逃难。毕竟，尚未出城，国家就已经失控到了这种局面；一旦出城，那就彻底无依无靠了。

否决了文天祥的提案后，谢道清、陈宜中等人希望文天祥去跟元朝谈判，以当臣子、割地赔款、当附属国等条件，渴望元朝放他们一马，不让南宋亡国。

对于这个提案，文天祥真是无话可说。

要知道，在文天祥的眼中，虽然宋朝到了最危难的时刻，但这个国家不是没有人，依旧有无数的忠义之士愿意用自己微弱的身躯化成朝廷的脊梁，与南宋共存亡。

这些忠贞义士中，就包括江西都统——密佑。

《宋史·密佑传》记载，德祐二年（1276 年），南宋投降后，密佑占据江西抚州，誓死不降。元军来攻打他，密佑就率众迎敌。

开战前，元军对密佑大喊道："来者要干什么？降者乎？斗者乎？"密佑大声回答道："斗者也！"随后，他身先士卒，率领宋军攻打元军。

奋战时，密佑始终冲在最前面，不顾生死，奋勇杀敌。当时，密佑脸部中了一箭，但他毫不畏惧。密佑拔出箭，按着伤口大声鼓舞士气道："不用管我！继续杀敌，杀敌！"

虽然密佑奋勇杀敌，但无奈对手人多势众。在一番交战后，宋军损失惨重，密佑本人也身中四箭三枪。

最终，目睹宋军全线溃败后，密佑自知大势已去，他率领部队突围，在一番厮杀后，成功突围。可惜的是，在过一座桥时，突然塌了，密佑摔晕了过去，被元军俘虏。

密佑被俘后，元军就想招降他。元军赠他金符，以高官相诱，结果密佑始终不屈，他痛骂江西制置使黄万石（又是这个小人），认为都是因为这个小人的避敌怯战、一味投降，才导致今日之败。

元军劝降了一个月，密佑誓死不降。为了劝降密佑，元军还打出了感情牌，他们找来密佑的儿子，让他去劝降父亲。密佑的儿子道："父亲，投降吧。您不能死呀。你死了，儿子怎么办呢？"

一听这话，密佑大声痛骂道："你怎么办？你是我儿子，即使未来流落街头、行乞要饭，只要大喊一声‘我是密都统的遗孤’，谁不怜汝”！

说完后，密佑解开衣服，请求就刑。见此情景，元军知道劝降无用了。密佑慷慨赴死时，“观者皆泣下”。

这些忠贞义士中，还包括——江西招谕使谢枋得和他的部将张孝忠。

德祐二年（1276 年）正月，得知元军来犯，谢枋得二话不说，散尽家财，招募勇士，组建了一支义军。他直奔前线，跟元军开战。开战时，谢枋得身先士卒，还命将领一起大喊道“谢提刑来也”，以鼓舞士气，击杀敌军。

虽然谢枋得的部队士气高涨，将士也都是誓死保卫国家的义士，但可惜的是，没有系统训练、没有精良武器的他们，不可能是元军的对手。一番激战后，谢枋得全军覆没。他在部下张孝忠的掩护下，成功脱逃了。然而，张孝忠却没有逃出来，战死沙场。

史料上的这个张孝忠，跟上司谢枋得一样也是一个誓死不降的好汉。当时，成功掩护谢枋得逃跑后，张孝忠见已经身陷重围，他索性豁出去了。

张孝忠挥舞双刀，左突右冲，奋勇杀敌，一共杀了百余名元军。最后，身中数箭，气尽殉国后，张孝忠也不肯倒地，是站着死去的。

元军打扫战场时，看见这具怒瞪双目、誓死不倒的尸体后，不禁跪拜，由衷感叹道：“真乃壮士也。”

谢枋得逃跑后，再次组建义军，抵御元军。结果，在接连失败后，心灰意冷的谢枋得选择了逃亡，他逃到了福建的一处穷山野岭。

元朝平定天下后，见谢枋得是一个人才，就把他“请”到了元大都，让其归顺投降。谢枋得大喊道：“人莫不有一死，或重于泰山，或轻于鸿毛，若逼我降元，我必慷慨赴死，决不失志。”随后，他绝食以求速死。

绝食五天后，在元大都悯忠寺（今北京法源寺）内，谢枋得为国尽节，至死未降为元臣，享年 64 岁。

这些忠贞义士中，更包括浙江富阳县尉、谢枋得的伯父——谢徽明。

当时，谢枋得在组织义军抗元，他这位已经 85 岁的伯父谢徽明也组建了一支部队去抗击元军。

德祐二年（1276 年）正月，元军进犯富阳。当时富阳的知县早就逃跑了，谢徽明主动代理了这个职位，抵御元军。

谢徽明有必死的觉悟，手下也有必胜的决心，但可惜的是，打仗是一件残酷的事情，光有士气跟觉悟是不够的，战场之上还是得比谁的拳头硬。

一番激战后，没有任何奇迹，85 岁高龄的谢徽明以死殉国。他的两个儿子为了保护他的遗体，扑在了谢徽明的身上，结果身中数刀，以身殉国。

这些忠贞义士中，还包括文天祥的老师——江万里。

要知道，江万里已经 70 多岁了，他即使不参与抗元，也没有人会怪罪他。毕竟，这位老者已经为朝廷尽了自己所有的力。

然而，如果江万里这么干的话，他就不是文天祥的老师了。

得知元军来攻打自己后，江万里没有逃，他告诉众人："我都这把年纪了，上天竟然给了我一个为国捐躯的机会，真是死得其所，死得快哉！"

就这样，江万里坐守不动，与城池共存亡。后来，得知城门失守、敌军马上杀上门后，江万里痛苦地喝了一杯酒，大声道："大势不可支，余虽不在位，当与国为存亡！"说完，江万里甩开众人，跳河而死。

江万里赴水死后，其家族成员也选择了以身殉国。当时，江万里的儿子江镐率领族人一起跳入了奔腾的江水，其随从也都追随而去。

一时间，江中"积尸如叠"。一个显赫的家族，就用这样的方式完成了精忠报国。

这些忠贞义士中，还包括叛将黄万石的手下——米立。

黄万石投降元朝后，其部下米立誓死不降。米立一直抵御元朝，最终弹尽粮绝、战败被俘。

米立被俘后，黄万石来看他，对其道："投降吧，我都投降了，你还硬扛什么呢？"

一听这话，米立大声反驳道："虽然我是一个小卒，但是三世食宋之禄，国亡当死，这有什么好说的！我米立乃一个堂堂七尺男儿，让我当卖国贼、汉奸，痴心妄想！我米立誓死不与这等败类为伍！"

米立的这番话，说得黄万石羞愧难当，只能灰溜溜地走了。不久，元朝见米立誓死不降，就成全了他。

这些忠贞义士中，包括南宋的"花蕊夫人"——徐君宝妻。

1276 年，元军攻破了岳阳。一个叫徐君宝的人被害，一个元军将领俘虏了他的妻子，见其长得还不错，就收入帐中了。

对于元将的淫辱，徐君宝妻誓死不从。后来，她见在劫难逃，就告诉元将:“请你出去一下，我要单独地祭拜一下夫君。等我祭拜完了，就和你同房。”

元将一听很高兴，就出去了。结果，左等右等，也不见徐君宝妻出来。最后，愤怒的他踹门进入。

此时，徐君宝妻已经跳池自尽。她在祭拜夫君的墙面上，留下了自己的绝命词《满庭芳》：

汉上繁华，江南人物，尚遗宣政风流。绿窗朱户，十里烂银钩。一旦刀兵齐举，旌旗拥、百万貔貅。长驱入，歌楼舞榭，风卷落花愁。

清平三百载，典章文物，扫地俱休。幸此身未北，犹客南州。破鉴徐郎何在？空惆怅、相见无由。从今后，断魂千里，夜夜岳阳楼。

这阕词，虽然在气势上不如花蕊夫人的“十四万人齐解甲，更无一个是男儿”，但是在亡国心情上，她们不分伯仲，都表现了一名女子不甘亡国的悲痛之情。

综上，密佑、谢枋得、谢徽明、张孝忠、江万里、米立、徐君宝妻，当时的南宋有很多铮铮铁骨、誓死不降的好儿女。若南宋官员都是这样“犹捧一篑以塞溃川，挽杯水以浇烈焰”的英雄，南宋王朝不可能亡国！

然而，南宋的英雄豪杰太少了。

南宋更多的是谢道清、陈宜中之流。这些人只想着自己的荣华富贵，根本不管国家的未来。

就这样，在文天祥、张世忠等人和谢道清、陈宜中等人就“到底是迁都避难还是议和投降”这个问题争论不休时，历史的车轮终于到了德祐二年(1276 年)。

第二十二章 名存实亡

湖南之战

时间退回到德祐元年（1275 年）的除夕夜，这一天是家家团圆、共度春节的日子，潭州城（今湖南长沙）也是如此。

当时，潭州知州李芾在府宅举行宴会，他召集了长沙城内所有的官吏乡绅，大家聚在一起好好地吃一顿。

虽然大家的初衷，是“好好地吃一顿”，但这个酒宴却有点惨不忍睹。因为，这个饭桌上既无肉，也无菜，更无饭。唯一的一点酒，也已经掺了水，毫无味道。

原来，此时此刻的潭州城已经被元兵围困了数月。如今这里内无粮草、外无救兵，已经濒临崩溃。

当时，潭州城的箭射完了。李芾就下令收集竹子、铁器、羽毛等物，铸成新箭，射杀敌军。但现在，这些新箭也已经用完了……

除了军事物资，生活物资也已用尽。潭州城的食盐用完了。李芾下令收集盐库中的纸张、席子、麻袋等物，将它们全部烧毁，取这些物品的灰，用水熬成汤，分给军民食用，以补充盐分。但现在，这些东西，也已经烧完了……潭州城的粮食吃完了。李芾下令让居民贡献家中牲畜，宰杀食用。李芾还鼓励居民自发捕雀捉鼠，代为充饥。可现在，偌大的潭州城内除了人以外，已经没有活物了。而在某些地方，饥饿的百姓已经易子相食、吃死人肉了……

对于城中人来说，除夕宴会毫不重要，能不能看见新一年的太阳已经成为最后的奢望。

然而，这最后的奢望，他们也没有等到……

因为，就在宴会举行期间，元兵发起了总攻，将潭州城当成自己的新年礼物。

对于这种困局，潭州知州李芾无可奈何。

最终，在被围攻了数月后，对于李芾而言，一切已经结束了。这里没有援军，也没有任何希望。用不了多久，元兵就能攻陷这座城池。

人生到此，对于李芾而言，如果有遗憾和不甘的话，也只剩下一个了——他希望别的官员死得慢一点，让他第一个自杀殉国。

然而，就是这么一个最后的遗愿，还是让自家人给“搅黄”了。

除夕宴会开到一半时，守军来报，敌军已经攻破了城门，守城的尹谷大人已经自焚殉国。

尹谷是本地人，以参谋的身份协助守城。面对敌人的猛攻，尹谷沉着应战，杀敌无数。然而，尹谷虽奋勇无比，然大势已去，已无力回天。看见城门被攻陷后，尹谷含泪回到家中，招呼家人围薪而坐，随后点燃一把火，全家自焚而死。

得知尹谷自焚而死后，李芾既悲痛，又为同伴的英烈作为而感到高兴，他含泪大笑道:“哈哈哈，尹谷这厮，什么都要跟我争！自焚竟然也先我一步，乃真男子也！你等着，老夫随后就到。咱们在那个世界继续把酒言欢，不醉不归！”

说完，李芾喝下了最后一杯酒，随后他召集家人围薪而坐。李芾命令下属杀掉自己和家人，并点火为自己送行。

李芾、尹谷自焚的消息传出后，潭州城内掀起了一场自杀殉国的风潮。他们或举家自尽，或奋勇杀敌，决心与潭州城共存亡。

在这些人中有这么一群人不得不提，他们就是当时潭州城内的学子们。

在宋朝，人杰地灵的长沙拥有三座学府，即潭州州学、湘西书院和岳麓书院，这三座书院名震全国，号称“三学”；在这里上学的学子，也被尊称为“三学生”。

当时，在国破家亡之际，虽然“三学生”手无缚鸡之力，却有奋勇杀敌的决心。得知李芾等人殉国后，“三学生”号哭不已。随后，这些学生扔下书本，拿起武器，义无反顾地冲到了前线跟敌人拼命。

虽然，他们最终全体殉国，但是他们的精神传递给了所有潭州人。

最终，潭州城居民集体殉国，无一投降。潭州城破后，元兵也被这里震撼了。因为这里“多举家自尽，城无虚井，缆林木者，累累相比”。

本来元兵只要遇到某城奋死抵抗，就会彻底屠城以示惩戒。但这一次，元兵不仅不屠城了，还把潭州城幸存的孩子保护了起来，给予了他们应有的照顾。

因为，对于这种城池，元兵充满了敬意，他们领略到了什么叫作骨气！

就这样，在潭州沦陷的硝烟中，新一年的太阳缓缓升起，南宋就此迎来了新的一年——德祐二年（1276 年）。

这一年，正是南宋的覆灭之年……

议和未果

面对越来越近的大军，谢道清、陈宜中等人惊慌失措，却毫无办法。最终，无奈的他们选择了议和。

德祐元年（1275 年）十二月初五，南宋派遣使者柳岳去元营请求和谈。

当时，柳岳痛哭流涕，对伯颜道：“先帝刚刚驾崩，自古礼不伐丧，你们不能这个时候出兵。而且，我朝太皇太后年高（66 岁）、新皇年幼（5 岁），你们好意思欺负孤儿寡母吗？恳请和谈。”

伯颜回答道：“我们之所以出兵，是因为你们不守信用，杀我使者，扣我使臣，所以我们才大军压境。如今，战争都这样了，你让我们退兵，可能吗？如果让我军停止进攻，可以，赶紧干‘钱王纳土，李主出降’之事吧。”

伯颜还不怀好意地告诉柳岳，别说我们欺负你们孤儿寡母，我们懂历史。“今尔宋昔得天下于小儿之手，今亦失于小儿之手，盖天道也，不必多言！”

大意是，你们老宋家怎么得的天下？还不是欺负老周家的孤儿寡母。这是天道轮回，废什么话！

就这样，在伯颜的嘲讽中，柳岳无言以对，只能回朝复命。这一次和谈以失败告终。

第一次和谈失败后，谢太皇太后不死心，又展开了第二次和谈。

同年十二月二十七日，南宋派遣陆秀夫等人出使元营，跟伯颜继续和谈。

在这一次和谈中，陆秀夫提出，可让宋朝皇帝向忽必烈称侄，如果不行，称侄孙也可。宋朝皇帝世世代代向元朝皇帝行礼，每年进贡白银 25 万两，绢 25 万匹，只求能保存社稷。

对于陆秀夫的条件，伯颜根本不理，他告诉陆秀夫等人："我们元朝不缺侄子，也不缺孙子，更不缺金银。我们要什么，你不明白吗？"

就这样，在伯颜的送客中，陆秀夫无功而返。这一次和谈也以失败告终。

如今，一些影视作品在表现这段历史时，特意给陆秀夫"加戏"。说"宋末三杰"之一的陆秀夫是一身正气进入的元营，他还痛骂伯颜师出无名，让他承认错误的。

其实，在历史中，陆秀夫是乖乖回去的。因为，不是他不想说，而是他无法说。

毕竟，伯颜只要一句话，就能让他乖乖地闭嘴——"在'师出无名'这个问题上，你们老赵家的开国皇帝怎么说的？'卧榻之侧，不容他人酣睡'。这句话，说得真好！"

赵匡胤若在天有灵，看见此情此景，看着自己的后代变成了屈辱的对象，不知会做何感想……

就这样，两次和谈失败后，谢道清、陈宜中等人真不知道怎么办了，他们惶惶不可终日，却无计可施。

就在这个时候，陈宜中竟然上疏朝廷，恳请迁都避难。

前面讲过，对于文天祥迁都的行为，陈宜中死活不同意。结果，在两次求和未果后，他竟然同意迁都了。最终，陈宜中说服了谢太皇太后等人，请他们出宫避难。

虽然谢太皇太后等人同意出宫避难，但是，因为时间没有对上，他们最终没有逃成。

原来，虽然陈宜中说服了谢太皇太后等人出宫避难，但他却忘记了说时间。谢太皇太后等人以为是当天晚上出城，结果陈宜中选的是第二天出发。

可怜的谢太皇太后等了整整一晚上，也没有看见陈宜中接自己出宫。天亮后，顶着黑眼圈，老太太大骂道："我本不愿迁都，是大臣们再三恳求才同意了此事，结果呢？真以为我好欺负吗！敢这样戏弄我！"

说完，谢太皇太后把头上的首饰摘了下来，愤怒地扔在了地上。老太太"闭门谢客"，谁也不见了。

后来，虽然在陈宜中的解释下，他们解除了这个误会，但此时此刻，他们已经无法逃跑了。因为，元军已经兵临城下，谢太皇太后这么大的目标，已经无法全身而退了。

司马懿讲得好："军事大要有五：能战当战，不能战当守，不能守当走，不能走当降，不能降当死。"如今，对于谢太皇太后而言，她是战无将，守无兵，跑无路，她又不想死，所以，她只能选择那条路了……

德祐二年（1276 年）正月十六日，谢太皇太后派遣使者入元营，表示愿意尊忽必烈为"仁明神武皇帝"，并同意奉表称臣。也就是说，谢太皇太后终于投降了。

得知南宋投降，伯颜非常高兴，但他害怕宋人不守信用。于是，伯颜告诉南宋使臣，这么大的事情，你们这些小官说了不算。去，让你们宰相来，否则我绝不签约。

宋史回城后，传达了伯颜的意思。谢太皇太后一听，不就是让宰相去签约吗？这有何难，陈爱卿呀。咦？陈爱卿呢！那个陈宜中呢，哪去了？

陈宜中早就逃跑了！

原来，虽然陈宜中是一个误国的权臣，却不是一个卖国的奸臣。得知伯颜要宰相去签署条约，他第一时间逃回了老家温州，不愿意当这个卖国的宰相。

陈宜中逃跑后，临安城产生了连锁反应。为了不当亡国奴，大家以他为榜样，都开始叛逃。

首先逃跑的是张世杰，他率军离开了临安城，奔定海（今镇江镇海）去了。紧接着，陆秀夫等一批文臣也离开了临安城，他们或选择了回乡，或选择寻找一座坚固的城池，聚集忠义之士打算以此为基地抵御元军，作最后一搏。

后来，为了延续南宋的国运，二王赵昰、赵昺在大臣的护送下，也偷偷摸摸地离开了临安城。

得知二王逃离了临安城，陈宜中、张世杰、陆秀夫立刻向他们靠拢，追随二王而来。这些人拥立二王登基称帝，为宋朝延续了 3 年的国运。当然，这些都是后话。

得知陈宜中逃跑了，谢老太太气得欲哭无泪。先前，左丞相留梦炎跑了；现在，右丞相陈宜中也溜了。这些人，真不愧是国家“栋梁”。

然而，老太太就是再愤怒，也得干正事。毕竟，对面的元军等着宰相过去谈判呢，这要是得罪了元军，后果不堪设想。

于是，为了谈判，谢太皇太后立刻颁布圣旨，提拔那个人为宰相，命他出使元营谈判。

结果，谢太皇太后万万没有想到，这次和谈，差点让这个宰相给搞砸了。因为，她任命的就是那个至死不降的文天祥。

文天祥出使

虽然在历史书中，文天祥知道此行的目的是投降。但是，若他肯乖乖就范的话，他就不是文天祥了。在这个谈判过程中，文天祥肯定不会给对方好脸，也不会让这个谈判顺利进行。

文天祥进入元营后毫不客气，“径直居中而坐”。他词严色厉，对着伯颜大喊道:“之前谈了什么，我不知道，因为这都是前宰相干的，与我无关。我来这里是奉太皇太后的旨意，来跟你们商量事情的。”

很显然，伯颜被文天祥说蒙了，他只能敷衍道:“丞相来此，就是来商量事情的。说的是，说的是。”

文天祥继续大声道:“本朝继承帝国正统，衣冠礼乐之所在。你们大兵压境于此，是要跟我们成为友好邻邦呢？还是要灭了我们的江山社稷呢？”

伯颜此行的目的，当然是来灭宋的，但这种事情，“只能做不能说”。他要是承认自己灭宋，岂不是承认了自己是一个强盗。伯颜只能继续敷衍道:“社稷必不动，百姓必不杀。”

文天祥继续道:“既然尔等不是来灭宋的，之前又多次失信于天下，我就给你们一个悔改的机会。如今，在签署盟约前，请退兵至平江或嘉兴，以表诚意。随后，咱们定岁币、绢帛，拿了这些‘犒师钱’后，你们就可以北还了。不然，南北兵祸未已，非尔利也！”

听了文天祥的言辞后，伯颜恼羞成怒了：这个姓文的要干什么？难道是谢太皇太后反悔了，打算跟我们鱼死网破？

愤怒的伯颜也越来越不客气，“辞渐不逊”，他甚至用死亡来威胁文天祥。

对于伯颜的威胁，文天祥根本不惧，他大声道：“吾南朝状元宰相，但欠一死报国，刀锯鼎镬，非所惧也！”

一听这话，伯颜反而不生气了。在他眼中，这是一个大丈夫。这样的人，值得尊重。

当然，尊重归尊重，为了探明南宋的意思，伯颜以“文书上还写着‘大宋国主’这种词语不合礼仪”为由，让宋使带着文书回临安，重新修改。同时，伯颜把文天祥扣了下来，不让这个誓死不从的人回去，防止他给自己添乱。

得知其他人都走了，自己却不能回临安后，文天祥找到伯颜，大声质问道：“何故将我执留？”

伯颜平静地解释道：“今日之所以留您，是因为还有事情商量，请您暂住几日。”

傻乎乎的文天祥真以为伯颜有事相商呢，就老老实实地等了几天。结果，等再次看见伯颜时，他才知道，自己热爱的南宋已经亡国了。

南宋投降

文天祥被扣留后，副使贾余庆回到了临安城，将出使的经过告诉了谢太皇太后。谢太皇太后一听，不就是修改文书吗，这好办。文天祥被扣留了，算了，反正他也反对投降，不管他了，管他也只会添乱。

老太太有这种想法，无可厚非。毕竟，因为谁都不愿意去元营谈判，老太太实在是无人可用，才重用了这个人。谢太皇太后也明白文天祥的秉性，之前怕他惹事，也曾好言相劝道：“今遣使议和，卿宜自靖自献，慎勿多事，乃所以保全吾与嗣君也。”结果，文天祥还是惹事了。

就这样，谢太皇太后为了能成功议和，反而提拔贾余庆为右宰相兼枢密使，命他接替了文天祥的工作，去洽谈投降一事。

至此，看见了修改后的文书、也看见了新出炉的宰相，伯颜终于知道了南宋的诚意，他在合约上签字，同意南宋投降了。

签署了受降的合约，伯颜很高兴。于是，德祐二年（1276 年）正月二十五日，伯颜举行了一场宴会，以庆祝南宋投降。也就是这个时候，文天祥才知道了南宋已经投降之事。

得知已经国破家亡，文天祥大怒，痛骂贾余庆等人卖国！文天祥越骂越来气，越来气越骂，根本停不下来。最后，好好的一顿酒宴，成了文天祥的“单口骂街专场”。

对于文天祥的辱骂，贾余庆无言以对。后来，他实在受不了了，就以不胜酒力为由，起身离开了。贾余庆奔向宋朝的车队，准备回临安城。

贾余庆前脚走，文天祥就后脚追了出来，他继续大骂，并准备坐车跟随贾余庆回临安城。结果，文天祥却被元军扣住了，他们说什么也不让文天祥走。

原来，伯颜看出来了，若让文天祥回去，就是放虎归山、后患无穷。毕竟，这种精忠报国、誓死不降的人，肯定会成为元朝的劲敌。所以，还是把他囚禁起来吧。

文天祥见元军不让自己回去，就质问伯颜为何如此。伯颜无言以对，这时，一旁的吕文焕站了出来，劝解道：“丞相息怒，稍候一两日即可回阙。”

一看见这个叛国投敌的吕文焕，文天祥大怒道：“闭嘴，你个叛逆遗孽，人人得而诛之，当用《春秋》诛乱贼法，杀之！”

吕文焕觉得很委屈，问道：“丞相何故骂焕以乱贼？”

文天祥大怒道：“国家不幸至今日，汝为罪魁，汝非乱贼而谁？三尺童子皆骂汝，何独我哉！”

吕文焕委屈道：“襄守六年，朝廷不救……吾真是尽力了。”

文天祥大骂道：“力穷援绝，死以报国。汝爱身惜妻子，既负国又颓家声。今合族为逆，万世之贼臣也！”

见叔叔被骂，其侄子吕师孟站了出来，想替叔叔说几句话，结果也遭到文天祥的一顿谩骂。

再后来，谈到这段事，伯颜意犹未尽，对其他人道：“文宰相心直口快，男子心！”其他元军将领也认为文天祥了不起，他们甚至对文天祥道：“丞相骂得吕家好！”

可见，忠臣虽深陷囹圄，也人人敬之；叛臣虽风光无限，也必人人骂之。这世间的公道还在人心。

虽然痛骂了奸臣一顿，但是文天祥并不舒服，被软禁的他只能无奈地等待那场受降仪式的到来，等待自己变成那段历史的见证人……

德祐二年（1276 年）二月初五，南宋灭亡的时刻，终于来到。

那一天，6 岁的宋恭宗赵㬎在文武百官的簇拥下，面朝北跪，宣布退位，正式称臣。伯颜接受了宋恭宗的投降，并正式颁布了南宋王朝的投降诏书。

至此，在以伯颜为首的元朝将领的欢呼声以及以文天祥为首的南宋君臣的悲泣声中，南宋彻底灭亡。这个国家，从理论上成为历史。

为什么从理论上呢？

因为，文天祥没有死，两王还健在，张世杰、陆秀夫等人还在继续抵抗。不久之后，文天祥逃出元营，去辅佐二王，继续延续南宋的国运。

第二十三章 逃难的文天祥

密谋出逃

德祐二年（1276 年）二月初九，在元军的押解下，文天祥不甘心地上了船，开始北上。

在北上期间，文天祥一直琢磨怎么逃跑。当然，即使准备伺机而逃，文天祥也没有低调行事。当时，只要文天祥看见投降的宋军、宋将，就会痛骂他们一番。不仅如此，文天祥还会赋诗一首，把他们的事情记在其中，臭他们一个千年万年。

文天祥的这种行为，让这些人恨得咬牙切齿。他们想杀了文天祥，以解心头之恨。然而，因为文天祥特殊的身份，这些人最终没动手，只能灰溜溜地走了。文天祥也知道他们想杀自己，所以也留下了“诋大酋当死，骂逆贼当死……争曲直，屡当死”的词语。

就这样，文天祥一边痛骂这些汉奸，一边琢磨逃跑。在启程了十余天后，他们（有随从）来到了镇江。

到了这里，文天祥更加焦虑不安了，因为他清楚地知道，镇江是江南运河的最北端，再往上走，就彻底离开江南，来到元朝控制的疆域了。到那个时候，就没有逃脱的机会了。

文天祥决定，一定要在镇江逃跑。万一逃跑失败了，他就自杀殉国，以报皇恩。

要逃跑，首先要决定去哪儿。在一番商量后，大家认为，可以去扬州，那里是一个不错的地方，淮东制置使李庭芝在那里誓死不降，大家可以在那里一起图谋大事。然而，大家后来发现，从镇江到扬州的路线都被元军封锁了，穿过封锁区去扬州是一个不可能的事情。

重新商量后，众人决定坐船逆流而上，去镇江上游的真州，去投奔镇守真州的安抚使苗再成，之后再做打算。

逃跑地点决定了，紧接着，三个逃跑的难题出现了。

第一个难题，要逃跑，就要夜晚逃跑。然而，元朝有严格的宵禁制度，太阳一下山，禁止百姓出门。在夜间，文天祥寸步难移。如何在夜间出走，这是一个大难题。

第二个难题，虽然镇江没有城池，但是在出城的路上，元军都设置了关卡，严格盘查百姓。文天祥要怎么躲过这些关卡呢？即使他躲过了这些关卡，从镇江城到岸边需要走十来里，人生地不熟的文天祥根本无法去。他需要一个向导，帮助自己逃避关卡、走到岸边。找谁当向导，这是一个难题。

第三个难题，即使到了岸边，去哪里找船呢？虽然江南不缺船，但是元军已经控制了所有船只。两岸的船只都在元军手里，文天祥难道要跟元军借吗？

宵禁制度、向导、船只……不解决这三个问题，文天祥就寸步难移，他根本逃不掉。然而，虽然困难重重，但是在很短的时间内，文天祥的随从就解决了这三个难题。

解决第一个难题，宵禁制度。

当时，文天祥的随从私下打探怎么才能夜间出行。结果，随从打探到，只要手提官灯，元军就不管了，可以随意夜行。

为了得到一盏官灯，文天祥的一个随从瞄上一个有灯的刘百户（“百户”是官职）。他跟刘百户套近乎，请他喝酒吃饭，跟他夜夜笙歌，逛妓舍，玩儿命地耍。虽然两人一起逛妓院，但是随从从来不在妓院过夜，只让刘百户自己过夜。

几次后，刘百户很纳闷，就问他："你老回去，干啥呀？这里有酒、有曲、有美女，多逍遥快乐呀。你回去干啥，春宵一刻值千金呀。"

随从面露难色道："我也想在这里过夜，但我得伺候我家老爷。老爷睡着了，我才能出来，但那个时候，天也黑了。你知道，我不能夜行，万一被元军缉捕了咋整？"

一听这话，刘百户哈哈大笑道："这有何难？你约个时间，我派一个小番提灯去接你。只要有灯，在夜间可畅通无阻。"

夜间不能出行的问题，就这样解决了。

解决第二个难题，向导。

俗话道，"重赏之下，必有勇夫"。在一番重赏下，一个养马的老兵站了出来。他表示，可以当文天祥等人的向导。他认识一条偏僻的小路，可以躲过所有关卡，把文天祥等人安全地送到岸边。

向导的问题，就这样解决了。

解决第三个难题，船只。

当时，文天祥的一个随从为了找船，天天在河边溜达，秘密地和那些有船只的人谈话，希望他们帮忙，可他一连找了十余人，也没有找到船只。最终，功夫不负有心人，随从竟然找到了一个故交，此人正好是元朝管理船只的小兵。至此，船的问题也解决了。

随从找到了这个故交，希望他借给自己一艘船，并许诺事成之后给他一个官职，并赠予1000两白银。结果，老友答应给船，但拒绝了官职和赏银。

老友告诉随从："吾为宋救得一丞相回，建大功业，何以钱为！"老友只求文天祥写一个批帖作为凭证，以证明自己救过大宋宰相。

随从把老友的请求告诉了文天祥，文天祥感动不已，遂赋诗《脱京口·得船难》以表心情：

经营十日苦无舟，惨惨椎心泪血流。
渔夫疑为神物遣，相逢扬子大江头。

在这首诗词中，文天祥把自己比喻成了走投无路的伍子胥，而那个渔夫就是这个好友。

至此，困扰文天祥的宵禁制度、向导、船只三个问题，全都迎刃而解了。文天祥决定，二月二十九日夜间，大家在城外的甘露寺上船逃跑。

殊不知，逃跑的当天，出现了一个巨大的危机。

原来，二十九日那天，正当文天祥养精蓄锐，准备晚上逃跑时，元军却突然上门了。他们要求文天祥马上出发，启程前往北地。元军给出的理由是，大家都动身了，你也得走。

要知道，如果文天祥听命过江，他苦心经营的逃跑计划就付诸东流了，他也可能就此深陷北地。于是，文天祥豁出去了，他以今天太晚了，我还要收拾行李为由，要求明日动身，且态度强硬，让元军无可奈何。

最终，看文天祥态度如此坚决，元军一想，算了，也就多一天而已。于是，元军同意了文天祥的请求，让他明天再动身。

元军走后，文天祥马上开始行动了。他清楚地知道，当天晚上是自己最后的机会。

晚上，文天祥聚集了 11 位肯跟自己逃跑的随从。大家按照之前计划，派出 2 人出城，把船开到指定的甘露寺。其中 3 人去老兵家，去请向导。剩下的 6 人，去买好酒好菜，跟监视自己的元军喝酒，务必把他们喝趴下，全都不省人事为止。

分工明确，各自行动。灌酒的这 6 位圆满地完成了任务，监视文天祥的元军喝得酩酊大醉，估计第二天日上三竿也醒不了。

灌酒的完成任务了，请老兵当向导那边却出现了状况，把文天祥吓了一跳。

《文天祥全集》记载，文天祥在家里等待向导老兵和提灯小番时，一个随从突然跑了回来，他告诉文天祥："不好了，老兵变卦了。如今，老兵的夫人在家里嚷嚷要报官，这如何是好？"

原来，3 人按照约定来到老兵家后，发现老兵正在床上睡觉，怎么叫也叫不醒。这时，老兵的夫人出现了，她发现家里多了 3 个陌生人，就问他们干什么，若不说明来意，就要报官。3 人无可奈何，只能留下俩人和老兵夫人周旋，让一人回来找文天祥出个主意。

听完这番话后，文天祥大吃一惊，但他一个随从有勇有谋，一听就明白了，这是老兵和夫人做局，多要钱呢。他们要是想报官，早就报了。

明白了老兵的意思后，文天祥取出 300 两银子，让随从拿过去，重新去请老兵。结果，老兵夫人看见银子后不嚷嚷了，老兵看见银子后也不睡觉了。他翻身而起，答应领路了。

3 人和老兵回到文天祥的住所，大家重新聚在了一起，就等来接人的提灯小番了。五更时，小番提着灯，按照约定的时间来了。

因为一起走的目标太大，所以文天祥等人商议，就文天祥等几个人跟随小番，其余的人在远处慢慢地跟随，大家躲在阴暗处，避免被元军发现。虽然这样做很危险，但好在这些随从身手矫捷，大家都有惊无险。

小番提灯带路在前，大家跟在他后面紧张前进。由于有官灯，所以虽然碰见了几队元军，却无人查问。

走到一个僻静处后，约定和刘百户喝酒的随从站了出来，对小番道："行了，把灯给我吧。我自己去就行了。咱们约定一个时间地点，我回头把灯还给你。"说完，随从拿出来一些银两交给小番。

小番就是一个十五六岁的孩子，哪里知道社会凶险。他看见对方给钱，还答应还灯，就同意了。小番把灯交给文天祥等人，高高兴兴地回家了。

骗到灯后，文天祥把灯交给向导，让老兵带路。带路期间，虽然老兵躲过了所有关卡，但还是路过了一个元军养马的马圈，里面有一些驻守的元军。

路过这个马圈时，文天祥的心都提到了嗓子眼，害怕极了。他在《指南录》上写道，如果惊醒了元军，他就用随身的匕首自尽，绝不苟活。

虽然众人小心翼翼，但警觉的马群还是骚动了起来，这把大家吓了一跳。好在，元军睡得很死，马群的骚动也不大。最终，众人成功地走过了马圈，侥幸地逃过了这一关。

历经重重磨难，众人终于来到了江边。在这里，众人辞别了向导，准备去约定的甘露寺，从那里逃出生天。

然而，到了那里后，众人却彻底地傻了眼……

脱离苦海

文天祥等人逃到甘露寺后，惊讶地发现，这里竟然没有约定好的船，也没有之前来安排船只的随从。

文天祥慌了。然而，他除了等待，也没有其他的办法。

老等着，也不是办法，文天祥的几个随从不等了。他们勒紧裤腿、挽起袖子，跳入了冰冷的湖水里，沿江去寻找船只。

随从寻找期间，文天祥苦苦屹立江边，焦急等待。当时，文天祥都做好了最坏的打算，因为若天亮还找不到船只，他们就无法再逃跑了，与其被元军抓回去，还不如葬身鱼腹。

“待船三五立江干，眼欲穿时夜渐阑。若使长年期不至，江流便作汨罗看……”可见，此时此刻的文天祥已经决定，一旦被元军发现，就学屈原跳江，追随这位先烈而去。

好在，寻找了一段时间后，仆人在距离一二里外的地方，找到了逃跑用的船只。

原来，先前那拨儿人找到船只后，怕船被发现，就偷偷地藏了起来。结果，随从不认识路，藏好后回不来了。好在大家终于会合，虚惊一场。

乘上船后，众人划桨逆流而上，前往真州。当时，由于天已微亮，江面上一艘元军的巡逻船发现了文天祥等人，一个元军大声喝道：“是何船？”

一仆人回答道：“河豚船也。”

元军不信，大声喝道：“是奸细船！”

这一嗓子，把文天祥等人吓了一跳，大家赶紧划桨，玩儿命地逃跑。元军见文天祥等人逃跑了，更加印证了自己的判断，他们开足马力，来追文天祥等人。

按理来说，元军船大，文天祥的船小；元军人多，文天祥人少。最终的结果应该是，文天祥束手就擒。结果，就在此时，突然这里退潮了，元船搁浅，动不了了。同时，刮来一阵风，把文天祥的船只“送走”了。文天祥就此脱险。

在回忆这段往事时，文天祥不无感慨，认为这是“神道来送”，是“江河田相公”显灵了，帮了自己一把。

就这样，文天祥有惊无险地来到了真州城下，他表明身份，要求进城。

得知文宰相来到了这里，真州守将苗再成又惊又喜，立刻亲自率军出迎，把文天祥等人接到了府邸。

众人稍事休息后，苗再成摆了一桌酒宴，为他们接风洗尘。宴会期间，苗再成询问了现在的局势——因为元军的进攻，真州与朝廷已经失联很久了，苗再成根本不知道临安已被攻破，皇帝、太后已经投降的事情。

得知国破家亡了，苗再成等人痛苦不已，大家嗷嗷大哭，以表心迹。哭完后，苗再成等将领发誓，一定要杀死元贼，复兴大宋。同时，他们还给出了一个切实可行的复国方案。

苗再成慷慨激昂道："两淮兵力，足以复兴，但可惜的是，淮东李公（李庭芝）怯不敢进，淮西夏老（夏贵）又与淮东不和，双方无法合作。现在好了，文宰相来了，可以协调统一他们。这样，两军协力进攻，众志成城，江南传檄可定也。"

文天祥问道："让两军合纵不难，但如何用兵？"

苗再成道："两军合纵后，可命夏老出兵攻打建康，以牵制敌军。随后，李公全线出击，恢复两淮失地。最后，淮东军至京口，淮西军入金城，切断元军的归途，把他们都困死在两淮。两淮肃清后，再定两浙，最终以滚雪球之势，恢复我大宋天下。"

快哉！快哉！听完苗再成的建议后，文天祥拍案而起，大喊过瘾。于是，文天祥马上书写文件，传给李庭芝、夏贵等人，让他们两淮合纵，依计而行。

虽然文天祥痛快无比，但他根本不知道，他们的这个光复宋室的计划，只能是一个梦想。

原因很简单，因为消息不通，文天祥、苗再成等人根本不知道，文天祥被囚禁时，夏贵已经投降了，如今的他，是一位元朝将领了。

夏贵投降元军后，为了建功立业，他调兵遣将，准备攻打李庭芝。夏贵要用他的首级当自己的升迁阶梯。

就这样，文天祥等人的这个"两淮合纵、光复宋氏"的计划，就此灰飞烟灭。

当然，即使夏贵不投降，文天祥这个"两淮合纵"的计划，也未必可行。毕竟，他根本指挥不动李庭芝。相反，李庭芝还想杀了他，以绝后患。

被拒门外

三月初二，在送信给夏贵、李庭芝后，文天祥就安心地等待回信了。等回信期间，文天祥写了十五首"困难诗"，用来纪念自己逃难的全过程。

这十五首诗词，分别是：《定计难》《谋人难》《踏路难》《得船难》《给北难》《定变难》《出门难》《出巷难》《出隘难》《候船难》《上江难》《得风难》《望城难》《上岸难》和《入城难》。一共写了十五首带“难”字的诗，足见文天祥对这段旅途的感悟之深。

虽然这段黑暗之旅，让文天祥后怕不已，但是一想到璀璨的未来，文天祥又激动无比。于是，他赋诗《真州杂赋》，以表自己誓要光复宋朝的心。

公卿北去共低眉，世事兴亡付不知。
不是谋归全赵璧，东南那个是男儿！

然而，文天祥根本不知道，在他挥毫洒墨、激动慷慨之时，一场杀身之祸已经临头。

三月初三，苗再成派手下找到文天祥，以检查防御设施为由，请文天祥一起出城巡视。对于这个请求，文天祥想都没想就答应了。结果，一出城门，苗再成的手下就翻脸了。

苗再成的手下告诉文天祥：“李大人已经回信了，在信中，他痛骂我们苗大人一顿，说他不经调查，就把你们这些‘奸细’放进城，万一出了事，咋办？”说完，苗再成的手下拿出回信，递给文天祥等人。

文天祥看完书信后，气坏了。

原来，李庭芝在信中道，他绝不相信文天祥能从守备森严的元营逃出来。即使他能够逃出来，也不可能是十二个人一起逃出。因此，他告诉苗再成，这个文天祥就是一个冒牌货，就是一个奸细，对此“以矢石击之”就行了，赶紧杀了。

李庭芝也是防患于未然。在他眼中，即使这个文天祥是真的，也肯定另有所图。毕竟，这种回归者，南宋可是有前科的。那个人，就是金国的奸细——秦桧。

文天祥冒着生命危险逃出元营、满怀爱国激情地来到真州，本是要抛头颅、洒热血，匡扶大宋江山的。结果呢？反被李庭芝怀疑，还要被“击之”。其中的委屈，文天祥真是欲哭无泪。

文天祥转过身来，想跟苗再成的手下解释一下。结果，人家根本不听。苗再成的手下骑马回城，紧闭城门，把文天祥等人“驱逐出境”了。

其实，苗再成驱除文天祥，已经算是仁至义尽了。因为，经过史学家的考证，李庭芝已经给苗再成下了必须格杀勿论的命令。苗再成则认为这个文天祥是真的宰相，他不想错杀了这个国之栋梁，这才出此计策。如此，苗再成可以他们已经逃跑了为由，敷衍了事。

被“驱除出境”后，文天祥等人站在城池下，一时间莫知所为。

茫然期间，突然一声巨响，紧闭的城门开了。从里面走出两个人，自称是义军首领。他们送给文天祥很多食物和银两，说这是苗大人的饯别礼。

其中一个首领问：“如今，宰相大人意欲何处？”

文天祥心中只想着李庭芝诬陷自己的事情，愤怒回复道：“逼不得已，唯有去扬州见李相公！”

一个首领大惊道：“苗大人说了，淮东不可往。李大人要杀你，你去他那里，岂不是自投罗网？”

文天祥回答道：“夏老素不识，且淮西无归路，予委命于天，只往扬州。”

义军首领见文天祥态度如此决绝，只能握拳道：“且行，且行。”说完，他们拜别了文天祥，回城复命了。

文天祥拜别了义军首领，带着随从上路。结果，没走多远，后面出现了50名全副武装的士兵。文天祥等人吓了一跳，一打听，才知道这是苗再成派来保护他们的士兵。

有了宋军保护，文天祥等人踏实了很多。但很快，文天祥等人就发现，这群人不对劲。虽然他们说是保护，但明显另有所图，莫非是苗再成后悔了，要杀了他们永绝后患？

很快，文天祥的这种忧虑，就成真了。

走了一段路后，这50名士兵突然不走了，他们抽出腰间的刀，请文天祥下马，说有事商量。

文天祥下马后，官兵首领走了上来，请求文天祥避开众人，单独聊聊。

文天祥随这个首领走了几步，那首领指着路边的石头，道：“且坐，且坐。”

这一下子，文天祥不听了，他认为既然要杀我，就让我站着死吧，我宁可站着死，也不坐着活。

看见文天祥誓死不坐后，那首领不再客气，他开始说正事了。首领对文天祥道：“今日之事，并不是苗大人的本意，是李大人要杀宰相。苗大人不忍加害，只能将大人驱逐出境，还望大人海涵。如今，苗大人安排我等来保护大人，不知道大人今欲何处？”

文天祥回答道：“无处可去，只往扬州！”

首领道：“苗大人说了，李大人要杀大人，扬州不能去。”

文天祥道：“不管这些，我认命，就要去扬州！”

首领道：“苗大人说了，让我们护送大人去淮西。”

文天祥道：“淮西等地，多数被元军攻占了，那是敌占区，不能去。而且，我就是要见李庭芝，让他解除对我的怀疑。若他相信我，我们就合作，‘欲连兵以图恢复’。若他不相信我，我就从通州下海，‘遵海还阙’，去南方找二王，去找朝廷。”

首领道：“李大人根本不相信您，您去了只能白白送死。不如这样，找一个山寨，去那里避一避，可否？”

文天祥大怒道：“去山寨干什么？当一个山大王吗？当生则生，当死则死。我就是死，也要死在扬州城下。”

首领道：“大人不要生气，如今，苗大人已经在河边准备了船，大人可以乘船前进，或归南，或归北，皆可。”

一听“归北”二字，文天祥大怒道：“归北？难道要我去归顺元朝吗？你们如此说是什么意思？难道苗大人还在怀疑我吗？”

一听这话，宋军首领面露愧色，只能鞠躬道歉，并阐明了说这些话的真意。

原来，听完义军首领的回报后，苗再成非常后悔，他认为文天祥是一个真宰相，把这种国之栋梁驱逐出境，真是做错了。但是，他转念一想，万一文天祥嚷嚷要去扬州的话语，是他演的一场戏呢？万一这个文天祥，真是一个元朝细作呢？

最终，为了考验一下这个文宰相，苗再成安排了50名士兵去找他们，以护送为由，套他们的话，若文天祥有一点不想去扬州、想去北方的词语，就杀了他，以绝后患。

听完首领的话后，文天祥大吃一惊。文天祥拿出一些银两，犒劳这些宋军。同时，文天祥许诺，若把自己成功地送到扬州城，每人可得10两银子作为酬劳。后来，文天祥再许诺，可追加数百两银子，用来酬军。

文天祥本以为，给了这么多物质奖励，能让这些宋军老老实实地卖命了。

结果呢，根本不是那么回事。

因为扬州在爆发战事，所以这些宋军根本不想去。没走多远，宋军首领就找了一个借口，带领 30 名士兵回去了，他留下 20 名士兵继续“保护”文天祥。又走了十余里，这 20 名士兵也不走了，他们向文天祥索要了一些银子就辞别了。

宋军走的时候，给文天祥指了条道路。他们告诉文天祥，这一带有很多去扬州城的“马垛子”，也就是卖马的马贩子，文天祥只要跟着他们走，就能到扬州城。

就这样，文天祥找到了一支马垛子商队，偷偷摸摸地跟在后面，总算有惊无险地到了扬州城。

结果，到了扬州城后，文天祥犹豫了。他不知道是该进城，找李庭芝兴师问罪，还是应该离开此地，另谋他处。

另谋他处

原来，李庭芝得知有一个冒充文天祥的奸细后，不问青红皂白，就到处张贴告示，告知自己管辖内的兵民一旦发现了“冒充文天祥”的人，就地正法。

这一下子，文天祥真是欲哭无泪，他也清楚地知道，即使自己跟李庭芝见面了，也不会有啥结果。

若进城，就要表明身份，万一宋军不问青红皂白，直接射杀了自己，岂不是太不值了。死于敌手，不失节操；死在自己人手里，只能变成一个冤死鬼。

若不进城，此地就不可久留了。毕竟，这里是战场，元军正在调兵遣将，准备攻打扬州城。如今的扬州城外，时不时会出现元朝的侦察部队。

就这个进城，还是不进城的问题，文天祥下令开会，一起商量对策。

会议中，一部分人认为，不要进城。这些人的理由是，李庭芝铁了心要杀咱们，为什么要进城白白送死。赶紧离开这里，去高邮，从高邮去通州，再从通州渡海归南，去寻找二王、去寻找朝廷，伸报国之志。徒死城下，无益。

同样，也有一部分人认为，要进城。这些人的理由是，渡海南归，确实不错，但这里的问题是，从这里去通州有五六百里的路程。这一路上全是元军的岗哨，如何安全抵达？与其为此受苦而死，不如死在扬州城下，不失为死于南！何况，好好地解释一下，李庭芝未必会杀咱们。

最终，在一番激励的讨论后，文天祥力排众议，决定走去通州，渡海南归，去寻找朝廷，以报社稷。

主意已定后，文天祥等人找来一个卖柴人，给了他一些银两，请他带路。

结果，在去高邮的路上，发生了一件让文天祥非常痛心的事情。

原来，有一些随从不愿意去。有 4 个随从不仅开溜了，还拿走了文天祥的 600 两银子。

银子丢了，文天祥不心痛，他心痛的是，这些都是跟他出生入死的随从。昔日，大家一起从镇江艰苦逃难的场面还历历在目，怎么今日却不辞而别了呢？

最终，文天祥等人继续上路了。在摸黑走了十余里后，这些人再也走不动了。大家躲进了一处废弃的民居，在这里恢复体力。

逃避期间，众人在午时前是绝对不敢睡觉的。因为大家都逃出经验了，午时前，元军会频繁骑马巡逻；午时后，元军就回营地休息了，所以只要能够扛过午时，大家就相对安全了。

就这样，苦苦地支撑到了午时，大家高兴道："今日得命矣。"结果，众人话音未落，地平线上出现了一支数千人的元军，这些元军正直奔自己而来！

敌众我寡，避无可避，元军一旦来到了这些废旧民居处，就一定能够发现文天祥等人。当时，文天祥害怕极了，他贴在墙上，大气不敢出一声，生怕元军发现自己。

眼看元军近在咫尺，突然之间，这里狂风大作，下起了瓢泼大雨。虽然在狂风暴雨下，文天祥等人很痛苦，但是狂风暴雨也"洗劫"了元军，元军就此加快赶路，放过了文天祥等人。

雨过天晴后，看着淋成落汤鸡的同胞，看着远走的元军，大家皆认为这是天意，老天爷又帮助了他们一把。

虽然老天爷能够帮助他们摆脱元军，却无法填饱他们的肚子。在走了几里后，众人找到了一个荒庙。庙里只有口井，可以取水解渴，但没有粮食，解决不了餐饮问题。

文天祥先后派了两拨儿人去买食物。结果，第一拨儿人被元军抓住了，他们上交了身上所有的银两，买通了元军，才被放回来。第二拨儿人倒是买到了食物，但他们回来的时候太晚了，元军已经封城了。

见今天没有了晚餐，文天祥等人打算等天亮了再说。结果，文天祥等人熟睡时，又被一伙人吵醒了。

《文天祥全集》记载，文天祥等人熟睡时，突然庙里闯进来十余个彪形大汉，他们手拿棍棒和刀具，甚是吓人。

文天祥本以为是遇到土匪了，结果发现这些人不是土匪，而是附近的樵夫。因为回去晚了，进不了城，只能在荒庙内过夜。樵夫整理好了行李，架起一口大锅开始煮粥。樵夫见文天祥等人一副饥饿难耐的表情，就分给了他们一些。虽然一碗粥不解饱，但总算解决了文天祥等人的饿肚子问题。

文天祥等人见樵夫如此善良，就跟他们攀谈了起来。话语间，文天祥见这些人非常熟悉去高邮的路，就想雇用他们送自己去高邮。

对于文天祥的邀请，一些樵夫拒绝了，但有几个樵夫认为这笔买卖还不错，就同意了。第二天天亮，众人会合后，樵夫带着众人来到附近的村落，买了粮食和马匹，还雇用了几个牵马人，就这样上路了。

虽然此时此刻，文天祥可谓是人多势众了，但在“恶人”眼中，他们还是一头可以宰杀的肥羊。

第一个要宰杀文天祥的人，竟然不是元军，也不是土匪、强盗，而是宋军！

文天祥等人上路后没多久，就遇到了5个飞驰而来的宋军，他们自称是“扬州长官”，要文天祥等人交出所有钱财当作买路钱。

为了掩人耳目，文天祥选择了息事宁人，乖乖地交了一些银子。

文天祥后来还是咽不下这口气，他曾赋诗《扬州地分官》，以表心情：

五骑驰来号徼巡，咆哮按剑一何嗔。
金钱买命方无语，何必豺狼骂北人。
便当缟素驾戎车，畏贼何当畏虎如。
看取摘星楼咫尺，可怜城下哭包胥。

气坏了，文天祥真是气坏了……

就这样，文天祥跟这些可恶、可恨的宋军等人分道扬镳了。结果，没过多久，文天祥遇到了更加可恶的元军。

逃出生天

文天祥等人走了 40 余里后，突然遇到 20 余名元军。这些元军也看见了他们，他们骑上战马，直奔文天祥等人而来。

见此情景，文天祥等人吓坏了。好在路边有一个大竹林，文天祥等人逃了进去。元军冲到竹林立刻展开了搜索。

搜索期间，文天祥的一个随从被元军发现了，他中了一箭，身上被砍了几刀，好在命大，跑掉了。还有一个随从躲在了厚厚的烂竹叶下，虽然没被元军发现，但是被元军的战马踩到了腿，骨折了。还有两个随从被元军发现了，好在他们身上有一些银两，全部交出后，被释放了。另有一个随从就没有那么幸运了，他被发现后身上无钱，被元军捆绑押走了。

文天祥躲在一个隐蔽的角落，目睹了这一切，却无可奈何。文天祥做好了随时被发现的准备，一旦发现，他就自杀殉国。

好在，一番抢劫后，元军带着“战利品”高高兴兴地走了。元军走了很久后，文天祥等人才颤颤巍巍地爬了出来，互相鼓励，庆祝躲过了这一劫。

清点人数后，文天祥发现 7 个随从有一个被抓走，其余 6 人受了伤，可谓惨矣。至于雇用的卖柴人、樵夫、牵马人等，多数都不知所踪，不知道是被抓走了还是逃跑了。侥幸存活下来的也都惊魂未定，嚷嚷着再也不带路，要回家了。文天祥对此毫无办法，只能给他们一些银两，把他们遣散了。

遣散了众人、休整了一会儿后，文天祥等人再次上路了。由于马匹被元军抢走，加上众人都有伤，他们根本走不快。连续走了几天，众人都到了极限，文天祥也不行了，身心俱疲的他一路跌跌撞撞，最终无法走路了。

在这个危难之际，众人被几个好心的樵夫救了。文天祥索性雇用了这些樵夫，请他们送自己一程。

在樵夫的帮助下，众人继续上路。为了让文天祥节省体力，樵夫找来一个大箩筐，让文天祥坐了进去，大家轮流背文天祥上路。

几天后，在樵夫的帮助下，众人终于来到了高邮城。

高邮城下，众人拜别了樵夫，文天祥以“刘洙”的身份，请求进城。结果，高邮守军拒绝了文天祥等人，把他们驱逐出境了。

原来，因为李庭芝的三令五申，高邮守军得到命令，“怕文宰相来赚城”，所以他们加强了关防，任何可疑的人都拒绝入城。

虽然在高邮守军眼中，这个衣衫褴褛、食不果腹，还被箩筐抬着的“刘洙”，怎么看都不像是一个奸细，更像是一个难民，但为了以防万一，高邮守军还是拒绝了文天祥等人进城的请求。

虽然被拒绝，众人无法进入高邮城休整，但是文天祥等人并不在意。毕竟，他们的目标是通州，高邮不过是一个中间站罢了。众人在高邮城外休整了一下，就雇了一条船开赴海陵（今江苏泰州）。众人打算在海陵雇新的船只，奔赴通州。

从高邮乘船去泰州期间，文天祥惊讶地发现，自己竟然踏入了一片“战场”。20 里的河道上到处都是元军的尸体。

船工说：“二月初六，元军押解宋朝官员北上，在这里遭到了高邮守军的伏击，元军损失惨重，就变成了现在这个样子。若我朝军队都是如此，何至于亡国、亡天下。”

船工的话，让文天祥既兴奋，又痛心，他又赋诗一首，以表心情。当然，文天祥赋诗时，更多的心情是战战兢兢，并做好了赴死的准备。

原来，因为要清理战场，此时此刻的淮河上时不时就会出现元军的巡逻船，两岸也有很多元军的岗哨。文天祥当时的处境，可谓“舟与哨相后先，几邂逅死”，只要元军询问文天祥等人，他们绝难逃出生天。

好在，在上天的庇护下，文天祥等人有惊无险，顺利地到了泰州。泰州很安全，文天祥终于可以舒舒服服地睡一觉了。休整几天后，文天祥打算找一艘船去通州，从那里渡海南归，去寻找朝廷、报效国家。

去通州的船，有；去通州的路，也有。但问题是，文天祥没有人呀，他不敢动身。

原来，泰州和通州之间有 300 里的水路。当时正逢乱世，水路上有很多元军和土匪强盗，若贸然前往，文天祥等人只能变成一只大肥羊，任人宰割了。

就这样，为了物色合格的保镖，文天祥在泰州住了 10 天。后来，文天祥找到了 6 名准备回通州的军校，这些人武艺高强，还有精良的装备，足以依靠。

德祐二年（1276 年）三月二十一日，文天祥正式起航，奔赴通州。文天祥等人白天睡觉，晚上摸黑前进，在经过了 3 天的艰苦行程后，于三月二十四日，有惊无险地来到了通州城。

在通州，为了不被糊里糊涂地杀掉，文天祥继续以“刘洙”的身份，请求进城。结果，文天祥的外地口音遭到了守军的怀疑，“反复诘问，数日不纳”。

最终，为了进城、为了从通州出海，文天祥豁出去了，他挑明了自己文宰相的身份，要求进城。

文天祥本以为，亮明身份后，他会被当成奸细抓起来，甚至被杀掉，自己也做好了准备。然而，他万万没有想到，表明身份后，通州守军立刻用了一个最隆重的迎接仪式，把文天祥接入了通州城。

原来，文天祥逃难期间，通州宋军得到了一个谍报，“镇江府走了文相公，许浦一路有马来捉”。可见，文天祥真的是从镇江逃跑了，元军也在四处缉捕他。既如此，文天祥怎么可能是奸细呢，那个有人冒充文天祥当细作的说辞，就不攻自破了。

得知文宰相来到了通州城，通州守军大喜过望，他们把这位宰相接进了城。通州守军给文天祥等人安排了最好的府邸，还准备了丰盛的酒宴，为他们接风洗尘。

于是，从德祐二年（1276年）二月二十九日出逃镇江开始，到三月二十四日，逃至通州为止，文天祥终于安全了。

虽然文天祥的逃难过程，还不到一个月，但是其中的艰难与苦楚，只有文天祥自己能够体会。

第二十四章 壮志未酬

回归朝廷

在通州期间，文天祥得到了两个消息：一个坏消息，一个好消息。

坏消息是，元军押解宋恭宗等人去大都，在路经瓜州时遭到了李庭芝的偷袭。李庭芝打算夺回皇帝，重建大宋王朝。结果，在元军的严防下，李庭芝没有成功。如今，宋恭宗已经前往北地，再也回不到南方了。身为臣子，只能眼睁睁地看着皇帝去蛮荒的北地，却无可奈何。一想到宋恭宗的处境，文天祥就悲痛欲绝、不能自抑。

好消息是，虽然皇帝被俘，但是益王赵昰、广王赵昺却成功地逃了出来。如今，他们在浙江永嘉建立了元帅府，正在发布檄文，号召忠义之士前往，一起匡扶大业。

这个消息，让文天祥激动不已。

德祐二年（1276 年）闰三月十七日，文天祥来到了扬子江，他在这里坐船出海，准备迂回前往，先去北洋，躲过在南面设岗的元军，随后再下南洋，去永嘉找二王，报效国家。

这里解释一下，宋朝的南洋、北洋，不是清朝的说辞。宋朝以扬子江口为界，以北为北洋，以南为南洋。

这是文天祥第一次出海，也是他第一次看见大海。虽然从书本上，文天祥知道，大海辽阔，但他万万没有想到，大海竟然是这样“大哉观乎”。

当时，文天祥作了好几首诗，有赞美大海景色的《出海》《乱礁洋》，也有在暴风雨之夜害怕葬身汪洋的《夜潮》。当然，在这些诗词中，还是以那首《扬子江》最著名。

几日随风北海游，回从扬子大江头。

臣心一片磁针石，不指南方不肯休。

写完这首诗后，文天祥意犹未尽，他索性取“指南录”三个字，作为自己诗集的书名。通过这个书名，文天祥表达自己会像指南针一样，永远地指向南方，誓死不渝。

秉持着这种信仰，四月初八，文天祥有惊无险地来到了永嘉，准备回归朝廷。结果，当地的守军告诉他：“您来晚了，一个月前，二王就移驾了。如今他们已经到福州了。”

虽然没有看见二王，但是也算跟朝廷取得了联系，这让文天祥高兴无比。于是，文天祥马上写了一份奏折，派人送去福州，请求回朝。

得知文天祥逃出了敌营，朝廷很是高兴，陈宜中等人同意了文天祥的请求。同时，他们告诉文天祥，你晚几天再来，我们要干一件正事，这期间，实在没有时间招待你。

这件正事，就是新皇的登基大典。

德祐二年（1276 年）五月初一，益王赵昰登基称帝，改元景炎，是为宋端宗。朝廷任命陈宜中为左丞相兼枢密使，李庭芝为右宰相，张世杰为枢密副使，陆秀夫为签字枢密院事，命他们辅佐皇帝，重开大宋江山。

这里说一句，之所以选择五月初一登基是因为这一天有特殊意义。百年前，高宗皇帝登基就是五月初一，群臣希望在这个特殊日子里登基，能得到列祖列宗的庇护，收复大宋江山。

就这样，在群臣的欢呼中，大宋重新建国了，文天祥也得到了朝廷的召唤，来到了福州。

五月二十六日，文天祥以观文殿学士侍读的身份来到了福州，跪拜了新君。文天祥之所以用这个头衔，而不是宰相的头衔，有两个原因。

第一个原因，无功不受禄，文天祥不想白拿好处。

文天祥入京前，朝廷授予他的头衔原是右宰相兼枢密使。结果，文天祥拒绝了，他认为自己寸功未立，不配获得这个头衔。等自己干出了成绩，再接受这个头衔。

文天祥的这种思想，很好，但问题是，你这么高尚，让其他人怎么想，这不是打他们的脸吗？

第二个原因，朝廷有小人，文天祥不想与他们为伍。

跟文天祥同为宰相的，是小人陈宜中和匹夫李庭芝，文天祥不屑与他们为伍。

因为这两个原因，文天祥拒绝了宰相任命，他以一个小官的身份入京面圣。

刚刚入京，意气用事的文天祥就闹了这么大的动静，那么他跟其他官员共事的过程，就可想而知了。

入朝看见陈宜中后，文天祥本应冰释前嫌，主动示好，一起合作，毕竟，一起御敌才是正道。结果呢，文天祥反而秋后算账，玩儿命地痛骂陈宜中。

文天祥先是痛骂陈宜中不让自己入京，随后痛骂陈宜中不听自己建议，不让銮驾迁都，最终痛骂他临阵脱逃，当了一个逃兵。

说实话，文天祥这么做真不对。毕竟，国家都到了这种地步了，应该团结一切能够团结的力量，一致对外。秋后算账，玩儿命地痛骂陈宜中，只能让其反击，让这个朝廷内讧。

痛骂小人陈宜中也就算了，更让人无语的是，文天祥竟然痛骂张世杰，也不把他放在眼里。

原来，文天祥看见张世杰后，问他这里有多少兵马。张世杰毫不隐瞒道："军队都打散了，如今这里只有自己的部队。"

张世杰这么说，有错吗？肯定没错呀。结果，文天祥竟然不顾情面道："公军在此矣，朝廷大军何在？"话中之意是，文天祥责备张世杰不顾大局，只会拥兵自重，不去团结其他的部队。

如此直言不讳地说给张世杰听，试问一下，你让他情何以堪。

还有更难听的。

在军事会议上，文天祥不止一次当面责备张世杰，认为其就是一个胸无大志的笨蛋，根本不会打仗，只会消极防守和远遁。

虽然文天祥的话是事实，但是意见不合，可以背地里商量解决，不能当面痛骂。如此不顾及对方面子，岂不是害人害己。

就这样，随着时间的推移，文天祥与陈宜中、张世杰等人越来越交恶了，他在朝廷处处受到掣肘，郁郁不得志。

最终，文天祥想明白了，与其这样天天吵架，不如去干点实事。于是，文天祥请求去永嘉募兵，组建一支抗元部队。结果，他这个合情合理的要求，竟然被朝廷否决了。

按照文天祥的话说，“宜中既弃临安，及三山登极，欲倚世杰复浙东西，以自洗濯，所以阻予永嘉之行”。就是说，他之所以没去成，是陈宜中不希望他建功立业，因为那样会威胁陈宜中的地位。陈宜中希望张世杰去建功立业，好给自己脸上贴金。拜这个小人所赐，文天祥自请募兵的事情，就这样黄了。

其实，文天祥想错了，陷害他的人未必是陈宜中。因为，陈宜中与张世杰也不和，他们根本不是一条心。

原来，当时朝廷除了文天祥这个硬汉外，还有另外一个硬汉，他就是陆秀夫。这个跟文天祥同科、同岁的人有着跟文天祥同样的脾气，一样嫉恶如仇、秉公直言。当时，陆秀夫也频频顶撞陈宜中，不给他面子。

见此情景，陈宜中大怒，说我整不死文天祥，我还弄不死你！于是，陈宜中暗地里下手，命令御史弹劾陆秀夫，誓要把他轰出朝廷。

结果，对于陆秀夫的遭遇，张世杰打抱不平了。他告诉陈宜中：“都什么时候了，还要清除异己吗？！”

对于这个武将的话，文臣陈宜中完全可以置之不理，因为有祖制，他不用跟这个大兵讲理。但今非昔比了，如今是战乱期间，武将的话比文臣的话好使。于是，陈宜中只能偃旗息鼓，放了陆秀夫一马。

通过这件事情，我们也能知道，这个刚刚建立的小朝廷，也是内乱不止。这个王朝之所以会最终灭亡，是“胜败有凭”。

对于这个小朝廷，也只能发出一声叹息。

建府招兵

在一番激烈讨论后，朝廷终于同意了文天祥的请求，同意他去地方募兵了。文天祥终于离开了这个是非之地，他可以静下心来，好好招募兵马，建功立业。

景炎元年（1276年）七月，文天祥来到南剑州（贾似道惨死的州），在这里建立同督府，开始募兵，“经略江西”。

这一年，文天祥41岁。

得知文天祥募兵后，天下的忠义之士闻风而动，皆来投效。

虽然文天祥干得风生水起，但是他反而忧心忡忡。因为，天下的局势又恶化了。如今的元朝，已经快把宋朝疆域蚕食殆尽了。

原来，就在文天祥募兵期间，元军继续有条不紊地进攻。如今，他们已经把宋朝的湖南、江西、重庆、广西、广东的大部分地区“过户”了。同年七月，元军攻陷了李庭芝镇守的淮东，把这块土地收入囊中。

景炎元年（1276年）七月，李庭芝得到了诏书，按照命令立刻动身去新朝廷当宰相。于是，李庭芝率领七千人马直奔泰州，准备从这里出海去福州。

结果，李庭芝刚走，扬州就兵变了，叛军打开城门投降了元军。随后，叛军成为元军的向导，带领他们直奔泰州而来。

李庭芝万万没有想到，他会被自家人出卖。等他反应过来时，元军已经把他围困得无处可逃了。

一番交战后，李庭芝兵败被俘。李庭芝誓死不降。八月，元军将其残忍杀死了。同月，元军攻陷了真州城，苗再成战死沙场。至此，淮东地区尽归元军所有。

对于苗再成的死，文天祥悲痛无比。然而，对于李庭芝的死，因为有私怨，文天祥还给了他一个“差评”。

对于李庭芝，文天祥是这样评价的：“在扬州十余年，畏怯无远谋，惟闭门自守，无救于国……虽无功于国，一死为不负国矣。”

拜文天祥的评价所赐，历史上对于李庭芝的评价并不高。其实，李庭芝也是一个有勇有谋、誓死卫国的将领，单凭他抗旨不遵一事，就足以载入史册。

《宋史》记载，谢太皇太后投降后，元朝以她的名义写了一份诏书，命李庭芝投降。结果，李庭芝拒绝了，他告诉使者：“自古以来，只有奉旨守城的将军，哪有奉旨投降的将领？臣誓死不从！”

一计不成，元朝命谢太皇太后亲自写一份诏书，让李庭芝投降。老太太还真听话，她写了。谢太皇太后告诉李庭芝：“先前命你投降，你不回复，是不明白哀家的意思吗？今日，我跟皇帝都臣服大元了，你固守扬州还有什么意义呢？”

当时，元朝使者在城楼下宣读这份诏书。其间，李庭芝一言不发，等使者读完了，李庭芝大吼一声：“放箭！”

一时间，城楼上万箭齐发，元朝使者躲避不及，纷纷丧命。这时，李庭芝喊道：“臣只有一死报国！”他用这句铿锵有力的誓言，回应已经投降、贪生怕死的谢太皇太后等人。

单凭这件事情，李庭芝就是一个英雄。历史，也必须还他一个公道。

伴随着李庭芝的殉国，淮东一带尽归元军。随后，元军继续进攻，蚕食南宋的土地。当时，南宋西部一带的土地，全被蒙古人占领了，西部仅剩下重庆、夔州、播州、钓鱼城等几座城池。

后来，这些西部诸城中，除了钓鱼城外，其余城池也投降了。由于蒙哥汗死前留下了遗嘱，“破城之后，屠尽钓鱼城军民”，所以钓鱼城誓死不降。

再后来，直到景炎四年（1279 年）正月，在“崖山一跳”前一个月，钓鱼城守军与元军达成了“不可屠城”的协议，这座坚持了 36 年的城池正式陷落。

书归正传，虽然元军抢占了很多地盘，但是他们并不满足。不彻底剿灭宋朝，他们是不会善罢甘休的。于是，景炎元年（1276 年）十一月，元军大军压境，准备消灭宋的小朝廷。

一场“亡国”之战，就此展开。在这场战役中，文天祥、陈宜中、张世杰等人，又将何去何从呢？

空坑惨败

为了消灭这个小朝廷，景炎元年（1276 年）十一月中旬，元军大军压境，准备斩草除根。

按照文天祥的说法，当时的“首都”福安府（福州）内，有宋军17万人，民兵30万人，还有万余精锐的淮军，足以用这些部队抵挡元军。然而，胆小懦弱的陈宜中和唯务远遁的张世杰根本不敢与元军决战，他们第一时间带着小皇帝等人乘船逃跑了。

銮驾一跑，本来就军心涣散的宋军瞬间土崩瓦解。元军不费吹灰之力，就攻陷了建宁、南剑州、福州，把福建正式“过户”。

这样的结果，真是令人无语……

当时，为了更好地经略江西，文天祥已经离开了南剑州，他屯兵汀州，准备收复江西。

景炎二年（1277年）正月，元军调兵遣将，准备攻打他镇守的汀州。对于来犯的元军，文天祥最初的主意是“据城抗战，跟他们拼了”。审时度势后，文天祥认为，敌众我寡，与其在这里白白牺牲，还不如撤走，去其他地方东山再起。于是，文天祥放弃了汀州，屯兵至漳州。

在漳州，文天祥与众将商量，全军回老家，去江西打下一片天下！

说干就干，文天祥下令，攻陷漳州旁边的梅州，以此为基地，剑指赣南！

景炎二年（1277年）三月，在一番厮杀后，文天祥率军进入了梅州。没过多久，文璧带着母亲、幼弟、妹妹和文天祥的妻妾儿女来到了梅州，来跟他团聚了。

要知道，自从1275年文天祥率军进京勤王后，整整两年，文天祥没有见过家人。如今，家人团聚，真是有说不尽的话，流不完的泪。

原来，长女定娘和幼女寿娘不见了。问家人才知道，去年，他们逃难至惠州时，定娘和寿娘积劳成疾，不幸病故了。

这对于文天祥而言，无疑是一个晴天霹雳，他万万没有想到，两年前跟女儿们的那次告别，竟然成为永别。他连女儿们的最后一面都没有见到。

后来，文天祥专门写了一首哀悼女儿们的诗《二女》，用来表述自己悲伤的心情：

痴女饥咬我，郁没一悲魂。
不得收骨肉，痛哭苍烟根。

虽然文天祥有丧女之痛，但是在这战乱之中，能够再跟家人团聚，已算是幸福了。然而，一家幸福是不够的，文天祥要“先天下之忧而忧，后天下之乐而乐”，让全天下人都幸福。

在这种信念下，文天祥出兵江西，驱除元军，恢复宋朝天下。

景炎二年（1277 年）五月，文天祥在梅州誓师，随后率军出征，拉开了收复江西的大幕。

虽然在收复江西前，文天祥做好了最困难的准备，但是，收复江西之战，要比他想象的容易得多。

简单来说，短短三个月，文天祥就收复了梅州、雩都、兴国 4 县、赣州 9 县。一时间，江西大乱，天下震惊。

得知文天祥在江西的捷报后，周围各省的义军也闻风而起，他们高举文天祥“同督府军”的大旗一起起义。湖北、湖南、两淮、福建、广东等地，到处都是义军。四方义军烽火相连，皆来请命，“同督府军”号令通于江淮，元廷震惊！

文天祥之所以能够成功，是因为他赶上了一个好时候。

当时，在文天祥举事时，元朝发生了两场叛乱，即高丽国的造反和诸王的内讧。为了应付这些叛乱，忽必烈只能命南侵的元军回朝，大大地减少了江南一带的元军，这才给了文天祥机会。

景炎二年（1277 年）八月，为了剿灭这股抗元浪潮，忽必烈派遣大军南下。

虽然文天祥的“同督府军”人数众多，但他们打仗不是凭借武器和训练，而是凭借斗志和士气。这样的部队碰上乌合之众还能获胜，但碰上正规的、装备精良的部队，只能失败。

虽然这种说法残酷，但是事实。何况，文天祥遇到的还是处于巅峰状态的大元铁骑……

就这样，在一番厮杀后，文天祥的部队根本不是元军的对手，死伤数万。而元军杀退了宋军后，立刻调集精锐部队，直奔文天祥的大营而来。

当时，文天祥把兴国作为了自己的大本营。八月十五日，元军突然杀到了兴国，杀了文天祥一个措手不及。

一番交战后，文天祥只能率军撤退。在撤退期间，发生了三个故事。

第一个故事，方石岭拼死抵抗。

文天祥撤兵至方石岭时，老将巩信认为这里易守难攻，主动请缨，率军死守这里，掩护文天祥撤退。

元军到来后，巩信身先士卒，奋勇杀敌。元军损失惨重，只能暂时撤兵。

元军撤兵后在远处侦察巩信。后来，他们看见巩信端坐在一块巨石上，士卒皆左右侍立，他们认为这是一个机会。于是，元军下令放箭，一阵箭雨就射了过去。神奇的是，不管元军怎么射，巩信等人都屹立不倒。见此情景，元军大吃一惊，再也不敢进攻了。

过了很长一段时间，元军才敢上前。结果，他们惊讶地发现，巩信等人早就遍体鳞伤、气竭而亡了。然而，即使死了，他们也要“尤为厉鬼以击贼”，所以全都站立而死。见此情景，元军敬佩不已，他们安葬了巩信等人。随后，元军整理兵马，继续追赶文天祥。

第二个故事，空坑寨巨石救主。

在巩信的舍身掩护下，文天祥暂时脱险了，逃到了一个叫“空坑”的山寨。在这里，文天祥整顿兵马，休息准备。结果，文天祥刚刚打算入睡，就听见外面传来惊恐的声音：“不好了，元军来了！快逃呀，快逃呀！”

文天祥马上穿好衣服逃难。结果，山路狭窄，人马众多，大家把路堵上了，根本跑不快。

眼看元军就要追上自己了。在这危难之际，老天又帮了文天祥一把，从山坡上滚下来一块巨石，把后面的路堵上了，元军过不来了。

后来，为了纪念这件事情，当地百姓把这块巨石称为“相公石”。就这样，在这块巨石的帮助下，文天祥再一次逃过一劫。

第三个故事，亲信冒名顶替。

虽然巨石能够阻挡元军，但治标不治本，元军绕过巨石，继续追击文天祥。

眼看自己又要被追上了，就在这时，文天祥的下属赵时赏不走了。

赵时赏找来一个轿子，把它放在路中间，自己坐了进去。一会儿，元军来了，他们掀开轿帘，见轿中人风姿伟然，认为这个人就是文天祥。

在确定这个人姓文后，元军甚是高兴，他们就带着这个“文天祥”回营了。后来，元朝知道抓错了人，恼羞成怒的他们把赵时赏杀死了。

至此，经历了方石岭拼死抵抗、空坑寨巨石救主、亲信冒名顶替这三场大劫后，文天祥终于逃出生天了。虽然文天祥毫发无损，但是其部队和家人可谓损失惨重。

简单来说，在元军的追击下，文天祥的“同督府军”损失惨重，无数将领被杀或被俘，基本全军覆没。

家人方面，文天祥的夫人欧阳氏、次子佛生、次女柳娘、三女环娘、小妾颜氏和黄氏都被敌军俘虏了。因为信息闭塞，文天祥以为他们都死了，他还为夫人写了一首诗，以纪念这位“亡妻”。

妻离子散，家破人亡；全军覆没，战友尽殒；所得诸县，全部丢失，其余地方的义军也在元军的围剿下，无一生还……文天祥面对的，就是这么一个悲凉的场面。三个月前，自己带了家人和军队进入江西，誓要重开大宋王朝。结果，他根本没想到，竟然得到了这么一个结局。

如果换成别人，面对这么一场惨败，估计就自尽（比如汪立信），或者是归隐山林了（比如谢枋得）。然而，文天祥是不会放弃的，只要他还活着，他就一定会战斗到底！

“如精钢之金，百炼而弥劲；如朝宗之水，万折而必东！”走，去找朝廷，从头再来！

但是，如今这个小朝廷，到底在哪里呢？

宋末帝继位

景炎二年（1277 年）十一月，文天祥兵败江西后，退兵至汀州。后来，为了发展，文天祥命文壁出征，收复了惠州；他亲自出征，收复了循州。

在这些地盘上，文天祥一方面整顿兵马、休养生息；一方面派人到处打探小朝廷的下落。最终，在寻找了数月后，文天祥终于知道了下落。

殊不知，小朝廷已经变天了。当时，新皇已经登基，宋端宗已经因病逝世了。

这些还得从头说起：

自从出海避敌后，这个小朝廷就像一只无头苍蝇一样，到处流浪。他们先是逃到了泉州，后逃到了惠州，又转移到了浅湾（今澳门）。

后来，在元军的追击下，这个小朝廷又逃到了秀山（今东莞市西南海中），再逃到了井澳（今广东珠海市南横琴岛横琴山下），他们甚至逃到了今天的香港九龙一带。如今，香港九龙的宋王台和侯王庙还记录着他们这段逃难的历史。

景炎三年（1278 年）三月，小朝廷的船只逃到硇洲（今湛江硇洲岛）后，因为屡受颠簸，又惊病交加，年仅 10 岁的宋端宗不行了，他在这个荒岛上“惊疾殂”了。

宋端宗死后，群臣悲痛无比，一些人认为，大宋王朝真是气数已尽了，天意如此，他们打算鸟兽散了。

在这个危难之际，陆秀夫站了出来，声嘶力竭道：“度宗皇帝一子尚在，将焉置之？古人有以一旅一成中兴者，今百官有司皆具，士卒数万，天若未欲绝宋，此岂不可为国邪？”

在他的鼓舞下，群臣重新振奋了。于是，大家拥立 8 岁的赵昺为帝，改元祥兴。

景炎三年（1278 年）五月初一，又是这个有意义的日子，从这以后，南宋进入了祥兴元年，赵昺统治的时代。

赵昺，就是南宋第九位皇帝、两宋第十八位皇帝，史称其为宋帝昺、宋少帝、宋幼主或祥兴帝。当然，他还有一个名字——宋末帝。

得知皇帝驾崩、新皇登基后，文天祥痛哭流涕。哭完后，文天祥上疏朝廷，请求入朝面圣。结果，文天祥万万没有想到，他的这个请求，竟然被朝廷驳回了。

驳回他的人，不是那个小人陈宜中，而是同为“宋末三杰”的张世杰。

原来，得知文天祥想回朝后，张世杰死活不同意，他受不了文天祥的脾气，也不想文天祥来跟自己分权力。于是，他以陈宜中还未回来，等他回来再议为由，拒绝了文天祥入朝的请求。当然，所有人都明白，张世杰这么说，就是不想让文天祥回来。因为当时陈宜中已经逃跑了。你等他，只能等到天荒地老了。

原来，在小朝廷流亡期间，陈宜中看大势已去，就以去占城（今越南中南部，宋朝时是一个国家）考察为由离开了。到了占城后，陈宜中如泥牛入海，彻底杳无音信。

关于陈宜中的结局，有两种说法。第一种是，他在占城无疾而终。第二种是，元朝占领占城后，陈宜中逃难至暹国（暹罗），在当地终老。

关于这个人，怎么定论呢？陈宜中这种人，本可以投降元朝，继续荣华富贵下去（比如曾经的搭档留梦炎），但是他誓死不降，一定要当一个忠臣烈士。然而，虽然参加“革命”，他又不肯“吃苦”，一旦认为大势已去，他就主动逃跑。

誓死不降，要当一个忠臣烈士，但又不跟其他的忠臣烈士同甘苦共患难……对于这种人，是该夸他，还是该损他，真不好说。我个人认为，对于这种“精致的利己主义者”，历史自有定论。

书归正传，为了阻挡文天祥回朝，张世杰一方面以陈宜中说事，一方面玩儿命地给文天祥好处。他加封了文天祥部下的官职，给了他300两金子用来犒军，还加封文天祥为少保、信国公官职。甚至文天祥的母亲，都得到了一个“齐魏国夫人”的头衔。

张世杰这么做，理由很简单，你文天祥一门心思回朝，不就是想要更多的好处吗？我现在给你，行了吧？你就老老实实地待着，不要再有非分之想了。

张世杰此举，对于文天祥而言，无异于一种侮辱！都什么时候了，还要如此争权夺利，真是令人无语。文天祥甚至认为，他错怪了陈宜中。当时，阻挠自己去江西募兵的人，可能不是陈宜中，而是这个张世杰！

后来，文天祥在给陆秀夫的信中，直截了当地阐述了张世杰阻挠自己入京的行为，他要陆秀夫告知朝廷，让朝廷替自己做主，让自己入朝：“天子幼冲，宰相遁荒，诏令皆出诸公之口，岂得以游词相拒！”

陆秀夫看着这封信，一言不发。虽然他同情文天祥的遭遇，也想替他打抱不平，但是此时的他，无兵无权，他也只能爱莫能助。

就这样，文天祥无奈地留在了地方。他在地方整顿兵马，准备继续跟元军对抗。结果，整顿期间，发生了两件事情，让文天祥痛苦无比。

第一件事情，他的母亲病逝了。

祥兴元年（1278年）九月，文天祥的母亲曾德慈病逝，享年64岁。自1275年江西沦陷后，曾德慈一直过着颠沛流离的生活。虽然痛苦，但是她没有一句怨言，而且，一有机会，她就鼓励文天祥，让其完成心中的志愿。因此，从某种意义上讲，曾德慈是文天祥的精神支柱。

如今，精神支柱病故了，文天祥泪如雨下。结束葬礼后，文天祥让弟弟文壁护送母亲的棺椁去惠州简单安置，等未来有机会，再把母亲的棺椁运回江西老家。

后来，在文璧的护送下，曾德慈回到了江西，她在文家祖坟入土为安。可惜的是，那个场面，文天祥没有看见……

第二件事情，他的长子病逝了。

祥兴元年（1278 年）十一月，文天祥还没有从丧母之痛中走出来，又得到了一个噩耗，自己的长子道生在惠州病故了。

得知长子病故后，文天祥清楚地意识到，自己可能绝后了。因为，文天祥只有两个儿子，次子佛生在空坑之战时被俘，不知道是生是死，如今长子道生病故让他这一脉断了烟火。

哀悼完了爱子，文天祥写信给弟弟文璧，希望他把次子文陞过继给自己，以续宗祠。对于这个请求，文璧同意。

国家奸臣当道，文天祥一腔热血，无处释放；家里接连不幸，文天祥痛苦，无处释怀。在这种情况下，如果他不是文天祥的话，真可能就放弃了。

然而，如果放弃的话，他就不是文天祥了。

吾戴吾头向广陵，仰天无告可怜生。
争如负命投东海，犹会乘风近玉京。

就这样，秉持着矢志不渝、永远向南的精神，文天祥重新振奋了起来，他招兵买马，操练部队，准备继续跟元军战斗，收复大宋江山。

文天祥的这种精神很好，但可惜的是，一场大祸已经临头。

岭南被俘

祥兴元年（1278 年）十一月，文天祥收复了潮州，他在这里招兵买马，扩充实力。结果，就在文天祥整顿兵马期间，元军已经调兵遣将，不日就将大军压境了。

原来，得知南宋王朝又立了一个皇帝后，忽必烈大怒，说这个国家没完没了，死一个立一个，什么时候是个头！于是，忽必烈拜张弘范为将，命他率领 20 万（其实也就 2 万）大军南下，讨伐小朝廷。不灭亡这个国家不许回朝！

至此，南宋和元朝的最后一场大战，就此展开。

得知元军要大军压境后，文天祥马上召开军师会议，商量对策。在这个会议中，众人一致决定，敌众我寡，正面交战无疑是以卵击石。如今最好的办法是退兵至南岭，那里地势险要，可筑寨据险自守。

会议结束后，文天祥就率军出征了，他放弃了潮州等地，向岭南进军。

按照文天祥的设想，敌军还远在天边，所以他走得很慢。然而，事实证明，慢慢进军，是文天祥这辈子做的最坏的一个决定。

原来，在跟文天祥有仇的潮州海盗陈懿的帮助下（文天祥剿灭过他，但让他跑了），元军早就知道了文天祥的行军路线。为了追上文天祥，张弘范下令“潜具舟海岸，济轻骑，直指督帐”，也就是他抛弃了笨重的辎重部队，率领轻骑渡海，直奔文天祥而来。

祥兴元年（1278 年）十二月二十日，张弘范追上了正在吃饭的文天祥。

当时，文天祥已经率军进入了南岭，在一个叫五坡岭（也作五岭坡）的地方吃午饭。在吃饭期间，文天祥惊讶地发现，附近的山头上莫名其妙地多了很多全副武装的人，这是什么情况？结果，手下将领也糊里糊涂的，他们竟然告诉文天祥：“没事，这些人是附近的猎人，他们正在捕鹿。”

听完下属的解释后，文天祥就放松了警惕。结果，突然之间，这些“捕鹿人”对他的部队进行了毁灭性的打击。

一番交战后，猝不及防的“同督府军”死伤 7000 余人，全军覆没。文天祥的两个女儿，监娘和奉娘也死在了乱军之中。

这一次，老天爷没有显灵帮助文天祥脱难。毕竟，老天爷已经帮助文天祥三次了（第一次大风，第二次下雨，第三次巨石）。

文天祥见大势已去，想拔剑自刎，结果，一个眼疾手快的蒙古千户冲了上来，把文天祥的剑夺走了。

文天祥见无法自刎，就掏出身上藏的二两冰片吃了下去，准备服毒自尽。结果，跟贾似道一样，这个冰片也过期了，文天祥吃完后只是腹泻，根本死不了。

至此，文天祥被元军生擒活捉，再一次成为元军的阶下囚。

文天祥进入元营后，不可屈服，大骂不断，请求速死。元军让他跪拜张弘范，文天祥誓死不跪。他愤怒地告诉元军：“吾能死，不能跪。”

元军见他如此强硬，气得咬牙切齿，想砍了文天祥。结果，张弘范告诉众人:“杀之名在彼，客之名在我。”意思是说，杀了他，很容易，但只会成全他的忠孝大节；不杀他，则能显示我的宽宏大量。

当然，张弘范之所以不杀文天祥，是因为他要干两件事情。第一，他要劝文天祥投降。第二，他要文天祥去劝其他人投降。

就这样，带着这个俘虏文天祥，张弘范继续进军。祥兴二年（1279年）正月十三日，他们来到了宋朝粉丝一生不愿提起的地方，那个宋朝最后的“圣地”——崖山。

第二十五章 帝国余晖

崖山一战

俘虏了文天祥后，张弘范带着他下海，开始寻找南宋小朝廷的行宫。祥兴二年（1279 年）正月初六，从俘虏的口中，张弘范知道了行宫所在，他马上率军奔赴崖山。正月十二日，元朝大军经过零丁洋，逼近南宋小朝廷。正月十三日，元军来到崖山，准备跟南宋小朝廷决一死战。

至此，一场永载史册的大战，就此拉开了序幕。

崖山，位于今广东省冈州，它是海湾间一个三面环江、南面临海的洲岛。崖山地势险要，易守难攻，进可据守内陆，退可逃亡大海。南宋小朝廷把此地作为根据地，是一个明智之举。

当时，根据身处元营的文天祥的估算，“行朝有船千余艘，内大船极多”，宋军非常强大。反观元军，他们只有“大小船五百”，且“二百舟失道，久而不至”。从装备上看，宋军不吃亏。

同样，在兵力方面，宋军也不吃亏。当时，宋军号称 20 万，虽然有一半以上是战士的家眷，但还是有十余万誓死效忠的勇士。反观元军，虽然他们也号称 20 万，但实际兵力也就 2 万。而且，在这 2 万军中，初来乍到，“乍登舟，呕晕，执弓矢不支持，又水道生疏，舟工进退失据”，根本无法打海战。

文天祥认为，元军里能打海战的，是闽浙的水手，但这些人“其心莫不欲南向”。因此，只要宋军玩儿命地进攻，“若南船摧锋直前”，这些闽浙水手就会为了自保而叛变，到了那个时候，就可全歼敌军了。

然而，面对入侵的元军，张世杰竟然用了保守战阵，他重新祭出了当年焦山一战的阵法。张世杰下令，用铁链把千余艘战舰捆绑了起来，“中舻外轴，贯以大索，四周起楼栅，如城堞”，张世杰就在这个“巨型城堡”内调兵遣将，抵御元军。

就这样，在消极的防守下，张世杰变成了一个“缩头乌龟”，而且，这个“乌龟”还再接再厉，把自己唯一的后路给断了。

原来，当时有人建议道：“北兵以舟师塞海口，则我不能进退，盍先据海口？幸而胜，国之福也；不胜，犹可西走。”意思是，我们应该在出海口那里排兵布阵，否则万一敌军占领了出海口，我们就逃不了了。如果我们先占领那里，打赢了敌军，最好不过；打不赢，也能第一时间逃跑。

事实证明，这个计策，完全正确。留得青山在，不怕没柴烧，真犯不着在这里孤注一掷，跟敌军死磕到底。

然而，对于这个建议，张世杰拒绝了，他以“频年航海，何时已乎？今须与决胜负”为由，就要留在这里，跟敌军一战定雌雄。

唉……就这样，宋军迎来了来犯的元军，并迎来了最终的结局。

祥兴二年（1279 年）正月十三日，元军来到崖山。考察完地形后，张弘范大喜过望，他立刻派人占领了出海口，堵住了宋军逃跑的路线，并切断了宋军的补给线。

为了劝降宋军，张弘范找来了在元军效力的张世杰的外甥，让他去劝张世杰投降。

这里解释一下，张弘范和张世杰之间颇有渊源。张世杰曾经是张柔的部下，金末时期，张柔投降了蒙古，张世杰则归顺了南宋（他的亲戚分为两派，一派跟随张柔投降蒙古，一派跟随他投降南宋），他们从此分道扬镳了。这个张弘范，则是张柔的儿子。

因此，我们可以这么理解，这场永载史册的崖山一战，其实就是张柔儿子和张柔部下的一次大战。

书归正传，听完外甥的劝降后，张世杰不为所动，他对其大喊道：“吾知降，生且富贵。但为主死，不移也！”说完，张世杰列举了很多中国历史上誓死不降的忠臣，把这个外甥骂跑了。

很好，虽然张世杰在打仗方面不行，但是在精忠报国方面，却可以与文天祥齐名。

一计不成，再生一计，张弘范见这个外甥劝降失败了，他竟然派人找到了文天祥，命令他写一份劝降信，去劝张世杰投降。

文天祥道：“我自己不能救父母，却要教别人背叛父母，这可能吗？”

元使是一个急性子，他只是告诉文天祥，赶紧写，甭废话。写完了，我好回去复命。

对于这种人，文天祥无话可说，他递给元使一首诗，让其复命。结果，张弘范念完这首诗后，竟然笑了，他连口称赞“好人，好诗”。这个劝降一事，就此不了了之。

说实话，如果我是张弘范的话，我也会笑。因为，作为中国历史上第一个看见这首诗的人，我若是他，也会高兴无比。

这首诗，就是那首永载史册、代表中国精神的《过零丁洋》：

辛苦遭逢起一经，干戈寥落四周星。
山河破碎风飘絮，身世浮沉雨打萍。
惶恐滩头说惶恐，零丁洋里叹零丁。
人生自古谁无死，留取丹心照汗青。

曾几何时，有人悲痛欲绝地告诉我，我们这个民族“堕落”了。看这世间尽是一些怙恶不悛之辈。地狱空荡荡，恶魔在人间。这个社会，已经濒临崩溃……

我的回答是，错！你所谓的“堕落”，不过是几个汉奸、国贼弹冠相庆、几个无良媒体的大肆渲染。“人生自古谁无死，留取丹心照汗青”。只要我们永远记住这两句话，我们这个民族就永远充满希望。

书归正传，劝降无果后，元军整顿兵马，与宋军开战了。

听，海哭的声音

祥兴二年（1279年）正月十五日，张弘范一声令下，元军开始攻城。双方短兵相接，尸横遍野。

说实话，张弘范已经知道这是灭亡宋朝的最后一战，会非常不好打，但他万万没有想到，会这么难打。宋军比他想象的还要勇猛。

当时，不管元军如何攻城，宋军都死战不退。战斗期间，有一拿80斤大刀的蒙古勇士大吼一声，冲入宋营。要是在平时，宋军早就鸟兽散了，结果，宋军死战不退，愣是让这个蒙古大将陷入了苦战。最终，潜在水中的宋军把这个蒙古大将的船凿穿，蒙古大将因不谙水性而溺亡。

就这样，在攻打了数次后，元军也没有攻破这个城池。当然，他们也使用过火攻，妄想重演当年的“焦山之战”。然而，这一次张世杰学聪明了，他在宋船上涂上了厚厚的泥巴，还准备了无数灭火桶，不管元军如何火攻，宋军的战舰也没有着火。

最终，看强攻不行，元军准备打消耗战，耗尽宋军士气，逼迫他们投降。

当时，为了劝降宋军，元军一直喊话，说：“如今，你们的陈宰相跑了，你们的文宰相被我们活捉了，你们还有什么干头呢（陈丞相已去，文丞相且为我所执，汝何战云）？”结果，宋军无一人动摇，继续抵御元军。

当时，因为补给线被元军切断，饥渴难耐的宋军只能喝海水了。海水“咸不可饮，饮者亦辄病呕泄，军中大困”。但即使这样，宋军也无一人动摇。

虽然宋军视死如归，但可惜的是，再高涨的士气也有极限的那一天，再坚固无比的城堡，也有被攻陷的那一日。

那一天，就是祥兴二年（1279年）二月初六。

那一天，张弘范下令，部队分兵四路，从东、南、西、北四个方向攻打宋军。东、西、北三个方面的元军，要跟宋军殊死肉搏；张弘范率领的南路大军则先在海面，养精蓄锐，等待时机。

等待到什么时候呢？张弘范下令，“闻金声起战，先金而妄动者死”。意思是，一旦听见鸣金收兵的声音，就奋勇杀敌，不杀敌者，死；提前行动者，杀无赦。

就这样，在张弘范的布置下，元军从东、西、北三个方面攻打宋营，跟宋军殊死较量。结果，中午时分，元军传来了鸣金收兵之声，他们的后方也传来了鼓乐之声。

一听到这些声音，宋军将士就松懈了。宋军以为，元军撤兵回去开宴会了。结果，宋军根本不知道，这是元军总攻的开始。

还记得吗？讲曹玮的时候我们说过，一个走远路的人，不管他走多远，都不觉得累。但是，若让他休息一下，就会疲惫不堪。战士也是如此，一直战斗不觉得累，但只要一松懈就会疲惫不堪，这种状态下与敌人作战，结果可想而知。

就这样，因为松懈，疲惫不堪的宋军根本不是张弘范的对手。在一番厮杀后，张弘范终于撕开了宋军的防线，攻破了城池。

与此同时，明明已经撤兵的东、西、北三个方面的元军竟然重回战场了，他们从三个方面猛攻宋军，让宋军顾此失彼，全线崩溃。

至此，在元军的强攻下，宋军大势已去，无力回天。

张世杰见麾下战船烟火腾腾，船上的旗幡纷纷易主，“诸舟之樯旗皆仆”后，知道败局已定。于是，他赶紧派遣亲兵驾小舟，来到皇帝的御舟前，让皇帝上他们的小舟，突围逃跑。

结果，张世杰的这个请求，被护驾的陆秀夫拒绝了。陆秀夫“恐为人所卖，或被俘辱，执不肯赴”。

原来，当时天色昏暗，海上风雨交加，咫尺之间不辨人影，陆秀夫害怕这些人不是张世杰的人，而是来欺骗他们的元军，所以不肯走。而且，就算这些人是张世杰的兵，陆秀夫也不想走，因为，他害怕在这个乱军之中无法突围，被元军生擒活捉，受尽侮辱。

拒绝了张世杰突围请求后，陆秀夫选择了另外一条悲壮无比的路……

送别了张世杰的亲兵，陆秀夫来到自己的住处，他抽出宝剑，逼迫自己的家人全部跳海。随后，他穿好朝服，来到皇帝的面前，对其跪拜，道：“国事至此，陛下当为国死。德祐皇帝辱已甚，陛下不可再辱。”

说完后，不等小皇帝答复，陆秀夫抱起他来到了舷边。陆秀夫看了一眼波涛汹涌的大海，随后纵身一跃，义无反顾地跳了进去。

这就是那永载史册的“崖山一跳”。

如今，我看到很多书籍在讲述“那一跳”时，痛骂陆秀夫的行为卑鄙无耻，说他就是一个“儿童绑架犯”，剥夺了一个孩子的未来，他应该让宋末帝自己选择未来，而不是去死；陆秀夫的这些行为，公然践踏了人权；等等。

对于这种说法，我不反驳。

我只想说，宋末帝不是一个普通的孩子，他是一个王朝的皇帝，他的所作所为，代表着这个王朝。

这个王朝一无所有了，他唯一拥有的东西只剩下“尊严”二字了。请让他们背负这二字去吧。这样的结局，虽然残忍，但是对于南宋而言，也许才是最好的归宿。

至此，伴随着陆秀夫这一跳，一切都结束了。

这一跳，代表着南宋152年的历史，戛然而止。

这一跳，代表着两宋319年的历史，就此完结。

一个梦幻的时代，结束了。

这里说一下，崖山一跳后，剩下的宋朝臣子最后的结局。

得知皇帝投海殉国后，宋军战舰上的群臣、将士、百姓哭声震天，大家手挽手，一起跳入大海，追逐皇帝而去。“七日之后，海上浮尸以十万计”。这些忠臣烈子用自己的行动，捍卫了这个国家最后的尊严。

元军清理战场后，发现了一个带着玉玺的童尸，元军拿走了玉玺，却没有处理这具童尸。等元军知道这是宋朝皇帝的遗体时，遗体早就被海水冲走、不知所踪。后来，宋末帝的遗体漂流到了赤湾（今广东深圳市宝安区），一个老僧发现了他，把他礼葬了。

陆秀夫死后，他的遗体漂到了海边，被人发现，安葬于新会二城（今广东省台山市都斛镇义城村)。《尧山堂外纪》记载，“擎天者，文天祥。捧日者，陆秀夫”。这句话，实至名归。

张世杰突围逃跑后，得知皇帝殉国的消息，他悲痛欲绝，不能自抑。哭完后，张世杰打算率军去占城，在那里卧薪尝胆，再寻一个宋朝宗室为帝，以图东山再起。结果，部下将领不愿意背井离乡，张世杰无奈，只能率军返回了广东。

祥兴二年（1279年）五月初四，张世杰率军返回广东期间，突然遇到了一场暴风雨。属下知道这个暴风雨的威力，就劝张世杰登岸避难。结果，张世杰仿佛预感到了什么，在拒绝了士兵的请求后，独自来到舵楼，焚香祷告，对天大呼道：“我为赵氏，亦已至矣，一君亡，复立一君，今又亡。我未死者，庶几敌兵退，别立赵氏以存祀耳。今若此，岂天意耶！”

说完，一个巨浪袭来，张世杰没有站稳，直接掉入了海中，坠水溺死。

风雨过后，众人打捞上了张世杰的尸体，葬于螺岛。此岛也因为安葬了这位英雄，改名为海陵岛。

至此，伴随着这些宋朝君臣的离去，宋朝的历史理论上终止了。然而，宋朝的历史，还远远没有结束。

原因很简单，“宋之亡，不亡于皋亭之降，而亡于潮阳之执；不亡于崖山之崩，而亡于燕市之戮”。只要那个最后的孤独坚守者不慷慨赴义，宋朝的历史就不会停止。

那个孤独坚守者，就是文天祥。

进入大都

国破家亡后，文天祥打算绝食而死，他连绝食的时间和路线都想好了。从南安开始，绝食 8 天，等绝食而死时，船只正好到老家庐陵。在老家慷慨赴义……

结果，人算不如天算，准确地说，文天祥的算不如元军的算。得知文天祥要绝食而死后，元军用尽各种办法，“掩鼻以灌粥酪”，根本不让文天祥死。最终，到了老家庐陵，文天祥也没有死成。

文天祥想明白了——既然老天不让我死，那我就活下去。生命不息，战斗不止，我要好好地活下去，跟元朝战斗到底。

就这样，秉持着这种思想，文天祥好好吃饭，好好休息，准备去元大都，会一会元朝的君臣。

至元十六年（1279 年）十月初一，在行走了 5 个月零 10 天后，文天祥终于来到了元朝的首都大都城，也就是今天的北京。

来到大都城后，文天祥本以为自己将被打入牢房，结果呢？根本不是那么回事。文天祥来到大都后，住在一流的招待所内，绫罗绸缎，美味佳肴，自不必说。元廷甚至找来了服务周到的奴婢，好好地款待了他。

对于这些人、这些物，文天祥根本不用。文天祥只睡地板，一直面对南方，矢志不渝。

当然，元廷之所以这么善待他，是希望文天祥能够回心转意，投降他们，为他们所用。于是，为了劝降文天祥，元廷开始派遣使者了。

第一个劝降的使者，是原宋朝宰相——留梦炎。

元朝的算盘不错，留梦炎是宋朝前宰相，文天祥也是宋朝前宰相，他们有很多共同语言。让留梦炎劝降文天祥，应该可行。结果呢，元朝哪里知道，留梦炎是文天祥最不齿的那类人。

文天祥心里，这个留梦炎是一个曾经阻挠自己入京勤王的奸臣；是一个一有困难就逃跑的败类；是一个根本不抵抗，直接投降的汉奸。对于这么一个人，文天祥不打死他，已经是最大的恩赐了，还想让他来劝降……痴心妄想！

就这样，听完了文天祥的痛骂后，留梦炎灰溜溜地跑了。

看见留梦炎如此不中用，元廷叹了一口气，他们又命令那个人出马劝降文天祥了。

第二个劝降的使者，是原宋恭帝、现在的元朝瀛国公——赵㬎。

元廷这个算盘，打得非常好。你文天祥不是口口声声要忠君报国吗？好，我就让投降的宋朝皇帝来劝降你，看你如何尽忠、如何报国？

结果，元廷还是算错了。

原来，文天祥看见皇帝后，根本不给皇帝开口的机会。他一直跪在宋恭宗面前，痛哭流涕地重复一句话："乞回圣驾，乞回圣驾，乞回圣驾……"

赵㬎就是一个刚刚 9 岁的娃娃，哪里见过这个阵势。最终，他也无功而返。

两次劝降未果后，元廷看明白了，宋朝人都是一群不中用的东西，还是我们来吧。于是，第三次劝降，就元朝人上阵了。

第三个劝降的使者，是元朝的平章政事阿合马。

阿合马是一个回族人，仗着会理财，成为忽必烈的近臣之一。虽然这个人会理财，但不会做人，更不会做官。他任职期间，贪污腐败，无恶不作，闹得天怒人怨，最终于 1282 年被人刺杀了，走得比文天祥还早。阿合马死后，忽必烈得知其罪行，下令追究其刑罚，掘墓开棺，斩戮其尸体，不许任何人收尸，任凭野狗去吃他的肉。阿合马最终是一个尸骨无存的结局。

当时，因为正得宠，阿合马趾高气扬、不可一世，他根本不给文天祥这个囚徒好脸。然而，阿合马还没给文天祥好脸呢，这个人先给了他一个下马威。

文天祥看见了阿合马后，根本不理他，只是对其作了一揖，作为行礼。

见此情景，阿合马大怒，他强忍怒火道:“你以为老子是谁！”

文天祥道:“听说了，好像是一个宰相。”

阿合马大怒道:“既然知道我是宰相，为何不跪！”

文天祥道:“南朝宰相见北朝宰相，为何跪？”

你个深陷囹圄的囚徒，还敢跟我平起平坐！阿合马大怒道:“都到这来了，你心里没点数吗？狂什么！”

文天祥大吼道:“南朝早用我为相，北可不至南，南不可至北！”

在文天祥的怒吼中，阿合马黔驴技穷，他只能对左右道:“此人生死，尚由我！”

一听这话，文天祥大怒道:“亡国之人，要杀便杀，道甚由你不由你！”

阿合马就是盛气凌人，一旦碰上比他横的，他就尿了。最终，阿合马知道自己无法搞定这块硬骨头，灰溜溜地走了。

至此，经过了三次劝降后，元廷看明白了，好言相劝是不可能让文天祥投降了，只有在肉体上折磨他，才能让他彻底臣服。于是，元廷下令，把文天祥押进了兵马司（今北京东城区府学胡同），关进了一个土牢。

元廷本以为，让文天祥吃吃苦，他就投降了。结果，即使文天祥生活在暗无天日的土牢，即使他身上长满了虱子、癞疮和痈疽，他也决不投降。文天祥还养成了写诗的好习惯，活得不亦乐乎。

看文天祥活得如此“逍遥快乐”，元朝的宰相孛罗看不下去了，他决定亲自审理文天祥，逼迫他投降。

至元十六年（1279 年）十一月初九，孛罗在枢密院开堂会审，亲自审理文天祥。文天祥到来后依旧毫不客气，只是作揖，不跪拜。

见此情景，孛罗大怒，下令让文天祥跪。

文天祥道:“南之揖，北之跪。予南人，行南礼。不跪！”

一听这话，孛罗大怒，命左右出马，强迫文天祥下跪。结果，这群人用了半天的力气，也没有让文天祥下跪。最终，文天祥盘腿坐在地上接受审讯。

孛罗开始审理文天祥。他准备凭借自己的三寸不烂之舌，逼迫文天祥承认自己是一个背主卖国之人，从礼法上打败文天祥。

在几番试探后，孛罗直奔主题，道:“弃德祐嗣君而立二王，忠乎？”

文天祥回答道："当此之时，社稷为重，君为轻。吾别立君，为宗庙社稷计也。从怀、愍而北者非忠，从元帝为忠；从徽、钦而北者非忠，从高宗为忠。"

好一句"社稷为重，君为轻"，孛罗本来是想让文天祥承认自己是一个背弃君主、不忠不孝的人，结果文天祥根本不上套。

为了反驳文天祥，孛罗道："晋元帝、宋高宗有所受命，二王立不以正，是篡也！"

文天祥道："景炎乃度宗长子、德祐亲兄，不可谓不正，即位于德祐去国之后，不可谓篡；陈丞相对太后命奉二王出宫，不可谓无所受命。"

文天祥的这句话，遭到了孛罗的反击。他告诉文天祥，二王根本就是来位不正，谢太皇太后也没有让他们登基。相反，他们逃跑后，谢太皇太后还派太监传旨，命他们回宫，结果他们根本不从，他们就是一群乱臣贼子。还说，文天祥若不信，他可以把老太太叫来，让她当面作证。

文天祥也可能知道自己说错话了，所以他一直解释"天与之，人归之，虽无传受之命，推戴拥立，亦何不可！"最后，文天祥也懒得解释了，仁者见之谓之仁，智者见之谓之智，各是其是可也。

看这个问题没有难住文天祥，孛罗大怒道："你身为宰相，掩护三宫（三宫六院，指皇帝的后宫）逃走，是忠臣；率军跟伯颜宰相决一死战，是忠臣，可你什么都没干，还敢说自己是忠臣？"

文天祥回答道："这些事情，你可以去责备陈宰相，不用责备我。我不负国也！若不是陈宜中阻挠，我绝对率军出征，跟你们决一死战！"

看自己不管说什么，文天祥都能怼回来，孛罗方寸大乱，他竟然这样道："你立二王，到底想建立什么功劳？"

文天祥大惑不解道："国家不幸丧亡，需要另立新君，以存宗庙。存一日，则尽臣子一日之责，何功之有？"

孛罗问："既自知无功，何必去做？"

文天祥道："父母身患绝症，虽明知无法改天续命，但岂有不救之理？尽吾心焉，不可救，则天命也。天祥今日至此，唯有一死，不再多言。"

孛罗大怒道："你想死，我偏不让你死，禁持你，让你坐一辈子监狱。"

文天祥也大怒道："我意已决，区区禁持，何害也！"

听完文天祥的话后，孛罗大怒，他哇哇地说了一堆文天祥听不懂的蒙古话，估计是把他骂了一顿。

骂完后，李罗下令把文天祥关回去，把他软禁至死。当然，他也只能把文天祥软禁起来。毕竟，文天祥这种等级的囚犯，唯一拥有权力处死的人，是忽必烈。

那么，忽必烈对于文天祥，是一个什么态度呢？

按照《宋史・文天祥传》记载："我世祖皇帝，以天地有容之量，既壮其节，又惜其才。"自始至终，忽必烈都欣赏文天祥，不忍心杀死，他希望有朝一日，文天祥能够投降，为自己所用。

就这样，皇帝不想杀文天祥，文天祥只能继续活下去。这一活，就活了一个"冬去春来"。开春后，文天祥惊讶地发现，元廷又开始对其劝降了。只不过，他们这次的手段让文天祥痛苦不已。

亲人劝降

开春后，文天祥惊讶地发现，自己竟然收到了一封信。这封信竟来自于失踪很久、不知是生是死的长女柳娘！

原来，空坑之败，欧阳夫人、柳娘、环娘被俘后（次子佛生半路逃跑了，他隐姓埋名度日，最终早逝，死时年仅 18 岁），被押解到了元大都。如今，她们被囚禁在东宫，被迫穿上道士的衣服，完全跟外界隔离了。

因为隔离，文天祥不知道她们在大都，她们也不知道文天祥在大都。然而，元廷知道呀。元廷一看，为什么不让文天祥的亲人去劝降呢？我倒要看看，面对亲情骨肉，文天祥怎么保持住那颗钢筋铁骨的心。

然而，文天祥让他们失望了。文天祥宁可跟家人绝交，也要以死报国。

看见女儿的信后，文天祥泪如雨下，他清楚地知道，只要自己下跪投降，他就能再一次与家人团聚，尽享天伦之乐。然而，文天祥已经做好了一死报国的准备，他也只能愧对夫人、愧对子女了。

最终，文天祥赋诗《得儿女消息》，跟妻儿永别了。

故国斜阳草自春，争元作相总成尘。

孔明已负金刀志，元亮犹怜典午身。
肮脏到头方是汉，娉婷更欲向何人。
痴儿莫问今生计，还种来生未了因。

对不起，亲爱的女儿，父亲去意已决，不用再劝了。你我今生的父女缘分到此为止，还是等来世再续这段亲缘……

至此，在文天祥的绝笔信下，元廷这个亲情战术宣布破产。然而，他们并不在意，因为在元廷眼中，他们还有一张“王牌”。这张“王牌”一定可以不负重任，成功地劝降文天祥。

这张王牌，就是文天祥的弟弟，已经投降了元朝的文璧。

原来，元军进犯文璧镇守的惠州时，文璧知道难以抵挡，就投降了。如今的他，已经穿上了元朝的官服。

对于文璧投降一事，世人和后人都非常不齿，当时的人曾写了一首诗，狠狠地讽刺了他。

江南见说好溪山，兄也难时弟也难。
可惜梅花异南北，一枝向煖一枝寒。

后来，历史的车轮来到了清朝，乾隆皇帝看完这段历史后大怒，他痛骂道：“子不知终弟受职，应难地下见其兄！”

其实，乾隆皇帝的话根本不值一提。

第一，乾隆皇帝说的话本身就矛盾重重。他恨不得所有的敌人都是文璧，而不要出现文天祥这样的人。

第二，乾隆皇帝的话不对。文天祥知道文璧投降后，他也原谅了文璧。哥哥都原谅了弟弟，焉有“难地下见其兄”之说？

原来，文天祥得知弟弟投降、当了元朝官员后，他原谅了文璧。这个证据，就是他写给继子的《狱中家书·批付男陞子》。

汝祖革斋先生，以诗礼起门户，吾与汝生父及汝叔同产三人。前辈云：兄弟其初，一人之身也。吾与汝生父俱以科第通显，汝叔亦致簪缨。使家门无虞，骨肉相保，皆奉先人遗体以终于牖下，人生之常也。不幸宋遭阳九，庙社沦亡。吾以备位将相，义不得不殉国；汝生父与汝叔姑全身以全宗祀。惟忠惟孝，各行其志矣。

文天祥在简单地介绍了家族情况后，告诉文陞：宋朝灭亡后，我身为宰相，备受皇恩，因此必须坚持大义，以死殉国。你的生父文璧却不能死，他要好好地活着，“以全宗祀”，我去尽忠，他去尽孝，我们只是各自履行责任罢了。

昔日，科举考试时，父亲文仪那个不经意的决定，成功地预示了两个孩子的未来。如今，哥哥誓死不降，为国尽忠；弟弟投降元朝，为族守孝……得此结果，若父亲文仪在天有灵，不知会做何感想。

书归正传，为了劝降文天祥，忽必烈下令命文璧入京。至元十七年（1280年）五月，在文天祥的期盼中，文璧来到了大都城。

对于文璧来到大都后到底见没见过文天祥这个问题，史学家一直争论不休。

部分史学家认为，文璧没有见过文天祥，因为除了《文丞相叙》外，没有其他资料记录过他们见过面。也有部分史学家认为，文璧见过文天祥，毕竟《文丞相叙》记载了这件事情。而且，文天祥有很多重要的事情要交代给文璧，如过继文陞、把母亲的棺椁运回老家、保护自己的诗集等。这些事情非常重要，不是当面的话，文天祥是不会说的。

当然，文璧见没见过文天祥，结果都一样，他没有劝降成功。或者是说，文璧根本就没有劝降，因为他清楚地知道哥哥要干什么。既然多说无益，何必多此一举。

最终，在哥哥的诗词《闻季万至》中，文璧离开了京城，跟哥哥诀别了。

去年别我旋出岭，今年汝来亦至燕。
弟兄一囚一乘马，同父同母不同天。
可怜骨肉相聚散，人间不满五十年。
三仁生死各有意，悠悠白日横苍烟。

再见了，亲爱的大弟文璧、小弟文璋。咱们兄弟的情义，今生到此为止。若有机会，来世再聚。

就这样，文天祥彻底地挫败了元廷的亲人劝降计划，他坦然地接受了一切，准备迎来自己的结局。

《正气歌》

劝走了来劝说自己的亲人后，文天祥继续在暗无天日、阴暗潮湿的土牢里度日。随着时间的推移，文天祥慢慢地适应了这种生活，他每天写诗，整理诗、自得其乐。

当然，生活在这种鬼地方，文天祥的肉体还是经受了巨大的折磨。特别是每到五月，文天祥更是苦不堪言。

原来，北京每到五月，就会下瓢泼大雨，雨水流入土牢，把这里变成泽国。至元十七年（1280 年）五月，北京就下了一场暴雨，让文天祥苦不堪言。

当时，雨水灌入土牢，淹没了文天祥的床榻，文天祥只能站在雨水中，才不至于被淹死。文天祥大声地呼唤狱卒过来救命。结果，因为风雨声，狱卒根本没有听见，文天祥只能在冰冷的雨水中站了一夜。

虽然孤苦无依，但是文天祥并不“寂寞”。当时，因为雨水灌入了老鼠窝，老鼠们纷纷逃了出来，在雨水中到处乱窜，最终全部溺死。

第二天，狱卒才把文天祥救了出来。

虽然狱卒排干了土牢内的水。然而，随着温度的升高，牢房内到处弥漫着污浊的水气、烂泥的土气、炙热的日气、灶台的火气、腐仓的米气、腥臭的人气和老鼠尸体的秽气。这些气体弥漫在这个房间内，令人作呕，别说居住了，就是待一会儿都受不了。

然而，在这种极端恶劣的环境中，文天祥竟然没有生病，也没有任何不良的反应。

对于这个问题，开始文天祥百思不得其解。最终，他想明白了，自己之所以不生病，是因为自己内心有一股“气”，这股气乃天地之正气，何患焉！

悟出来这个道理后，文天祥激动无比，他点灯熬夜、铺纸研墨，将自己的感悟全部写了下来。

于是，在他的书笔下，一篇永载史册的文章就此诞生。

这篇文章，就是《正气歌》。

余囚北庭，坐一土室。室广八尺，深可四寻。单扉低小，白间短窄，污下而幽暗。当此夏日，诸气萃然：雨潦四集，浮动床几，时则为水气；涂泥半朝，蒸沤历澜，时则为土气；乍晴暴热，风道四塞，时则为日气；檐阴薪爨，助长炎虐，时则为火气；仓腐寄顿，陈陈逼人，时则为米气；骈肩杂遝，腥臊汗垢，时则为人气；或圊溷、或毁尸、或腐鼠，恶气杂出，时则为秽气。叠是数气，当之者鲜不为厉。而予以孱弱，俯仰其间，于兹二年矣，幸而无恙，是殆有养致然尔。然亦安知所养何哉？孟子曰："吾善养吾浩然之气。"彼气有七，吾气有一，以一敌七，吾何患焉！况浩然者，乃天地之正气也，作正气歌一首。

天地有正气，杂然赋流形。下则为河岳，上则为日星。
于人曰浩然，沛乎塞苍冥。皇路当清夷，含和吐明庭。
时穷节乃见，一一垂丹青。在齐太史简，在晋董狐笔。
在秦张良椎，在汉苏武节。为严将军头，为嵇侍中血。
为张睢阳齿，为颜常山舌。或为辽东帽，清操厉冰雪。
或为出师表，鬼神泣壮烈。或为渡江楫，慷慨吞胡羯。
或为击贼笏，逆竖头破裂。是气所磅礴，凛烈万古存。
当其贯日月，生死安足论。地维赖以立，天柱赖以尊。
三纲实系命，道义为之根。嗟予遘阳九，隶也实不力。
楚囚缨其冠，传车送穷北。鼎镬甘如饴，求之不可得。
阴房阒鬼火，春院闷天黑。牛骥同一皂，鸡栖凤凰食。
一朝蒙雾露，分作沟中瘠。如此再寒暑，百沴自辟易。
哀哉沮洳场，为我安乐国。岂有他缪巧，阴阳不能贼。
顾此耿耿存，仰视浮云白。悠悠我心悲，苍天曷有极。
哲人日已远，典刑在夙昔。风檐展书读，古道照颜色。

可能有的人没有读过《正气歌》，但一定知道这篇文章的意思。正是这天地正气，让"天命之所钟也，人心之所会也，百代帝王之所以相承也"；正是这天地正气，让"天地之外的夷狄邪气不可奸也"；正是这天地正气，让我们遇到困难时能够百折不挠、矢志不渝、永远向前。

写完这阕词后，文天祥就等着忽必烈给他一个痛快，让他“大愿已了”。

然而，忽必烈让文天祥失望了，他根本没有杀文天祥的意思。相反，忽必烈还梦想着能够招降他，有朝一日为自己所用。

文天祥之死

很好，要的就是这个结果……

就这样，得知了皇帝的心思后，那些玩儿命地攻击文天祥、誓要置他于死地的人，也只能偃旗息鼓了。然而，对于忽必烈的恩宠，文天祥却并不领情。因为，他一门心思地等着赴死，你不让他死，他恨死你了。

本来这种局面，只能继续相互耗下去，结果，当年冬天爆发了几件震惊元廷的事情，终于让这个天平倾斜了，忽必烈终于起了杀心。

第一件事情，有一个善于看星象的和尚告诉忽必烈，十一月，土星犯帝座，疑有变。当时，距离十一月越来越近了，忽必烈真害怕出现意外的事情，威胁他的统治。

第二件事情，不久前，在中山府（河北定县），一个叫薛保住的人聚集了2000余人，宣布起义。薛保住自称“真宗幼主”，口称要打入京城，救出文宰相，光复大宋江山。虽然这次起义很快就被镇压了，但是薛保住的口号，却给忽必烈提了一个醒。

第三件事情，当时，京城内出现了很多匿名信，说什么“两卫军尽足办事，丞相可以无虑”“先焚城上苇子，城外举火为应”。虽然这些匿名信很可能是恶作剧，但这些匿名信还是让元廷高度紧张了一阵子。

最终，在这三件事情下，元朝官员开始“劝说”忽必烈，让他赶紧地杀了文天祥。

官员们告诉忽必烈，看见没有，文天祥在宋朝遗民心中就是他们的希望。你不杀了他，岂不是永留后患？而且，文天祥的威望这么高，他又誓死抗元，要是放了他，等于是放虎归山。到时候，他振臂一呼，天下云集响应，元朝岂不是永无宁日？因此，对于这种人，不能留，也不能放，赶紧杀了，永绝后患。

于是，在这些官员的劝说中，忽必烈起了杀心。最终，忽必烈打算再给文天祥最后一次机会。

至元十九年（1282年）十二月初八，在皇帝的召见下，文天祥面见了元朝的皇帝忽必烈。

文天祥见到忽必烈后，毫无惧色，依旧作揖，不跪拜。见此情景，侍卫大怒，说你不跪元朝的官员也就算了，你连元朝皇帝都不跪，反了你！于是，侍卫一拥而上，逼迫文天祥下跪。为了让其下跪，侍卫还拿出金棍，击打文天祥的膝盖。然而，不管侍卫如何努力，文天祥依旧倔然而立。他用一个民族永不屈服的力量，让这些侍卫无计可施。

见此情景，忽必烈认为没有必要纠结了，不跪就算了。忽必烈问文天祥，你有什么想说的。

文天祥道："宋无不道之君，无可吊之民，不幸母老子弱，权臣误国，用舍失宜。北朝用其叛将、叛臣，入其国都，毁其宗社。天祥相宋于再造之时，宋亡矣，天祥当速死，不当久生。"

忽必烈告诉文天祥："汝在此久，如能改心易虑，以事亡宋者事我，当令汝中书省（宰相）一处坐者。"

文天祥道："天祥受宋朝三帝厚恩，号称状元宰相，今事二姓，非所愿也。"

忽必烈问："汝何所愿？"

文天祥道："天祥为宋状元宰相，宋亡，惟可死，不可生，愿一死足矣。"

忽必烈道："汝不为宰相，则为枢密。"

文天祥道："一死之外，无可为者。"

话说到这个份儿上了，只能不欢而散。

至此，拜别了忽必烈后，文天祥清楚地知道，通过自己的努力，他把所有的生门都堵死了，他已经准备好迎接那个结局了。

文天祥刚刚离开皇宫，想置他于死地的大臣就蜂拥而至，大家玩儿命地劝说忽必烈，让他杀了文天祥，以绝后患。

在这些大臣的劝说下，忽必烈见文天祥被囚禁在大都数年，"如虎兕在柙，百计驯之，终不可得"。于是，忽必烈放弃了，他颁布了一道圣旨，让这些大臣得偿所愿。

第二天，即至元十九年（1282年）十二月初九，一队人马来到了文天祥的囚所。文天祥清楚地知道他们是干什么的。在被囚禁了3年后，他终于等来了这一天。文天祥甚至高兴地对狱卒道："吾事了矣！"

在这些士兵的押送下，文天祥来到了柴市刑场（今北京西城区菜市口）。

临刑前，行刑官道："丞相今有甚言语？回奏尚可免死。"

文天祥回答道："死则死尔，尚何言？"随后，文天祥问周围百姓，哪边是南方。确定后，文天祥面南而拜，口中道："我宋列圣在天之灵，愿使天祥早生中原，遇圣明之主，当剿此胡，以申今日之恨！"

言毕，文天祥索要纸笔，书写《绝笔诗》两首：

昔年单舸走维扬，万死逃生辅宋皇。
天地不容兴社稷，邦家无主失忠良。
神归嵩岳风雷变，气哇烟云草树荒。
南望九原何处是？尘沙黯澹路茫茫。

衣冠七载混毡裘，憔悴形容似楚囚。
龙驭两宫崖岭月，貔貅万灶海门秋。
天荒地老英雄丧，国破家亡事业休。
惟有一腔忠烈气，碧空常共暮云愁。

写完，文天祥掷笔于地，他对行刑官大吼一声："吾事已毕，心无怍矣。"说完，面南而坐，从容就义。

文天祥慷慨赴义时，年47岁。

屠刀落下的那一瞬间，有一快马飞驰而来。原来，忽必烈后悔了，他下令赦免文天祥。结果，晚了一步。当然，这到底是忽必烈后悔了，还是忽必烈为了彰显仁义而上演的一场戏，我才疏学浅，留给大家去评。

一天后，文天祥的夫人欧阳氏奉旨来到柴市给他收尸。在文天祥的衣服内，欧阳氏发现了文天祥书写的《衣带赞》，这是文天祥真正的遗言。

孔曰成仁，孟曰取义。惟其义尽，所以仁至。

读圣贤书，所作何事？而今而后，庶几无愧！

29年前，18岁的文天祥在游览三贤祠时，立下了一个誓言，“殁不俎豆其间，非夫也！”如今，经过了29年的千锤百炼，虽然文天祥的最后结局仍以失败而告终，但英雄不论成败，他最终还是履行了当年的誓言。

国已不存，但一片磁心，依旧指南；英雄虽死，但一身正气，千古永存。

至此，伴随着文天祥的慷慨赴义，宋朝终于灰飞烟灭，成为历史。

尾声 最后的宋朝

不知不觉，写了 10 本书，对这个王朝，怎么总结呢？

如此璀璨的王朝，焉能轻易言之。

这是一个贤臣辈出的时代，以寇准、范仲淹、欧阳修、司马光、李纲、文天祥为首的贤臣，在历史上留下永不磨灭的名字。然而，这也是一个奸臣横行的时代，以丁谓、蔡京、童贯、秦桧、韩侂胄、史弥远、贾似道为首的奸臣，也都在历史上留下了恶名。

这是一个封建时代相对自由的时代，伶人可以参政，御史大臣可以畅所欲言，只要他们愿意，他们甚至可以向皇帝吐口水。这样的自由度，在中国封建历史上前所未有。然而，这也是一个“文字狱”的时代，苏轼因为几首诗锒铛入狱，奸臣用“奸党思想”打击异己、党同伐异。这个“文字狱”时代之阴暗，对比其他时代有过之而无不及。

这是一个武力弱化的时代，“积贫积弱”成为这个王朝的代名词，他们也是中国历史上最不能打的王朝。然而，这也是一个武将频出的时代，北宋“杨家将”的威力，天下无敌；南宋“岳家军”的战斗力，更是驰骋于华夏九州。

这是一个文化偏于保守的时代，程朱理学所谓的“存天理，灭人欲”，压抑了中国人的人性。然而，这又是一个文化繁荣的时代，很多人说，宋词成就对比唐诗则有过之而无不及。世人所谓的“唐宋八大家”，宋朝占其六，唐朝仅占其二，足见宋朝文化之繁荣。

这是一个保守的时代，“祖宗之法不可变”是这个时代最大的声音。然而，这又是一个改革的时代，“天变不足畏，祖宗不足法，人言不足恤”也是这个时代的最强音。

这是一个富裕的时代，宋朝创造的财富丰富。然而，这又是一个积贫、民穷、财匮的时代。

以上，就是我理解的宋朝。

如今，虽然宋朝灭亡了，但它并没有消失。这个朝代辉煌的历史、灿烂的文化以及脍炙人口、广为传颂的故事，依旧一代又一代传承下去，并永远地印在了后人的脑海里。

愿我们，梦回宋朝。

图书在版编目（CIP）数据

宋朝果然很有料. 第十卷 / 张晓珉著. —北京：中国工人出版社，2020.9
ISBN 978-7-5008-7351-8

Ⅰ.①宋… Ⅱ.①张… Ⅲ.①中国历史－宋代－通俗读物 Ⅳ.①K244.09

中国版本图书馆CIP数据核字（2020）第173144号

宋朝果然很有料·第十卷

出 版 人　王娇萍
责任编辑　葛忠雨
责任印制　黄　丽
出版发行　中国工人出版社
地　　址　北京市东城区鼓楼外大街45号　邮编：100120
网　　址　http://www.wp-china.com
电　　话　（010）62005043（总编室）　（010）62005039（印制管理中心）
　　　　　（010）62379038（社科文艺分社）
发行热线　（010）62005996　82029051
经　　销　各地书店
印　　刷　三河市东方印刷有限公司
开　　本　710毫米×1000毫米　1/16
印　　张　24
字　　数　285千字
版　　次　2020年12月第1版　2020年12月第1次印刷
定　　价　49.80元